秦漢研究论丛

秦汉墓葬制度比较研究专集

中国秦汉史研究会
咸阳师范学院 编

徐卫民 王永飞 主编

西北大学出版社
·西安·

图书在版编目（CIP）数据

秦汉墓葬制度比较研究专集/徐卫民，王永飞主编.—西安：西北大学出版社，2023.7
（秦汉研究论丛）
ISBN 978-7-5604-5177-0

Ⅰ.①秦… Ⅱ.①徐… ②王… Ⅲ.①墓葬（考古）—制度—对比研究—中国—秦汉时代 Ⅳ.①K878.84

中国国家版本图书馆 CIP 数据核字（2023）第 127450 号

秦汉研究论丛：秦汉墓葬制度比较研究专集
QINHAN YANJIU LUNCONG QINHAN MUZANG ZHIDU BIJIAO YANJIU ZHUANJI

主　　编：徐卫民　王永飞	
出版发行：西北大学出版社	
地　　址：西安市太白北路 229 号	邮　编：710069
网　　址：http：//nwupress.nwu.edu.cn	E-mail：xdpress@nwu.edu.cn
电　　话：029-88302825	
经　　销：全国新华书店	
印　　装：西安创维印务有限公司	
开　　本：787mm×1092mm　1/16	
印　　张：16.25	
字　　数：275 千字	
版　　次：2023 年 7 月第 1 版　2023 年 8 月第 1 次印刷	
书　　号：ISBN 978-7-5604-5177-0	
定　　价：96.00 元	

如有印装质量问题，请与本社联系调换，电话 029-88302966。

本书为《秦汉研究》第十九辑

得到

陕西（高校）哲学社会科学重点研究基地——关中古代陵寝文化研究中心

陕西省普通高校优势扶持学科——历史地理学

咸阳师范学院重点学科——历史学（文物与博物馆学）

关中古代陵寝文化研究刘庆柱社科名家工作室

建设项目资助

学术顾问：

　　　　　　刘庆柱　　周天游　　王子今

编委会主任：

　　　　　　卜宪群　　舒世昌

编委会委员：

　　　　　　徐卫民　　王永飞　　雷依群

　　　　　　赵　凯　　田　静　　唐　群

　　　　　　肖健一　　王　颜　　张光晗

主　　编：

　　　　　　徐卫民　　王永飞

目　录

● 探索·争鸣

王　川　怀王之约质疑 …………………………………………………………（001）

● 汉代器物研究

王子今　汉镜的"光景" …………………………………………………………（016）

● 边疆史地研究

朱圣明　汉匈之外：汉代西域诸国政治史新探

　　　　——以"持两端""两属"、称霸等现象为中心的考察 ………………（028）

孙炜冉　西汉濊人与苍海郡地望考 ……………………………………………（046）

司豪强　东汉与北匈奴残部在西域的对抗

　　　　——以永元八年系囚减死"诣敦煌戍"为线索 ……………………（055）

● 专题研究

徐卫民　秦封泥中所反映的帝王陵 ……………………………………………（068）

王绍东　燕太子丹的报复心理与荆轲刺秦 ……………………………………（084）

胡岩涛　西汉帝陵置邑与汉长安城军事防御体系 ……………………………（095）

王　刚　刘贺酎金问题与宣帝朝政治 …………………………………………（108）

顿文聪　从"左官律"看西汉文武之际的律令关系

　　　　——兼论"汉律—汉令"二分法 ………………………………………（130）

陈　慧　夏增民　汉代社会对"好色"的认知与礼法调适 ……………………（148）

高海云　蒋惟一　批判与反思：汉末社会批判的理论意义 …………………（161）

李昊林　试析《汉书·地理志》中户口内容的创设理念 ……………………（174）

彭卉滢　东汉《四分历》行星算法及精度分析 ………………………………（185）

● 综述·书评·书序

田　静　四十年来的秦陵铜车马保护研究述评 ………………………………（199）

张莎丽　近二十年两汉碑刻研究述评 …………………………………………（212）

毕　洋　云贵高原东周秦汉时期戈、矛研究述评 ……………………………（230）

王静蕊　东汉解注器研究综述 …………………………………………………（241）

于晓桐　读房占红《秦汉家庭问题研究》 ……………………………………（246）

徐卫民　《月令与秦汉时间秩序》序 …………………………………………（251）

— 2 —

探索·争鸣

怀王之约质疑

王 川

（云南大学历史与档案学院）

摘要：怀王之约作为决定战后安排的"天下约"，显然超出了楚怀王的权限；在具体安排上，不是正常的论功行赏与强干弱枝，而是让"先入定关中"者独享反秦战果，同样令人感到困惑。考察诸军实迹，不仅其他义军将领始终未曾顾及怀王之约，就连刘邦和宋义也没有按约行动，楚军虽然分为南北两路，却只是楚国内部权力斗争的结果，与怀王之约并无关系。史称刘邦北攻平阴，绝河津、过宛复还二事，皆因怀王之约而行，细按其事，亦有诸多疑点。所谓怀王之约明显具有历史书写的痕迹，亦即经过了刘邦集团的建构，但这种建构可能并非简单地向壁虚造，而是有着一定的现实基础。也许楚怀王曾在巨鹿之战前，以某种非正式的方式表达过与此约类似的设想，刘邦集团所做的只是夸大其意义、改造其细节，遂成今日史籍文字之面貌。

关键词：怀王之约；熊项之争；项羽；刘邦

《史记·高祖本纪》载："怀王乃以宋义为上将军，项羽为次将，范增为末将，北救赵，令沛公西略地入关。与诸将约，先入定关中者王之。"[①] 此即著名的怀王之约。由于明确见诸史籍，人们往往将其当作确凿无疑的历史常识，但这一常识背后其实隐藏着许多不合理之处。早有学者注意到怀王之约的部署似乎过于偏袒刘邦，而且决定秦地归属是涉及全体诸侯的公事，不应由楚国君臣私自决定，但他们仍然试图弥缝其阙，尽量给予合理的解释。也有学者发现项羽、宋义等人未曾重视怀王之约，因而对此约本身产生了怀疑，但论据则稍显单薄。本文从怀王之约的不合理性入手，结合楚国的内外形势与楚军的实际行动，全面分析怀王之约的诸多疑点，从而重新审视该约

---

① 《史记》卷八《高祖本纪》，中华书局点校本二十四史修订本，2014年，第453页。

的历史意义。

一、怀王之约的不合理性及相关研究

（一）楚王不能立"天下约"

怀王之约在史书中也被称为天下约、诸侯约，因为瓜分关中具有战后安排的性质，这无疑是涉及全体诸侯的天下事。可是怀王与天下在此形成了鲜明的对比，人们不禁产生这样的疑惑：楚国不过是诸侯之一，为什么楚国的君主能立天下约呢？而且诸侯共同反秦，完全可能由他国将领先入关中，那么怀王是否有权夺他人之战果、封他人之部属呢？一种颇为流行的观点是：楚怀王是诸侯盟主，因此完全可以立天下约、决定诸侯事务。于是问题的关键就转移到了怀王的盟主身份上来。

以笔者所见，采用这种看法者虽多，但只有李开元对之展开了详细论证。李开元根据田余庆《说张楚》一文进一步提出：陈胜首义为诸侯盟主，张楚即灭，盟主之位由怀王继承，于是怀王之约"自然应被视为反秦各国间的公约"①。谨按田先生原文，先是说"诸侯联合反秦必须有盟主，张楚自然居于盟主地位"，下文又称"陈胜走一步，项氏再走一步，这两步连在一起，使一场农民反秦暴政的战争无可避免地转化为诸侯合纵攻秦"。② 可见他对楚国何时成为盟主的问题其实颇为含混。依笔者管见，这里的张楚盟主说，只是在论述楚为盟主的必然性，至于合纵的真正形成则是由项氏——更明确地说是项羽实现的。关于这一点史有明文："项羽救巨鹿，枉矢西流，山东遂合从诸侯。"③ 即直到巨鹿之战后，合纵才真正实现，而且是"项籍为从长"④，与怀王并无关系。陈胜之时，诸侯不仅各自为政，甚至彼此构兵⑤；项梁之时，诸侯虽然相互救援，但仍是擅为进退，既无会盟之事，也无主从之分。因此楚怀王根本无从继承诸侯盟主的地位。刘邦入关后安抚咸阳百姓，不言与怀王立约，而说"吾与诸侯约……待诸侯至而定约束耳"⑥。这说明就连刘邦也认为怀王不足以定关中之封。

侯旭东则通过诸侯众将的入关积极性，来反证怀王之约的天下性。他认为前有项羽请求与刘邦同行，后有赵将司马卬想渡河与刘邦竞争，"当形势利于反秦力量时，义

---

① 参见李开元：《汉帝国的建立与刘邦集团：军功受益阶层研究》，生活·读书·新知三联书店，2000年，第75、129页。
② 田余庆：《说张楚——关于"亡秦必楚"问题的探讨》，《秦汉魏晋史探微》第3版重订本，中华书局，2004年，第24—25页。
③ 《史记》卷二七《天官书》，第1606页。
④ 《史记》卷六《秦始皇本纪》，第348页。
⑤ 赵背楚自立，不救楚败；燕又叛赵自立，彼此相攻击，事俱见《史记》卷八九《张耳陈余列传》，第3126—3127页。魏亦背楚，且东与齐战于狄，南与刘邦争丰，其事分别见于《史记》卷九四《田儋列传》，第3207页；卷八《高祖本纪》，第447—448页。
⑥ 《史记》卷八《高祖本纪》，第459页。

军将领中试图践约者,除司马卬外必复不少"①。但项羽、司马卬二人的事迹其实都经不起推敲。有关司马卬的考证详见下文,在这里仅论证项羽入关之请的不可信。史书对此事的记载如下:

> 当是时,秦兵强,常乘胜逐北,诸将莫利先入关。独项羽怨秦破项梁军,奋,愿与沛公西入关。怀王诸老将皆曰:"……今项羽僄悍,今不可遣,独沛公素宽大长者,可遣。"②

对于这段记载,早有学者指出其中语多文饰、不可凭信。③ 具体到项羽的问题上,他在宋义麾下时就屡次敦促救赵,夺取兵权后随即选择北上,可见项羽的主张本就是救赵而非西进,自然也就不应有入关之请。而且按照怀王之约,南北两路是竞争入关,也就是说无论项羽跟随哪一路皆可入关,没有理由厚此薄彼非要与刘邦同行。因此这段"项羽请与刘邦俱西"的记载,恐怕是站不住脚的。当时项羽兵权被夺、虚为次将,如果真有所请求,也应该是请求像刘邦一样独自领军,"刚自项家夺取兵权的怀王,自然不会让项羽独当一面,重新掌控兵权"④。

当形势利于反秦力量时,义军诸将也没有如侯旭东所说争相践约。申阳在秦三年七月"下河南,降楚"⑤。实现了司马卬渡河的愿望,而且当时已是章邯投降前夕,形势对联军更加有利,可申阳却始终没有尝试从函谷道——这条东西正途抢先入关。形势之利当无如章邯降楚,项羽也被默认为怀王之约的参与者,可项羽在七月降服章邯之后,却迟至十月才"行略地,西至于河南"⑥。其间还封章邯为雍王,可以说根本没有把入关之约放在心上。就连作为直接受命者的宋义、刘邦,也没有汲汲于怀王之约,受命之后,宋义逗留安阳四十余日,明确表示要坐观成败,刘邦更是徘徊往来,直到近半年后才开始西进。⑦

综上所述,楚怀王并非诸侯盟主,当然也就没有资格立"天下约",怀王之约其实是楚人自命领导、私擅天下,这与后来刘、项主导反秦战争的史实倒正相呼应。但楚国本身并没有超绝诸侯的实力,楚人亡秦靠的是刘、项,尤其是项羽不世出的军事天才,而项羽统军却完全是怀王之约被破坏的结果,因此怀王之约虽然冥契后事,但其

---

① 侯旭东:《逐鹿或天命:汉人眼中的秦亡汉兴》,《中国社会科学》2015年第4期。
② 《史记》卷八《高祖本纪》,第453页。
③ 具体考证可参看朱东润:《史记考索·楚人建置考》,武汉大学出版社,2009年,第31页;[清]郭嵩焘:《史记札记》卷一《本纪》,商务印书馆,1957年,第63页。
④ 林聪舜:《怀王之约:楚汉战争中刘邦对楚人势力的争夺》,(台湾)《清华中文学报》2008年第2期。
⑤ 《史记》卷一六《秦楚之际月表》,第934页。申阳其人,《项羽本纪》称为"张耳嬖臣",《高祖本纪》称为"楚将",《月表》又言其"降楚",可能本为赵人而得项羽欢心,遂归楚为将。
⑥ 《史记》卷一六《秦楚之际月表》,第935—936页。
⑦ 怀王之约出台于秦二年后九月,刘邦西进于秦三年二月,其间在东郡、砀郡间往来运动。参见《史记》卷一六《秦楚之际月表》,第931—933页。

所显示出的却不是高瞻远瞩，而是一种莫名其妙、定数难逃的宿命感。怀王之约的这种"预言"特质，以及楚将的置若罔闻，使我们有理由怀疑此约可能是出于后人的建构。

（二）左袒的怀王

史书中对怀王之约的记载略有不同，一般以《高祖本纪》为准：

> 怀王乃以宋义为上将军，项羽为次将，范增为末将，北救赵，令沛公西略地入关。与诸将约，先入定关中者王之。①

从中可以看出，怀王之约唯一的奖赏只有封王，并且不计战功大小，只问入关先后，简直是把反秦战争当成了一场赛跑、一场赢家通吃的赌博，这种命令未免过于荒诞。臧知非认为"'先入关者王之'并非'入关'那么简单，而是指推翻秦朝而言"。所以反秦将领"也都采用各种手段打击、瓦解敌人，以实现尽早推翻秦朝统治的目标，而不以'先入关者王之'为意"②。入定关中固然是推翻秦朝，但在约文以"入关"与"救赵"对举的语境下，它显然只能是确指入捣秦廷一事，而非泛指参与亡秦。众将虽不以入关为意，但刘邦甫至咸阳就宣称"吾当王关中"，③可见史书中的怀王之约确实只问入关之功，巨鹿决战虽然是反秦成败之关键，却并不在考虑范围内。

先命刘邦西入关中，又下令先入关者为王，楚怀王似乎有意偏袒刘邦。陈苏镇认为："怀王的部署并无明显的不公。河北固然是秦军主力所在，但宋义所将北路军也是楚军主力……河南虽无秦军主力，但刘邦所将南路军也不过一万多人，以此'入定关中'显然亦非易事。"④但刘邦入关是直奔目标，而北路军却要先破章邯，再辗转千里，⑤似乎难以称为公平，而且让砀郡长刘邦和上将军宋义，站在同一起跑线上竞争上岗，这本身已经是一种偏袒。换一个思路来看，新秦王将以其麾下的楚军立国，刘邦兵力较少也就罢了，宋义所部可是"扫境内而专属于将军"⑥，怀王显然不可能尽弃楚军主力以封之。其实约文已经明言宋义的任务就是救赵，刘邦后来数项羽之罪也说："项羽已救赵，当还报，而擅劫诸侯兵入关。"⑦就连所谓的"项羽请与沛公俱西"，其隐含的前提也是北路军不承担入关的任务。这样看来，南北两路其实分工明确，就是

---

① 《史记》卷八《高祖本纪》，第453页。
② 臧知非：《项羽与怀王：项羽政治品格的历史分析——以王夫之评论为中心》，《南都学坛》2013年第3期。
③ 《史记》卷八《高祖本纪》，第459页。
④ 陈苏镇：《〈春秋〉与"汉道"：两汉政治与政治文化研究》第2版，中华书局，2020年，第51页。
⑤ 在亡秦战争中，项羽活动于河北、刘邦活动于河南，亦即刘邦所说的"将军战河北，臣战河南"。由于项羽和宋义之间存在承袭关系，所以本文将怀王之约的两路大军，也分别称为北路和南路。
⑥ 《史记》卷七《项羽本纪》，第390页。
⑦ 《史记》卷八《高祖本纪》，第474—475页。

让宋义救赵、刘邦入关,所谓的"先入关中"完全是欺人之谈,摆明了要封刘邦为王。

辛德勇虽然承认"左袒"的存在,但又认为这是怀王有意为之,因为怀王既担心宋义不能驾驭项羽,又担心宋义本人尾大不掉,"因此,不管是对项羽,还是对宋义,最好都要有所牵制……当时能够起到这种作用的人只有刘邦"①。这样的解释同样值得商榷。以笔者管见,宋义要比刘邦更能称得上是怀王心腹②,因此怀王应该没有必要"以疏间亲"。即使君心雄猜、以术御下,那也应该使两支势力彼此颉颃,可刘邦一旅之众,对楚军主力完全起不到牵制作用,他在安阳事变中无所匡扶即是明证。如果说怀王是为了"让刘邦凭借'先入定关中'之功受封于此地(按:指关中),就可以利用这种地理优势,在很大程度上牵制住项羽或宋义"③。亦即怀王在出兵之前,就已经在为亡秦之后的情况作考虑,这样未免过于鱼肉视秦,以当时的形势言之殊难令人置信。而且怀王如果意在使诸将彼此牵制,更应论功行赏、分裂关中,可他却非要举关中以封刘邦,枝大于本、胫大于股,反而成为怀王的不掉之尾。

怀王之约的荒诞安排具有明显的预见性和目的性,其实是以荒诞的方式,来达到左袒的目的,并最大化刘邦的利益。不计功劳只问入关先后,在军事上毫无道理,却与刘邦战功不如项羽、只是先入关中的史实若合符契;怀王要封入关之主帅为王,却与全体楚将立约,这若非在鼓励诸将以下克上,就只能是他"预见"到了宋义之死,所以预先把次将项羽纳入约束。与此相得益彰的是,让北路军抵挡秦军主力,使刘邦得以趁机入关,却又将亡秦之功完全归于刘邦,这种对北路军近乎敌视的安排,显然不符合宋义与怀王的关系,反而更像是安阳事变后项羽的处境。怀王之约如同预知未来,步步设限,它的利害箭头分别指向刘邦、项羽,反而与怀王本人无关,而且其利的一端直接拔至封王,这样的赏格未免过高。虽然在这个后战国时代,封邦建国并不稀奇,但历观陈胜、项羽、刘邦之所封建,若非亲戚即有所不得已,唯独怀王是主动封自己麾下为王,④ 而且是以放弃所有战果,灭一秦复生一秦的方式。⑤ 这已经不只是慷慨,而几乎是在以逆反的赤胆忠心为刘邦左袒。

---

① 辛德勇:《论刘邦进出汉中的地理意义及其行军路线》,《历史的空间与空间的历史:中国历史地理与地理学史研究》,北京师范大学出版社,2005年,第98页。

② 具体论证参见本文第二章第二节。

③ 辛德勇:《论刘邦进出汉中的地理意义及其行军路线》,《历史的空间与空间的历史:中国历史地理与地理学史研究》,第99页。

④ 王勇认为,封关中王是六国旧贵族对军功集团的妥协。参见氏著:《怀王之约与汉承秦制》,《史学集刊》2006年第2期。这种观点未能注意到怀王之约的不公平性,因此无法解释怀王为什么要偏袒刘邦、许诺封王。

⑤ 刘邦、韩信都曾表示:根据怀王之约刘邦"当王关中"。还定三秦后,张良又向项羽保证"汉王失职,当王关中,如约即止,不敢东"。后世一般皆循此意,默认怀王之约乃尽以关中秦地封入关者。相关史事参见《史记》卷七《项羽本纪》,第408页;卷八《高祖本纪》,第459页;卷九二《淮阴侯列传》,第3169页。

怀王之约几无公平可言，显然无法让作为主力的北路军接受，它所表现出的预言性与利益主体的错位，更得不到合理的解释。名为怀王之约却以刘项矛盾为基本结构，以刘邦的利益为最终旨归，怀王自己反倒无足轻重。所谓怀王之约，简直就是以后视之明，比照着已经发生的历史，根据刘邦的需要量身定制的。

二、怀王之约与反秦战争

（一）不切实际的怀王之约

按照怀王之约，楚军一面迎击秦军主力，一面进取关中，这种进攻性的部署并不符合当时的战争形势。在立约之时，山东诸侯已是大国皆破、主将多死，内部因争权而内讧，① 外部各自踌躇，"估计楚、赵、燕、齐几方军队加在一起也不到20万，比秦军要少一半多"②，自保尚且不暇，哪有底气反攻关中。

承担反攻任务的刘邦所部，"起纠合之众，收散乱之兵，不满万人"③。仅是三川秦军就曾击败刘邦，仓促组织的峣关守军仍被认为"秦兵尚强，未可轻"④。刘邦入关后更是在短期内就纠集了七八万人⑤，可见秦廷不仅有可观的兵力，还有巨大的动员潜力。而且当时秦国尚拥郡十余，内有关中百二山河，外有成皋之塞、方城之险，防御十分稳固。形胜在彼、兵力不敌，楚军如何敢以区区之众悬鹄咸阳？史称怀王君臣以为"秦父兄苦其主久矣，今诚得长者往，毋侵暴，宜可下"⑥。但正如上文所说，这段记载很大程度上只是美化刘邦的浮词，并不可信。刘邦既非秋毫无犯的王者之师⑦，秦人也对"天下苦秦久矣"的口号并无共鸣，自始至终"关中地区未曾燃起反抗的火

---

① 章邯接连击杀魏咎、田儋、项梁，使得齐、楚两国都因继承问题发生了内讧，齐有田假与田荣争王，楚有怀王与项羽争权。楚国之事不必赘论，齐国之事参见《史记》卷九四《田儋列传》，第3208页。

② 辛德勇：《巨鹿之战地理新解》，《历史的空间与空间的历史：中国历史地理与地理学史研究》，北京师范大学出版社，2005年，第81页。这里估算的是巨鹿之战中的双方兵力，未包括田荣、刘邦、魏豹、共敖等人，以及关中秦军。但这几支部队实力都比较有限，不足以改变双方的力量天平。未免支离文意，姑取巨鹿为准。

③ 《史记》卷九七《郦生陆贾列传》，第3263页。

④ 《史记》卷五五《留侯世家》，第2475页。

⑤ 峣关之战时刘邦兵力只有两万，到了鸿门宴之前则变成了"沛公兵十万"，其中当有七万余人来自秦降军和临时征发的丁壮。两个数据分别见于《史记》卷五五《留侯世家》，第2475页；卷七《项羽本纪》，第397页。

⑥ 《史记》卷八《高祖本纪》，第453页。

⑦ 刘邦在此前与项羽共屠城阳，西进过程中又屠颍阳、武关，后来的屠城活动更多。具体考证参见王子今《刘项屠城史事辨证》，《淮阴师范学院学报（哲学社会科学版）》1998年第4期。

花"①。因此无论从哪方面来看,刘邦西进其实都无义可扶。

即使忽略战争本身的难度,两路并进的安排仍然令人困惑。当时秦军数十万众如剑悬顶,"势不能不并力章邯,与之争一旦之命"②,那为何不全力救赵而要分兵西进呢?或以为西进乃批亢捣虚之举,下可迫使章邯还救,上可趁虚直入关中。然而这种看法忽略了一个重要事实:关中山河百二去楚千里,攻秦之战势必旷日持久。历史上刘邦的西进之路足足有八个月,直到章邯投降也才刚攻到武关,漫长的征程使得西进徒然捣虚,却并没有批亢的效果,只是略地拓境,以及缩短了亡秦的时间。③ 更重要的是,巨鹿之战完全可能在这段时间内分出胜负。秦军旦夕下巨鹿,则刘邦西进不过是重蹈宋留的覆辙而已,④ 即使联军提前获胜,西进也会失去加速亡秦时间的作用,沦为单纯的徇地之举。因此派刘邦西进,从其自身看是一步险棋,从总体战略来看更是一步闲棋,在敌我实力悬殊的存亡之际,削弱自身的决战力量以图尺寸之地,怀王用兵之大胆未免过于骇人听闻了。

当然由于历史上刘、项的成功,这些矛盾都会被简单地归结为怀王胆识超人,然而只要我们将目光转向楚军的实际行动,怀王的胆识就都烟消云散了——因为楚军并没有按怀王之约行动。怀王之约出台后,宋义在安阳逗留四十余日,刘邦则是"乃道砀至成阳,与杠里秦军夹壁,破魏二军,楚军出兵击王离,大破之"⑤。对于刘邦为何北攻东郡⑥,史无明言。傅宽在此役中曾"从攻安阳、杠里"⑦,这似乎显示刘邦的行动与宋义关系匪浅,不过我们无法确定两处记载中的安阳是否是同一个地方,⑧ 因此难以在这个问题上继续深入。通过魏军其实更容易探究刘邦北上的目的。当时魏军的主

---

① 王子今:《秦汉史:帝国的成立》,中信出版社,2017年,第81页。陈苏镇也有类似观点,参见氏著:《〈春秋〉与"汉道":两汉政治与政治文化研究》第2版,第22—26页。
② [清]郭嵩焘:《史记札记》卷一《本纪》,第63页。
③ 刘邦只是比项羽早入关一个月,对亡秦并没有起到决定性作用。如林剑鸣就指出,巨鹿之战后"咸阳的小朝廷已成为瓮中之鳖,秦军的武力已基本瓦解"。参见氏著:《秦汉史》,上海人民出版社,2003年,第203页。
④ 陈胜曾命周文向函谷、宋留攻武关,与怀王之约的分兵部署颇为相似。然而周文一军破败,秦军即追北入陈、诛杀陈胜,其时宋留刚攻下南阳,进退失据,遂降秦。从这个角度来看,宋留就是失败了的刘邦。宋留的事迹见于《史记》卷四八《陈涉世家》,第2376页。
⑤ 《史记》卷八《高祖本纪》,第453页。《汉书》《通鉴》皆作"破其二军",辛德勇经过详细考证,明确当以"魏"为是。参见氏著:《史记新本校勘》,广西师范大学出版社,2017年,第111—113页。
⑥ 成阳和诸将传中提到的成武、安阳,都在东郡一带,而且诸将传中还明确提到击破东郡尉。
⑦ 《史记》卷九八《傅靳蒯成列传》,第3279页。
⑧ 关于安阳地望的考证,可参见辛德勇:《巨鹿之战地理新解》,《历史的空间与空间的历史:中国历史地理与地理学史研究》,第77—80页。以及氏著《补证项羽北上救赵所经停之安阳》,《石室賸言》,中华书局,2014年,第225—228页。

帅是魏豹,他在魏国被灭之后投奔楚国,"楚怀王予魏豹数千人,复徇魏地"①。而东郡正是魏国故地。也就是说,刘、魏两军的作战地点相同,而且同战斗、共进退,因此刘邦进攻东郡,其实也就是帮魏豹收复失地,周勃传中就将东郡之役称作"从沛公定魏地"②。这是一个和西进毫无关系的任务。

宋义、刘邦都将怀王之约置之度外,而怀王也对二人的"抗命"没有任何督责,所以李开元认为"楚军暂时观望的意向,或许直接来自怀王宫廷方面"③。但这可能不只是观望那么简单。巨鹿形势间不容发,西进之路旷日持久,两方面都要求楚军荷戈驱驰、急进恐后,宋义之逗留、刘邦之旁骛,从根本上与怀王之约的战略相违背。宋义声称:"今秦攻赵,战胜则兵罢,我承其弊;不胜,则我引兵鼓行而西,必举秦矣。"④ 以楚军行动观之,恐怕这并非他个人的谰言,而是楚军的实际战略。当然究其实质,不过是畏葸不前的托词。

(二) 刘邦西进的原因与目的

从北上东郡到真正开始西进之间的四个月内,刘邦的行动如下:

> 沛公引兵西,遇彭越昌邑,因与俱攻秦军,战不利。还至栗,遇刚武侯,夺其军,可四千余人,并之。与魏将皇欣、魏申徒武蒲之军并攻昌邑,昌邑未拔。西过高阳。⑤

这段记载中的第一次昌邑之战,与史书中的其他记载相冲突,而且弄错了昌邑的方位,很可能为衍文。⑥ 忽略掉这场战斗之后,刘邦的行动就成了诡异的旋进旋退:先是毫无理由地南还至栗,再次北上之后又突然折而西进。除此之外,刘邦还擅自兼并了友军刚武侯所部⑦,并且没有受到怀王的惩罚。如此种种的异常情况,说明刘邦乃至整个楚国都处于一种非正常的状态。

在了解楚国到底发生了什么之前,我们需要先对楚国君臣间的关系进行一些说明。项梁战死之后,楚怀王趁机夺取了楚国的控制权,"并吕臣、项羽军自将之。以沛公为砀郡长,封为武安侯,将砀郡兵"⑧。怀王此举有两个影响:首先是激化了自身与项羽间的矛盾,熊项之争由此产生;其次则是重用刘邦以为羽翼,使得刘邦也走到了项羽

---

① 《史记》卷九〇《魏豹彭越列传》,第3142页。
② 《史记》卷五七《绛侯周勃世家》,第2510页。
③ 李开元:《复活的历史:秦帝国的崩溃》,中华书局,2007年,第157页。
④ 《史记》卷七《项羽本纪》,第390页。
⑤ 《史记》卷八《高祖本纪》,第454页。
⑥ 具体考证可参见梁玉绳:《史记志疑》卷六《高祖本纪》,中华书局,1981年,第219页;尤佳、周斌、吴照魁:《〈史记〉刘邦击秦史实辨证》,《晋阳学刊》2011年第1期。
⑦ 刚武侯在史书中仅此一见,或以为魏将,或以为楚将,皆无确据。但其既在楚国境内活动,自然不是秦军,而属于诸侯之将,称为刘邦的"友军"当无大误。参见《史记》卷八《高祖本纪》注引《集解》,第455页。
⑧ 《史记》卷八《高祖本纪》,第452页。

的对立面。不久齐国使者又举荐宋义,怀王一见而悦之,从后来的历史来看,宋义并无破秦之良策,王夫之以为怀王"非悦其灭秦之计,悦其夺项之计也"①。宋义的夺项之计就是勾结齐国。怀王力图抑制项氏的势力,田荣则因项梁之死与项羽结怨,同仇敌忾自然一拍即合,楚国接受齐使之荐重用宋义,齐国也接受了宋义之子相齐,显然双方都有意交好,而宋义则是促成齐楚之盟的关键人物。项羽说"宋义与齐谋反楚"②,若是如此的话,宋义遣子相齐自当阴谋行事,可事实上他却是饮酒高会,唯恐他人不知。宋义此举其实是想借齐国之威,震慑心念项氏的楚国众将,"云与齐谋反楚,诬,云楚结齐共谋项氏,则颇有似矣"③。使齐楚之盟成、怀王之位固,则项氏随手亡矣,所以项羽当机立断诛杀宋义、夺取兵权,熊、项之间的矛盾就此全面激化。

"项羽夺取军权,并宣言项氏立楚,已开始否认怀王的权力。"④ 可为了顾全反秦大局,项羽并没有选择立即与怀王内讧,而是决定北上救赵,从而使楚国走向了事实上的分裂。楚军主力无疑已经归顺项羽,其他楚将也必须在这场动乱中选择自己的立场,这便是刘邦、怀王举止反常的背景。安阳事变后刘、项二人的行动如下:

表1 安阳事变后刘、项行动对比⑤

时间	项羽	刘邦
秦三年(前219)十一月	矫杀宋义,渡河救赵	
十二月	大破秦军巨鹿下	还至栗,破秦军⑥
一月	虏王离	
二月	攻破章邯,章邯军却	北攻昌邑,西袭陈留

从表中可以看出,刘邦是在安阳事变后返回栗县的,他和宋义同为怀王党羽,宋义既已被杀,刘邦自然惧祸南走。夺刚武侯军也发生于此时,若以同样视角来看,刚武侯可能是企图北上投靠项羽,因此遭到怀王一方的打击。刘、项二人随后的行动也密切相关,并且生动地体现了巨鹿之战对西进的决定作用。当项羽与秦军激战之时,胜负尚难预料,所以刘邦按兵不动长达一个多月;当项羽接连击破王离、章邯之后,形势完全向诸侯倾斜,联军转守为攻,而刘邦也随之开始西进。

从局势上看,西进是对河北战局变化作出的反应,而先北上再折而向西的行军,更说明刘邦不是在按照既定之约行动。之所以将刘邦的二次北上与西进分别看待,是因为砀郡本身就交通发达,睢水横贯其间上通三川,根本不必假道昌邑才能向西行进。

---

① [清]王夫之:《读通鉴论》卷一《二世》,中华书局,2013年,第5页。
② 《史记》卷七《项羽本纪》,第391页。
③ 吕思勉:《秦汉史》,商务印书馆,2010年,第35页。
④ 岳庆平:《西楚的历史沿革》,《湖湘论坛》2010年第5期。
⑤ 该表为笔者依据《秦楚之际月表》所作。参见《史记》卷一六《秦楚之际月表》,第932—933页。
⑥ 此秦军不知所为何来,或许是东郡守军见楚国内乱、刘邦南走,企图浑水摸鱼,故而追击刘邦至栗。

此前项梁败死时,"陈留坚守,不能下。沛公、项羽……乃与吕臣军俱引兵而东。吕臣军彭城东,项羽军彭城西,沛公军砀"①。可见由砀县可以直达陈留。砀、栗二县相去不远,自然亦可直通三川,但刘邦却先北攻昌邑,再西向陈留,这只能说明他在出兵时还没有西进的打算,只是想循故辙北攻,后来的西进完全是临时作出的战略调整。

不仅刘邦西进并非出于怀王之约的安排,就连西进的目的也很可能不是入关。巨鹿之役前后历时八个月之久,"克敌之难。盖亦古今仅见也"②。怀王当然不能预见及此,从而希图乘隙入关。对于楚怀王来说,秦国和项羽都是自己的敌人,关中秦军不足以威胁楚国,而项羽却随时可能南下"清君侧",因此他最紧迫的任务是自保而非亡秦。安阳事变后,怀王除了命刘邦西进,还命魏豹进攻东郡、③共敖进攻南郡④,而且刘邦兵不满万,并不比其他人强大多少,如此分散的用兵部署,显然不是倾力入关之态,而是在四出略地,刘邦无非是西向略地而已。怀王的目的应该只是想趁项羽无暇南顾的喘息之机,在黄河以南尽量扩张地盘,以防备项羽南下。刘邦在西进的过程中,十分注意控制白马、平阴等渡河要冲,⑤这正显示他有北顾之虑,非徒骛远。

(三) 怀王之约的建构方式

怀王之约不符合立约之时秦强楚弱的战争形势,也不符合当时楚军的实际行动。可是过了近半年之后,随着巨鹿之战的胜利和刘邦的西进,反秦战争却又真的呈现出了南北两路击秦的态势,这与怀王之约的部署正相符合。怀王之约不合于时而应于后,从而形成了一种奇妙的时空错位。

翦伯赞在其《秦汉史》一书中提出:"怀王和刘邦在项羽的胜利之前吓昏了,于是开始了政治的阴谋。"他们一面让刘邦西进,一面遣使勾结赵高,里应外合之下,"秦军一定不会抵抗。因此怀王与刘邦向诸将宣言:'先入关中者王之。'"⑥将怀王之约放在巨鹿之战后,显然是意识到了它与实际战事间的时空错位,把勾结赵高之事提前⑦,则是认为刘邦的兵力难以承担入关的任务,所以试图用内应来增加入关之策的成功机率。这样一番修改固然可以弥缝其阙,但却并无充分的依据,而且既然发现了相关史

---

① 《史记》卷七《项羽本纪》,第389页。
② [清]何焯:《义门读书记》卷一七《前汉书·列传》,中华书局,1987年,第274页。
③ 魏将皇欣、申徒武蒲在安阳事变后仍与刘邦并肩作战,这说明魏豹当时还站在怀王一方。"项羽已破秦,降章邯。豹下魏二十余城。"则说明刘邦西进后,魏军仍在进攻东郡,参见《史记》卷九〇《魏豹彭越列传》,第3142页。
④ 共敖为"义帝柱国",领兵定南郡。其事迹见于《史记》卷七《项羽本纪》,第403页。
⑤ 刘邦西进之初,攻开封不拔,遂"西与秦将杨熊战白马"。事见《史记》卷八《高祖本纪》,第454页。在西进的过程中,刘邦又北攻平阴,绝河津,阻止司马卬渡河。关于此事的考证详见本文第三章第一节。
⑥ 翦伯赞:《秦汉史》第2版,北京大学出版社,1999年,第113页。
⑦ 历史上的勾结赵高之事,发生在刘邦在攻下南阳后,而且由刘邦自己主持。参见《史记》卷六《秦始皇本纪》,第346页;卷八《高祖本纪》,第457页。

料的不可信，也没有必要打乱揉碎再组装出另一个入关之约。

正如上文所说，怀王之约其实是以后视之明被建构出来的，问题在于建构者为什么不像翦伯赞那样，将怀王之约放在巨鹿之战后呢？这样既可以消除其与现实相割裂的破绽，也不必再让怀王"与诸将约"，才能使当时还是次将的项羽就范，就连对北路军那过于露骨的歧视，也会因形势的逆转而不那么明显。将怀王之约放在巨鹿之战前，可以说完全是画蛇添足之举，而且看不出有什么主观目的。那么或许可以认为，这是由于某种无法改变的客观限制，也就是说怀王之约可能并非无本之木。

从怀王之约的意义来看也能证明这一点。首先，"刘邦肆意挑起兵端，重置万民于锋镝之间，自然极为不得人心。为此，需要给世人一个合适的解释"。这个借口就是怀王之约。① 其次，"项羽曾为刘邦之封主，汉直接源出于西楚这样一个历史事实却是刘邦集团所不情愿而且始终想暧昧其事的"。其解决之道也是怀王之约。② 而无论寻找战争借口，还是重构汉王法统，都是在刘邦反楚之时应该就已经开始的工作，而且在史书中，刘邦及其麾下也的确多次提到怀王之约，我们并没有足够的证据完全否定这些记载。因此所谓怀王之约，可能并非出于后世史家的"热心肠"，刘邦本人才是始作俑者。如果此约可以宣之于时人，乃至当事人面前，那么它显然不能向壁虚造，至少应该有一个煞有介事的原型，刘邦所做的只是在其基础之上按需改造。或许因为这个原型就产生于巨鹿之战前，所以后来的怀王之约也不得不保留这只蛇足，因为整条蛇都是从这只蛇足开始被勾画出来的。

怀王之约的原型当然还是要出于怀王，只不过在巨鹿之战前，无论从战争形势还是楚军行动来看，楚怀王都不可能真的去作战后的安排，所以这个原型最多只是某种非正式的言论。古人兴军出师，常有慷慨之词以激励士气，兵困势窘也易出非常之语，如刘邦就在彭城之败后宣称"吾欲捐关以东等弃之"③。这类发言往往都是务为广大而已，因而怀王可能作出灭秦封王之类的表述，本来并不会有人将其当真，但当刘、项真的完成了亡秦的伟业，当初的仓促之词也就隐然成了桐叶之封。刘邦正是在此基础上拉大旗作虎皮，在这个过程中他必然曲为之说、横加建构，④ 才能使其完全符合自己的需要，只是从现有的史料，我们已经无法知道"怀王之约"最初的形式，我们所能确定的只是它绝不是我们现在所看到的这个样子。

---

① 辛德勇：《论刘邦进出汉中的地理意义及其行军路线》，《历史的空间与空间的历史：中国历史地理与地理学史研究》，第96页。

② 李开元：《汉帝国的建立与刘邦集团：军功受益阶层研究》，北京师范大学出版社，2005年，第127—128页。

③ 《史记》卷五五《留侯世家》，第2478页。

④ 如"先入关中"高度适配刘邦的战功，就还很有可能是被建构、曲解之处。而关于封王的问题，汉君臣坚称乃封关中王，项羽则只是将刘邦封在属于关中之地的巴蜀。张子侠以为"王之"或许是封之为王的意思，至于分封之处则未定，此亦可备一说，参见氏著：《刘邦数项羽"十罪"考评》，《淮北煤师院学报（社会科学版）》1992年第4期。

三、"北攻平阴"与"过宛复还"问题辨析

在西进的过程中,史书两次提到刘邦因怀王之约而采取行动,分别是北攻平阴、绝河津,以阻止司马卬入关,及因急于入关而引兵过宛,后采张良谏言而复还围宛城之事。仔细考证可以发现,这两处记载其实都是牵强附会,方枘圆凿更显得欲盖弥彰。

(一) 北攻平阴只是轻敌冒进之举

关于刘邦北攻平阴之事的记载如下:

> 因张良遂略韩地轘辕。当是时,赵别将司马卬方欲渡河入关,沛公乃北攻平阴,绝河津。南,战洛阳东,军不利。①

说司马卬此时想要入关可能并不符合事实。司马卬从北面逼近平阴,说明他已经进军至河内郡的西端,参考刘邦绝河津的时间,可知当时是秦三年四月。② 如果我们将视野东移可以发现,此时章邯还在漳南一带与项羽对峙,并因连战不利而派司马欣入关请兵。③ 因此从河北战局来看,司马卬之进军河内,其实是在前线战事胶着、秦军援兵或至的情况下,攻入了秦军的背后,那么他的行动,无疑更像是要切断章邯与关中的联系,而不是心血来潮地想要入关。而且司马卬曾"为武信君将而徇朝歌"④,比较熟悉河内的情况,以故将临故地,似乎也是经过特意挑选、受命而来。尤其值得注意的是,如果司马卬真的想要入关,其实并不一定非要在平阴渡河。由河内西行,经轵道可入河东,复西渡蒲津则可直入关中,早在秦昭王时代,秦国已经"把晋南豫北通道作为主要进军路线"⑤。司马卬如果鼓行而西,越轵关陉、渡蒲坂津,刘邦虽绝平阴津也无济于事。

刘邦的行动不能阻止司马卬入关,只能阻止其渡河,所以此时他的目光当然也就不在关中而在三川。轘辕险道位于洛阳东南,"在汉唐以前是洛阳东出汝、颍、淮的大门"⑥。而刘邦在得知司马卬的行动之前就已攻取轘辕,这说明他本来就有进军三川的意图。北攻平阴本身也体现出了刘邦对三川郡的野心,因为平阴在秦属三川之北境,秦军完全可以自己绝河津,刘邦之攻平阴根本就是深入敌境、为敌代劳,只有在视三川为禁脔的情况下才会有如此举动。刘邦此前屡破三川守军,遂有轻敌人之心、图三

---

① 《史记》卷八《高祖本纪》,第455—456页。
② 参见《史记》卷一六《秦楚之际月表》,第933页。
③ 相关史事及时间,可参看《史记》卷七《项羽本纪》,第393—394页;卷一六《秦楚之际月表》,第933页。
④ 《史记》卷一三〇《太史公自序》,第3991页。
⑤ 宋杰:《秦对六国战争中的函谷关和豫西通道》,《中国古代战争的地理枢纽》,中国社会科学出版社,2009年,第166页。
⑥ 陈隆文:《轘辕古道的变迁》,《史学月刊》2010年第12期。

川之意，而司马卬也于此时迫近平阴，为免其浑水摸鱼染指河南，于是刘邦决定先绝河津再攻洛阳。王叔岷于"因张良遂略韩地轘辕"句下引中井积德"汉书无轘辕二字，此疑衍"的观点，更言"《通鉴》亦无轘辕"。① 然而诸将传中在绝河津之前，皆记有攻轘辕之事，且颍川与河内之间限山阻河，又被秦国的三川郡隔开，刘邦若未下轘辕则不能伺察河内动静，似当仍以《史记》为是。

刘邦北攻平阴犯了轻敌的兵家大忌，最终在洛阳以东遭到秦军夹击，狼狈败归颍川。关于洛东之战，本纪明言"军不利"，②但诸将传中却又称其在尸北击破了秦军，"尸即尸乡，今偃师也。北谓尸乡之北。"③ 偃师在洛阳以东，因此尸北之战与洛东之战，基本可以视为同一场战役，可为什么结果却大相径庭呢？在尸北被击败的秦将名叫赵贲，这是一个重要的线索。赵贲本为开封守将④，此时出现于尸北应该是在驰援洛阳，赵贲在东、洛阳守军在西，正好成夹击之势，刘邦军可能是先迎击赵贲援军，后遭秦军东西夹击而败走。本纪记载的是战役的最终结果，列传为传主讳，因此只记其胜迹，这是《史记》常用的互见法。

熊项之争使得起义军内部出现了河北的项羽—诸侯联军与彭城的怀王集团之间的对立，因此身为怀王麾下的刘邦自然将赵将司马卬视为敌人。北绝平阴津不过就是为了与河北集团争夺三川郡的地盘，结果虽然将联军势力阻挡于河北，但刘邦自己也遭到秦军夹击而狼狈退走。然而史书通过给司马卬增添"入关"的行动目的，就将刘邦的掣肘友军、轻敌冒进，解释成了为入关之约奋不顾身之举，可谓妙笔生花。

（二）过宛复还之事的疑点

虽然在三川遭遇失败，但当刘邦转而进攻南阳之后却很快打开了局面：

> 略南阳郡，南阳守齮走，保城守宛。沛公引兵过而西。张良谏曰："沛公虽欲急入关，秦兵尚众，距险。今不下宛，宛从后击，彊秦在前，此危道也。"于是沛公乃夜引兵从他道还，更旗帜，黎明，围宛城三匝。南阳守欲自刭。⑤

如果只看这段记载，似乎刘邦真的是勤于王命不遑宁处，但在宛城投降后，刘邦的行动却是"引兵西，无不下者，至丹水，高武侯鳃、襄侯王陵降西陵。还攻胡阳，遇番君别将梅鋗，与皆，降析郦。遣魏人甯昌使秦"⑥。西至丹水而又回师东向，可见刘邦此时志在略地而不在入关，遣使入秦谈判更是与原来急攻关中的战略相违背。过宛而西一事显示刘邦对于入关有着齐人攫金式的心态，张良只是建议先取宛城然后入关，但在宛城投降后，刘邦却反而莫名地谨慎了起来，这种幡然转变实在令人困惑。

---

① 王叔岷：《史记斠证》卷八《高祖本纪》，中华书局，2007年，第312页。
② 《史记》卷八《高祖本纪》，第456页。
③ 《史记》卷五七《绛侯周勃世家》注引《史记索隐》，第2512页。
④ 曹参、樊哙、夏侯婴、傅宽等人的传记中，都提到他们此前在开封曾击败并围困赵贲。事具见各人传记，不烦征引。
⑤ 《史记》卷八《高祖本纪》，第456页。
⑥ 《史记》卷八《高祖本纪》，第457页

单纯从军事角度来看,背宛西进也显得过于冒险、不可理喻。宛城西距咸阳八九百里,其中"自武关而至长安四百九十里,多从山中行,过蓝田始出险就平"①。刘邦不久前才因轻敌深入遭遇惨败,此时竟又想侥幸于千里之外,自投于穷谷之中,置身于南阳、关中两支秦军的夹击之下。旋踵就重蹈覆辙而更甚之,恐怕虽下愚之人亦不至此。即便刘邦西进时留一支偏师围宛,亦无法保证偏师不败而主力不致再次陷于东西夹击的境地,而且从史料来看,刘邦连这样的安排都没有。以关中防御之固,即使章邯投降后,秦降卒尚且认为"今能入关破秦,大善;即不能"云云,② 刘邦更没有理由料其必胜而欲直扑关中。历史上刘邦之所以能入关,其实得益于赵高之乱,频繁的政变使秦国根本无暇外顾,几乎陷入君臣解体的地步,不仅在武关没有组织防御,在峣关任命的守将更是一个"屠者子",③ 最后还阵前投敌。可是在刘邦初入南阳之时并没有这样的有利局势,当然也就没有理由敢于并急于入关。

刘邦的过人之处,在于凭借敏锐的政治嗅觉,预料到随着章邯败退、诸侯声势日盛,赵高必然失宠于二世,于是"使人私于高",④ 企图结为内应。岂料赵高竟能凭一己之力即行篡弑,⑤ 并且遣使通知刘邦,"及赵高已杀二世,使人来,欲约分王关中。沛公以为诈"⑥。虽然刘邦不相信赵高的慷慨提议,但却因此得以及时了解秦廷动静,于是毅然西进以乘其乱,才能凭借有限的兵力完成灭秦的不世之功。

关于"过宛复还"的记载本身也有问题。《史记》称刘邦回师时为"更旗帜",《汉书》则作"偃旗帜"⑦,一字之差,意义却完全不同,"偃旗帜"意为藏匿旗帜以掩其不备,"更旗帜"则是诈为援军、虚张声势,梁玉绳调和二说,称"偃旗帜,是引兵还时事……更旗帜,则围宛三匝事"⑧。其实无论更、偃都是说不通的。刘邦的援军只能来自东面的楚国,可他此时却是从宛城西面回师,如何能够通过"更旗帜"就欺骗南阳守军呢?若云刘邦留部分兵卒围城而自率军西又复还,"更旗帜",则南阳守已有备,何至"欲自刭"?《汉书》抄录《史记》,或觉其不妥,于是改"更"为"偃",也就是将其视为一场奇袭行动,但一来刘邦似不会逾坚城而过,犯此兵家大忌,二来过宛而西时想必行踪已露,南阳守有备,亦不致"欲自刭"。

---

① [清]顾祖禹:《读史方舆纪要》卷五二《陕西一》,中华书局,2005年,第2497页。
② 《史记》卷七《项羽本纪》,第396页。
③ 《史记》卷五五《留侯世家》,第2475页。
④ 《史记》卷六《秦始皇本纪》,第346页。这里刘邦所派遣的使者当即上文提到的甯昌。
⑤ 关于刘邦与赵高篡弑之间的关系,可参看安子毓:《秦二世"望夷之祸"时间考辨》,《中国史研究》2016年第1期;冷鹏飞:《刘邦、赵高勾结琐谈》,《北京大学学报(哲学社会科学版)》1984年第3期。
⑥ 《史记》卷八《高祖本纪》,第458页。《汉书》改为"沛公不许",王鸣盛已辨其非,参见氏著:《十七史商榷》卷二《不许赵高》,上海古籍出版社,2013年,第26页。
⑦ 《汉书》卷一上《高帝纪上》,中华书局,1975年,第19页。
⑧ [清]梁玉绳:《史记志疑》卷六《高祖本纪》,第219页。

《楚汉春秋》为提供了与《史记》《汉书》都不同的记载,曰:"上南攻宛,匿旌旗,人衔枚,马束舌,鸡未鸣,围宛城三匝。"① 在这一文本中并无过宛复还之事,而是挟战胜之威直趋宛城,攻其无备、出其不意,乃能使南阳守计无所出震怖欲死。陈恢在为宛城约降时说:"今足下尽日止攻,士死伤者必多;引兵去宛,宛必随足下后。"② 其中并未提及刘邦曾过宛而西,反而是以假设口吻说之,似乎可从一定程度上证明,刘邦乃是直接进攻宛城,并无过而复还的事迹。

《楚汉春秋》作为一手史料,可信度当然更高,而且记载本身也更加合理,因此笔者以为当以《楚汉春秋》的记载为是。《史记》的文本自相矛盾,似乎是杂糅异说而成,当时可能流传着奇袭、虚张声势、过宛复还等多种说法,司马迁秉持着多闻阙疑的原则兼收并蓄之。刘邦欲背宛西进之说,本身就极不合理,而且明显有着附会怀王之约的目的,应该是有意地造作,其中张良劝刘邦还师的谏言,与陈恢约降的说辞颇为雷同,很可能是化用了陈恢之语。

四、结语

长期以来,人们在谈论秦汉之际的史事时,往往过于强调怀王之约的影响。然而由上文可知,那个号令天下、统筹反攻的怀王之约其实并不存在,或至少也非今日史籍之样貌,刘邦集团为了重塑自己"王关中"的法理依据,才将楚怀王的某些言论夸大、附会为怀王之约。这样的一个怀王之约,既不符合秦末的历史事实,也无法在随后的楚汉战争中鼓动诸侯,只是由于刘邦取得了最终的胜利,才被后世当作历史叙事的核心。

巨鹿之战固称秦末历史的转折点,但也应重视安阳事变,此事变对怀王之约的建构具有重要影响。由于安阳事变未能彻底解决熊项之争,项羽与怀王间的君臣关系得到了名义上的保留,刘邦后来正是匠心独运地利用了这一点,通过怀王之约,窃取楚王的权威来对抗项羽。但事变前后,反秦战争和楚国内部都呈现出截然不同的形势,这又平添了建构怀王之约的困难。由于该约自有其现实原型,所以立约时间只能随其原型放在安阳事变之前,然而此时的反秦战争还毫无起色,直到项羽重掌兵权、鏖战巨鹿才开启了亡秦的历史进程,作为"亡秦伟略"的怀王之约,自然只能按照事变后的战局来设计,这样就使怀王之约陷入了不切实际、时空错位的尴尬境地。除了形势诡谲所带来的客观困难,刘邦集团还要将"抑项扬刘"作为怀王之约的立足点,极力偏袒刘邦,其结果自然是左支右绌、破绽百出。

附识:本文在修改的过程中,得到了云南大学韩杰教授的悉心指导和高驰、刘佳亮同学的诸多帮助,以及编辑部反馈的翔实的修改意见。在此谨致以诚挚的谢忱!

---

① 《史记》卷八《高祖本纪》注引《史记索隐》,第457页。
② 《史记》卷八《高祖本纪》,第456页。

· 汉代器物研究 ·

汉镜的"光景"*

王子今

(西北大学历史学院)

摘要：汉代铜镜是重要的文物遗存。汉镜的形制、图案和铭文，载录了丰富的历史文化信息。汉镜研究，有长久的学术传统，考古发掘所得实例，又有比较确定的年代信息及相关环境背景资料，学术价值更为可贵。有关汉镜的考古学、文物学、图像学和文字学研究，学术进步有突出的显现。通过今后的研究，汉镜铭文透露的史实，将会得到更好的发掘、理解和说明。对镜铭和图像关系的考察，也将促成图像史学和美术考古的进步。

关键词：汉镜；图案；铭文；光景；文采；史征

鲁迅热爱汉画、收藏汉画的故事为人们熟知。他曾经向友人指出"汉刻"图像"颇可供参考"，又说到自己有关"汉画象"的工作计划："曾拟摘取其关于生活状况者，印以传世，而为时间与财力所限，至今未能，他日倘有机会，还想做一做。"他建议朋友，"汉画象中""非常生动，与一般汉石不同，但极难得"者，建议"倘能遇到，万不可放过也"①。鲁迅在致台静农信中再次言及印制汉画的愿望："印汉至唐画象，但唯取其可见当时风俗者，如游猎，卤簿，宴饮之类，而著手则大不易。"在另一封致台静农的信中，鲁迅还说到对一部汉代墓砖图录的关注："《汉圹专集》未见过，乞寄一本。"据《鲁迅全集》注释，《汉圹全集》，"即《汉代圹砖集录》，王振铎编，

---

* 基金项目：2020年度国家社会科学基金中国历史研究院重大研究专项（"兰台学术计划"）"中华文明起源与历史文化研究专题"委托项目"中华文化基因的渊源与演进"（20@WTC004）。

① 分别见于鲁迅：《1934年2月20日致姚克》，《1934年3月6日致姚克》，见《鲁迅全集》，人民文学出版社，2005年，第13卷第29页、第39页。

1935年北平考古学社影印出版"①。鲁迅予以关切的另一种汉代文物形式"汉镜",同样对于认识汉代历史文化"颇可供参考"。鲁迅最初收藏古镜,距今已约百年。近读鹏宇著《汉镜铭文汇释》②,整理某些想法时,再读鲁迅相关意见,可以体会到优秀学风得以继续,一如汉代镜铭所谓"统德道序""后人相承"③,自然内心欣喜。

一、鲁迅说"汉代的镜子"

1925年年初,鲁迅"翻衣箱,翻出几面古铜镜子来"。他回忆,"大概是民国初年初到北京时候买在那里的"。他接着写道:"一面圆径不过二寸,很厚重,背面满刻蒲陶,还有跳跃的鼯鼠,沿边是一圈小飞禽。古董店家都称为'海马葡萄镜'。但我的一面并无海马,其实和名称不相当。记得曾见过一面,是有海马的,但贵极,没有买。这些都是汉代的镜子;后来也有模造或翻沙者,花纹可造粗拙得多了。汉武通大宛、安息,以致天马、蒲萄,大概当时是视为盛事的,所以便取作什器的装饰。"这面"背面满刻蒲陶"的古镜,镜钮是蟾蜍状。鲁迅说:"镜鼻是一个虾蟆,则因为镜如满月,月中有蟾蜍之故,和汉事不相干了。"确实,"这些都是汉代的镜子"的判断,可能是错误的。"海马葡萄镜"通常公认为是唐镜。

面对一面古镜,鲁迅在艺术鉴赏之余,发表了通过"汉事"评论汉代文化风格的一段文字。他写道:"遥想汉人多少闳放,新来的动植物,即毫不拘忌,来充装饰的花纹。"他又说到唐文化:"唐人也还不算弱,例如汉人的墓前石兽,多是羊、虎、天禄、辟邪,而长安的昭陵上,却刻着带箭的骏马,还有一匹鸵鸟,则办法简直前无古人。"鲁迅说:"汉唐虽然也有边患,但魄力究竟雄大,人民具有不至于为异族奴隶的自信心,或者竟毫未想到,凡取用外来事物的时候,就如将彼俘来一样,自由驱使,绝不介怀。一到衰敝陵夷之际,神经可就衰弱过敏了,每遇外国东西,便觉得仿佛彼来俘我一样,推拒、惶恐、退缩、逃避,抖成一团,又必想一篇道理来掩饰,而国粹遂成为屠王和屠奴的宝贝。"④ 对于汉唐美术风格与文化精神,鲁迅也曾经有"惟汉人石刻,气魄深沈雄大,唐人线画,流动如生,倘取入木刻,或可另辟一境界也"⑤ 的评价。这里所说的"气魄深沈雄大",当然已经不限于艺术,而涉及我们民族精神的时代风格。

关于古镜的比较,鲁迅也谈了他的体会。他说:"宋镜我没有见过好的,什九并无

---

① 分别见于鲁迅:《1934年6月9日致台静农》,《1935年8月11日致台静农》,见《鲁迅全集》,第145页、第519—520页。
② 鹏宇:《汉镜铭文汇释》,云南人民出版社,2022年。
③ 鹏宇:《汉镜铭文汇释》,第448页。
④ 鲁迅:《看镜有感》,载《坟》,见《鲁迅全集》,第1卷第208—209页。
⑤ 鲁迅:《1935年9月9日致李桦》,见《鲁迅全集》,第13卷第539页。

藻饰，只有店号或'正其衣冠'等类的迂铭词。真是'世风日下'。"鲁迅分析了这种变化的文化背景："要进步或不退步，总须时时自出新裁，至少也必取材异域，倘若各种顾忌，各种小心，各种唠叨，这么做即违了祖宗，那么做又像了夷狄，终生惴惴如在薄冰上，发抖尚且来不及，怎么会做出好东西来。"他指出，"所以事实上'今不如古'者，正因为有许多唠叨着'今不如古'的诸位先生们之故"。他大声号召"放开度量，大胆地，无畏地，将新文化尽量地吸收"。

古镜研究，是金石学的重要主题之一。现在"文物学"的地位提升，但是如可以称作前辈文物学者鲁迅那样对于所收藏一件"日用镜"细致考察，至于"多磨损"，而镜面因铸作技术形成的缺点经历修补的情形，仍不多见。鲁迅是这样记述的："现在流传的古镜们，出自冢中的居多，原是殉葬品。但我也有一面日用镜，薄而且大，规抚汉制，也许是唐代的东西。那证据是：一、镜鼻已多磨损；二、镜面的沙眼都用别的铜来补好了。当时在妆阁中，曾照唐人的额黄和眉绿，现在却监禁在我的衣箱里，它或者大有今昔之感罢。"①

二、汉镜的神光

"镜"，是通过光影反射实现其功用的。

东周秦汉人们的光学感觉，有时被赋予具有神秘意义的解说。司马迁在《史记·封禅书》中介绍今天陕西宝鸡地方发生的"陈宝"崇拜："上帝为尊，其光景动人民唯陈宝。"② 据说秦穆公立"陈宝祠"，"祭，有光，雷电之声"。传说又有"有赤光十余丈"的情节。③ 这种情景，据说到汉代依然多次发生。班固记述："及陈宝祠，自秦文公至今七百余岁矣，汉兴世世常来，光色赤黄，长四五丈，直祠而息，音声砰隐，野鸡皆雊。"④ 按照《汉书·扬雄传上》颜师古注引如淳的解释，"陈宝神来下时，輝然有声，又有光精也"⑤。也强调"光精"的神异。"陈宝"出现导致"野鸡"的异动，应当是"宝鸡"地名的由来。

我们这里不具体讨论可能涉及古天文学知识的这种"光""声"现象是否为流星坠落的问题，而更留心古人对"光景"的特殊关注。

汉武帝最后一次出巡，《汉书·武帝纪》记载："后元元年春正月，行幸甘泉，郊泰畤，遂幸安定。""二月，诏曰：'朕郊见上帝，巡于北边，见群鹤留止，以不罗罔，

---

① 鲁迅：《看镜有感》，《鲁迅全集》，第1卷第208—209页。
② 《史记》卷二八《封禅书》，中华书局，1982年，第1376页。
③ 《史记》卷二八《封禅书》，司马贞《史记索隐》引《列异传》，第1360页。
④ 《汉书》卷二五下《郊祀志下》，中华书局，1962年，第1258页。
⑤ 《汉书》卷八七上《扬雄传上》，第3549页。

— 18 —

麋所获献。荐于泰畤，光景并见。其赦天下。'"① 虽然有祠祀"泰畤"的需求，汉武帝却没有捕杀所见"群鹤"，而"荐于泰畤，光景并见"，似乎来自"上帝"的"灵命"暗示，体现了对汉武帝"见群鹤留止，以不罗罔，麋所获献"行为的真诚谅解和高度认可。而依照当时体现生态意识的社会礼俗，在这个季节确实是不可以杀害禽鸟的。②

《后汉书·西南夷列传·邛都夷》："青蛉县禺同山有碧鸡金马，光景时时出见。"③所谓"碧鸡"传说，使人联想到与"陈宝""野鸡"相关的神秘"光景"。《汉书·郊祀志下》写道："西河筑世宗庙，神光兴于殿旁，有鸟如白鹤，前赤后青。神光又兴于房中，如烛状。广川国世宗庙殿上有钟音，门户大开，夜有光，殿上尽明。上乃下诏赦天下。"第一例"西河"事，"神光"与"有鸟如白鹤"并见。这种"光"或说"神光"与疑似"白鹤"的同时出现，也是类似的神异现象。

我们现在还不能准确解说汉武帝诏文所言"光景并见"究竟是怎样的情境，但是有理由推想，很可能出现了与"神光兴于殿旁，有鸟如白鹤……"相类似的情形，于是使得这位垂老的帝王感觉到了某种神秘的象征，体会到了某种生命的激励。

"光景"与新生命同时出现，见于《后汉书·皇后纪下·顺烈梁皇后》的记载："顺烈梁皇后讳妠，大将军商之女，恭怀皇后弟之孙也。后生，有光景之祥。"④ 这一有关"光景之祥"的故事，《北堂书钞》卷二三引文列于"灵命"题下。⑤ 汉镜铭文所见"灵景"⑥，可以使人联想到"光景之祥"相关情节。与梁妠故事相类同的史例，又有《晋书·刘元海载记》："其夜梦旦所见鱼变为人，左手把一物，大如半鸡子，光景非常，授呼延氏，曰：'此是日精，服之生贵子。'"⑦《鹖冠子》卷下《学问》："神征者，风采光景，所以序怪也。"⑧ 所谓"神征"，可以由"光景"显现。

神异"光景"的出现，如《晋书·乐志上》所说："神之来，光景昭。"而且"祇

---

① 《汉书》卷六《武帝纪》，第 211 页。
② 王子今：《北边"群鹤"与泰畤"光景"——汉武帝后元元年故事》，《江苏师范大学学报（哲学社会科学版）》2013 年第 5 期。
③ 李贤注："《华阳国志》曰：'碧鸡光景，人多见之。'"《后汉书》卷八六《西南夷列传》，中华书局，1965 年，第 2852 页。《水经注》卷三七《淹水》："（淹水）东南至青蛉县。县有禺同山，其山神有金马、碧鸡，光景儵忽，民多见之。汉宣帝遣谏大夫王褒祭之，欲致其鸡、马。褒道病而卒，是不果焉。王褒《碧鸡颂》曰：敬移金精神马，缥缥碧鸡。故左太冲《蜀都赋》曰：金马骋光而绝影，碧鸡儵忽而耀仪。"[北魏]郦道元著，陈桥驿校证：《水经注校证》，中华书局，2007 年，第 857 页。所谓"骋光""绝影""儵忽""耀仪"，都是"光""影"感觉的表现。
④ 《后汉书》卷一〇下《皇后纪下》，第 438 页。
⑤ [唐]虞世南撰：《北堂书钞》，清光绪十四年万卷堂刻本，第 1571 页。
⑥ 镜铭文字或作"灵京""灵景""灵愿京"，鹏宇释"京""景"为"影"。见鹏宇：《汉镜铭文汇释》，第 161 页。
⑦ 《晋书》卷一〇一《刘元海载记》，中华书局，1996 年，第 2645 页。
⑧ [宋]陆佃解：《鹖冠子》，《四部丛刊》景明刻宋本，第 36 页。

之来，遗光景"①，是"神""祇"亲临的迹象。《艺文类聚》卷七四北周庾信《象戏赋》曰："若叩洪钟，如悬明镜""若方镜而无影，似空城而未居""昭日月之光景，乘风云之性灵，取四方之正色，用五德之相生"，则说日月天光都是"光景"。以"镜"为象征者，可以"昭日月之光景，乘风云之性灵"。②

《太平御览》卷三引刘向《洪范传》曰："日者，照明之大表，光景之大纪，群阳之精，众贵之象也。"③ "照明"又作"昭明"。日光，是"光景之大纪"。"月掩日，则蔽障日体，使光景有亏"，就叫作"日蚀"。④ 大家熟知，汉代铜镜有称"昭明镜"者，据鹏宇《汉镜铭文汇释》，完整的铭文辞例作："A. 内清质以昭明，光辉象夫日月，心忽穆而愿忠，然雍塞而不鹥。B. 内清质以昭明，光辉象夫日月，心忽穆而愿忠，然雍塞而不泄。"⑤ 汉代镜铭往往有"见日之光"字样。《汉镜铭文汇释》指出，"'日光'铭⋯⋯以'日光'为主要套语"，"是汉代流传范围最广，流行时间最长的镜铭类型之一"。据鹏宇分析，在列入《长安汉镜》一书统计的汉长安地区发掘的1400余座汉墓中，"共出土铜镜300多面，日光镜竟占92面，占出土铜镜的四分之一强"⑥。而且该书所特指的"日光镜"限定范围，尚不包括"同书所列'日光草叶纹镜''日光四乳铭文镜'等"。"可见'日光'铭铜镜在汉代多见之程度。"鹏宇说："目前考古出土、各博物馆馆藏及各书刊报道的'日光'铭镜已不下万件。"关于"见日之光"的"见"字，他介绍了李学勤先生的观点：以往一些学者读"见"为"现"，训作"显现"。⑦ "李学勤先生认为此处的'见'应是从甲骨金文简牍以来的'视'字。'视'，《小尔雅》即《广雅》均云：'比也。'《礼记·王制》郑注亦云：'犹比也。''视日之光'意即'比日之光'，刚好同'若月之明'对仗，都是形容镜面光洁明亮如同日月。"⑧ "见日之光"，又有"如日之光""和日之光"异文⑨，正可以作为"比日之光"说的补证。当然，注意到"镜"与"光景"神秘意识的关系，也许"如同日月"的比喻，其意义可能超越"形容镜面光洁明亮"。《汉镜铭文汇释》对"昭明镜""日光镜"的关注，应当有益于我们考察有关"光景"的文化象征意义。

"镜"和"光景"的密切关联，还见于《释名》卷四《释首饰》："镜，景也。言

---

① 《晋书》卷二二《乐志上》，第681页。
② [唐]欧阳询撰，汪绍楹校：《艺文类聚》，上海古籍出版社，1965年，第1282页。
③ [宋]李昉著，夏剑钦、王巽斋校点：《太平御览》，河北教育出版社，1994年，第27页。
④ 《宋书》卷一四《礼志一》，中华书局，1997年，第351页。
⑤ 鹏宇：《汉镜铭文汇释》，第81页。
⑥ 程林泉、韩国河：《长安汉镜》，陕西人民出版社，2022年，第89页。
⑦ 鹏宇原注，见〔日〕"中国古镜研究"班：《前汉镜铭集释》232镜铭下，《东方学报》第84册，2009年。
⑧ 鹏宇原注，见李学勤：《日光镜铭新释》，《文博》2013年第1期，第16—17页。
⑨ 鹏宇：《汉镜铭文汇释》，第55页、第68页、第69页。

有光景也。"①《说文·金部》:"镜,景也。从金,竟声。"段玉裁注:"景者,光也。金有光可照物谓之镜。此以叠韵为训也。镜亦曰鉴。双声字也。"②又如《说文·日部》:"景,日光也。"然而段玉裁注说:"日字各本无。依《文选》张孟阳《七哀诗》注订。"又写道:"《火部》曰:'光者,明也。'《左传》曰:'光者远而自他有耀者也。'日月皆外光,而光所在处物皆有阴。光如镜故谓之景。"③"镜"于是与"光景"有密切关系。"镜"也因此具有了与"光景"相关的神秘意义。

甚至"光景"作为时间代号时,文献亦多见与"镜"的联系。如宋人蔡戡诗:"百年光景急如梭,揽镜登楼奈若何。"④金人段克己词:"百年光景霎时间,镜中看,鬓成斑。"⑤明郭谏臣诗:"百年光景今过半,对镜空嗟白发新。"⑥

虽然段玉裁说"景者,光也",但是汉武帝事迹所见"光景并见"似体现"光"和"景"仍有区别。汉镜铭文"鉴物象状兮明人审,外光内景兮辉荡渊"⑦,所谓"外光内景",则言其一"外"一"内"。"内景"大概是说"镜"对于"外光"的反射作用。

《文选》卷五八谢玄晖《齐敬皇后哀策文》"哀日隆于抚镜"句,李善注:"《西京杂记》:宣帝被收系郡邸狱,臂上犹戴史良娣合彩婉转丝绳系身毒宝镜一枚。旧传此镜照见妖魅,得佩之者为天神所福。故宣帝从危获济。及即大位,每持此镜,感咽移辰。宣帝崩后,不知所在。"⑧后来"照妖镜"的名义和功用,是人们所熟悉的。可能与传说汉宣帝"从危获济"的那面可以"照见妖魅"的"宝镜"有关,于是李商隐诗有"我闻照妖镜,及与神剑锋"⑨句。铜镜具有神奇效能的故事,《后汉书·西羌传》:"时羌归附既久,无复器甲,或持竹竿木枝以代戈矛,或负板案以为楯,或执铜镜以象兵,郡县畏懦不能制。"⑩

---

① 任继昉纂:《释名汇校》,齐鲁书社,2006年,第245页。
② [汉]许慎撰,[清]段玉裁注:《说文解字注》,上海古籍出版社,1981年10月据经韵楼臧版影印版,第703页。
③ [汉]许慎撰,[清]段玉裁注:《说文解字注》,第304页。
④ [宋]蔡戡:《有感》,《定斋集》卷一九,清光绪《常州先哲遗书》本,第152页。
⑤ [金]段克己:《江城子·季春五日有感而作歌以自适也》,《二妙集》卷八《乐府》,清文渊阁《四库全书》本,第50页。
⑥ [明]郭谏臣:《江上偶述》,《鲲溟诗集》卷三,清文渊阁《四库全书》补配文津渊阁《四库全书》本,第41页。
⑦ 鹏宇著:《汉镜铭文汇释》,第507页。
⑧ [梁]萧统编,[唐]李善注:《文选》,中华书局据胡克家刻本1977年11月缩小影印版,第800页。
⑨ [唐]李商隐撰,[清]朱鹤龄注:《李义山诗集注》卷三下,清文渊阁《四库全书》本,第153页。
⑩ 《后汉书》卷八七《西羌传》,第2886页。

三、汉镜的文采

鲁迅批评宋镜"什九并无藻饰,只有店号或'正其衣冠'等类的迂铭词"。而汉镜不仅图案生动活泼,铭文内容确实少见"迂铭词",而往往富有风采。

汉镜铭文多言"巧工刻之成文章"①。读汉代镜铭,确实可以体会到其中"文章"的精彩。写录《诗·卫风·硕人》诗句的镜铭引起一些学者关注②,鹏宇也有所论说,主要陈说了"李学勤师"的见解。③《诗经》的普及,自然是儒学地位抬升,经学成为教育主题的表现。但是同时也可以理解为诗学在社会扩张影响的证明。对于"'昭明'铭"的分析,鹏宇认为,此类铭文,"在结构上,带有鲜明的楚辞特点。与《离骚》相比,只是省去'兮'字"④。这一意见,也值得重视。

"'长相思',镜铭吉语,亦汉人习语。"《汉镜铭文汇释》说,这一"镜铭吉语"与"汉乐府《杂曲歌辞》有名'长相思'者"有关。而"'长相思'铭镜存世极多"。⑤ 又如记述别离情思的文字,"'远行''行有日'铭在内容上,与'戚思悲'铭、'心悲'铭、'志悲'铭等,颇为相类,皆为送别之作,语言质朴,情感真挚,颇似汉乐府诗。如'行有日,返毋时'与《盘中诗》'出有日,还无期'相近,'愿君强饭多勉之'与《古诗十九首·行行重行行》'努力加餐饭'相近,'人两心,诚不足思'的逻辑与《白头吟》'闻君有两意,故来相决绝'、《有所思》'闻君有他心,拉杂摧烧之'相类"⑥。所谓"送别之作"的说法并不准确,所表达的是远行久别的"相思"。如镜铭"行有日兮反毋时,结中带兮长相思"⑦,语意非常明朗。应当注意到,陈直考察《古诗十九首》中"生年不满百"以及《西门行》《吟叹曲》等涉及"仙人王子乔"诸诗作的年代,就曾经利用镜铭资料。⑧ 关于《步出夏门行》"过谒王父母,乃在太山隅,离天四五里,道逢赤松俱"诗句,也引"上太山镜铭""盍氏仙人镜"为参照。分析《艳歌》诗,也引据"建安十年朱氏镜"。就曹操《秋胡行》的分析,亦引"汉华山仙人镜铭""东汉人之习俗语",并指出:"曹操所作游仙各诗,无不与东汉后期古器物铭相合。"说曹植《飞龙篇》"寿同金石",指出《作佳镜铭》"寿如金

---

① 鹏宇:《汉镜铭文汇释》:第452—453页。
② 罗福颐:《汉鲁诗镜考释》,《文物》1980年第6期;徐鉴梅:《东汉诗经铭文镜》,《江汉考古》1985年第4期;张吟午:《毛诗、镜诗、阜诗〈硕人〉篇异文比较》,《江汉考古》1986年第4期。
③ 鹏宇:《汉镜铭文汇释》,第468—469页。
④ 鹏宇:《汉镜铭文汇释》,第81页。
⑤ 鹏宇:《汉镜铭文汇释》,第24页。
⑥ 鹏宇:《汉镜铭文汇释》,第29页。
⑦ 鹏宇:《汉镜铭文汇释》,第29页。
⑧ 陈直:《汉诗作品之断代》,见氏著《文史考古论丛》,天津古籍出版社,1988年,第35—36页

石""与本诗寿同金石正相符合"。①

鹏宇提示我们,"在传世文献七言诗流行之前,西汉晚期的铜镜上便已经开始大量使用七言韵文了"。镜铭"㐱言之始自有纪""㐱言之纪从镜起""㐱言之纪从镜始""㐱言之纪镜先始"等②,都说明这些"巧工"们是了解"㐱言之始"的意义,并且愿意公开表达因此产生的自豪的。

汉镜铭文还有极简洁者,如"卿富贵宜光",鹏宇读作"〔公〕卿,富贵,宜光"。又有"好哉此竟文",鹏宇读作"好哉,此竟(镜)文(纹)"。③ 如果不分断,读来也可以体会到很深的意味。而"宜官宜官""宜宜宜宜"等镜铭④,也可以作为分析汉代民间语言学史的研究资料。

陈直曾经专门著文《汉镜铭文学上潜在的遗产》,强调"汉镜的铭词,是两汉文学上最美丽的作品,也是两汉文学上潜在的遗产"。"汉镜铭既无作者姓名,但作者必为当时文学专家"。有些"气势完全与汉赋相近",且又有"乐府歌辞式"。有的比之传世诗赋名作,"陈义更深远,措词更高古"。对于反映当时"社会情况"的品质,陈直说:"这些宝贵的材料,在《汉书》里是看不出来的。"比照"六朝镜铭"和"唐镜铭","神韵在'玉台''香奁'之间,已失去社会意义"⑤,文化价值自然大有不同。陈直还写道:"辛延年《羽林郎》云:'贻我青铜镜,结我红罗裾。'按:青铜镜名称,始见于本诗。汉镜铭仅云:'汉有嘉铜出丹阳,和以银锡清而明。'又云:'清冶铜华以为镜。'又云:'炼冶铅华清而明。'皆言合金之剂,惟不明言青铜。"⑥ "青铜镜"名号,始见于诗歌,也说明了汉镜与汉诗的文化缘分。

四、汉镜的史征

汉镜铭文亦有纪史证史的内容。

姑且不论"五帝天皇""黄帝除凶"⑦ 等传说时代历史记忆的保存,涉及东周史记录的镜铭,可见"景公之象兮,吴娃之兑(悦)"。李学勤先生认为"景公"即齐景公,所说故事见《晏子春秋》"景公欲诛羽人晏子以为法不宜杀"章。⑧ 鹏宇列于

---

① 陈直:《汉诗中之习俗语与古器物之联系》,见氏著《文史考古论丛》,第46页、第47页、第49页、第50页。
② 鹏宇:《汉镜铭文汇释》,第220—228页。
③ 鹏宇:《汉镜铭文汇释》,第499页。
④ 鹏宇:《汉镜铭文汇释》,第506页。
⑤ 陈直:《汉镜铭文学上潜在的遗产》,见氏著《文史考古论丛》,第92—98页。
⑥ 陈直:《汉诗中之习俗语与古器物之联系》,见氏著《文史考古论丛》,第43页。
⑦ 鹏宇:《汉镜铭文汇释》,第12—18页。
⑧ 李学勤:《景公镜》,见《四海寻珍》,清华大学出版社,1998年,第92—93页。

"'景公'铭"题下。① 而以"大哉,孔子志也"文字起始的镜铭,《汉镜铭文汇释》归于"'孔子'铭"。② 又有鹏宇称作"孔子及诸弟子榜题"者,可见"圣人孔子。弟子颜渊。弟子子贡",以及"子贡。渔父""曾子。曾子母。闵骞父。"另有所谓"'伍子胥'榜题",文字可见"玉女二人。越王。范蠡。吴王。忠臣伍子胥",以及"越王。范丽(蠡)。越王二女。吴王。忠臣伍子胥""忠臣伍子胥。越王二女。吴王。越王。范鹿(蠡)""伍子胥。玉女二人。吴王。越王。范蠡""忠臣伍子胥。吴王。越王。范蠡""伍子胥。越王"。③ 这类铜镜的制作时代,均在东汉时期,正与《越绝书》《吴越春秋》成书大致同时。

《汉镜铭文汇释》所收镜铭可见"中平二年正月十二壬午日,造作此尚方明竟",又有"黄贼波(破)尽汉家昌"语。鹏宇简注:"即公元185年。""据《后汉书·孝灵帝纪》,光和七年(184)十月,皇甫嵩等俘获张角弟张梁,十一月,斩张角弟张宝。十二月己巳,大赦天下,改元中平。'黄贼'者,疑指黄巾起义之事。"④ 这样的判断应当是正确的。对于参与黄巾暴动的民众,《后汉书》一般直称"黄巾",计88例。少数则称"黄巾贼",计22例。见于《后汉书·献帝纪》,及同书《羊续传》《郑玄传》《桓典传》《袁闳传》《孝明八王传·陈敬王羡》《孝明八王传·乐成靖王党》《孝明八王传·淮阳顷王昞》《杨赐传》《章帝八王传·清河孝王庆》《章帝八王传·河间孝王开》《卢植传》《陈蕃传》《王允传》《党锢传》《何进传》《朱儁传》《循吏传·刘宠》《宦者传·吕强》《儒林传上·孙期》,《独行传·刘翊》《南蛮传·板楯蛮夷》。⑤ "黄贼"文字,仅见于《后汉书·王常传》"九年,击内黄贼,破降之"⑥ 一例。此言建武九年(33)事,"内黄"是地名,"内黄贼"只能连读。以"黄贼"指称黄巾起义军者,汉镜铭文提供了非常珍贵的称谓史资料。

文化史、政治史自然是中国传统史学最重视的叙说主题。但是社会生活史的内容,即上文说到鲁迅所最关心的"汉画象中""关于生活状况者",例如"可见当时风俗者,如游猎,卤簿,宴饮之类",在汉镜铭文中也可以发现重要信息。在对"'日有'铭"的分析中,鹏宇列举了"日有喜,月有富,乐毋事,常得意,美人会,竽瑟侍"一类反映社会日常生活理想的文字,而"乐毋事"亦常与"宜酒食"连文,也与"醉不知,醒旦醒"句形成组合。研究者指出,"镜铭中所述之景,常见于汉画像石及画像

---

① 鹏宇:《汉镜铭文汇释》,第463页。
② 鹏宇:《汉镜铭文汇释》,第463—464页。
③ 鹏宇:《汉镜铭文汇释》,第425页、第464—465页。
④ 鹏宇:《汉镜铭文汇释》,第11页。
⑤ 《后汉书》,第385页、1109页、第1209页、第1258页、第1526页、第1669页、第1674页、第1678页、第1784页、第1806页、第1810页、第2118页、第2171页、第2172页、第2189页、第2246页、第2310页、第2479页、第2533页、第2554页、第2696页、第2843页。
⑥ 《后汉书》卷一五《王常传》,第581页。

砖中的宴乐图,传世文献中亦有不少对类似场面的描述"。所引录《史记》卷一二六《滑稽列传》淳于髡那段"饮一斗亦醉,一石亦醉",堪称饮酒史中经典论说的著名言辞。他说:"赐酒大王之前,执法在傍,御史在后,髡恐惧俯伏而饮,不过一斗径醉矣。""若乃州闾之会,男女杂坐,行酒稽留,六博投壶,相引为曹,握手无罚,目眙不禁,前有堕珥,后有遗簪,髡窃乐此,饮可八斗而醉二参。日暮酒阑,合尊促坐,男女同席,履舄交错,杯盘狼藉,堂上烛灭,主人留髡而送客,罗襦襟解,微闻芗泽,当此之时,髡心最欢,能饮一石。"①《汉镜铭文汇释》又专列"'置酒''纵酒''行觞'铭"一类,讨论了"置酒高堂""从(纵)酒东相(厢)""壹行觞"等镜铭。②汉镜铭文这类"关于生活状况者""可见当时风俗者"的内容,也曾有学者关注③,但是全面发掘其中丰富的生活史、民俗史信息,还有相当宽广的学术空间。如读"米肉多,酒而河""肉如山,酒如河"镜铭④,是有益于进一步说明当时社会饮酒风习与消费追求情状的。

当然,物质生活只是社会生活的一个层面。考察社会史,无疑应当更注意社会结构、等级关系以及精神生活体现的文化形态。《史记》卷一二一《儒林列传》说"公孙弘以《春秋》白衣为天子三公"⑤,可知"白衣"很早就被作为社会等级身份标志,有学者已经有专门论说。⑥而汉镜铭文所见"各得所欲,吏人服之官,白衣服之吉","吏人服〔之〕宜高官,白衣服之宜子孙"⑦,则是"白衣"名号已经普遍通行的文物实证。

五、关于汉镜铭文"中国""人民"

体现国家意识和民族意识的镜铭,有"駃氏作镜四夷服,多贺国家人民息,胡虏殄灭天下复,风雨时节五谷孰,长保二亲得天力,传告后世乐无亟"⑧。所谓"多贺国家人民息",也有作"多贺汉家人民息"的。⑨语义自然接近。汉代民间社会意识中的"国家"理念,往往以"汉"为标志符号。如所谓"大汉""皇汉""强汉"等。⑩然

---

① 《史记》卷一二六《滑稽列传》,第3199页。
② 鹏宇:《汉镜铭文汇释》,第52页。
③ 焦姣:《汉镜"宜酒""幸酒""纵酒"铭文》,《文博》2022年第3期。
④ 鹏宇:《汉镜铭文汇释》,第503页、第504页。
⑤ 《史记》卷一二一《儒林列传》,第3118页。
⑥ 杨继承:《服制、符命与星占:中古"白衣"名号再研究》,载武汉大学中国三至九世纪研究所编:《魏晋南北朝隋唐史资料》第36辑,上海古籍出版社,2017年,第128—162页。
⑦ 鹏宇:《汉镜铭文汇释》,第507页、第510页。
⑧ 鹏宇:《汉镜铭文汇释》,第425—426页。
⑨ 鹏宇:《汉镜铭文汇释》,第410页。
⑩ 王子今:《大汉·皇汉·强汉:汉代人的国家意识及其历史影响》,《南都学坛》2005年第6期。

而与"多贺国家人民息""多贺汉家人民息"类似者,又有"多贺新家人民息"①,当是新莽时代制品。文式类同的镜铭,又可见"多贺君家人民息"。② 可见"国家""汉家""新家",其实都是"君家",与"人民"只是存在对应关系。

自《何尊》"宅兹中国"铭文发现,人们多关注"中国"一语的使用。除了尼雅发现的"五行出东方利中国"织锦而外,汉代镜铭也可见"中国"。《汉镜铭文汇释》列有"'中国宁'铭"一节,列举4例。第1例,湖南长沙出土,中国国家博物馆藏品:"圣人之作镜兮,取气于五行,生于道康兮,成有文章,光象日月,其质流刚,以视玉容兮,辟去不羊(祥),中国大宁,子孙益昌,黄常(裳)元吉有纪刚(纲)。"第2例,广西梧州低山出土,广西壮族自治区藏品:"视容正己镜为右,得气五行有冈(纲)纪,乃似于天终复始,中国大宁宜孙子。"第3例,"【外】王氏作竟(镜)真大好,上有仙人不知老,渴饮玉泉饥食枣,浮游天下敖(遨)四海,俳(徘)洄(徊)名山采芝草,寿如王母家(贾)万倍,中国安宁兵不扰,乐未央兮为国保(宝)。【内】……"第4例,"尚方御竟(镜)知人情,道同巧异各有刑(形),维古今世天下平,四夷降服中国宁,人民安乐五谷成"。鹏宇指出,"汉镜中的'中国'"与《何尊》铭文"宅兹中国"之"中国""古义"不同。还说:"'中国'一词还见于武汉市博物馆所藏青盖镜、私人收藏之潘氏镜,在镜铭中与'四夷服''人民息'等套语搭配。"③ 前举第4例"四夷降服中国宁,人民安乐五谷成"亦形成"中国宁"与"四夷降服""人民安乐"的"搭配",其组合之完整不仅包括"五谷成",体现社会愿望的总体美满,又以"维古今世天下平"句,表达了富有历史感觉的理想。陈直曾经将镜铭"四夷服"与汉武帝《西极天马》歌"涉流沙兮四夷服"对照,指出:"盖'四夷服'三字,为两汉人之习俗语。"④ 关注出现"四夷服""四夷伏""四夷降服""四夷尽服"字样等文物遗存,应当有益于对当时民族文化交往史的研究。

西安大唐西市博物馆藏汉镜铭文有"人民昌""中国强"字样。镜铭全文作:"天禄辟邪日有熹,上有龙虎四时置,长保二亲乐无事,子孙顺息当大富,侯王寿命长,多贺君家人民昌,四夷皆服中国强。"⑤ 这一器铭中"中国"和与"国家""汉家""新家"文意接近的"君家"并见,可以启发我们的思考。很可能"中国"体现的,主要是与"四夷"对应的民族地理和区域地理含义,而并不作为政治文化符号。所谓

---

① 鹏宇:《汉镜铭文汇释》,第409页。
② 鹏宇:《汉镜铭文汇释》,第408页,第416—417页。
③ 鹏宇:《汉镜铭文汇释》,第267—268页。
④ 陈直:《汉诗中之习俗语与古器物之联系》,见氏著《文史考古论丛》,第42页。
⑤ 《一件迄今唯一铸有"中国强、人民昌"铭文的国宝级铜镜——西安大唐西市博物馆藏汉代铜镜鉴赏》,大唐西市博物馆,2022年9月。

"人民息",有镜铭作"多贺国家人民蕃息"①,可以帮助我们理解"息"的文义。另一镜铭句末,清华大学汉镜文化研究课题组释文"延寿益年,子孙番(昌)"。② 补一"昌"字,应当是合理的。联系"蕃息"与"番昌"的关系,可以大略知晓大唐西市博物馆藏镜所见"人民昌"与其他铭文"人民息"的一致关系。

---

① 清华大学汉镜文化研究课题组:《汉镜文化研究》下册《图录部分》,北京大学出版社,2014年,图193,第410—411页。
② 清华大学汉镜文化研究课题组:《汉镜文化研究》下册《图录部分》,图191,第406—407页。

·边疆史地研究·

汉匈之外：汉代西域诸国政治史新探
——以"持两端""两属"、称霸等现象为中心的考察

朱圣明

（厦门大学历史与文化遗产学院）

摘要：以往在汉匈西域斗争的视角下，西域诸国被认为只是摇摆或叛附在汉匈之间。此种认识忽略了汉匈之外来自诸国自身的考量与应对。透过这一时期发生在西域的"持两端""两属"、称霸等现象，实可发现相关诸国政治行为背后的主观动机。其中，乌孙"持两端"凸显的是对自主地位的追求；楼兰（鄯善）"两属"有利于在汉匈争斗中发挥自主性；车师"两属"则让车师前、后部各自有了稳固的倚靠对象；莎车、于阗、焉耆的称霸更是自身行为。这都表明，在受汉匈竞相控制之外，诸国亦能利用汉匈对西域的争夺来为自身谋取利益。

关键词：西域诸国；汉匈斗争；持两端；两属；称霸

学界通常认为，自张骞初使西域，汉匈便展开了对该地区的相互争夺。传世与出土文献表明，双方对西域的争夺自西汉武帝起，并一直延续到东汉桓帝时期。在这段时间内，汉匈在西域交替占据着主导地位，双方势力是一种此消彼长的关系。而从"西域"名号的变化中，也可以看出汉匈对该地的交相控制。①

---

① 王子今指出，匈奴早期在对"西域"地方的控制中占有优势地位，于是有"匈奴西域"的方位称号，史称"皆在匈奴之西"。至武帝时汉匈实力对比扭转后，汉帝国的"西域""阸以玉门、阳关"。参见王子今：《"西域"名义考》，《清华大学学报（哲学社会科学版）》2010年第3期。孙闻博认为，汉武帝以前，"西域"主要指代河西地区，多称"匈奴西域"；至昭宣之世，伴随汉王朝西进，"西域三十六国"的概念才逐渐出现。参见孙闻博：《〈史记〉所见"匈奴西域"考——兼论〈史记·大宛列传〉的撰作特征》，《西域研究》2019年第4期。"西域"之限定由"匈奴之西"向"东则接汉，阸以玉门、阳关"的转变（《汉书》卷九六上《西域传上》，中华书局，1962年，第3871页），昭示着武帝前后汉匈势力在玉门、阳关以西及河西地方的消长变迁。

对于西域诸国来说，其"各有君长，兵众分弱，无所统一"①，无论在人口还是胜兵数量上都无法与强大的汉匈同提并论。因此当汉匈势力在西域展开角逐时，诸国便多表现出摇摆依违在两者之间的姿态。于此，元帝时西域副校尉陈汤曾直言："夷狄畏服大种，其天性也。"②

然而，从理论上讲，汉匈西域斗争史显有别于同时期的西域诸国政治史，前者重视汉匈的对抗，后者则立足于西域诸国的应对。弄清了这一点，以下问题便值得重新思考：在汉匈西域之争中，将西域诸国的政治倾向概述为"非汉即匈"是否过于简单化、粗疏化？西域国家作为汉、匈之外的"第三种势力"，是否真就微弱到无法自主的地步？若果如此，西域诸国是否有过什么应对之策？本文即从此出发，尝试发掘相关国家的自主性，以期为更全面地认识该时期的西域诸国政治史提供借鉴。

一、乌孙"持两端"的政治目的

一般认为，西汉时期，伴随汉、匈势力在西域的较量，乌孙在政治倾向上便开始摇摆于汉匈之间。③ 时人亦称之为"持两端"④。这种将乌孙置于汉匈斗争视野下的考察容易忽略其自身的主动性。实际上，当我们把研究视角转向乌孙国内时便会发现，乌孙的"持两端"并非单纯受外在势力影响，其还有着特定的政治目的。

乌孙原本是活动于祁连、敦煌间的游牧部族。其王难兜靡被月氏所杀⑤，王子昆莫为匈奴冒顿单于收养。昆莫成年后，匈奴老上单于予其乌孙旧部。后为报父仇，昆莫率所部远征西迁的月氏，并留居其地。时逢老上单于死，昆莫便"不肯复朝事匈奴"⑥。然而，由于历史渊源与地理区位的原因，乌孙一直羁属于匈奴，后者对前者的政治影响仍旧很大：乌孙"素服属匈奴日久矣，且又近之，其大臣皆畏胡"⑦。由此，在与汉朝最初交往时，乌孙尤为谨慎。之后，因乌孙在汉、匈对抗全局中占有重要地

---

① 《汉书》卷九六下《西域传下》，第3930页。
② 《汉书》卷七〇《陈汤传》，第3010页。
③ 龙玉梅：《乌孙与西汉王朝关系述论》，《西北民族学院学报（哲学社会科学版）》1988年第4期；石少颖：《乌孙归汉与西汉外交》，《湖北大学学报（哲学社会科学版）》2006年第3期。
④ 《史记》卷一二三《大宛列传》，中华书局，1982年，第3178页。
⑤ 《史记·大宛列传》与《汉书·张骞传》所载张骞对谁杀了昆莫之父难兜靡的叙述存在矛盾，《史记》录为匈奴（第3168页），《汉书》则记为月氏（第2692页）。学界对此二说均有所主，参见李芳：《建国以来月氏、乌孙研究综述》，《西域研究》2010年第3期。刘光华则认为是匈奴攻击月氏，月氏西逃冲击乌孙，杀害了难兜靡。即其直接死于月氏之手，而根本原因则在于匈奴进攻月氏。参见刘光华：《西汉前期西北民族研究》，《西北第二民族学院学报（哲学社会科学版）》2003年第2期。
⑥ 《汉书》卷六一《张骞传》，第2692页。
⑦ 《史记》卷一二三《大宛列传》，第3169页。

位，汉匈双方为促成对其的影响乃至控制进行了激烈争夺。

在张骞初使乌孙时，其王昆莫虽因未晓汉朝强弱、国内畏胡情绪和分裂局势等缘故，拒绝东迁河西故地、与汉结盟，却依然遣使随张骞回汉，"因令窥汉，知其广大"①。此举表明乌孙其实也有寻求盟友"共距匈奴"之意，只因未明对方（汉朝）实力，且地近匈奴，所以举动才十分慎重。随着乌孙使者将"汉人众富厚"的信息带回国内，"其国乃益重汉"②。于是，在匈奴因乌孙与汉朝交通，准备攻打其国时，乌孙转而主动希望得到来自汉朝的支持，"使使献马，愿得尚汉女翁主为昆弟"③。不过，此时的乌孙还未敢完全得罪匈奴。从昆莫以汉遣细君（江都）公主为右夫人，以匈奴遣女为左夫人一事上可以看出，匈奴对乌孙积威尚在。④ 因而，对于联姻后汉朝对乌孙的影响我们不能评价太高。事实上，在此后一段时间内，乌孙对汉朝仍持观望态度。其可通过贰师将军进攻大宛期间乌孙的举动来彰显。武帝太初三年（前102），李广利再次征伐大宛时，武帝"使使告乌孙，大发兵并力击宛。乌孙发二千骑往，持两端，不肯前"⑤。余太山指出："汉军所击者为大宛，乌孙尚且'不肯前'，何论匈奴。"⑥此事表明该时期汉朝对乌孙的影响尚显微弱。

然即便如此，乌孙娶汉公主表明其开始走上联汉拒匈之路，试图借汉朝之力摆脱匈奴长久以来的控制。只是由于这一时期西域局势尚未明朗，汉朝在当地的势力还较为薄弱，乌孙唯有"持两端"，才能一方面避免因完全开罪匈奴而遭受被攻打或被灭亡之命运，另一方面也得尽力维系与汉朝的关系以待后用。"持两端"背后实际凸显的乃是乌孙对自主的追求。

和亲之后，汉公主成为乌孙用以联结汉朝的重要纽带。正因这样，昭帝末年，匈奴在与车师联兵侵犯乌孙时才会"使使谓乌孙趣持公主来，欲隔绝汉"⑦。而乌孙方面向汉朝求救也是由汉公主（时细君公主已死，在乌孙联姻的汉公主为解忧公主）来出面。据载，乌孙在昭帝末及宣帝即位之初曾两次向汉朝求救，第一次由公主上书，第二次公主、昆弥翁归靡皆遣使上书。⑧ 本始二年（前72），在乌孙的恳求下，汉廷为其发兵十五万，五道分出，并遣常惠"持节护乌孙兵"⑨。次年，翁归靡率军大败匈奴。

---

① 《史记》卷一二三《大宛列传》，第3169页。
② 《史记》卷一二三《大宛列传》，第3169页。
③ 《史记》卷一二三《大宛列传》，第3170页。值得注意的是，"尚翁主""结昆弟"原本是汉朝方面提出的对乌孙"东居浑邪之地"的回报（《史记》卷一二三《大宛列传》，第3169、3168页），但起初为乌孙拒绝。
④ 余太山主编：《西域通史》，中州古籍出版社，2003年，第53页。乌孙俗同匈奴，以左为尊。
⑤ 《史记》卷一二三《大宛列传》，第3178页。
⑥ 余太山主编：《西域通史》，第53页。
⑦ 《汉书》卷九六下《西域传下》，第3905页。
⑧ 见《汉书》卷九六下《西域传下》，第3905页；《汉书》卷七〇《常惠传》，第3003页。
⑨ 《汉书》卷九六下《西域传下》，第3905页。

此役过后，乌孙与匈奴关系彻底破裂，匈奴也逐渐衰败下去。

乌孙与汉朝联姻本为抗拒匈奴，双方仅为"昆弟"或联盟关系。自本始三年（前71）匈奴败后，乌孙与汉结盟的基础不复存在，双方关系随即发生了微妙变化。① 一方面，汉朝意图加强对乌孙的控制；另一方面，乌孙则希望摆脱汉朝影响。在常惠随翁归靡大破匈奴返回时，"未至乌孙，乌孙人盗惠印绶节"②。乌孙对汉朝的防范心理由此可见一斑。元康二年（前64），翁归靡上书宣帝请立其与解忧公主之子"汉外孙"元贵靡为嗣，"得令复尚汉公主，结婚重亲，畔绝匈奴"③。这看似是翁归靡在主动拉近与汉朝关系以对抗匈奴，其实不然。翁归靡的前任昆弥为岑陬，岑陬死时因其子泥靡尚小，便将王位传与堂弟翁归靡，并让翁归靡待泥靡长大后，"以国归之"④。而翁归靡让其子元贵靡继承乌孙王位显属"毁约"，他需要借重汉朝的力量来完成，所谓"畔绝匈奴"只是吸引汉朝支持的借口。换言之，翁归靡试图利用汉匈对乌孙的争夺来实现自己的政治目的。当宣帝答应其请求，并遣相夫公主前往乌孙时，"乌孙昆弥翁归靡死，乌孙贵人共从本约，立岑陬子泥靡代为昆弥，号狂王"⑤。乌孙贵族拥立泥靡固然有遵从岑陬遗言的缘由，但恐怕也有削弱汉朝对乌孙影响、维护乌孙自主地位的考虑。泥靡乃"岑陬胡妇子"⑥。在匈奴已然衰弱，特别是其衰弱还与乌孙有关，且汉朝同乌孙"结婚重亲"即将达成，前者对后者影响渐趋扩大的情况下，乌孙贵族以"从本约"的名义拥立"胡妇子"而非"汉外孙"，显非为了"亲匈"，而更可能是象征性地"借匈"来"排汉"。针对乌孙此次王位的更迭，汉朝大鸿胪萧望之认为："乌孙持两端，难约结。前公主在乌孙四十余年，恩爱不亲密，边竟未得安，此已事之验也。"⑦此处"持两端"当理解为乌孙既希望在需要时得到汉朝的支持，又不想让汉朝对其国的影响过于强大。应该说，乌孙的这种心态从其与汉朝正式交往以来便存在，只是在匈奴败后变得更加明显而已。萧望之以历任昆弥对待解忧公主的态度来证明乌孙的此种心态，虽有失偏颇，却也合情入理。

狂王继任昆弥后，汉朝与乌孙之间控制与反控制的斗争进行得异常激烈。"狂王复

---

① 见余太山主编：《西域通史》，第58页。
② 《汉书》卷七〇《常惠传》，第3004页。
③ 《汉书》卷九六下《西域传下》，第3905页。
④ 《汉书》卷九六下《西域传下》，第3904页。
⑤ 《汉书》卷九六下《西域传下》，第3905—3906页。
⑥ 《汉书》卷九六下《西域传下》，第3904页。"胡妇子"应指匈奴女所生之子。初，昆莫既娶汉江都公主，又娶匈奴女。其孙岑陬在复"尚江都公主"（《汉书》卷九六下《西域传下》，第3904页）时，也有可能复娶原匈奴女。另据《汉书·西域传》，"肥王翁归靡胡妇子乌就屠……扬言母家匈奴兵来"（第3907页）。其中"胡妇"为匈奴女。又，《汉书·苏武传》载苏武曰："前发匈奴时，胡妇适产一子通国。"（第2468页）这里"胡妇"亦指匈奴女。
⑦ 《汉书》卷九六下《西域传下》，第3906页。

尚楚主解忧，生一男鸱靡，不与主和，又暴恶失众"①，解忧公主与汉使者魏和意、任昌合计谋杀狂王，事未成，狂王负伤逃走。②余太山认为解忧复为狂王所娶后，其使命就不再是联合乌孙以共同对付匈奴，而变成了为汉朝控制乌孙。③该说甚确。狂王之立，本不合汉意。他即位后"不与主和"，暗示其也不欲为汉朝所操控。④于是，汉公主、使者就有了谋杀之举。谋杀事败后，汉廷虽遣中郎将张遵持医药治狂王，将魏和意、任昌处死，并让车骑将军长史张翁调查公主及使者谋杀狂王一事，⑤但实际上这些都只是假象。此后不久，张翁便因盘问公主被处死。又，据《汉书·西域传》，"副使季都别将医养视狂王，狂王从十余骑送之。都还，坐知狂王当诛，见便不发，下蚕室"⑥。其表明汉朝方面认为狂王是"当诛"的，虽然谋杀未成，表面上"将医养视"，但其置狂王于死地的意图并未改变。

此时，乌孙国内的"亲汉"倾向十分微弱。"初，肥王翁归靡胡妇子乌就屠，狂王伤时惊，与诸翕侯俱去，居北山中，扬言母家匈奴兵来，故众归之。后遂袭杀狂王，自立为昆弥。"⑦乌孙众翕侯在谋杀事发后并没有协助狂王（可能与狂王"暴恶失众"有关），也未站在解忧公主一边，而是倒向了扬言得到匈奴支持的乌就屠，颇有借匈奴势力抵抗汉朝对乌孙控制之意味。甘露元年（前53），在解忧公主侍者冯嫽的斡旋下，汉廷立元贵靡为大昆弥，乌就屠为小昆弥，并以常惠率兵屯田赤谷，分别双方人民地界。其中，大昆弥六万余户，小昆弥四万余户，"然众心皆附小昆弥"⑧。显然，乌孙民众对汉朝控制乌孙多持抵触态度。甘露三年（前51），元贵靡、鸱靡皆病死，解忧公主归汉。王庆宪对解忧公主二子元贵靡、鸱靡"皆病死"之说持怀疑态度，他认为二者之死是汉、匈、乌孙争斗的牺牲品，而解忧东返长安表明汉与匈奴争夺乌孙尚未获得全胜。⑨其将解忧公主及其二子的结局上升到政治斗争的层面进行分析，颇有新意。然而，自本始三年（前71）败后，匈奴已然退出了与汉朝关于乌孙的争夺。此后乌孙贵人、众翕侯及民众拥立或拥戴胡妇子泥靡、乌就屠等只是为了抗拒汉朝对乌孙的控

---

① 《汉书》卷九六下《西域传下》，第3906页。
② 见《汉书》卷九六下《西域传下》，第3906页。
③ 余太山主编：《西域通史》，第58页。
④ 李大龙：《西域都护的设立不是乌孙和西汉关系转变的标志》，《西域研究》1993年第1期。石少颖认为解忧公主与狂王的不和乃是汉、匈西域之争的缩影。参见石少颖：《乌孙归汉与西汉外交》，《湖北大学学报（哲学社会科学版）》2006年第3期。然前已指出，本始三年后，乌孙与匈奴的关系实已破裂。
⑤ 见《汉书》卷九六下《西域传下》，第3906页。
⑥ 《汉书》卷九六下《西域传下》，第3906页。
⑦ 《汉书》卷九六下《西域传下》，第3907页。
⑧ 《汉书》卷九六下《西域传下》，第3907页。
⑨ 王庆宪：《匈汉争夺中活跃在西域的三位汉家公主》，《云南师范大学学报（哲学社会科学版）》2003年第3期。

制，并非真的投靠匈奴，因而不能将其视为汉匈争夺乌孙的继续。上述乌就屠扬言得到母家支持只是一个借口或一种口号，此时匈奴正处于五单于争立时期，并不太可能给予乌孙实际支持。因此，如若解忧公主及其二子的结局另有隐情，也更可能是汉朝与乌孙控制与反控制斗争作用的结果。同样，大、小昆弥之分也不像学者所认为的是汉、匈对乌孙争夺的侧面反映①，此说无法解释乌孙民众为何大多偏向小昆弥及史书未见该时期匈奴对乌孙的政治干预两种现象。事实上，本始三年之后乌孙摆脱汉朝控制，寻求自主的诉求在日益增长，乌孙国内看似"亲匈"的行为，其终极目的均是为了"排汉"。从乌孙这一时期好不容易脱离匈奴控制及匈奴自身情况来看，断言乌孙"亲匈"或匈奴介入乌孙政治斗争均与史实不符。

　　乌孙两分后，成为汉朝属国，归西域都护管辖。因"众心皆附小昆弥"，汉廷通过尽力扶持相对较弱的大昆弥，以促成其与小昆弥之间势力的平衡，从而进一步控制了乌孙。"由于大、小昆弥之间相互牵制，就难起叛汉之心……'分而治之'政策还弱化了大、小昆弥的独立意识，使其对汉朝的权威产生依赖性。"② 宣帝末，身为胡妇之子的小昆弥乌就屠为迎合汉朝拥护呼韩邪单于的政治动向，在郅支单于向其求援时，"欲攻之以称汉，乃杀郅支使，持头送都护在所"③，以此示忠于汉朝。成帝元延二年（前11），在小昆弥末振将之弟卑援疐率部众八万多人投靠康居，并欲向其借兵吞并大小昆弥时，"两昆弥畏之，亲倚都护"④。对于分立后的大小昆弥来说，其势力均很薄弱，而此前能为乌孙寻求自主所"借用"的匈奴因单于争立事件而分裂，国力大大削弱，且待呼韩邪北归、郅支被诛，匈奴自身也成为汉朝之"外臣"，⑤ 这样，乌孙先前所采用的借匈抗汉策略便渐失其存在的基础⑥，加上乌孙内部叛乱贵族的威胁，两昆弥若想摆脱被吞并之厄运，就只有且必须亲近汉朝。

　　反过来，汉廷也竭力通过树立自身权威以维系与加强乌孙大小昆弥对其的依附。如成帝鸿嘉末，小昆弥末振将因害怕为大昆弥雌栗靡所并，派贵人乌日领将雌栗靡刺杀。其后，末振将为大昆弥翁侯难栖杀死，汉廷竟以不能亲自诛杀末振将，而杀其太子番丘。哀帝建平二年（前5），在卑援疐遣子往侍匈奴后，汉遣使责让时已为汉臣的匈奴归还卑援疐质子。据《汉书·西域传》记载，卑援疐最后因侵凌两昆弥被西域都

---

① 石少颖：《乌孙归汉与西汉外交》，《湖北大学学报（哲学社会科学版）》2006年第3期。
② 石少颖：《乌孙归汉与西汉外交》，《湖北大学学报（哲学社会科学版）》2006年第3期。
③ 《汉书》卷九四下《匈奴传下》，第3800页。
④ 《汉书》卷九六下《西域传下》，第3909页。
⑤ 见朱圣明：《论汉匈关系中的三种"故事"》，《北方民族大学学报（哲学社会科学版）》2011年第1期。
⑥ 成帝时，西域都护郭舜数次上言："本匈奴盛时，非以兼有乌孙、康居故也；及其称臣妾，非以失二国也。汉虽皆受其质子，然三国内相输遗，交通如故，亦相候司，见便则发；合不能相亲信，离不能相臣役。"（《汉书》卷九六上《西域传上》，第3892页）可见，匈奴臣服汉朝后，其虽仍与乌孙有着来往，但二者关系已发生了明显变化。

护孙建袭杀。这恐怕只是原因之一。卑援疐与匈奴的往来对汉朝在乌孙的权威构成威胁，其当然为汉朝所不容。哀帝时大臣息夫躬便认为卑爰疐遣子往侍单于，可能导致卑爰疐"因素强之威，循乌孙就屠之迹，举兵南伐"①，从而吞并乌孙。这里，特意将卑爰疐同前揭以扬言得到匈奴支持而自立为昆弥的乌孙先王乌就屠联系起来，其表明时人对乌孙借匈奴之力以自图的传统有着较为清晰的认识。

综上可知，自主地位是乌孙一直以来所追求的目标，其在不同阶段采用的策略并不相同。概而言之，本始三年（前71）以前，乌孙为摆脱匈奴控制，与汉朝联姻拒匈。其后，为避免被汉朝掌控，其又试图通过拥立或拥戴胡妇子出身的昆弥来削弱汉朝对乌孙的政治影响。由于受复杂多变的内外环境及地理区位、历史传统、自身实力等因素影响，乌孙追求自主的策略颇为谨慎与曲折，通常是借力打力，在具体行为或政治姿态上要么联汉拒匈，要么借匈抗汉，这样难免给人以"持两端"的感觉。最后，因匈奴臣服于汉，乌孙借匈抗汉之策渐失其效。在汉与乌孙控制与反控制的斗争下，乌孙一分为二。因势力弱小，大小昆弥在政治上都不得不亲近汉朝，以维持其相对自主的局面。

二、楼兰（鄯善）、车师"两属"的背后玄机

众所周知，楼兰在西汉武帝时曾同时役属于汉朝和匈奴。除此之外，在汉匈西域之争中，还产生过另一种形式的"两属"：城郭国因汉匈争夺而分裂，并分别服属于汉朝与匈奴。典型的例子如车师国及其分裂后的车师前部、车师后部。这两种"两属"类型的出现都与汉匈斗争有关，但汉匈之争并非是其全部内涵及成因，"两属"的背后还另有玄机。

自张骞通西域，特别是汉朝夺取河西走廊后，汉使前往西域者日多，"一岁中多至十余辈"②。然而，"楼兰、姑师当道，苦之"，便屡次攻劫汉使，或者充当匈奴耳目，"兵遮汉使"③。元封三年（前108），武帝命从骠侯赵破奴等率兵进攻楼兰、姑师，虏楼兰王。其后，楼兰对汉朝降服贡献。此事为匈奴得知后，发兵攻打楼兰。楼兰便分遣二子委质于匈奴和汉朝。但是，"'两属'的楼兰其实很难保持不偏不倚"④。在贰师将军攻打大宛时，匈奴"遣骑因楼兰候汉使后过者，欲绝勿通"⑤。武帝命军正任文发兵捕楼兰王，押其诣阙问责。楼兰王向汉武帝解释道："小国在大国间，不两属无以自

---

① 《汉书》卷四五《息夫躬传》，第2182—2183页。
② 《汉书》卷九六上《西域传上》，第3876页。
③ 《汉书》卷九六上《西域传上》，第3876页。
④ 余太山：《两汉魏晋南北朝时期西域南北道绿洲诸国的两属现象——兼说贵霜史的一个问题》，见氏著《两汉魏晋南北朝正史西域传研究》，商务印书馆，2013年，第585页。
⑤ 《汉书》卷九六上《西域传上》，第3877页。

安。愿徙国人居汉地。"① 武帝"直其言","亦因使候司匈奴"。匈奴则因此而"不甚亲信楼兰"②。

从汉、匈争斗的视角出发,楼兰的"两属"当然受到了外力的影响:一方面,楼兰、姑师之役后,"汉列亭障至玉门矣"③,然西域诸国依旧处在匈奴控制之下;另一方面,"楼兰国最在东垂,近汉"④,因毗邻河西、地近两关,又不得不受制于汉朝。不过,于楼兰而言,"两属"的对策是其经过实践做出的:因役属于匈奴遭到汉朝攻打,降服于汉朝又受到匈奴进攻,便以"两属"求得"自安"。对于均力图使楼兰归附的汉、匈而言,楼兰"两属"并不是最佳结果。但就汉朝来说,在徙迁楼兰入居汉地以摆脱匈奴控制无法实行,又需要楼兰"候司匈奴"时,便接受了楼兰的"两属"方案。可以蠡测,楼兰对匈奴亦可能有类似对汉朝一样的关于"两属"的解释,只是史书未曾留下记载。不过,匈奴也需要楼兰来侦候汉使,所以即便"不甚亲信楼兰",但对楼兰的"两属"也未反对。亦即,楼兰的"两属"利用了汉匈之争。

然而,正如前言,楼兰的"两属"是有偏向的"两属"。只要汉、匈对楼兰的影响存在差距,中立的"两属"就无法使楼兰"自安"。这便需要楼兰根据局势发展决定政治倾向。有学者以"两属"后的楼兰政局变化为例指出,汉匈在争夺西域过程中之所以争立质子为其所属国国王,是"因为一般而言,质子当政后,原质汉者亲汉,原质匈奴者亲匈奴"⑤。虽然这种以汉匈之争为视角的论析大体不虚,但其对楼兰主体性的重视稍显不足。征和元年(前92),楼兰王死,其国人请立"质子在汉者",汉朝因"质子常坐汉法,下蚕室宫刑,故不遣",并回报曰:"其更立其次当立者。"此后,"楼兰更立王,汉复责其质子,亦遣一子质匈奴"⑥。在汉匈斗争的背景下,史籍既未明言新立楼兰王是否为原质于匈奴的质子,其并非是质子的可能性当很大。在汉朝让新任楼兰王遣送质子后,其又往匈奴遣一子。这表明,并非质子出身的新王在继续推行前王的"两属"策略。再接着,这位新立之王又死,"匈奴先闻之,遣质子归,得立为王",是为楼兰王安归。汉朝方面遣使令安归入朝,安归曰:"新立,国未定,愿待后年入见天子。"其后,安归"复为匈奴反间,数遮杀汉使"⑦。史书未载安归即位后是否亦分遣质子于汉、匈,但原质匈奴者的出身并未让其改变与汉朝的关系。虽然后来在匈奴的影响下,安归开始"遮杀汉使",但有证据表明其并未放弃附属于汉朝的身份。昭帝元凤中,傅介子至楼兰,"责其王(即安归——引者注)教匈奴遮杀汉使:

---

① 《汉书》卷九六上《西域传上》,第3877页。
② 《汉书》卷九六上《西域传上》,第3877页。
③ 《汉书》卷九六上《西域传上》,第3876页。
④ 《汉书》卷九六上《西域传上》,第3878页。
⑤ 陈金生、王希隆:《两汉边政中的质子述评》,《中国边疆史地研究》2008年第2期。
⑥ 《汉书》卷九六上《西域传上》,第3877页。
⑦ 《汉书》卷九六上《西域传上》,第3877—3878页。

'大兵方至,王苟不教匈奴,匈奴使过至诸国,何为不言?'王谢服,言:'匈奴使属过,当至乌孙,道过龟兹。'"① 从傅氏之言出发,其时楼兰仍有替汉朝侦候匈奴使者的任务,只是在汉朝"大兵"未至之前,楼兰更多做的是替匈奴侦候汉朝使者的工作。很显然,历任楼兰王都是在"两属"的基础上,根据外在形势决定自身偏向。这一策略并未因继任楼兰王的不同出身而有太大改变。正因如此,在外部形势发生扭转时,其也能"有基础"地灵活转向。如在汉朝"大兵方至"下,安归即向傅介子透露了匈奴使者的行程。

不过,汉朝这种遣使问责的形式对楼兰的震慑力显然是不够且不持续的。此后不久,楼兰又开始"遮杀汉使"。元凤四年(前77),霍光遣傅介子将楼兰王安归刺杀。汉朝"更立前太子质在汉者"尉屠耆②,"更名其国为鄯善",并遣司马、吏士屯田伊循城。③ 屯田之举意味着汉朝直接将触角伸向楼兰,其超越匈奴对楼兰形成了压倒性的影响,改变了当地的政治生态。其后,鄯善成为汉朝所护西域南道诸国之一。

可是,楼兰"两属"的传统并未就此终结。虽然此后鄯善再也没有如汉武帝时代的楼兰一样"两属"于汉朝与匈奴,但在汉、匈势力重新交锋的东汉初年,从鄯善的一些举动中,我们仍能看到此前楼兰"两属"策略的影响。

据《后汉书·西域传》,建武十四年(38),鄯善王安同莎车王贤遣使诣阙贡献;④ 建武二十一年(45)冬,鄯善、车师前部、焉耆等十八国一起遣子入侍,请求设置都护⑤;建武二十二年(46),在都护未至,莎车王贤让鄯善王安断绝汉道时,"安不纳而杀其使"⑥;建武二十二年冬,在诸国滞留在敦煌的侍子逃归后,鄯善王安还单独上书,"愿复遣子入侍,更请都护。都护不出,诚迫于匈奴"⑦。光武帝回复曰:"今使者大兵未能得出,如诸国力不从心,东西南北自在也。"于是,鄯善、车师"复附匈奴"⑧。在东汉初年的西域诸国中,鄯善主动联络汉朝的举动最为频繁。这里面,固然有惧于匈奴或莎车势力,希望得到汉朝援助的原因。但于在南道之东、"当汉道冲"的鄯善而言⑨,其所以不断展现"向汉"之举,恐怕还有更深一层的考虑。其时,鄯善若仅因一时的压力即选择倒向匈奴、莎车,难保汉朝日后不会进行报复。毕竟,因地

---

① 《汉书》卷七〇《傅介子传》,第3001页。
② 《汉书》卷七〇《傅介子传》,第3002页。
③ 见《汉书》卷九六上《西域传上》,第3878页。
④ 见《后汉书》卷八八《西域传》,中华书局,1965年,第2923页。
⑤ 见《后汉书》卷八八《西域传》,第2924页。
⑥ 《后汉书》卷八八《西域传》,第2924页。
⑦ 《后汉书》卷八八《西域传》,第2924页。
⑧ 《后汉书》卷八八《西域传》,第2924页。
⑨ 《汉书》卷九六上《西域传上》,第3879页。

近河西，汉朝的威慑力通常首先会在鄯善那里得到实践。①"两属"前楼兰"非汉即匈"的政治倾向也的确让其受到了教训。在此情况下，鄯善当不会轻易断绝与汉朝的政治关系，且其"向汉"之举还要更甚于其他西域诸国。而光武帝的回复，让鄯善降附匈奴不再有负担。即便未来汉朝势力重归西域，其也不会因为先前依附匈奴而遭受攻击。

当然，即便在降附匈奴后，鄯善亦并未摆出与汉朝完全断绝政治往来的姿态。永平十六年（73），班超出使西域，初到鄯善，"鄯善王广奉超礼敬甚备，后忽更疏懈"②。笔者认为，已归附匈奴的鄯善仍然对汉使保持友好，当是主动在给自己留后路，以便应对汉朝势力重返西域的可能。③ 不过，当"匈奴使来数日"后，鄯善对汉使就"礼敬即废"④。待到班超袭杀匈奴使者后，鄯善则"遂纳子为质"⑤。这些表明，鄯善在努力维系与汉、匈关系的同时，也会根据局势变化决定偏向。这与楼兰在武帝时代的"两属"策略并无实质不同。

综上，在汉、匈双方展开对楼兰争夺且没有一方势力占据绝对优势时，楼兰应时提出了"两属"策略，以维系"自安"。虽然该策略在现实执行中总会有所偏向，但有"两属"作为基础，其为楼兰在未曾预知局势走向的汉匈之争下发挥自主作用留下了空间。昭帝时，汉朝正式控制了楼兰，后者"两属"的基础不复存在。然至东汉初年，"两属"策略的影响及其促成的自主性，又在鄯善与汉朝的接触中重新体现出来。

与楼兰一样，姑师也因劫杀汉使遭到赵破奴的攻击。其国为汉军所破后，余众北迁投靠匈奴，形成车师国。由于车师东接河西、西通乌孙及龟兹等北道诸国、北邻匈奴、南连楼兰的重要地理区位，汉、匈对其的控制权进行了持续而激烈的争夺。征和四年（前89），武帝遣开陵侯成娩将楼兰、尉犁等诸国兵围车师，车师降服于汉。昭帝时，"匈奴复使四千骑田车师"，车师复降匈奴。宣帝即位后，"遣五将将兵击匈奴，车师田者惊去，车师复通于汉。匈奴怒，召其太子军宿，欲以为质。军宿，焉耆外孙，不欲质匈奴，亡走焉耆"⑥。在经历了一轮"非汉即匈"的抉择后，车师上层的政治倾向出现了一些新的变化：通过逃往第三国（焉耆），回避在汉匈之间站队。军宿逃走

---

① 昭帝元凤四年（前77），傅介子对霍光言道，"楼兰、龟兹数反复而不诛，无所惩艾"，请求前往刺杀龟兹王，而霍光以"龟兹道远"拒绝，让其"验之于楼兰"（《汉书》卷七〇《傅介子传》，第3002页）。
② 《后汉书》卷四七《班梁列传》，第1572页。
③ 由于"近汉"，鄯善对汉朝经营西域的敏感度一直高于他国。东汉时，每次西域断绝新通，鄯善总是首先归附。如元初六年（119），在安帝罢除都护十余年后，敦煌太守曹宗遣长史索班率众屯田伊吾，招徕诸国。鄯善与车师前部便最先降附于索班。延光二年（123），安帝以班勇为西域长史，领兵屯田柳中。次年正月，班勇行至楼兰，鄯善又最早来归。见《后汉书》卷四七《班梁列传》，第1587、1589页。
④ 《后汉书》卷四七《班梁列传》，第1572页。
⑤ 《后汉书》卷四七《班梁列传》，第1573页。
⑥ 《汉书》卷九六下《西域传下》，第3922页。

后,"车师王更立子乌贵为太子。及乌贵立为王,与匈奴结婚姻,教匈奴遮汉道通乌孙者"①。宣帝地节三年(前67),汉遣侍郎郑吉、校尉司马憙发兵进攻车师王乌贵,在向匈奴求救无果后,乌贵投降郑吉。"匈奴闻车师降汉,发兵攻车师,吉、憙引兵北逢之,匈奴不敢前。吉、憙即留一候与卒二十人留守王,吉等引兵归渠犁。车师王恐匈奴兵复至而见杀也,乃轻骑奔乌孙。"②这里,为防止匈奴对自己"降汉"进行报复,乌贵亦以逃亡第三国(乌孙)来应对。

  显然,随着汉匈西域之争的开始,车师也遭遇了和楼兰相似的境遇。只是,在辗转叛附于汉匈之间仍无法规避被攻打的厄运后,楼兰王提出了"两属"的策略,车师上层则出现了逃奔第三国的情况。然楼兰王的"两属"是为了国家的"自安",车师贵族的奔往"第三国"却只能保证自身的"自安",国家的安全问题仍然没得到妥善解决。

  不过,在乌贵逃往乌孙后,车师的尴尬处境走向了另一个出口。匈奴立乌贵之昆弟兜莫为车师王,收车师余民东迁。③汉朝方面则拥立逃奔焉耆的旧太子军宿为车师王,"尽徙车师国民令居渠犁"④。车师分裂为前、后两部,分别附属于汉朝与匈奴。此后,直到神爵二年(前60)匈奴日逐王降汉,车师后部才转臣于汉。进入东汉,汉朝与北匈奴的车师之争再次加剧。在其时汉朝对西域经营的"三绝三通"中,与北匈奴围绕车师展开了三次争夺。这其中,唯有明帝时期曾短暂取得车师后部王安得的臣服,其余两次都只能有效地控制车师前部,车师后部则坚定地站在了北匈奴一方。⑤从外在因素来看,车师前、后两部的各有所属自然与汉匈斗争息息相关。但车师"两属"现象在较长时间内存在,其自身的因素也不能忽视。

  实际上,不同于乌孙在汉匈之间"持两端"、楼兰根据形势有偏向地"两属",车师前、后两部则是较为固定地倾向一方,甚至在已臣属于另一方的情况下,仍有重归原状的思量。这在车师后部王那里体现得尤为突出。每每遭遇汉朝或新朝的压力,后部王总会选择背离汉朝或新朝投靠匈奴,这几乎成了车师后部的一种传统。如平帝元始二年(2),车师后王姑句因不配合戊己校尉徐普对车师后国至玉门关的新道开发,为徐普拘禁,因联想到此前车师前王被都护司马所杀,为避免落得同样下场,其选择了逃奔匈奴。⑥始建国二年(10),后王须置离因害怕给食西域太伯甄丰给本国带来沉重负担,欲逃亡匈奴,为都护但钦所杀。其兄狐兰支率后国两千余众,亡入匈奴。⑦永

---

① 《汉书》卷九六下《西域传下》,第3922页。
② 《汉书》卷九六下《西域传下》,第3923页。
③ 见《汉书》卷九四上《匈奴传上》,第3788页。
④ 《汉书》卷九六下《西域传下》,第3924页。
⑤ 薛宗正:《车师考——兼论前、后二部的分化及车师六国诸问题》,《兰州学刊》2009年第8期。
⑥ 见《汉书》卷九六下《西域传下》,第3924页。
⑦ 见《汉书》卷九六下《西域传下》,第3925—3926页。

元八年（96），戊己校尉索颓欲废除后部王涿鞮，涿鞮认为是车师前部王尉卑大出卖了自己，起兵攻打尉卑大。在汉廷次年派兵讨伐后，涿鞮投往北匈奴，最终为汉军追上杀死。① 桓帝永兴元年（153），车师后部王阿罗多因与戊部候严皓不和，起兵围攻汉军所屯且固城。因后部侯炭遮率众叛离阿罗多降汉，阿罗多便带着家属逃亡北匈奴。②

以上事例中，在感受到汉朝或新朝压力后，车师后部王并不是妥协或屈服，而是选择逃亡匈奴以求自安。其间，未有证据表明匈奴曾对车师后部的这些"叛汉"之举有过"招引"，甚至反过来，一些事件中匈奴还处在被牵连、驱使的位置。如元始二年姑句逃往匈奴时，后者也尚为汉朝所臣属。于是，汉朝遣使问责单于，单于便将姑句交付汉使。③ 始建国二年须置离谋逃匈奴时，匈奴和新朝的关系虽已恶化，但并未完全撕破脸皮，也不太可能主动去诱降车师后部。依《汉书·西域传》，其时王莽变更单于玺，"单于恨怒，遂受狐兰支降"④。这一"受"字，也能表明匈奴在狐兰支亡逃事件中扮演的角色。而正是在接受狐兰支降附后，匈奴才又开始侵入西域，进而正式与新朝启动对抗模式。⑤ 凡此，车师后部王的"叛逃"并不能简单归结为汉匈之争，我们更需重视其中后部王自主性的发挥。

总之，"两属"诚然使得车师前、后部被直接裹挟进汉匈之争中，成为汉匈争斗的工具，但转换一种思路，"两属"后的车师前、后部也分别拥有了固定的可供倚靠或借力的对象，汉朝、匈奴亦能成为车师前、后部同其抗争的工具。当然，受史料局限，这种工具的自主运用在车师后部王那里要表现得更为显著一些。

三、莎车、于阗、焉耆称霸的自我追求

西汉末至东汉初，西域出现了绿洲大国称霸的浪潮。究其原因，余太山指出与汉朝统治的削弱和匈奴势力的卷土重来有关⑥；鲁西奇亦以为有受汉、匈在西域的争夺之影响⑦。其所言均有一定道理。不过，在外在环境提供的"温床"之外，我们也应关注西域大国得以称雄的内在动因。接下来，将以莎车、于阗、焉耆为例，考察其各自称霸的自我追求。

---

① 见《后汉书》卷八八《西域传》，第2930页。
② 见《后汉书》卷八八《西域传》，第2931页。
③ 见《汉书》卷九六下《西域传下》，第3925页；卷九四下《匈奴传下》，第3818—3819页。
④ 《汉书》卷九六下《西域传下》，第3926页。
⑤ 见《汉书》卷九四下《匈奴传下》，第3822—3823页。
⑥ 余太山：《两汉魏晋南北朝时期西域南北道的绿洲大国称霸现象》，见氏著《两汉魏晋南北朝正史西域传研究》，第602页。
⑦ 鲁西奇：《中国历史发展的五条区域性道路》，《学术月刊》2011年第2期。

出土与传世文献所见莎车与汉朝的政治交往从宣帝时才开始。①《汉书·西域传》曰："宣帝时，乌孙公主小子万年，莎车王爱之。莎车王无子死，死时万年在汉。莎车国人计欲自托于汉，又欲得乌孙心，即上书请万年为莎车王。汉许之，遣使者奚充国送万年。"② 然而随即万年因当政暴虐，为原莎车王弟呼屠征所杀，汉使奚充国也未能幸免于难。虽然这里可能牵涉王位争夺，但万年初立即与汉使一起被杀，亦表明莎车的"亲汉"倾向并非坚决。值得注意的是，呼屠征在杀害万年、汉使，与汉朝关系恶化之后，并未像其他西域国家一样投向匈奴以寻求自保，而是"约诸国背汉"③，试图靠诸国联盟来抵抗汉朝。此现象表明在汉匈争夺西域期间，对于西域国家来说，摇摆依违于外在势力之间并非只是唯一选项，自主性地结盟御外也曾出现过。不过，莎车自身显然没有足够的实力让诸国叛汉，于是便假托匈奴来鼓动诸国。《汉书·冯奉世传》云："时匈奴又发兵攻车师城，不能下而去。莎车遣使扬言北道诸国已属匈奴矣，于是攻劫南道，与歃盟畔汉，从鄯善以西皆绝不通。"④ 必须指出，此南道诸国结成的联盟只是单纯借助了匈奴的声势，并没有证据证明后者介入了联盟的事务。在这一抗汉联盟中，莎车是居于主导地位的，所以送行大宛等国使臣的卫候冯奉世与其副使严昌商议，"以为不亟击之则莎车日强，其势难制，必危西域"⑤。从冯奉世"遂以节谕告诸国王，因发其兵，南北道合万五千人进击莎车"⑥ 的记载来看，南道国家亦参与了攻打莎车的活动。这反过来说明，以莎车为中心的抗汉联盟并不牢固。最终，莎车城破，呼屠征自杀，冯奉世"更立它昆弟子为莎车王"⑦。然即便如此，莎车在同时期体现出来的政治自主性显然要强于其他西域诸国。

自王莽乱后，西域诸国中唯莎车王延未肯依附匈奴。光武初年，其子莎车王康更是"率旁国拒匈奴，拥卫故都护吏士妻子千余口，檄书河西，问中国动静，自陈思慕汉家"⑧。莎车政治取向之所以与诸国不同，其王延的原汉侍子身份及经历起着很大作用。元帝时，延"尝为侍子，长于京师，慕乐中国，亦复参其典法。常敕诸子，当世

---

① 悬泉汉简出土有无纪年的悬泉置给食莎车使者的木牍（II90DXT0213③:122），张德芳根据木牍所出探方地层的其他纪年简，推测该木牍年代大致在宣帝时期，反映的是郑吉都护西域前后的事情。参见张德芳：《从悬泉汉简看楼兰（鄯善）同汉朝的关系》，《西域研究》2009 年第 4 期。
② 《汉书》卷九六上《西域传上》，第 3897 页。
③ 《汉书》卷九六上《西域传上》，第 3897—3898 页。
④ 《汉书》卷七九《冯奉世传》，第 3294 页。
⑤ 《汉书》卷七九《冯奉世传》，第 3294 页。
⑥ 《汉书》卷七九《冯奉世传》，第 3294 页。
⑦ 《汉书》卷九六上《西域传上》，第 3898 页。
⑧ 《后汉书》卷八八《西域传》，第 2923 页。

奉汉家，不可负也"①。此外，我们也不能忽视莎车本身较强的自主性及其自我追求，特别是在西域诸国都服属于匈奴的情况下，莎车之举或另有深意。如若对比前述呼屠征的"约诸国背汉"并"扬言北道诸国已属匈奴"，可发现康的"率旁国拒匈奴"并"问中国动静"自有其传统。这提示我们，在其时"中国"并无法给予切实援助的情况下，莎车的"率旁国拒匈奴"，当有其"思慕汉家"之外的自身考量。

建武五年（29），莎车王康被汉河西大将军窦融承制立为汉莎车建功怀德王、西域大都尉，"五十五国皆属焉"②。其弟贤继任莎车王后分别于建武十四年（38）、建武十七年（41）遣使诣阙贡献并请求都护，光武"以为贤父子兄弟相约事汉，款诚又至……赐贤西域都护印绶"③。后因敦煌太守裴遵上言"夷狄不可假以大权，又令诸国失望"，便"诏书收还都护印绶，更赐贤以汉大将军印绶"④。然贤依旧在西域诈称大都护，诸国悉服，"号贤为单于"⑤。时去西域都护覆亡不久，"都护"的权威与号召力尚存，贤以之来号令诸国，建构其在西域的霸权无疑是非常明智的。此后至明帝永平四年（61），莎车独霸西域，鄯善、龟兹、妫塞、大宛、于阗、拘弥、姑墨、子合等国均遭其攻打或为其控制。⑥ 对于莎车的称霸，余太山认为是匈奴、汉朝假手其控制西域。⑦ 此论或有不妥。从史籍记载来看，此时期被莎车攻打的鄯善、龟兹等国先后依附于匈奴，而匈奴还曾与龟兹等国联兵攻打莎车。⑧ 又，以在西域的影响力来说，汉朝"都护"称谓要比"大将军"重要，更有利于贤控制西域。汉朝方面却收回了贤的都护印绶。从上述现象实很难看出汉、匈是在假手莎车控制西域。

事实上，莎车王贤称霸西域完全是其自身行为，这是莎车自主性较强的体现。早在贤即位之初，其便"攻破拘弥、西夜国，皆杀其王，而立其兄康两子为拘弥、西夜王"⑨。此后为独霸西域，贤令鄯善王安"绝通汉道"⑩，扶立其子或亲信为诸国国王或镇将，还曾击退匈奴与龟兹等国的来犯。"诈称都护"之于贤如同前述"扬言匈奴势力"之于呼屠征，均只是用来操控其他诸国的工具或借口，莎车王的最终目的是构建

---

① 《后汉书》卷八八《西域传》，第2923页。此言"参其典法"当不虚。王莽天凤五年（18），延死，谥曰忠武王；建武九年（33），康死，谥为宣成王（第2923页）。从延、康得谥时间看，其时西域与中原在政治上处于断绝状态，不太可能受谥于中原王朝。且以延"世奉汉家"，当不会接受新朝谥号。综合分析之下，中原谥法当在莎车王延在任时被引入莎车，两王应得谥于莎车国内。
② 《后汉书》卷八八《西域传》，第2923页。
③ 《后汉书》卷八八《西域传》，第2923页。
④ 《后汉书》卷八八《西域传》，第2924页。
⑤ 《后汉书》卷八八《西域传》，第2924页。
⑥ 见《后汉书》卷八八《西域传》，第2924—2925页。
⑦ 余太山：《两汉魏晋南北朝时期西域南北道的绿洲大国称霸现象》，见氏著《两汉魏晋南北朝正史西域传研究》，第599—600页。
⑧ 见《后汉书》卷八八《西域传》，第2924—2925页。
⑨ 《后汉书》卷八八《西域传》，第2923页。
⑩ 《后汉书》卷八八《西域传》，第2924页。

自身霸权。值得注意的是，诸国称贤为"单于"而非"都护"。究之原因，存在三种可能：其一，若"单于"之号为莎车王贤授意于诸国，这表明贤所追求的并非仅是汉朝在西域的代理人，更是类似匈奴单于那样的西域统治者；其二，若"单于"之号为西域诸国对贤的自发称呼，或意味着诸国对贤如单于控制匈奴一样控制西域的认可；其三，暗示出莎车称霸活动中匈奴的影响①，但此种影响恐只是表面的，因为匈奴当不会允许莎车及其他西域诸国借用其"单于"称号，与其平等共处。以上三说，无论何说成立，都不能否认匈奴"单于"之号在莎车称霸过程中被借用的事实。不过，如同贤借用汉朝"都护"的名号一样，"单于"之称的使用也仅是一种策略，莎车并未受到来自匈奴的实际支持。其称霸的自主性是十分明显的。

但是，在贤与其所置镇将的残暴统治下，诸国反抗日甚，莎车本国亦连遭兵革。明帝永平四年（61），于阗王广德与莎车相且运内外勾结，用计将贤活捉，吞并了盛极一时的莎车国，莎车独霸西域的时代随即结束。

据《后汉书·西域传》，贤死之后，西域南北道大国逐渐兼并近旁小国，形成各自势力范围。② 其尤以于阗、龟兹两国最为突出。余太山曾以龟兹为例，指出此种称霸活动多得到了匈奴的支持。③ 从史书记载来看，此时期两国称霸过程中的确可以看到匈奴的干预或影响："是时于阗王广德新攻破莎车，遂雄张南道，而匈奴遣使监护其国""时龟兹王建为匈奴所立，倚恃虏威，据有北道，攻破疏勒"。④ 然而，于阗的称霸终究与龟兹不同。

先来看龟兹。建武二十二年（46）冬，莎车王贤攻杀龟兹王。数年后，匈奴立龟兹贵人身毒为龟兹王，"龟兹由是属匈奴"。⑤ 此后，龟兹曾协同匈奴对莎车、于阗作战。⑥ 前揭引文云"龟兹王建为匈奴所立"，似意味着匈奴仍掌控着龟兹王位的更迭。而班超初入疏勒时，曾召集其国掾吏，"告以龟兹为匈奴击疏勒"⑦，直言龟兹攻打疏勒乃是受匈奴指使。换言之，龟兹的称霸活动得到了匈奴的支持。正因如此，龟兹不

---

① 据《后汉书·西域传》，莎车王贤曾遣其子不居征往匈奴为质子。在莎车为于阗所灭后，匈奴还曾派兵拥立不居征为莎车王（第2926页）。余太山指出，贤遣子为质于匈奴取得了匈奴对其称霸行为的默许和支持。参见余太山：《两汉魏晋南北朝时期西域南北道的绿洲大国称霸现象》，见氏著《两汉魏晋南北朝正史西域传研究》，第600页。然正如前揭所示，匈奴对莎车独霸西域更多的是阻挠而非支持。单从莎车遣子为质及匈奴接受质子，并不能直接认定贤的称霸活动得到了匈奴的支持。就如汉朝收回贤的都护印绶，转赐其汉大将军印绶一样，汉朝认可莎车对自己的忠诚，但并不支持贤在西域称霸。后者的称霸，乃是其自主行为。
② 见《后汉书》卷八八《西域传》，第2909页。
③ 余太山：《两汉魏晋南北朝时期西域南北道的绿洲大国称霸现象》，见氏著《西汉魏晋南北朝正史西域传研究》，第602页。
④ 《后汉书》卷四七《班梁列传》，第1573、1574页。
⑤ 见《后汉书》卷八八《西域传》，第2924—2925页。
⑥ 见《后汉书》卷八八《西域传》，第2925—2926页。
⑦ 张烈点校：《两汉纪·后汉纪》卷一〇《孝明皇帝纪下》，中华书局，2002年，第194页。

断阻挠班超对西域的经营。直到和帝永元三年（91），北匈奴为耿夔所败，单于逃亡不知所踪①，龟兹这才向班超投降②。其对汉朝态度的转变深受匈奴的影响。

再来看于阗。在灭掉莎车后，于阗又兼并渠勒、皮山等国，"悉有其地""从精绝西北至疏勒十三国皆服从"③。那么，于阗的霸业是否得到了匈奴的支持呢？臆以为不然。据《后汉书·西域传》，当匈奴听说莎车为于阗所灭后，即发焉耆、尉犁、龟兹等十五国兵围攻于阗。"广德乞降，以其太子为质，约岁给罽絮。"④是年冬，匈奴又派兵拥立原莎车王贤在匈奴的质子不居征为莎车王。此后不久，广德攻杀不居征，改立其弟齐黎为莎车王。这一系列事件相继发生，个中深意，颇耐寻味。前言匈奴曾与龟兹等国围攻莎车，未能下。于阗吞并莎车之举难免不会给匈奴带来震撼。后者当不愿看到于阗因此而壮大，成为另一个称霸西域的"莎车"。此处，匈奴趁于阗新胜之际出兵，不给其喘息机会、不让其坐大的目的甚是明显。接下来，又通过立莎车质子不居征，试图将莎车排除在于阗势力范围之外。而攻杀不居征、改立莎车王则是于阗对匈奴的反抗。由上，似很难看出匈奴对于阗称霸活动的支持。

其实，若比较上揭引文对于阗、龟兹称霸现象与匈奴之关系的差异性表述，亦能有所领悟。龟兹"据有北道"乃在"倚恃虏威"之后，而于阗"雄张南道"则在"匈奴遣使监护"之前。换言之，在史家看来，于阗的称霸活动更像是自发行为，因其势力坐大，所以才引起了匈奴的"监护"。既然匈奴在于阗灭掉莎车之际就在有意识地压制于阗，并且在于阗降服后仍在弱化于阗对莎车的影响，其当不会主动支持于阗在西域南道的称霸活动。

明帝永平十六年（73），于阗王广德以班超杀死其国巫师为契机，攻杀匈奴派遣来的监护使者，投降班超。史载班超斩杀于阗巫师后，"广德素闻超在鄯善诛灭虏使，大惶恐"⑤。从形式上看，鄯善、于阗均是因为班超的英勇之举，坚定了"向汉"之心。然细较之下，二者实有分别。在鄯善，汉使杀了匈奴使者，实际上是替鄯善与匈奴决裂；在于阗，班超只是杀了不愿"向汉"的于阗巫师，最终攻杀匈奴使者乃是于阗人自己完成的。或正因如此，事后，汉使对鄯善，让其"纳子为质"，对于阗，则是"重赐其王以下"⑥。毕竟，前者的"向汉"是被动而行，仍需人质抵押，后者的"向汉"因有一定的主动性，只需宽慰勉励。当然，从于阗这方面出发，其不一定或者并非完全是因为"向汉"而杀掉匈奴使者。此处仍可将其同鄯善相比。同样受制于匈奴，鄯

---

① 见《后汉书》卷八九《南匈奴列传》，第2954页。
② 《后汉书》卷四七《班梁列传》，第1581页。
③ 《后汉书》卷八八《西域传》，第2909、2916页。
④ 《后汉书》卷八八《西域传》，第2926页。
⑤ 《后汉书》卷四七《班梁列传》，第1573页。
⑥ 《后汉书》卷四七《班梁列传》，第1573页。

善初始对待班超能够"礼敬甚备",于阗却是"礼意甚疏"。① 相比之下,于阗并不惧于汉朝的压力。上言广德因班超在鄯善诛杀匈奴使者而惶恐,其并不能简单理解为广德害怕班超,若真是如此,在班超来时,他便会以礼相待。广德真正恐惧的应是班超可能在杀死于阗巫师后,再像在鄯善一样杀掉匈奴使者,逼于阗与匈奴决裂。那样,于阗便会在汉、匈对自己的争夺中丧失主动权。对于此时的于阗而言,综合考量之下,把握时机,将监护、阻碍其国发展的匈奴使者杀掉,从而向汉朝示好,不失为一个好的选择。

除于阗外,新朝以来焉耆的扩张与称霸亦看似和匈奴有关,但其实并不尽然。据《汉书·西域传》,王莽时期汉匈关系恶化后,"匈奴大击北边,而西域瓦解。焉耆国近匈奴,先叛,杀都护但钦"②。天凤三年(16),王莽遣五威将王骏等率军出西域,"诸国皆郊迎,送兵谷……焉耆伏兵要遮骏。及姑墨、尉犁、危须国兵为反间,还共袭击骏等"③。从"国近匈奴"的叙述来看,焉耆袭杀都护,当是受到了匈奴的影响。但在新朝军队西出、诸国皆附的情况下,焉耆仍选择伏兵抗衡,这似更应从其自身寻找原因。

永平十八年(75),"焉耆、龟兹攻西域都护陈睦,悉没其众。北匈奴及车师后王围戊己校尉耿恭"④。两次针对汉朝的行动在同一时间进行,且与焉耆共同围攻陈睦的龟兹此时又附属于匈奴,我们似有理由相信焉耆的行为得到了匈奴的支持。然而,到和帝永元三年(91),在北匈奴为耿夔挫败,包括龟兹在内的其他西域诸国均依附于汉朝的情况下,"唯焉耆、危须、尉犁以前没都护,怀二心"⑤。此处点明:第一,危须、尉犁亦参与了袭杀都护的行动;第二,焉耆等国并未像其他西域国家一样,当匈奴势力受挫,便投向汉朝。这其中,焉耆的态度应起着主导作用。永元六年(94),"都护班超发诸国兵讨焉耆、危须、尉黎、山国……超乃立焉耆左候元孟为王,尉黎、危须、山国皆更立其王"⑥。除扶立原质汉者元孟为焉耆王外,还另为尉犁、危须、山国更立新王,明显有切断尉犁等国与焉耆关联的用意。

又据《后汉书·班勇传》,顺帝永建元年(126)冬,班勇发诸国兵大败北匈奴呼衍王,并致其远徙,城郭诸国皆得以安定,"惟焉耆王元孟未降"⑦。《后汉书·西域传》记为:"元孟与尉黎、危须不降。"⑧《后汉书·顺帝纪》又载,永建二年(127)

---

① 《后汉书》卷四七《班梁列传》,第1572、1573页。
② 《汉书》卷九六下《西域传下》,第3927页。
③ 《汉书》卷九六下《西域传下》,第3927页。
④ 《后汉书》卷二《明帝纪》,第123页。
⑤ 《后汉书》卷四七《班梁列传》,第1581页。
⑥ 《后汉书》卷八八《西域传》,第2928页。
⑦ 《后汉书》卷四七《班梁列传》,第1590页。
⑧ 《后汉书》卷八八《西域传》,第2928页。

六月,"西域长史班勇、敦煌太守张朗讨焉耆、尉犁、危须三国,破之"①。显然,尉犁、危须两国又重归焉耆控制之下。这无疑增强了焉耆拒降汉朝的资本与底气。需要指出,焉耆拒降发生在北匈奴徙走后,显与匈奴无关,是其自身行为。

综上,在焉耆的反新朝、汉朝及扩张活动中,匈奴的影响其实并不显著,其更多表现为焉耆的自我抉择与自主追求。然不同时期焉耆不同于其他西域诸国的行动,却均得到了尉犁、危须等国的支持,这也当与其的扩张与称霸有关。正如余太山所言:"焉耆与尉犁、危须等叛、附同步,表明后二者属于前者的势力范围。"②

四、结语

以往学界多将汉代西域诸国政治史的研究置于汉匈斗争的视角下,认为各国只是摇摆或叛附于二者之间。此种论断将西域诸国放置在一种"被动"的地位,忽视了各国的"主动性"。

本文对汉代出现在西域地区的"持两端""两属"、称霸等现象进行了重新考察。在这些通常被认为是因汉匈西域之争而产生的现象背后,我们发现了相关诸国的自主性动机及行为。由于汉、匈持续对西域的争夺及诸国实力所限,这些现象的出现通常会被认为是因外力——汉、匈势力作用而起,亦受外力控制。事实上,一些时候汉、匈势力的作用与控制并非是切实的,其可能在汉匈西域之争的视野下被主观预设或刻意夸大,实际却更多只是西域相关各国追求自主的借口或策略。这段史实反映的真实情况是,除了被汉、匈竞相控制之外,西域相关各国亦能利用汉、匈对西域的争夺,在夹缝中适时追求自主甚至力图称霸。虽然这种追求的萌发与实践一般为汉、匈两大势力所压制,但其客观存在过。

当然,受不同时期汉、匈在西域势力的变化及西域诸国的自身因素(国力强弱、与汉匈关系及距离汉匈势力的远近等)影响,各国追求自主的程度及方式都会存在差异。从现有史料来看,并非所有的西域国家均能表露出显著的"自主性"。甚至同一个国家在不同时期的自主程度也是有别的,如莎车由独霸西域转而依附他国即为显例。由此,本文所挖掘的相关国家的"自主性"多少有些间断性或碎片化的特征。

即便如此,对汉匈之外各国自身发展的关注,也无疑为探讨汉匈西域之争下的西域诸国政治史提供了另一种视角。在此视角中,西域各国不再只受汉、匈交相控制,而是具有能动性的行为主体。这能使我们更加深入地理解各国特定政治行为背后的动机。

---

① 《后汉书》卷六《顺帝纪》,第254页。
② 余太山:《两汉魏晋南北朝时期西域南北道的绿洲大国称霸现象》,见氏著《两汉魏晋南北朝正史西域传研究》,第603页。

西汉濊人与苍海郡地望考*

孙炜冉

（通化师范学院高句丽研究院）

摘要：苍海郡是西汉武帝时期设立的用以安置内附东夷濊人的一个边郡，其设置的另一个重要意图是为了遏制和监控日益"不臣"的卫氏朝鲜。苍海郡的地望同此时濊人的生活区域有着极大的关系，因为濊人生活区域的广袤，所以为安置濊人而设置的苍海郡地域也非常辽阔，包括了松花江流域至朝鲜半岛东北沿海一带的广大地区。通过对此时濊人生活区域的认定，证明学界业已形成的苍海郡地望"临日本海说"较"临渤海说"更符合历史事实。具体而言，苍海郡地望囊括了后来汉四郡的玄菟郡和临屯郡两郡的范围。

关键词：濊人；苍海郡；古朝鲜；汉四郡

苍海郡（沧海郡）是西汉武帝时期为安置内附的濊人建立的一个初郡，亦是汉在建立四郡①之前于东北地区最早新建的边郡②，虽然其存在时间较短，但是对于西汉着手经略东北却意义重大。而对于苍海郡的地望学界历来有较大的分歧，至今莫衷一是，未有定论。日本学者白鸟库吉与箭内亘认为，所谓"苍海"就是"东方之海"的意思，当为现今的渤海，认定苍海郡的位置就在鸭绿江和佟佳江（浑江）流域，其地望与后来汉四郡中的真番郡同地。③ 金毓黻也认为苍海郡位于后来设置的汉四郡之内，所不同的是其认为当是在临屯郡之内。④ 谭其骧则根据日本学者稻叶岩吉判定的汉代在接

---

* 国家社会科学基金专项项目"北方四郡与河西四郡比较研究"（18VGB005）子课题"汉四郡郡县设置与东北古族关系研究"研究成果。

① 《史记》载：汉武帝"元封三年夏……以故遂定朝鲜，为四郡"（见《史记》卷一一五《朝鲜列传》，中华书局，1959年，第2989页）。所谓四郡，即真番、临屯、乐浪、玄菟。又《汉书》载：元封三年"夏，朝鲜斩其王右渠降，以其地为乐浪、临屯、玄菟、真番郡"（见《汉书》卷六《武帝纪》，中华书局，1962年，第194页）。

② 谢绍鹢：《秦汉边郡概念小考》，《中国历史地理论丛》2009年第3辑。

③ 〔日〕白鸟库吉、箭内亘：《汉代的朝鲜》，《满洲历史地理》（第一卷），丸善株式会社，1940年，第6—7页。

④ 金毓黻：《东北通史》（上编），五十年代出版社，1944年，第74页。

— 46 —

收了濊君南闾率众二十八万口内附之后统辖势力已经抵达朝鲜半岛东部的观点①,将苍海郡比定在朝鲜半岛的江原道境内。②由此,学界大体形成了苍海郡地望位置的"临日本海说"和"临渤海说"两大阵营。总体而言,大部分学者秉持的是"临日本海说",认同苍海郡所在位置为亚洲大陆东缘的沿海地区,即从俄罗斯滨海边疆区到韩国江原道这片区域之内,差异之处只是苍海郡具体是以哪里为主要区域。如孙进己、冯永谦认为汉所安置的内附濊人有极大的生活区域,当时的夫余、高句丽以及沃沮都是濊人的衍生民族,故而认为苍海郡就应当包括了这些民族生存所在地的松花江流域、图们江流域以至朝鲜江原道的广阔区域。③刘子敏、赵红梅等认为苍海郡的设置是汉朝为了控制当时的东濊和东沃沮、南沃沮,所以当在俄罗斯滨海边疆区、我国延边地区和牡丹江地区东部以及朝鲜半岛的咸镜道与江原道一带。④杨军认定苍海郡以现今朝鲜咸镜南道为核心,囊括了周边慈江道、两江道和江原道部分地区。⑤"临渤海说"秉持的是白鸟库吉与箭内亘的观点,将苍海郡地望比定在鸭绿江流域或汉辽东郡地区内。如朝鲜学者李址麟便将苍海郡比定在大凌河与辽河之间的地区。⑥王天姿与王禹浪则根据文献中"濊君南闾……率二十八万口诣辽东内属"记载,认为苍海郡当是在汉辽东郡内,并且进一步指出苍海郡的郡治为现今大连市普兰店区张店汉城。⑦针对以上两类认识,笔者认为应该重点从西汉时期濊人的分布区域来考量苍海郡的地望,这样才能更准确地判定苍海郡的相关情况。

一、濊人与古朝鲜的关系

关于苍海郡,最早见于《史记》的记载,据《史记·平准书》载:"彭吴贾灭朝鲜,置沧海之郡。"⑧司马贞《史记索隐》依据"灭"字而对该段文字进行的注释是不准确的,因为"贾"字非常明确地证明了彭吴的身份和到东北地区的目的是经商贸易。

---

① 〔日〕稻叶岩吉:《汉代的满洲》,《满洲历史地理》(第一卷),丸善株式会社,1940年,第102页。
② 谭其骧:《〈中国历史地图集〉释文汇编·东北卷》,中央民族学院出版社,1988年,第49页。
③ 〔清〕全祖望:《汉书地理志稽疑》,中华书局,1985年,第7页;孙进己、冯永谦:《东北历史地理》(上),黑龙江人民出版社,2013年,第220页。
④ 刘子敏、房国凤:《苍海郡研究》,《东疆学刊》1999年第2期;赵红梅:《苍海郡考述》,《社会科学战线》2017年第8期。
⑤ 杨军:《高句丽民族与国家的形成与演变》,中国社会科学出版社,2006年,第232—233页;杨军:《濊人与苍海郡考》,《地域文化研究》2018年第4期。
⑥ 〔朝鲜〕李址麟著,顾铭学译:《濊族与貊族考》,吉林省文物考古研究所编:《东北亚历史与考古信息》第32辑,1999年,第1—36页。
⑦ 王天姿、王禹浪:《西汉"南闾秽君"、苍海郡与临秽县考》,《黑龙江民族丛刊》2016年第1期。
⑧ 《史记》卷三〇《平准书》,第1421页。

同一事件，在《汉书·食货志》中的记载则为"彭吴穿秽貊、朝鲜，置沧海郡"。颜师古注曰："彭吴，人姓名也。本皆荒梗，始开通之也，故言穿也。"① 由颜师古的注释便可看出，该事实际所言乃是商人彭吴开通了汉朝内地与濊（濊貊）、朝鲜的商业贸易，而不存在由彭吴灭亡朝鲜的事情。因此，《史记》中的"彭吴贾灭朝鲜"乃是以"濊"为"滅"（灭）的误记。其实，通过其他古籍也能发现将"濊"、"滅"（灭）二字混淆使用的情况，亦曾出现过以"灭"（滅）字误写为"濊"字的谬误。如《潜夫论·思贤》篇中载："近古以来，亡代有三，濊国不数。"对此，汪继培在校正中便指出此条记录内"濊"字分明是"灭"（滅）字的误记，盖因两字字形相近。并且进一步明确指出，《史记·平准书》中系将原本的"濊"写成了"滅"，"误正类此"。② 因此，《史记·平准书》中的"彭吴贾灭（滅）朝鲜"实为"彭吴贾濊朝鲜"是许多学者早已发现的错误，而将其解释为彭吴开通濊与朝鲜的贸易才更合乎史实。如此，则其释义便是：彭吴往来于濊和朝鲜，进行贸易，为汉武帝提供情报，最终结果是促成了苍海郡的设置。

关于汉武帝时设置苍海郡的始末，《汉书》与《后汉书》记述得更为详尽。《汉书·武帝纪》载元朔元年之事，"东夷薉君南闾等口二十八万人降，为苍海郡"③；《后汉书·濊传》亦载："元朔元年，濊君南闾等畔右渠，率二十八万口诣辽东内属，武帝以其地为苍海郡，数年乃罢。"④ 依据文献记述可知，苍海郡乃是汉朝专门为濊君南闾设置的边郡，是汉朝用来扼制卫氏朝鲜的一股政治势力。由此可见，《史记·平准书》中所记"彭吴贾滅（'濊'之误）朝鲜"阐明了当时朝鲜半岛北部存在两股政治势力，即"濊"和"朝鲜"，这里的"朝鲜"是指卫氏朝鲜，而"濊"则可以视为并未处于卫氏朝鲜统治下的古朝鲜（箕氏朝鲜）的一部分遗民势力集团。学者们大都认为箕氏朝鲜治下的古朝鲜人即为濊人⑤，而西汉时期所记的"濊"其实是箕氏朝鲜被卫满灭亡以后，并未臣属于卫满的古朝鲜人的部分遗民形成的一个政治集团，由此濊人作为与卫氏朝鲜人不同的民族势力，一并被中原史家分别予以记载。简而言之，以箕氏朝鲜灭亡为分界，古朝鲜人分化为两大部分，一部分人臣服于卫氏朝鲜，成为卫氏朝鲜人，被简称为"朝鲜人"，另一部分则是不肯臣服于卫氏朝鲜而据地自立者，这部分人则被称为"濊人"。

---

① 《汉书》卷二四下《食货志下》，第1157页。
② ［东汉］王符：《潜夫论》卷二《思贤》，见［清］汪继培笺、彭铎校正：《潜夫论笺校正》，中华书局，1985年，第74—75页。
③ 《汉书》卷六《武帝纪》，第169页。
④ 《后汉书》卷八五《东夷列传·濊》，中华书局，1965年，第2817页。
⑤ 孙进己：《东北民族源流》，黑龙江人民出版社，1989年，第233页；〔朝鲜〕李址麟著，顾铭学译：《濊族与貊族考》，吉林省文物考古研究所编：《东北亚历史与考古信息》第32辑，1999年，第1—36页。

因此，《汉书·食货志》中"彭吴穿秽貊、朝鲜，置沧海郡"的"秽貊"参照《史记·平准书》可知，实际上指代的就是"秽"（濊）而已，并非后来融合形成的"秽貊"。① 即如《后汉书·濊传》所载述的，彭吴往来于濊和卫氏朝鲜之间进行贸易，以经商为由详尽考察和获悉了濊和卫氏朝鲜的相关情况，使汉武帝得以沟通反对卫氏朝鲜的东夷濊君南闾势力，濊君南闾率众二十八万人内附，故而汉朝才为其设置了苍海郡，用以扼制和围堵卫氏朝鲜。为了搞清苍海郡的位置，则有必要先考察濊人和古朝鲜人的关系。

陈寿在《三国志·濊传》中记述了古朝鲜②的相关历史，其载：

> 濊南与辰韩，北与高句丽、沃沮接，东穷大海，今朝鲜之东皆其地也。户二万。昔箕子既适朝鲜，作八条之教以教之，无门户之闭而民不为盗。其后四十余世，朝鲜侯（淮）〔准〕僭号称王。陈胜等起，天下叛秦，燕、齐、赵民避地朝鲜数万口。燕人卫满，魋结夷服，复来王之。汉武帝伐灭朝鲜，分其地为四郡。③

《三国志》在《濊传》中载记古朝鲜的历史必定有其缘由，最大的可能性就是陈寿认定濊人就是古朝鲜人。当然，他是把乐浪郡岭东七县的居民记为濊人，而此濊人与乐浪郡岭西的古朝鲜人有怎样的关系，陈寿并未具体予以说明。但是非常明显，濊人是可以视作与古朝鲜人为相同的民族。这是因为，如果濊人和古朝鲜人为不同的民族的话，汉朝有以民族为单位设置郡县的传统④，是不可能将不同的两个民族置于同一个县的统治之下的。但是，陈寿把濊人作了与此时的朝鲜（即卫氏朝鲜）人不同的处理，肯定是有其理由的。这一情况，从濊君南闾作为反对卫氏朝鲜卫右渠的一种政治势力而进行活动来看，便可知晓。因此，可以把该支濊人理解为反对卫氏朝鲜的古朝鲜遗民的一个政治集团。

当然，古朝鲜的领域实际上是非常庞大的，没有纳入卫氏朝鲜下的箕氏朝鲜遗民，并不只限于濊人。《后汉书·濊传》载："濊及沃沮、句骊，本皆朝鲜之地也。昔武王封箕子于朝鲜。"⑤ 据此记载可知，濊、沃沮及高句丽分明都是古朝鲜领域内的民族势力。这里所说的古朝鲜领域，究竟是指哪个时期的领域，则不明确。但是从既写濊、沃沮、高句丽等"本皆朝鲜之地"，又写"封箕子于朝鲜"来看，视其为卫氏朝鲜以前时期的箕氏朝鲜领域，是没有问题的。

---

① 文崇一：《濊貊民族文化及其史料》，《"中央研究院"民族学研究所集刊》1958年第5集。
② 中国学界通常将箕氏朝鲜与卫氏朝鲜合称为"古朝鲜"。
③ 《三国志》卷三〇《魏书·东夷传·濊》，中华书局，1959年，第848页。
④ 胡绍华：《两汉时期的初郡政策》，《民族论坛》1981年第4期；张卉：《汉代"西南夷"行政地名考略》，《贵州民族研究》2010年第4期；赵红梅：《两汉时期北方与西北边疆民族地区郡县统辖模式研究》，《北方文物》2015年第4期。
⑤ 《后汉书》卷八五《东夷列传·濊》，第2817页。

二、濊人与苍海郡的地望

《三国志·夫余传》中载，夫余国所在原本是"濊貊"的地区①，《后汉书》卷八五《东夷列传·夫余传》则将其记为原本是"濊"的地区②。虽然陈寿把"濊"写成了"濊貊"，但他在同一列传中却说夫余有故城名"濊城"，并说夫余王印章上的文字为"濊王之印"。由此可知，夫余建国以前，濊人就居住在现今吉林省松花江流域，并且，前述苍海郡是濊人居住的地区。无论是苍海郡设置时代，还是其所处领域，与后来的夫余国都有着极大的关联。通过夫余国内统治有大量濊人的情况推测，这些濊人很可能就是原来苍海郡撤罢时留下或流散而来的，因此，苍海郡的领域大体上处在与夫余领域重合或者接邻的地方。

对于为其设置苍海郡的濊君，有部分古代史家将他与"仓海君"混为一谈。③《史记·留侯世家》载："良尝学礼淮阳，东见仓海君，得力士，为铁椎重百二十斤。秦始皇东游，良与客狙击秦皇帝博浪沙中。"④对于此处所谓的"仓海君"，《集解》引如淳注曰："秦郡县无仓海，或曰东夷君长。"《索隐》曰："姚察以武帝时东夷秽君降，为仓海郡，或因以名，盖得其近也。"⑤《正义》引《括地志》曰："秽貊在高丽南，新罗北，东至大海西。"⑥

乍看该则文献，似乎是说在秦始皇时濊（秽）人的"仓海君"便已存在于淮阳（今河南周口），但从濊君南闾背叛卫氏朝鲜与内附汉朝记事来看，则被认为是处于古朝鲜领域内濊人政治势力的代表。因此，"仓海"作为地名虽都一样，但秦始皇时期（公元前 3 世纪末）仓海君所在地区与卫氏朝鲜时期（公元前 2 世纪末）濊君南闾的苍海郡，决然不能认定是同一地区。

苍海郡因其存在时间较短，因此在中国古代文献中着墨较少，所以关于其详尽的情况，留下可供研究的资料非常有限，但作为其存在地区或其故地周边的朝鲜半岛后世文献中则留有蛛丝马迹。据《三国史记·地理志》载："溟州，本高句丽河西良

---

① 《三国志》卷三〇《魏书·夫余传》载：夫余"其印文言'濊王之印'，国有故城名濊城，盖本濊貊之地"，第 842 页。
② 《后汉书·夫余传》载："夫余国……本濊地也。"第 2810 页。
③ 见《史记》卷五五《留侯世家》，第 2034 页。晋灼则以仓海君为"海神也"（《汉书》卷四〇《张陈王周传》，第 2023 页）。故有学者认为："三国时期的如淳把仓海推定为东夷活动地域，而把仓海君看成'东夷君长。'晋朝的晋灼甚至注解为'海神'，中国神话中雨、海等有关水的神大致属于东夷系神话的范畴，他们的注释可谓具有了辽东地域、东夷系种族等的形象的连续。"见李悠罗：《张良故事文本演变及其文化内涵》，南开大学 2014 年博士学位论文。
④ 《史记》卷五五《留侯世家》，第 2034 页。
⑤ 《史记》卷五五《留侯世家》，第 2034 页。
⑥ 《史记》卷五五《留侯世家》，第 2034 页。

(一作何瑟罗)，后属新罗。贾耽《古今郡国志》云：'今新罗北界溟州，盖濊之古国，前史以扶余为濊地，盖误。'"①《东国舆地胜览》载："江原道本濊貊之地，后为高句丽、新罗所有。"又柳得恭《四郡志·古迹下》称："春川府（按：古貊郡，新罗号牛首州，汉苍海郡地，后属乐浪），曰传有汉彭吴通貊碑，今无。"② 可见，江原道的春川地区古时曾留有"汉彭吴通貊碑"，该地区为濊人重要的一个分布区域。基于这些文献资料，许多学者如稻叶岩吉、刘子敏、赵红梅、孙进己、冯永谦及杨军等均将苍海郡定位于朝鲜半岛的东北海岸。笔者也认为，濊君南闾的苍海郡地望位于古朝鲜领域东侧的看法是妥当的。这是因为，西汉元朔元年，汉武帝为了抑制卫氏朝鲜国君卫右渠的势力，曾积极招徕东夷势力，并且得到了濊君南闾的积极响应与配合，其率众二十八万内附，汉为其设置苍海郡。因此，苍海郡的设置就是为了牵制卫氏朝鲜而存在的，其安置区域要满足两个条件：其一，是就地安置于其原来的生活区域；其二，是可以与汉朝一起对卫氏朝鲜形成合围之势。如此，才能起到对卫氏朝鲜的军事扼制和政治威慑。故而，将苍海郡设置在卫氏朝鲜北部和东北部才是较为合理的。这里既是濊人生活的传统区域，又与汉辽东郡一起对卫氏朝鲜形成了一种合围之势，共同扼制卫氏朝鲜。而这个区域正好是从松花江流域至日本海沿岸的广大濊人生活区。

反观苍海郡"临渤海说"，该观点代表性学者首推日本史家白鸟库吉与箭内亘，其主张"苍海"意为"东方之海"，指今渤海而言，苍海郡当位于今鸭绿江及佟佳江（浑江）流域，与后来所设之真番郡同在一地。③ 针对另一位日本学者那珂通世提出的彭吴穿行之"濊貊"当为汉魏时期之"夫余"的观点④，白鸟库吉反驳说："沧海分明不在夫余之地，而在朝鲜北方的辽东塞外"，又进一步说道："汉将居住在鸭绿江流域的秽貊当作苍海郡，就如唐将居住在长白山东北的靺鞨当作渤海郡是一样。据贾耽的《道里记》载，渤海的朝贡道是从国都到鸭绿江，再从那里渡过渤海至东莱。如果从汉到苍海郡，也利用这一航路，那么渤海郡和苍海郡的名称也应由此而来。"⑤

显然，白鸟库吉是以唐代勃海国的"朝贡道"来比定汉代的赴辽东迤东地区的路线来考证苍海郡的位置。但是，没有任何证据表明汉代去往朝鲜半岛之路只有横穿渤海的海路，当时有多条并海道可抵辽东迤东地区⑥，况且即便是唐代勃海"朝贡道"也只是中原内地与勃海国的几条道路之一而已，除了海上的"朝贡道"，唐与勃海国之

---

① 〔韩〕金富轼，孙文范校勘：《三国史记》卷三五《地理志二·新罗·溟州》，吉林文史出版社，2003年，第433页。
② 谭其骧：《〈中国历史地图集〉释文汇编·东北卷》，第49页。
③ 〔日〕白鸟库吉、箭内亘：《汉代的朝鲜》，《满洲历史地理》（第一卷），第6—7页。
④ 见谭其骧：《〈中国历史地图集〉释文汇编·东北卷》，第49页。
⑤ 〔日〕白鸟库吉著，延州译：《汉代朝鲜四郡疆域考》，载宋慧娟主编：《东北亚研究论丛》第二辑，吉林大学出版社，2008年，第169—190页。
⑥ 王子今：《秦汉时代的并海道》，《中国历史地理论丛》1988年第2辑。

间还有路上的"营州道"①,只是唐代辽西时常遭受游牧民族侵袭,所以海路"朝贡道"才更多被使用。汉代情况亦如此,中原通往辽东逦东或朝鲜半岛并非仅有海路。故而,白鸟库吉依据苍海郡位于古朝鲜与汉的领域之间这种推测,从而得出这样的结论。但是其认为苍海郡应在鸭绿江及浑江流域的观点却又与其"苍海"及"渤海"的结论略有矛盾,因为鸭绿江流域的入海口并不在渤海沿岸,而是在黄海沿岸。白鸟库吉用后世唐代勃海国通往中原的海路"朝贡道"来说明"苍海"就是"渤海"的理由依据是非常牵强的。

白鸟库吉认为濊君南闾的苍海郡在鸭绿江流域,用的是静态思维的考察方法。但是,由于其把濊人看成与古朝鲜人不同的其他民族,因此便把濊人的生存区域局限在了《三国志》和《后汉书》的《濊传》及《沃沮传》所见的濊地。然而,周汉时代的濊人正是古朝鲜治下最主要的民族,甚至可以将濊人直接视作为古朝鲜人,由此文献才把古朝鲜的箕氏朝鲜灭亡后没有隶属卫氏朝鲜的那部分古朝鲜遗民称作濊人,所以在这些濊人逐渐隶属于汉朝管辖之后,其地区也就不得不逐渐缩小。汉武帝时设置的安置濊人的苍海郡,虽仅几年便就撤废,但代之而设立汉四郡后,其地区便被编入四郡领域,其后,该地区的濊人也就不再单独予以记载,仅有居住在朝鲜半岛东海岸的濊人出现在记载之列。这是因为"濊君南闾等叛右渠,率二十万口诣辽东内属",从而意味着濊人居住在与辽东郡邻接的地区。据《汉书·地理志》载,辽东郡"户五万五千九百七十二,口二十七万二千五百三十九",乐浪郡"户六万二千八百一十二,口四十万六千七百四十八"。② 与辽东郡 27.2539 万人口相比,南闾所率人口 28 万的数量几乎接近整个辽东郡人口。可是,朝鲜半岛东海岸的濊人不过是乐浪郡领东七县的人口,从而可知,苍海郡的濊人绝大多数并非属于领东七县,而是属于其他地区内的。

另一位代表性学者是朝鲜的李址麟,其认为苍海郡应处于大凌河与辽河之间的地区,理由是,汉设苍海郡而与濊君南闾交涉时,从未见到通过涉足卫氏朝鲜领域而进行的记载。并且,根据《后汉书·濊传》"濊君南闾……率二十八万口诣辽东"的记载,认定苍海郡应从古朝鲜与汉边郡之间的渤海沿岸地带去寻找。其认为:公元前 3 世纪末(汉初)箕氏朝鲜与汉的领域之间有过"秦故空地"③ 的地区,该地区就是位于现今辽河和大凌河之间的地区。这里本是被燕国占领,箕氏朝鲜则一直同燕进行反复的争夺,迨至秦末反秦战争与楚汉战争的影响,中原政治势力失去了对这一地区的

---

① 《新唐书》载:勃海国"龙原东南濒海,日本道也。南海,新罗道也。鸭渌,朝贡道也。长岭,营州道也。扶馀,契丹道也"。见《新唐书》卷二一九《北狄·靺鞨传》,中华书局,1975 年,第 6182 页。
② 《汉书》志二八下《地理志下》,第 1625 页、第 1627 页。
③ 《史记》卷一一五《朝鲜列传》,第 2985 页。

有效控制,即秦末汉初中原政权的直接管理能力基本控制在大凌河①以西地区。卫满就是在这样的政治背景下亡命至这一地区,不久又进军箕氏朝鲜首都王险城,篡夺了王位和政权,开启了古朝鲜的卫氏朝鲜时期。后来濊君南闾内附辽东,就顺理成章地被安置在了卫氏朝鲜和汉边郡之间的大凌河与辽河之间的区域。并且,所谓"苍海"就是"渤海"的别称。②

显然,李址麟对于濊君南闾"诣辽东"仅从字面上予以了解读,而忽略了汉朝设置苍海郡的战略考量。并且,李址麟列举了大量《水经注》中有关濊水、濊邑的考证,判断这个地区乃是古代濊人居住的地区③,实际上将汉武帝时安置于苍海郡的濊人同商周时代的古濊人的关系正好本末倒置了。《水经》中所载的有关濊水、濊邑的情况确实是与濊人相关的描述,但其著者桑钦作为汉代人,其所载记的是对上古三代时期的追述,作为汉朝时期的当代人,同时又是一位著名的地理学家,不会不知道彼时苍海郡的设置情况,倘若《水经》中濊水、濊邑等条目内容确实与西汉苍海郡有关,其不会只言片语都未载。所以,关于河北地区上古时期濊水、濊邑的问题,实则是濊人早先居于中原的证据,后来濊人东迁,时间乃是距离汉代非常久远的事情了。

其实,可以从其他古典文献记载中发现,苍海郡就在朝鲜半岛东海岸。据《吕氏春秋·恃君览》载:"非滨之东,夷秽之乡。"对此,东汉高诱注说:"朝鲜乐浪之县,箕子所封,滨于东海也。'非'疑当作'北',犹言北海之东也。"接着又说:"东方曰夷;秽,夷国名。"④ 因此,高诱把位于"北海之东"的地区(即古朝鲜地区)认为是"濊国"。汉置"北海郡"在山东青州府东部莱州府西部之地⑤,所濒之地即为"渤海"。而对于先秦典籍中的"北海",汉唐经学家的注释中显示其所指亦就是"渤海",如唐人成玄英所注《庄子·秋水》篇中对"北海"便注疏曰"北海,今莱州是"⑥,显然"北海""坐实为唐代莱州以北之海域"⑦,即指"渤海"。因此,汉代的"北海"地区,就是环渤海地区,所以该地区"之东"正好是指现今东北和朝鲜半岛而言。与《三国志》《后汉书》"夫余传"记载的"夫余……故濊地"资料结合起来考虑,便可

---

① 李址麟将大凌河认定为浿水,由此才有这样的认识。见〔朝鲜〕李址麟,顾铭学译:《濊族与貊族考》,吉林省文物考古研究所编:《东北亚历史与考古信息》1999年第2期。

② 〔朝鲜〕李址麟著,顾铭学译:《濊族与貊族考》,吉林省文物考古研究所编:《东北亚历史与考古信息》第32辑,第1—36页。

③ 〔朝鲜〕李址麟著,顾铭学译:《濊族与貊族考》,吉林省文物考古研究所编:《东北亚历史与考古信息》第32辑,第1—36页。

④ 许维遹撰:《吕氏春秋集释》卷二〇《恃君览》,中华书局,2009年,第209页。

⑤ 《汉书》卷二八上《地理志上·北海郡》,第1583页。

⑥ [晋]郭象著,[唐]成玄英疏:《南华真经注疏》卷六《秋水》,中华书局,1998年,第328页。

⑦ 李诚:《"北海"地名考》,载高福美主编:《北京史学论丛》(2017),社会科学文献出版社,2018年,第75页。

认定"濊人"基本都居住在环渤海地区迆东区域的事实,即不仅居住在现今朝鲜半岛的东海岸,而且居住在吉林省一带。如此便可认定,苍海郡应该包括了松花江流域至朝鲜半岛东北部沿日本海一带的广大地区,正好与此时的濊人生活区域相重合。如此,则苍海郡的范围极广,按照濊人当时的生活区域来看,大体囊括了后来汉四郡的玄菟郡与临屯郡两郡的地域。

三、余论

《史记·朝鲜列传》载,卫氏朝鲜"侵降其旁小邑,真番、临屯(《索隐》东夷小国,后以为郡)皆来服属,方数千里"①。由此可见,"真番""临屯"皆乃"朝鲜"周边的小邑,卫满掌握古朝鲜政权之后,侵降了这一地区,使其置于自己的支配之下。并且,同传中还载"真番旁□国(辰国)"②以及《汉书·朝鲜传》载"(卫)右渠,所诱汉亡人滋多,又未尝入见;真番、辰国欲上书见天子,又雍阏弗通"③。可知,"真番""临屯"尽管处于卫氏朝鲜的统治之下,但同时又是相对独立的政治势力,可以单独"上书见天子"。再从上述《汉书·朝鲜传》所载内容来看,真番及其旁边的辰国显然地处卫氏朝鲜之南的朝鲜半岛南部,故而才被掌控着朝鲜半岛中部核心区域的卫氏朝鲜"雍阏弗通",阻碍其朝见汉朝天子的道路,而正因卫氏朝鲜阻碍真番和辰国等小国前往中原朝拜汉朝,才引发了后来的"涉何事件"④,进而坚定了汉武帝讨伐卫氏朝鲜的决心⑤,进一步说明真番、临屯也是反抗卫氏朝鲜、拥戴汉朝的政治势力。真番和临屯同濊人一样,作为原箕氏朝鲜的一部分,显然对于卫满篡箕氏政权之举动不满,故而卫氏朝鲜南侧的真番、东侧的临屯、东北及北侧的原苍海郡的濊人、西北的汉辽东郡共同构建了一个围堵卫氏朝鲜的包围圈。正因为真番、临屯以及濊人南间部等遭到卫氏朝鲜的"侵降",才进一步加速了"东夷薉君南间等口二十八万人降"⑥"真番、临屯皆来服属"⑦ 汉朝的局面。而这些不甘臣服于卫氏朝鲜的濊君南间(苍海郡)、临屯和真番势力,显然都是原箕氏朝鲜的臣民,都是古朝鲜人,亦即都是濊人,只是经过数百年的演变之后,以地区环境为壁垒,在吸纳其他民族或受到其他文化影响的情况下,开始发生变化,衍生出独具特色的新的民族特征,其以地域为名,形成了诸如濊、真番、临屯、沃沮、夫余及高句丽等新的民族名称,被中原史家重新予以命名,同原来的母体民族"濊貊"逐渐脱离和分野。

---

① 《史记》卷一一五《朝鲜列传》,第2986页。
② 《史记》卷一一五《朝鲜列传》,第2986页。
③ 《汉书》卷九五《朝鲜传》,第3864页。
④ 见《史记》卷一一五《朝鲜列传》,第2986—2990页。
⑤ 李德山:《关于古朝鲜几个问题的研究》,《中国边疆史地研究》2002年第2期。
⑥ 《汉书》卷六《武帝纪》,第169页。
⑦ 《史记》卷一一五《朝鲜列传》,第2986页。

东汉与北匈奴残部在西域的对抗

——以永元八年系囚减死"诣敦煌戍"为线索*

司豪强

（兰州大学敦煌学研究所）

摘要：东汉和帝时北匈奴政权瓦解，部众流散。关于北匈奴诸残部的发展，前人多误。而和帝时期东汉与北匈奴残部呼衍王部在西域的斗争情形，以往研究又较为模糊。以和帝永元八年（96）敦煌增兵一事为切入点，可进一步探究於除鞬部、逢侯部、呼衍王部等北匈奴残部在北匈奴政权瓦解后的发展情况。经剖析车师后王涿鞮叛汉事件、西域副校尉李恂事迹，可知永元五年至十六年（93—104）乃是以呼衍王部为核心的北匈奴残余势力与东汉政府存在对抗的时期。在此期间，北匈奴招引车师后部投效失败后，尝试切断西域与中原通道，后其阴谋被西域副校尉李恂挫败；"虏帅"被杀迫使北匈奴转变对东汉策略，被迫遣使谋求与东汉交好。

关键词：东汉；北匈奴；西域；敦煌；呼衍王

东汉初年，匈奴分裂为南、北匈奴。南匈奴降汉保塞，北匈奴占据蒙古高原继续侵扰东汉北边。明帝永平十六年（73），东汉政府四路出击北匈奴，三路无功，唯有窦固大破匈奴呼衍王于天山，为东汉在西域初步打开局面。次年（74），东汉再征西域，夺取匈奴附属国车师，设置西域都护、戊己校尉。此后，东汉与北匈奴角力的主要战场移至西域。章帝在位时，"不欲疲敝中国以事夷狄，乃迎还戊己校尉，不复遣都护"①。同时期的北匈奴国力日渐衰落，率众北迁。和帝即位后，外戚窦氏掌权，东汉改变保守的对外政策，窦宪接连出兵击败北匈奴，最终在永元三年（91）取得金微山之役大捷，迫使北匈奴单于西逃，促使北匈奴政权走向崩溃。

---

* 基金项目：国家社会科学基金冷门绝学研究专项学术团队项目"敦煌河西碑铭与河西史研究"（21VJXT002）；兰州大学中央高校基本科研业务费专项资金战略发展专项项目"敦煌汉唐金砖河西历史研究"（2022jbkyzx004）。

① 《后汉书》卷八八《西域传》，中华书局，1965年，第2910页。

北匈奴政权瓦解后,呼衍王部与逢侯部作为两支独立的北匈奴残余势力,分别留于西域、塞北继续与东汉进行来往与交战。学界关于这两股势力的研究不少①,但对于除鞬败亡后至北匈奴两次遣使诣阙前(93—104)这一阶段北匈奴的具体情况了解甚少。因此,本文拟以永元八年(96)系囚减死"诣敦煌戍"为切入点和线索,围绕这两股势力(尤其是呼衍王部)于和帝永元五年至十六年(93—104)在西域、塞北的活动情况及其与东汉的关系展开讨论。

一、和帝令系囚减死"诣敦煌戍"与南匈奴逢侯叛汉徙占涿邪山

和帝永元三年(91),东汉在金微山大破北匈奴,北匈奴单于西逃无踪。于是,鲜卑趁机占据蒙古高原,开始融合北匈奴残部;与此同时,班超经营西域也卓有成效,东汉政府得以恢复西域都护、戊己校尉的设置,至永元六年(94),"班超复击破焉耆,于是五十余国悉纳质内属"②。这意味着东汉西面防线已由敦煌郡移至伊吾、车师、龟兹等西域诸地。随着战略纵深的扩大,敦煌及河西的军事防御态势有所缓和。《后汉书·和帝纪》记载永元五年(93)之事:"二月戊戌,诏有司省减内外厩及凉州诸苑马。"③ 凉州是汉朝的战马供应地,此时缩减养马规模应有休养民力用意,同时似亦可证在外部环境安定之后④,凉州军防态势确有缓和迹象。然《后汉书·和帝纪》记载永元八年(96)之事:

八月辛酉,饮酎。诏郡国中都官系囚减死一等,诣敦煌戍。⑤

---

① 相关研究主要参见:〔日〕内田吟风:《匈奴西移年表》,《东洋史研究》第2卷第1号,1936年;林幹:《匈奴史》,内蒙古人民出版社,2007年,第98—102页;陈序经:《匈奴史稿》,中国人民大学出版社,2007年,第385—388页;王宗维:《匈奴诸王考述》,《内蒙古大学学报(哲学社会科学版)》1985年第2期;余大钧:《公元91年后居留新疆北部一带的北匈奴》,《中华文史论丛》第1辑,上海古籍出版社,1986年,第151—168页;王彦辉:《北匈奴西迁欧洲的历史考察》,《东北师大学报(哲学社会科学版)》1989年第3期;〔日〕泽田勋著,王庆宪、丛晓明译:《匈奴:古代游牧国家的兴亡》,内蒙古人民出版社,2010年,第179—182页、第189—190页;马雍:《新疆巴里坤、哈密汉唐石刻丛考》,载文化部文物局古文献研究室编:《出土文献研究》,文物出版社,1985年,第199—200页;苗普生:《匈奴统治西域述论》,《西域研究》2016年第2期;翟飞:《东汉时期南匈奴逢侯叛乱探析》,《西夏研究》2018年第1期;刘俊、王海:《论匈奴呼衍氏地位的演进》,《北方文物》2018年第1期;马利清:《〈通湖山摩崖石刻〉与南、北匈奴关系考》,《中州学刊》2019年第9期。

② 《后汉书》卷八八《西域传》,第2910页。

③ 《后汉书》卷四《和帝纪》,第175页。

④ 《后汉书·和帝纪》记载永元三年(91)之事:"诏曰:'北狄破灭,名王仍降,西域诸国,纳质内附……'"这正表明在永元三年之后的一段时间内,随着强敌破败,东汉边境无事。见《后汉书》卷四《和帝纪》,第172页。

⑤ 《后汉书》卷四《和帝纪》,第182页。

皇帝诏令死囚减死徙边是东汉赦免制度的一大特色。东汉令死囚减死诣某地戍，意味着有或将有战事于该地或其附近，通常是为配合东汉政府对北方、西域、西羌等各方的经略。至于将囚犯流放敦煌则是出于移民实边、经略西域的目的。① 东汉减死徙边的时机选择一般都有对应的历史背景，既然永元六年（94）西域内属后，东汉西境整体上愈发安定。那么此次和帝诏令罪犯"诣敦煌戍"以提升敦煌边防力量的具体用意何在？

考察永元六年至八年（94—96）间史事可知，永元六年（94）南匈奴未能妥善处理北匈奴归降势力，致使变生肘腋。北匈奴降众发动叛乱，拥逢侯为单于，规模达到"十五部二十余万"②。后在东汉、南匈奴、鲜卑、乌桓诸方势力的联合打击之下，经历折损后出塞远遁。③ 金微山之役后，"北单于逃走，鲜卑因此转徙据其故地。匈奴余种留者尚有十余万落，皆自号鲜卑，鲜卑由此渐盛"④。在鲜卑控制漠北的情况下，逢侯所部难以重返匈奴故地。于是，"逢侯于塞外分为二部，自领右部屯涿邪山下，左部屯朔方西北，相去数百里"⑤。即该部匈奴活动于鲜卑、东汉、南匈奴三股势力的夹缝之中。逢侯自领右部据涿邪山⑥，对南面的敦煌郡及西域构成威胁。单以地理位置看，即便左部也可威胁河西，则敦煌增兵或与防范逢侯势力有关。

二、永元十六年、元兴元年遣使诣阙的北单于身份辨析

若要厘清和帝永元八年（96）增兵敦煌的真实意图，还必须对北匈奴政权崩溃后其残部发展状况有所了解。而永元三年（91）金微山之役后，史籍所载"北单于"所指何人一问题也关系到当时东汉与北匈奴间的关系，相关记载见于《后汉书·南匈奴传》，其文曰：

> 南单于比岁遣兵击逢侯，多所虏获……逢侯转困迫。十六年，北单于遣使诣阙贡献，愿和亲，修呼韩邪故约。和帝以其旧礼不备，未许之，而厚加赏赐，不

---

① 关于东汉减死徙边，主要参见张鹤泉：《略论汉代的弛刑徒》，《东北师大学报（哲学社会科学版）》1984年第4期；邬文玲：《汉代赦免制度研究》，中国社会科学院研究生院2003年博士学位论文，第35—36、42—44页；孙志敏：《秦汉刑徒兵制与谪戍制考辨》，《古代文明》2017年第4期；张文安：《两汉流放地的分布状况及其成因》，《中国历史地理论丛》2019年第4辑。
② 《后汉书》卷八九《南匈奴传》，第2955页。
③ 见《后汉书》卷八九《南匈奴传》，第2956页。
④ 《后汉书》卷九〇《乌桓鲜卑传》，第2986页。
⑤ 《后汉书》卷八九《南匈奴传》，第2956页。
⑥ 涿邪山具体位置诸说纷纭，有今蒙古戈壁阿尔泰东南额德伦金山、今蒙古南戈壁省古尔班塞汗山、今新疆巴里坤之东的尼赤金山等诸多说法。谭其骧《中国历史地图集》第二册东汉时期"鲜卑等部"图将涿邪山标注在蒙古西南部，敦煌北偏东位置。可见此山大体位于汉敦煌郡的北方或东北方。

答其使。元兴元年，重遣使诣敦煌贡献，辞以国贫未能备礼，愿请大使，当遣子入侍。①

由上可知，永元十六年（104）、元兴元年（105）北单于两次经敦煌遣使纳贡。然北单于逃遁后，"塞北地空，余部不知所属"②。那么历经十余年后再次见于史籍的北单于是指何人？考察史籍可知北单于之弟於除鞬在金微山之役后自立为单于，驻牧于蒲类海（今新疆巴里坤湖），窦宪上书东汉政府立其为北单于。"方欲辅归北庭，会窦宪被诛。五年，於除鞬自叛还北，帝遣将兵长史王辅以千余骑与任尚共追诱将还斩之，破灭其众。"③新疆巴里坤县发现的《任尚碑》可辨认十余字，有"惟汉永元五年""平任尚"等字样④，虽辨识文字有限，但关键年代、事件、人物信息俱在，可与《后汉书》记载相互印证。於除鞬既死于永元五年（93），其部众也已破灭⑤，则之后遣使敦煌的北单于先可排除於除鞬。

另外，还有学者认为两次遣使的北单于指逢侯。如林幹主张逢侯部是漠北最后一批以"北匈奴"之名与东汉发生关系的，并称其为"北单于逢侯"，认为永元十六年（104）及元兴元年（105）两次遣使贡献之北单于便是逢侯。⑥孙危《内蒙古阿拉善汉边塞碑铭调查记》中亦称："公元107—117年间以逢侯为首的北匈奴与西域诸国共同寇边。"⑦然此说当误。王彦辉已对北匈奴与逢侯部众进行区分⑧，然论述过简。故今复详论理由如下：

其一，史籍中未见逢侯以"北匈奴"之名活动的记载。逢侯是南匈奴前单于屯屠何之子，北匈奴降众因对新任南单于师子不满，故发动反叛另立单于。从选择拥立南单于后裔为单于的举动来看，北匈奴降众应已认同了南匈奴单于的正统地位，他们反对的并非南匈奴，而只是南单于师子。如此即便逢侯可称单于，也应是一位南单于，即逢侯部当以南匈奴或直接以匈奴之名活动，而非北匈奴。其二，东汉始终视逢侯为"伪单于"。《后汉书·邓禹传》称邓鸿"出塞追畔胡逢侯"⑨，《后汉纪·孝明皇帝纪上》亦云邓鸿之事："坐出塞追叛胡，下狱死。"⑩ 显然《后汉书》《后汉纪》中对逢侯的定位不是匈奴单于，而仅仅是叛胡（"畔"通"叛"）。《后汉书》中，除《和帝

---

① 《后汉书》卷八九《南匈奴传》，第2956—2957页。
② 《后汉书》卷四五《袁安传》，第1520页。
③ 《后汉书》卷八九《南匈奴传》，第2954页。
④ 见毛远明：《汉魏六朝碑刻校注》第1册，线装书局，2009年，第58页。
⑤ 见《后汉书》卷八九《南匈奴传》，第2954页。
⑥ 林幹：《匈奴史》，第100—101页。
⑦ 孙危：《内蒙古阿拉善汉边塞碑铭调查记》，《北方文物》2006年第3期。
⑧ 王彦辉：《北匈奴西迁欧洲的历史考察》，《东北师大学报（哲学社会科学版）》1989年第3期。
⑨ 《后汉书》卷一六《邓禹传》，第606页。
⑩ ［东晋］袁宏撰，张烈点校：《两汉纪》下册，中华书局，2002年，第165页。

纪》《邓禹传》称其"南单于安国从弟子逢侯"①"畔胡逢侯"②外,其他各处记载皆以本名"逢侯"称之。若《后汉书·南匈奴传》中永元十六年(104)及元兴元年(105)两次遣使贡献的北单于是指逢侯,则同传中记载逢侯在元初四年(117)为鲜卑所败、元初五年(118)赴朔方塞归降二事之时,当继续称之"北单于",何以复以其本名"逢侯"称之?如此,同传中对同一人的称呼岂非前后矛盾。事实上东汉政府始终视逢侯为叛逆,史籍中对逢侯与北单于也有区别,二者不能等同。其三,《后汉书·南匈奴传》云:"四年,逢侯为鲜卑所没,部众分散,皆归北虏。"③北虏在东汉初是指匈奴,匈奴分裂后,又专指北匈奴。逢侯败于鲜卑后,其部众逃散,重归北匈奴。则北匈奴是区别于鲜卑、逢侯之外的第三方势力。这是最直接、有力的一条证据证明逢侯部与北匈奴有所区别。综上,逢侯部有别于北匈奴,逢侯也非北单于。

再者,北单于自永元三年(91)为耿夔所破后,《后汉书·南匈奴传》称其"逃亡不知所在"④,《后汉书·窦融传》曰:"北单于逃走,不知所在。"⑤《后汉书·袁安传》曰:"北单于为耿夔所破,遁走乌孙。"⑥《魏书·西域传》称金微山之役后北单于西逃至康居。⑦据此,早期学者们认为北单于直接迁至康居。后来又有更多学者认为北单于在乌孙停驻一段时间后,其精壮再西迁至康居,另有一部留驻乌孙。⑧此说应是,则驻牧乌孙的北单于诣敦煌遣使贡献也可以说通。⑨

最后,除去逃遁的北单于外,两次遣使贡献的北单于也可能是驻牧西域的北匈奴残部重新拥立的单于。《魏书·蠕蠕传》载:"其西北有匈奴余种,国尤富强,部帅曰拔也稽,举兵击社仑,社仑逆战于额根河,大破之,后尽为社仑所并。"⑩林幹据此认为金微山之役后,始终有部分北匈奴人留在漠北的西北角。⑪马雍赞成该说,并认为

---

① 《后汉书》卷四《和帝纪》,第179页。
② 《后汉书》卷一六《邓禹传》,第606页。
③ 《后汉书》卷八九《南匈奴传》,第2958页。
④ 《后汉书》卷八九《南匈奴传》,第2954页。
⑤ 《后汉书》卷二三《窦融传》,第818页。
⑥ 《后汉书》卷四五《袁安传》,第1520页。
⑦ 《魏书·西域传》记载:"悦般国,在乌孙西北……其先,匈奴北单于之部落也。为汉车骑将军窦宪所逐,北单于度金微山,西走康居,其羸弱不能去者住龟兹北。地方数千里,众可二十余万。凉州人犹谓之'单于王'。"(《魏书》卷一〇二《西域传》,中华书局,2018年,第2459—2460页)
⑧ 参见贾衣肯:《匈奴西迁问题研究综述(上)》,《中国史研究动态》2006年第9期;《匈奴西迁问题研究综述(下)》,《中国史研究动态》2006年第10期。
⑨ 王彦辉:《北匈奴西迁欧洲的历史考察》,《东北师大学报(哲学社会科学版)》1989年第3期。
⑩ 《魏书》卷一〇三《蠕蠕传》,第2489页。
⑪ 林幹:《匈奴史》,第100页。

"《裴岑碑》中所提到的呼衍王即属这一部分"①。事实上，柔然社仑征伐漠北时值五世纪初，与金微山之役相隔三个世纪有余。以五世纪初生活在漠北西北角的匈奴余种去推测这些部众是自北匈奴瓦解后便始终留在此处的，显然站不住脚。当然这种可能性也不能完全排除，因为在东汉时期确有一支北匈奴活跃于西域东天山地区，其首领为呼衍王。

明帝永平十三年（70），耿秉云"伊吾亦有匈奴南呼衍一部，破此复为折其左角"②。十六年（73），"窦固破呼衍王于天山，留兵屯伊吾卢城"③。可见至迟到东汉明帝时，呼衍王部已成为北匈奴在西域的主要军事力量④。延光二年（123），张珰上书时亦称"北虏呼衍王常辗转蒲类、秦海之间，专制西域，共为寇抄。今以酒泉属国吏士二千余人集昆仑塞，先击呼衍王，绝其根本"⑤。安帝永初元年（107）东汉弃西域后，《后汉书·西域传》云："北匈奴即复收属诸国，共为边寇十余岁。"这与呼衍王"专制西域，共为寇抄"的表现基本吻合，则永初元年（107）后，控制西域及挟诸国寇边的北匈奴当指呼衍王部，或至少是以呼衍王部为核心的北匈奴残部联盟。这意味着驻牧西域的呼衍王部不仅未在金微山之役中遭到重创，反而趁机壮大了实力。在北单于逃遁、於除鞬被灭后，北匈奴挛鞮氏（单于氏族）已极度衰弱，其直属军事力量也基本在数次大战中损耗殆尽。而呼衍王部凭借其军事实力，成为日后与东汉争夺西域的主要竞争对手。《裴岑纪功碑》称，在永和二年（137）裴岑击杀呼衍王后，"除西域之疢，蠲四郡之害，边竟艾安，振威到此"⑥。此亦为呼衍王部已成为威胁东汉西域、河西安定最大隐患的力证。基于这种现实，不少学者认为呼衍王部已凭借其强大的军事力量成为北匈奴的根本、核心。⑦因此，在漠北根据失去后，西域呼衍王部具有拥立新单于的实力。

《后汉书·南匈奴传》载北单于事，曰："其弟右谷蠡王於除鞬自立为单于，将右温禺鞬王、骨都侯以下众数千人，止蒲类海，遣使款塞。"⑧《后汉书·耿夔传》云："会北单于弟左鹿蠡王於除鞬自立为单于，众八部二万余人，来居蒲类海上，遣使款

---

① 马雍：《新疆巴里坤、哈密汉唐石刻丛考》，载文化部文物局古文献研究室编：《出土文献研究》第199页。
② [东晋]袁宏撰，张烈点校：《两汉纪》下册，第188页。
③ 《后汉书》卷二《明帝纪》，第120页。
④ 据考，西汉时匈奴单于命出身于挛鞮氏的日逐王坐镇西域。东汉时，西域改由北匈奴呼衍王控制。详见丛晓明、王庆宪：《姻亲氏族与匈奴政权的关系》，《黑龙江民族丛刊》2013年第3期。
⑤ 《后汉书》卷八八《西域传》，第2911页。
⑥ [清]徐松著，朱玉麒整理：《西域水道记（外二种）》，中华书局，2005年，第182页。
⑦ 丛晓明、王庆宪：《姻亲氏族与匈奴政权的关系》，《黑龙江民族丛刊》2013年第3期；刘俊、王海：《论匈奴呼衍氏地位的演进》，《北方文物》2018年第1期。
⑧ 《后汉书》卷八九《南匈奴传》，第2954页。

塞。"① 蒲类海为呼衍王部驻牧地,於除鞬率北匈奴残部至此自立单于,当有依仗呼衍王再造王庭之意。於除鞬所率部众有"数千人"和"二万余人"两种不同记载,此或为於除鞬部众汇合呼衍王部众的佐证。即於除鞬仅率数千人,至蒲类海与呼衍王汇合后部众达到"八部二万余人"。如此,呼衍王既然已有拥立单于的"实践",那么於除鞬败亡后,呼衍王再立新单于也在情理之中。而且,於除鞬在蒲类海自立为单于一事还反映出逃遁的北单于不仅与漠北余部失去联络,甚至与驻牧西域的呼衍王等部之间的联系也已中断,否则若北单于逃走后仍能继续指挥呼衍王等部,於除鞬应难以获得西域北匈奴部众支持自立为单于。另外,呼衍王部拥立於除鞬也代表其彻底与逃遁的北单于进行了割裂,其后即便双方再建立联系,呼衍王再次支持"旧主"的可能性也很小。

综上,逃遁的北单于与西域呼衍王等部很可能已互不统属,各自独立发展。以地缘观之,呼衍王部居蒲类海、伊吾一带,靠近敦煌郡,则永元十六年(104)及元兴元年(105)两次遣使诣敦煌贡献的北单于当是呼衍王重新拥立的。不过也不能完全排除逃遁的北单于与呼衍王部再度合流的可能。但在呼衍王部众占据绝对优势的情况下,无论此时的北单于是旧日逃走的,还是重新拥立的,其若要延续北匈奴的统治,无疑会比此前任何时期都要更为倚重呼衍王。

此外,呼衍王能够于安帝初年再度掌控西域、兵犯河西的重要原因是其吸纳了部分北匈奴残余势力。金微山之败后,逃亡西域的北匈奴残余当不只於除鞬一支,元初四年(117)逢侯残部逃奔的"北虏"应即指以呼衍王部为核心所组建起来新的北匈奴政权。通过吸纳北匈奴残余势力,以呼衍王为"根本"的新生北匈奴才得以在西域重建霸权。因此,永元八年(96)的呼衍王部应在加紧吸纳北匈奴流散部众、扩充实力。这对东汉西域、敦煌的安定而言是一大隐患,则和帝增强敦煌边防力量或与呼衍王部举动有关。

三、涿鞮叛汉事件与北匈奴的纠葛及对平叛汉兵规模的再思考

因缺乏直接证据表明敦煌增兵是在针对逢侯部及呼衍王部这两方势力,故此二者仅可暂列为影响敦煌增兵这一决策制定的重要因素。至于促成和帝于永元八年(96)增兵敦煌的直接原因,应是同年爆发的车师后部叛乱。此事见载于《后汉书·西域传》:

> 和帝永元二年,大将军窦宪破北匈奴,车师震慑,前后王各遣子奉贡入侍,并赐印绶金帛。八年,戊己校尉索□欲废后部王涿鞮,立破虏侯细致。涿鞮怨前王尉卑大卖己,因反击尉卑大,获其妻子。明年,汉遣将兵长史王林,发凉州六郡兵及羌(虏)胡二万余人,以讨涿鞮,获首虏千余人。涿鞮入北匈奴,汉军追

---

① 《后汉书》卷一九《耿弇传》,第719页。

击，斩之，立涿鞮弟农奇为王。①

敦煌文献 P. 2625《敦煌名族志》称："后汉有索□，明帝永平中为西域代（戊）己校尉，居高昌城。"② 此处记载虽将索□生活任职年代误记到明帝时期，然亦可佐证东汉时期敦煌确有索□曾任戊己校尉治于高昌。据《后汉书·和帝纪》可知永元八年（96）七月，车师后部叛汉。③ 八月，和帝命系囚减死"诣敦煌戍"。此二事间隔时间很短，应有很强的关联性。再联系永元九年（97）王林"发凉州六郡兵"击涿鞮事，东汉出兵西域，敦煌首当其冲。那么和帝八月增兵敦煌的直接原因当是为出兵西域车师后部做准备。

另外，车师后部叛乱与北匈奴有牵涉。后王涿鞮叛乱的起因是戊己校尉索□欲废其王位。然涿鞮起兵后攻击的首要目标却不是戊己校尉索□，而是出卖自己的前王尉卑大。可见尉卑大的出卖应是导致戊己校尉欲废涿鞮的原因。告发之事能使涿鞮王位不保，必然十分关键。东汉治理西域时，一般怀有二心或持反汉立场的国王才会遭到更换。联系涿鞮在汉军来袭时投奔北匈奴之事，真相已呼之欲出。应是涿鞮对东汉已怀二心，谋划依附北匈奴，并打算与前王尉卑大共同进退。毕竟此前两国皆为北匈奴附庸，又一道归汉，有协同行动的交情和默契。但尉卑大在得知涿鞮意图后，却向戊己校尉告发此事，由此引发车师后部叛汉事件。

关于"涿鞮入北匈奴，汉军追击，斩之"一事也须详察。此时北匈奴以呼衍王部为核心。涿鞮进入北匈奴势力范围后仍被汉军击杀，存在两种可能：其一，涿鞮尚未与呼衍王达成共识便仓促起事，其逃奔北匈奴是为转移汉军视线，引汉匈相争，趁机脱身。只是汉军至时，呼衍王率众暂避，涿鞮因此丧命。其二，涿鞮已与呼衍王达成协议，只是东汉出兵规模远超呼衍王预估，于是呼衍王选择暂避锋芒，坐视涿鞮败亡。为重建北匈奴政权，呼衍王不仅需要吸纳北匈奴残余部众，还需要招引西域诸国归顺，如此方可在失去漠北后，仍能使北匈奴在西域伸张自身势力。在此需求下，呼衍王与涿鞮暗通款曲的可能性很大，甚至很可能是呼衍王主动诱使车师后部投效。基于这种背景，第二种推测成立的可能性显然更大。另外，呼衍王部充其量不过是北匈奴残余，不敢主动迎击大规模汉军，这是呼衍王无力救援后王涿鞮的重要前提。

从此次平叛汉兵规模看，东汉对付区区车师后部却"发凉州六郡兵及羌（虏）胡二万余人"。须知永元三年（91）耿夔赴金微山讨伐北单于时不过"将精骑八百"④；建初元年（76），北匈奴联合焉耆、龟兹，又策动车师倒戈，围困耿恭，东汉所遣援兵

---

① 《后汉书》卷八八《西域传》，第2929—2930页。
② 图版参上海古籍出版社等编：《法藏敦煌西域文献》第16册，上海古籍出版社，2001年，第331页。录文参郑炳林：《敦煌地理文书汇辑校注》，甘肃教育出版社，1989年，第112页。
③ 见《后汉书》卷四《和帝纪》，第181—182页。
④ 《后汉书》卷一九《耿弇传》，第718页。

不过"发张掖、酒泉、敦煌三郡及鄯善兵,合七千余人"①。如此大规模征发凉州六郡及境内羌胡之兵,在此之前仅有永平十六年(73)明帝遣四道大军大举进攻北匈奴时在凉州的征兵情况可堪与之比肩。当时窦固、耿秉分领两道汉军,共征发凉州酒泉、敦煌、张掖、武威、陇西、天水六郡及羌胡合计两万余人②,达到明帝进攻北匈奴总兵力的一半。永元九年(97)平定车师后部的汉军规模竟然与之相当,以这般规模汉军攻击"胜兵三千余人"③的车师后部岂非是杀鸡用牛刀?何况当时西域都护班超已基本控制西域,足可征调数万城邦诸国之兵讨伐车师后部,若仅为平定后部之叛似无必要从凉州六郡大举征发军队,故此事更显蹊跷。由此联系涿鞮败逃北匈奴之事,不妨推测:车师后部之叛已惊动东汉政府,尤其是后部似与北匈奴残余——呼衍王部有勾结,更加深了和帝的警惕。于是,此次汉军出击西域,除平定车师后部外,另有打击隐于后部背后的北匈奴呼衍王部的意图。后因呼衍王闻风退避,汉军寻其主力不得,只能在击杀涿鞮后撤军归塞。若此推论成立,则和帝增强敦煌屯戍兵力的真实目的应是为次年(97)凉州大军出击呼衍王做准备。当然这一推论尚缺乏直接史料证据,并不确凿。

四、李恂事迹所见永元五年至十六年东汉与北匈奴的关系

上文论述"诣敦煌戍"及平叛主要目的时,仅能大致推定此阶段的呼衍王部在积蓄实力,图谋复兴北匈奴,至于其与东汉的接触情况并未展开讨论。这是因为根据有明确纪年的史籍记载,北匈奴自永元五年(93)於除鞬败亡后,直到永元十六年(104)才再次与东汉发生接触。其间虽有永元九年(97)涿鞮逃奔北匈奴事件,然史籍对当时北匈奴的反应却未有记载。因此学者们在涉及永元五年至十六年(93—104)间北匈奴的情况时皆一笔带过,由是此阶段北匈奴与东汉的关系至今尚不清楚。

事实上,《后汉书·李恂传》记载的关于李恂任西域副校尉的经历,对于研究永元五年至十六年(93—104)间东汉与北匈奴关系具有较高的史料价值。只因其生平履历缺乏明确纪年,故此前多为学界所忽视。《后汉书·李恂传》记载李恂之事:

> 迁张掖太守,有威重名。时大将军窦宪将兵屯武威,天下州郡远近莫不修礼遗,恂奉公不阿,为宪所奏免。
>
> 后复征拜谒者,使持节领西域副校尉。西域殷富,多珍宝,诸国侍子及督使贾胡数遗恂奴婢、宛马、金银、香罽之属,一无所受。北匈奴数断西域车师、伊吾,陇沙以西使命不得通,恂设购赏,遂斩房帅,悬首军门。自是道路夷清,威

---

① 《后汉书》卷一九《耿弇传》,第722页。
② 见《后汉书》卷二三《窦融传》,第810页。
③ 《后汉书》卷八八《西域传》,第2929页。

    迁武威太守。后坐事免,步归乡里,潜居山泽,结草为庐,独与诸生织席自给。会西羌反畔,恂到田舍,为所执获,羌素闻其名,放遣之。恂因诣洛阳谢。时岁荒,司空张敏、司徒鲁恭等各遣子馈粮,悉无所受。①

  李恂任西域副校尉时曾与北匈奴发生冲突,使用这段史料前则须先考证李恂任西域副校尉的时间,以此才能判定史料中出现的北匈奴的活动时间。此前林幹《匈奴史料汇编》对此史料已有收录,并将李恂领西域副校尉时间系于和帝永元二年(90)窦宪出屯凉州以后。② 这一时间推定虽无误,却过于模糊宽泛。因此须进一步推定李恂任西域副校尉的时间。

  李恂因得罪窦宪才遭免职。窦宪出屯武威的时间是在永元二年(90),则窦宪奏免李恂事大致即在此年。李恂既为窦宪不容,则其复起任西域副校尉的时间当在永元四年(92)窦宪倒台之后。和帝诛杀窦宪后,大肆清除窦宪党羽,同时对受窦宪构陷打压者有所起复。《后汉书》李贤等注引华峤《后汉书》记载应顺:

    迁东平相……时窦宪出屯河西,刺史、两千石皆遣子弟奉赂遗宪,宪败后咸被绳黜,顺独不在其中,由是显名。为将作大匠,视事五年,省费亿万。③

又《后汉书·梁懂传》记载梁懂:

    父讽,历州宰。永元元年,车骑将军窦宪出征匈奴,除讽为军司马……后坐失宪意,髡输武威,武威太守承旨杀之。窦氏既灭,和帝知其为宪所诬,征懂,除为郎中。④

李恂与应顺在窦宪屯武威时皆未送礼贿赂。应顺不附窦氏为其赢得美名,这与其日后受重用任"将作大匠"不无关系。又,梁讽得罪窦宪被害,窦宪伏诛后,和帝为其平反,并任命其子梁懂为郎中。李恂亦为窦宪诬陷免官,窦宪垮台后,应当亦会"显名"于朝堂,和帝在梁讽死后尚能为其平反并任用其子,这进一步表明李恂在窦宪垮台后获得平反并重获起用的可能性很高。

  李恂任西域副校尉时遭遇"北匈奴数断西域车师、伊吾,陇沙以西使命不得通"的情况,於除鞬附汉时期的北匈奴不符合这一条件。於除鞬自立为北单于,驻牧蒲类海,东汉先后使中郎将耿夔、任尚屯兵伊吾进行监视⑤,加之於除鞬指望东汉助其重归漠北,故於除鞬既无断车师、伊吾通道的动机,也不具备挑战伊吾屯驻汉军的实力。因此,李恂就任西域副校尉至少在永元五年(93)於除鞬败亡之后。

  另外,李恂曾在"岁荒"时拒绝司空张敏、司徒鲁恭的赠粮。《后汉书·安帝纪》

---

① 《后汉书》卷五一《李恂传》,第1683—1684页。
② 林幹:《匈奴史料汇编》,商务印书馆,2017年,第360页。
③ 《后汉书》卷四八《应奉传》,第1607页。
④ 《后汉书》卷四七《梁懂传》,第1591页。
⑤ 见《后汉书》卷一九《耿夔传》,第719页;《后汉书》卷八九《南匈奴传》,第2954页。

载，永初元年（107），"十二月乙卯，颍川太守张敏为司空"，永初六年（112），"夏四月乙丑，司空张敏罢"。① 则张敏任司空的起讫时间是永初元年十二月至六年四月（107—112）。鲁恭曾两度官至司徒。第一次在和帝时，任期自永元十三年十一月至十六年七月（101—104）。② 第二次在安帝时，任期自永初元年五月至三年三月（107—109）③。鲁恭第二次任司徒时与张敏任司空有重叠的时段。重叠时段自永初元年十二月至三年三月（107—109），这时期张敏任司空、鲁恭任司徒，也即为二人赠粮李恂的时期。

李恂是"安定临泾人"④，其在回归乡里——安定郡之后，为西羌叛军抓获，后被释放。其后李恂"因诣洛阳谢"，遇到"岁荒"。《后汉书·安帝纪》载永初二年（108），"六月，京师及郡国四十大水，大风，雨雹"，及至次年（109）"三月，京师大饥，民相食"。⑤ 可知京师洛阳在永初二年（108）六月曾遭遇自然灾害，到三年三月（109）饥荒严重，以致"民相食"。则李恂到达洛阳的时间应在永初二年六月至三年三月（108—109）。又因此时李恂被西羌释放不久，由时间推知李恂遭遇的是爆发于永初元年（107）六月的西羌叛乱⑥，则李恂获擒当在永初元年六月至永初三年年初（107—109）。

梁慬在延平元年至永初元年（106—107）任西域副校尉，并参与西域作战⑦，后以西域副校尉身份平定西羌，直至永初四年（110）改任他职⑧。由此可知李恂任西域副校尉在梁慬之前，李恂卸任西域副校尉最迟在延平元年（106）。

又因北匈奴单于在永元十六年（104）及元兴元年（105）先后两次遣使称臣纳贡⑨，可知至少在此二年北匈奴对东汉的态度甚为谦恭。则"北匈奴数断西域车师、伊吾，陇沙以西使命不得通"的情况与此时期双方态势极不吻合。假设李恂在此二年仍在西域副校尉任上，按时间推算也当是在其斩获虏帅后。此二年间北匈奴款服，比较符合史籍中赞许李恂政绩时提到的"自是道路夷清，威恩并行"的景象。

基于以上考证，李恂任西域副校尉可限定在永元五年至延平元年（93—106）间。至于"北匈奴数断西域车师、伊吾，陇沙以西使命不得通"当发生在永元五年至永元十六年（93—104）间。此时段北匈奴"数断西域车师、伊吾"，使东汉政府使命无法顺利到达西域。这表明永元五年至十六年（93—104）间东汉与北匈奴间存在对抗阶

---

① 《后汉书》卷五《安帝纪》，第209、218页。
② 见《后汉书》卷四《和帝纪》，第189、193页。
③ 《后汉书》卷五《安帝纪》，第207、212页。
④ 《后汉书》卷五一《李恂传》，第1683页。
⑤ 《后汉书》卷五《安帝纪》，第210、212页。
⑥ 见《后汉书》卷八七《西羌传》，第2886页；《后汉书》卷五《安帝纪》，第207页。
⑦ 见《后汉书》卷四七《梁慬传》，第1591—1592页。
⑧ 见《后汉书》卷八九《南匈奴传》，第2957—2958页。
⑨ 见《后汉书》卷八九《南匈奴传》，第2956—2957页。

段。"数断"表明北匈奴对车师、伊吾进行了多次打击,又从"陇沙以西使命不得通"来看,其主要目的是打算先切断西域同中原的联系,再进一步蚕食西域。最终,李恂设法斩杀"虏帅",粉碎了此次北匈奴意图染指西域的野心。李恂传文中被斩杀的"虏帅"身份缺载,然其死后东汉在西域"道路夷清,威恩并行",可见斩杀虏帅使北匈奴受挫不小,如此,这位"虏帅"即便不是北单于或呼衍王,也是一位重要角色①,否则北匈奴当不会轻易放弃攻击车师、伊吾。

再者,东汉已于永元三年(91)迫使北单于逃遁,永元五年(93)击杀北单于於除鞬,若再于永元五年至八年(93—96)间斩杀"虏帅",则车师后部在此形势下选择叛汉依附北匈奴显然极不明智。如此,北匈奴"数断"车师、伊吾及李恂斩"虏帅"事应当发生于永元八年(96)以后。

由上考证可推知,永元八年至十六年(96—104)间,北匈奴招引车师后部投效失败后,尝试切断西域与中原通道,后其阴谋被西域副校尉李恂挫败,"虏帅"被杀,迫使北匈奴转变对东汉策略。到永元十六年(104)及元兴元年(105)北匈奴两次遣使贡献,并"愿和亲,修呼韩邪故约",应与李恂斩杀"虏帅"打击北匈奴有关。从北匈奴遣使贡献时"旧礼不备","辞以国贫未能备礼"观之,由于李恂等治理得当,东汉在西域统治日益稳固,变相压缩了北匈奴的生存空间,致使北匈奴在西域的境况十分艰难,不得不向东汉屈服。

此外,永元八年至十六年(96—104)间,北匈奴与东汉存在对抗阶段,更加说明此阶段敦煌郡乃至凉州的战略定位是防范、打击以呼衍王部为核心的北匈奴。《后汉书·班勇传》记载:"旧敦煌郡有营兵三百人,今宜复之,复置护西域副校尉,居于敦煌,如永元故事。"②也印证了永元时期(89—105)东汉的确有意通过增强敦煌军事力量,控制西域,其主要针对目标也应是北匈奴。基于以上考证,永元八年(96)囚犯减死"诣敦煌戍"主要是针对北匈奴呼衍王部之推论成立的可能性也大大提高。

五、结语

北匈奴政权崩溃后,其残余部众分散各处。南匈奴因未处理好与北匈奴降众的关系,致使逢侯率北匈奴降众叛出塞外,驻牧于敦煌以北的涿邪山。这支匈奴与北匈奴有所区别,之后在南匈奴、鲜卑的接连打击下难以支撑,最终与西域的北匈奴重新合流。同时,通过上文考证分析得知,永元五年(93)之后史籍中再次出现的北匈奴应

---

① 原本击杀北匈奴"虏帅"应是较大功绩,然在金微山之役后,北匈奴早已沦为二流势力,不能再对东汉构成实质性威胁,故这一"壮举"在史书中湮灭无闻。对造成这类现象的原因,已有学者进行探析。详见马利清:《纪功刻石的文本传统与〈任尚碑〉反映的"历史事实"》,《中国人民大学学报(哲学社会科学版)》2017年第1期。

② 《后汉书》卷四七《班勇传》,第1587—1588页。

当是指呼衍王部，或至少是以呼衍王部为核心的北匈奴残部联盟。东汉时，呼衍王部长期活动于西域北部，又在北匈奴挛鞮氏衰弱的背景下，演变为北匈奴的"根本"。该部为在西域继续伸张北匈奴势力，重建北匈奴政权，主要采取了两项举措：其一是积极吸纳北匈奴残余部众，於除鞬败亡及逢侯部败于鲜卑后其部众应当就为其吸收；其二是与东汉争夺对西域诸国的掌控权，车师后王涿鞮叛汉就很可能受其唆使。后在东汉打击下，呼衍王武力夺取西域计划受挫，又转变策略积极遣使谋求与东汉交好。适逢东汉在西域、凉州统治动摇，以呼衍王部为核心的北匈奴旋即放弃与汉和解策略，抓住时机再度以武力在西域建立霸权并兵犯河西。

敦煌郡地处匈奴、西域与中原交会要冲，其战略位置对于稳定西域局势、威慑"叛胡"逢侯，乃至打击呼衍王部都能发挥至关重要的作用。有鉴于此，汉和帝采取系囚减死"诣敦煌戍"、置"营兵三百人"及西域副校尉等诸多手段积极充实敦煌郡边防力量，并以敦煌郡为基地经略西域。

· 专题研究 ·

秦封泥中所反映的帝王陵*

徐卫民

（西北大学文化遗产学院）

摘要：秦帝王陵是当时国家的重点工程，往往由丞相来负责管理，因此难免有许多的机构，秦封泥中有关秦帝王陵的封泥正是研究秦帝王陵的重要资料，值得引起学界重视。目前出土的与秦帝王陵有关的封泥有："西陵丞印""阳陵禁丞""丽山飤官""上寝""泰上寝印""泰上寝左田"等。在秦历史文献资料极缺的情况下，秦封泥的发现无疑对研究秦帝王陵具有非同寻常的历史价值。

关键词：封泥；秦封泥；秦帝王陵

在传世文献中，"封泥"二字最早见于《续汉书》："守宫令一人，六百石。"其本注曰："主御纸笔墨及尚书财用诸物及封泥。丞一人。"① 20世纪90年代出土于西安北郊汉长安城内西北相家巷村（笔者认为该遗址在秦甘泉宫附近）的大量秦封泥为我们进行秦文化的研究提供了第一手的资料，是继云梦睡虎地秦简、秦始皇陵兵马俑、秦都咸阳、秦都雍城、里耶秦简之后秦考古资料的又一重大发现，大大丰富了秦文化的研究内容，推动了秦文化的研究。

"封泥"，又称泥封，是印章按于泥上作为实物和木制牍函封缄的凭证。卫宏《旧汉仪》中有"天子信玺皆以武都紫泥封"的记载。秦汉文书大多写在竹简或木札上，封发时装在一定形式的斗槽里，用绳捆上，在打结的地方，填进一块胶泥，在胶泥上打玺印；如果简札较多，则装在一个口袋里，在扎绳的地方填泥打印，作为信验，以防私拆。封发物件也常用此法。这种钤有印章的土块称为"封泥"。② "缄之以绳，封

---

* 本文为国家社会科学基金项目"秦汉封泥封检研究"（项目编号：22BZS014）阶段性成果。
① 见《后汉书》志第二六《百官志三》，中华书局，1965年，第3592页。
② 韩天衡：《封泥汇编序》，上海古籍出版社，1984年，第1页。

之以泥，抑之以印"，封泥不是印章，而是古代用印的遗迹，是盖有古代印章的干燥坚硬的泥团，是保留下来的珍贵实物。由于原印是阴文，钤在泥上便成了阳文，其边为泥面，所以形成四周不等的宽边。承办人员用印章钤盖泥封，是为了保证文书安全而采取的加密手段，起着"以检奸萌"的作用，可以说是我国最早的"保密"措施。如今存留下的秦封泥成了研究秦历史的密码。

封泥的使用自战国直至汉魏，直到晋代以后纸张、绢帛逐渐代替了竹木简书信的来往，改用红色或其他颜色的印色印在书牍上，才有可能不再使用封泥。后世的篆刻家从这些珍贵的封泥拓片中得到借鉴，用以制印，从而扩大了篆刻艺术取法的范围。

在秦历史文献资料极缺的情况下，秦封泥的发现无疑具有非同寻常的历史价值。据研究，现存的秦汉印章实物，多半是殉葬用的明器，并非那个时期的实用印章，它的制作技术和艺术水平都难以和实用印章相比，而封泥则是由官方正式颁发的玺印，或者私家常用的玺印钤出的。因此封泥上的印文，真实地反映了当时印章艺术的实际情况，无疑是古代玺印文化不可多得的宝贵遗产。另一方面，由于施行封泥时，软泥入槽多少不一，如正好填满方槽，则泥块干后呈方形，如软泥多而溢出方槽，则这块泥干后呈不规则的圆形，加之年代久远，自然剥蚀脱落致使封泥的边缘残缺破损，这种宽厚的边栏，粘连断续，极富变化，给人以古拙质朴、自然率真的美感，其美妙在于实中见虚、虚中见灵，可谓天然之雕饰。

陵墓是人死后的归宿，"事死如事生"是古代的礼制，因此秦帝王不仅在世时修建了众多的苑囿，作为其游猎休闲之所，而且死后也要在自己的陵园中仿照都城布局修建陵园、建造苑囿。陵园是陵墓园林的简称，陵墓园林是我国古典园林中的一枝奇葩。拙文《秦始皇陵——我国最早的陵墓园林》①认为秦始皇陵园是我国最早的陵墓园林。随着新的考古资料的涌现，笔者对此观点加以修正和补充，实质上在秦始皇陵之前秦国东陵已经有陵墓园林了，到秦始皇陵时陵墓园林的设施更加完善，对后代帝王陵墓园林修建起到了引领作用。

目前出土的与秦帝王陵有关的封泥有"西陵丞印""阳陵禁丞""丽山飤官""上寝""泰上寝印""泰上寝左田"等。

一、"阳陵禁丞"与秦庄襄王陵

秦汉时期的阳陵地名不少，各有所指。秦的阳陵地名从目前的考古发现有"阳陵禁丞"封泥和"阳陵虎符"，在湖南里耶秦简中也有地名阳陵。

《史记·秦本纪》云："子庄襄王立。"《史记索隐》云："名子楚，三十二而立，

---

① 徐卫民：《秦始皇陵——我国最早的陵墓园林》，参见《秦都咸阳与秦文化研究》，陕西人民教育出版社，2003年，第573—580页。

立三年,葬阳陵。"①《史记·高祖功臣侯者年表》有"阳陵侯傅宽",《史记索隐》曰,属冯翊。②

"阳陵禁丞"封泥

湖南里耶秦简中也有阳陵地名,"卅三年三月辛未朔丁酉,司空腾敢言之:阳陵溪里士五(伍)〔不〕采有赀余钱八百五十二,不采戍洞庭郡不智(知)何县署,今为钱校券一,上谒洞庭尉,令署所县责,以受(授)阳陵司空。司空不名计,问何县官计,付署计年为报。已訾责其家,家贫弗能入,乃移戍所,报,署主责发,敢言之"。历日为秦始皇三十三年(前214)三月二十七日,司空腾系阳陵县官。包山楚简中也有"阳陵",晏昌贵、钟伟认为里耶秦简中的阳陵在今河南,即春秋战国时期的郑国所在地。③过去曾发现秦阳陵虎符④,王国维做过考证⑤,其地是否为因汉景帝陵改名的汉阳陵县(今陕西咸阳东北)尚待考虑,但从本组文书看无疑是秦人故地。王辉先生在《秦文字集证》一书中考定阳陵为秦庄襄王陵,其地在芷阳,今西安市临潼区韩峪乡一带,"芷阳陵"之省称。其园林之设不会晚于始皇陵园。⑥可信。

关于"阳陵虎符"的地望,笔者认为在山东的可能性要大一些。"阳陵侯傅宽,以魏五大夫骑将从,为舍人,起横阳"。《史记集解》:《地理志》云冯翊阳陵县。⑦"傅宽,以魏五大夫骑将从,为舍人,起横阳。从攻安阳、杠里,赵贲军于开封,及击杨熊曲遇、阳武,斩首十二级,赐爵卿。从至霸上。沛公为汉王,赐宽封号共德君。从入汉中,为右骑将。定三秦,赐食邑雕阴。从击项籍,待怀,赐爵通德侯。从击项冠、周兰、龙且,所将卒斩骑将一人敖下,益食邑。属淮阴,击破齐历下军,击田解。属

---

① 《史记》卷五《秦本纪》,中华书局,1959年,第219页。
② 《史记》卷九八《傅靳蒯成列传》,第2707页。
③ 晏昌贵、钟伟:《里耶秦简所见的阳陵与迁陵》,《中国历史地理论丛》2006年第4辑。
④ 王辉:《秦铜器铭文编年集释》,三秦出版社,1990年。
⑤ 王国维:《观堂集林》卷十八《秦阳陵虎符跋》,《王国维遗书》三,上海古籍书店,1983年。
⑥ 王辉:《秦文字集证》,台湾艺文印书馆,1999年。
⑦ 《史记》卷九八《傅靳蒯成列传》,第2707页。

相国参,残博,益食邑。因定齐地,剖符世世勿绝,封阳陵侯,二千六百户,除前所食。"① 傅宽所封的阳陵侯是在平定齐地之后封的,和阳陵虎符出土地在山东是符合的。

"阳陵禁丞"封泥的发现,说明秦庄襄王的阳陵是有陵园的,也证明阳陵陵园中有禁苑机构。秦庄襄王是秦始皇的父亲,其去世后秦始皇为父亲修建陵墓园林也是顺理成章的。目前考古工作者正在对秦东陵中的一号陵园进行考古发掘,学界认为应该就是昭襄王的陵墓,或许会有"阳陵"的相关资料出土。

泰上寝左田:秦始皇即皇帝位后,封他的父亲为太上皇。《汉印征存》中有秦印"泰上寢(寝)左田"一枚,赵超先生认为泰上寝即秦始皇之父"泰上皇"之陵寝②。而田静、史党社则认为"上寝即秦始皇之陵寝"。③"左田"的职责疑为田猎之官。

传世秦印上书"泰上寝"为秦始皇之父庄襄王之寝已基本成为定论,因为此印当为设于泰上寝的左田所用,此处的左田是负责狩猎的,以供应陵寝上祭祀时的禽兽之获。《汉官仪》云,"上林苑中天子秋冬狩猎,取禽兽无数实其中","上林苑中以养百兽……欸飞具矰缴以射凫雁,应给祭祀置酒,每射得万头以上,给大官"。因此泰上寝左田当主要为司狩猎供祭祀之官,隶属于少府,由郎中令属官郎中担任。④ 相家巷秦封泥中还有"郎中左田",证明刘瑞先生的观点是对的。

"泰上寝"封泥

《封泥考略》中有汉印"孝惠寝丞"。秦铜器二年寺工壶、雍工敌壶铭有"北寝"。寝亦指陵寝,因而把上寝之寝理解为陵寝是没有问题的。先秦时期,寝和庙性质一致,故而常连称,寝即祖庙,祖庙即寝。如《诗经·小雅·巧言》中有"奕奕寝庙,君子作之"。但战国晚期以后,寝、庙开始有区别。

---

① 《汉书》卷四一《樊郦滕灌傅靳周传》,中华书局,1962年,第2085页。
② 赵超:《试谈几方亲代的田字格印及有关问题》,《考古与文物》1982年第6期。
③ 田静、史党社:《新发现秦封泥中的"上寝"及"南宫""北宫"问题》,《人文杂志》1997年第6期。
④ 刘瑞:《"左田"新解》,载黄留珠主编:《周秦汉唐研究》第一辑,三秦出版社,1998年,第152页。

秦始皇统一天下以后，成为中国历史上第一个皇帝，于是追尊庄襄王为太上皇。陵寝是帝王陵园的重要组成部分，寝殿是中国古代皇帝的灵魂起居的地方，里面陈设着死去皇帝的"衣冠、几仗、象生之具"，"宫人随鼓漏理被枕、具盥水、陈严具"，"日上四食"，完全像侍奉活人一样地服侍死者。

秦庄襄王死后被埋在秦东陵陵区，位于秦始皇帝陵的西南方。秦东陵之名，始见于《汉书·萧何传》，但在《史记·秦本纪》《秦始皇本纪》中，则称"芷阳"。《史记·秦本纪》云："子庄襄王立。"《史记索隐》："名子楚，三十二而立，立三年，葬阳陵。"这是因距离秦芷阳县城较近，遂以地名而得陵名。秦东陵位于骊山西麓、灞河东岸的铜人原上。在这一陵区内，共发现四座陵园，分别埋葬着秦昭襄王、秦孝文王、秦庄襄王、宣太后等。根据目前的勘探资料和研究情况可以看出，一号陵园应该是秦昭襄王和其夫人的陵园，依山坡而建，地势东高西低。陵园南至小峪沟，北到武家坡村南的无名沟，西界洞北村西的小峪河，东达范家庄的人工壕沟，南北宽1800米，东西长4000米，总面积72万平方米。陵园内钻探出"亚"字形大墓2座（M1、M2）、陪葬坑2座、陪葬墓区2处、地面建筑基址4处。两座"亚"字形大墓为陵园内的主墓，大小相若，主墓道皆东向。两座陪葬坑分别位于M1、M2东墓道以东偏南处，经钻探，发现马骨、木迹、漆皮、骨饰等，当为车马坑。两处陪葬墓区则位于M2的东南部和西南部。在其墓旁发现了建筑遗址，应该是陵园中的寝殿遗址，传统观点认为到秦始皇时才有了寝殿，这种观点是不对的。

新发现秦封泥"阳陵禁丞"与秦东陵有关系，因为庄襄王陵被称为"阳陵"，因此"阳陵禁丞"是秦庄襄王的陵园禁丞。相家巷出土秦封泥中还有"东陵丞印"，应为管理东陵的长官。

二、"丽山飤官"与秦始皇陵

出土秦封泥中有"丽山飤官"，秦始皇陵飤官遗址也出土了"丽山飤官"器物铭文。

"丽山飤官"封泥

秦始皇陵位于秦东陵东北的骊山北麓，陵园面积达56.25平方公里。封土的高度，据记载为"陵高五十丈"①，约相当于现在的115米，而实际上现存高度为76米，② 是一个尚未完工的工程，因农民战争爆发和秦王朝的快速灭亡，修陵工程被迫停止。

秦始皇陵墓的周围有内外两重夯土城垣，除南边的内外城垣仍有局部残段存留地表外，其余仅在地下存有墙基。经探测，内外城垣均呈南北向长方形。内城长1355米，宽580米，周长3870米，占地面积785900平方米。内城的中部由东向西有条长330米、宽约8米的隔墙，把内城分为南、北两区。内城的北区又有一条南北向的宽约8米的夹墙，把北区分隔成东西两部分。内城垣的南、东、西三面各有一门，北面有二门，中部东西向的隔墙上有一门，南边的门址保存较好，门阙的基址仍高出地表2至3米。秦始皇陵主墓位于内城的南区。秦始皇陵外城垣，经实测南北长2165米，东西宽940米，周长6210米，墙基宽约8米，外城的四面各有一门，门址上堆积着大量瓦砾及红烧土、灰烬，证明原来有门阙建筑。内城垣四个转角处有角楼建筑遗址。

秦始皇陵园的布局体现了当时人们"事死如事生"的丧葬文化，之所以能称为陵园，笔者认为是因为具备了园林的特点。秦始皇生前修建了众多的苑囿，死后按照"事死如事生"的礼制，必然在其陵园中得到体现。秦始皇陵园中有山、水、优美的环境，雄伟华丽的建筑。把生前上林苑、宜春苑等都搬到陵园中来，马厩坑、车马坑、珍禽异兽坑、乐舞百戏坑、青铜水禽仿生坑等均是为皇帝的休闲游玩打猎而建造的，还有华丽的寝殿、便殿，以及高大封土如山等。

古代苑囿的重要功能是方便帝王们的打猎娱乐。在秦始皇陵园内，我们可以找到专为皇帝豢养马和各种动物的马厩坑、珍禽异兽坑、动物坑、车马坑、百戏俑坑、青铜水禽坑等。秦始皇陵的地理形势也有利于营建苑囿，南边美丽的骊山可以用来借景，周边高低起伏的丘陵地形和河流，以及北边的鱼池，山形水胜。骊山风景优美，其阳多玉，其阴多金，山上草木葱郁，山下流水潺潺，落日余晖中可见"入若青霞红一片"的景色，关中八景之一"骊山晚照"正说明了其秀丽无比。秦始皇陵借用骊山作为陵园中的背景，借山势而建。秦始皇陵本身就是一座小山，原名为"丽山园"。据史书记载，陵墓"中成观游，上成山林"③ "树草木以象山"④。陵墓上植柏树，从秦始皇陵开始。陵园内还有高大富丽的建筑，从陵园内发现的夔纹瓦当直径达61厘米，可以看出当时的建筑高大宏伟壮丽。据考古钻探，陵园内有大型建筑遗址多处，一是内外城垣上的门阙基址及内城垣四个转角处的角楼建筑遗址，除外城东门的门阙基址遭严重破坏外，其余均保存完好；二是位于内城南区封土北侧的寝殿建筑遗址，基址的平面近似方形，南北长62米，东西宽57米，周围还有回廊，中间的台基略略高起；三是位

---

① 《汉书》卷三六《楚元王传》，第1954页。
② 关于秦始皇陵的高度，由于封土周围地势高低不同，因而测高点也不同，测出的高度分歧很大，笔者认115米是当时设计高度，尚未完成秦就灭亡了。现存76米高较符合实际。
③ 《汉书》卷五一《贾邹枚路传》，第2328页。
④ 《史记》卷六《秦始皇本纪》，第265页。

于内城区北西半部的便殿建筑基址,这一带建筑密集,在南北长670米、东西宽250米的范围内,一排排成组的建筑由南向北密集排列,组与组间以河卵石铺成的路面相连,有的路面用青石板铺成;四是位于内外城西垣之间的建筑遗址,属于寺园吏舍遗址,分布密集,南从内外城垣西门之间的道路北侧起,分布着三组建筑遗址,在遗址范围内出土了大量板瓦、筒瓦、陶水管道、陶井圈、石柱础等。在秦始皇陵北还发现了大型秦宫殿遗址,在鱼池遗址东北角,东西长2000米,南北宽500米,发现有土墙垣、房基、下水道、井、灰坑及大量瓦当、板瓦、筒瓦。此宫应该是在鱼池水旁修建的大型宫殿,作为皇帝游玩休息之所。

在秦始皇陵园目前已经发现三处马厩坑,其一位于封土的南侧;其二位于西南角内外城垣之间;其三位于陵封土东侧360米的南自杜家村,北至上焦村以北、西孙村以南的狭长地带。马厩坑是专为秦始皇养马的处所。考古工作者在秦始皇陵东侧的上焦村一带共钻探发现了80座马厩坑,加上零星发现的共98座。马多数是活埋的,少数为杀死后放在木椁内埋葬。在坑内器物上发现有"中厩""宫厩""左厩""小厩""大厩四斗三千"等陶文字样。在始皇陵东侧上焦村西南北长约1500米、东西宽约50米的范围内都有马厩坑出现,估计原来马厩坑约有三四百座,再加上陵西大型马厩坑内埋的马,总数约六七百匹。秦封泥中有不少反映了当时养马的厩苑和机构。汉代上林苑水衡都尉属官中有"六厩"官,专门管理苑中马匹,而六厩是上林苑中专为皇帝射猎养马的处所,这是汉承秦制的结果。说明秦始皇陵园中的马厩坑象征着宫廷的厩苑。跽坐俑是养马的圉人,坑内还出土了陶盆、陶罐、陶灯、铁斧、谷子、稻草等。陶盆是放饲料的马槽,陶罐用来盛水饮马,灯用于照光以便夜晚饲马,斧用于剁草。

珍禽异兽坑位于秦始皇陵内外城西垣之间的西门大道南侧,探出陪葬坑一组,共计31座,其中跽坐俑坑14座,珍禽异兽坑17座,已经试掘了4座,其分布范围南北长80米,东西宽25米,根据试掘情况可知,东西两行坑内各有一件面东跽坐的陶俑,是饲养珍禽异兽的人,被称为"囿人"。《周礼·地官》记载:"囿人,掌囿游之兽禁,牧百兽。"① 中间一行坑每座坑内置一瓦棺,每一瓦棺内有珍贵动物或禽类的骨骼一具。这些珍禽异兽是动物遗骨,骨骼已经腐朽,形体难以辨认,从个别的牙齿和零碎骨骼来看,有的是鹿、麂类的食草类动物,有的是杂食类动物,有的是禽类。动物的头前有陶钵,颈部有铜环。②

在秦始皇陵封土东北900米处,考古工作者发现了一个陪葬坑,命名为K0007。关于K0007陪葬坑的性质,学术界是有争论的。段清波认为K0007陪葬坑表现的是以乐曲驯化水禽的场景,它是秦始皇陵园外藏系统中兼具园囿和乐府性质的机构,是为秦始皇提供娱乐的官署。③ 张文立认为:"箕姿俑似为一乐人,左手持弦乐器,右手拨弦。

---

① 十三经注疏整理委员会编:《周礼注疏》卷第十六《囿人》,北京大学出版社,2000年,第499页。
② 秦俑考古队:《秦始皇陵园陪葬坑钻探清理简报》,《考古与文物》1982年第1期。
③ 陕西省考古研究所等:《秦始皇陵园K0007陪葬坑发掘简报》,《文物》2005年第6期。

跪姿舞俑（踞姿俑）似为一舞者的一瞬间的动作特写。"K0007陪葬坑"可称之为池沼。所谓池沼，就是古代在都城附近所建的水池。池中有台榭、水禽、假山，可以举行歌舞祭天等活动"①。袁仲一认为："该坑的性质是属于宫廷苑囿中禽园类的陪葬坑。"踞姿俑"为长踞俑，或曰长跪俑"，"此俑的身份是饲养水禽的圉人"，"俑的动作好像是向牢内投掷食物以饲养水禽"。箕踞姿俑"其动作当是在编织网状物，用以捕捉鱼虫饲禽，或用以捕禽"②。刘钊认为出土陶俑为"宴乐俑"，该坑是《三辅黄图》中所说的"雁池"或"鹤池"③。焦南峰认为此坑为"左弋外池"④。尽管有争论，但都认为该坑与秦的苑囿有关系，是对秦始皇生前苑囿中水环境和水禽的反映。笔者认为此坑就是陵园中一个仿生的水禽坑。

之所以如此认为，是因为：其一，秦始皇陵K0007陪葬坑的1区和3区均有象征性河道，且位于鱼池的南岸，靠近水源；其二，该坑出土了46件原大的青铜水禽，其中有天鹅20件、仙鹤6件、鸿雁20件，所有青铜水禽展示的均是动态过程中的瞬间姿态，虽然它们的躯体姿态各不相同，但差异不大，最能显示各自特征的是它们互不雷同的脖颈；其三，该坑出土了造型奇特的陶俑。也就是说，K0007陪葬坑所代表的机构至少应与水禽、池沼有关。K0007陪葬坑位于古鱼池的南岸，陪葬坑的位置、结构及出土物显示出其与地理环境之间的密切关系，二者之间的协调配置，体现出人与自然、文化与环境相互依存的设计意图。笔者认为此坑就是秦始皇陵园中修建的类似上林苑中的豢养水禽及其饲养机构，以供秦始皇射猎所用。

秦封泥中有"佐弋丞印"。据《汉书·百官公卿表》云："少府，秦官，掌山海池泽之税，以给共养，有六丞。属官有尚书、符节、太医、太官、汤官、导官、乐府、若卢、考工室、左弋、居室、甘泉居室、左右司空、东织、西织、东园匠十二（六）官令丞……武帝太初元年更名考工室为考工，左弋为佽飞，居室为保宫，甘泉居室为昆台，永巷为掖廷。佽飞掌弋射，有九丞两尉。"⑤ 可以看出当时少府属官专设有"左弋"一职。笔者认为，弋射飞鸟既是一种娱乐形式，又可以为祭祀提供物品，因此在秦汉时期"佐弋"或者"佽飞"这一官职还是比较重要的。

秦始皇陵园中有水面，即鱼池遗址，是营建园林思想的体现。在始皇陵北约2.5公里处，此处现地势低洼，是秦始皇陵修建封土时取土而形成的，一举两得。正如《水经注·渭水》云："鱼池水出丽山东北，本导源北流，后秦始皇葬于山北，水过而

---

① 张文立：《秦始皇陵7号坑蠡测》，《考古与文物》2004年增刊。
② 袁仲一：《关于秦始皇陵铜禽坑出土遗迹遗物的初步认识》，载秦始皇兵马俑博物馆《论丛》编委会编：《秦文化论丛》第十二辑，三秦出版社，2005年。
③ 刘钊：《论秦始皇陵园K0007陪葬坑的性质》，《中国文物报》2005年8月9日。
④ 焦南峰：《左弋外池——秦始皇陵园K0007陪葬坑性质蠡测》，《文物》2005年第12期。
⑤ 《汉书》卷一九上《百官公卿表上》，第731—732页。

曲行，东注北转。始皇造陵，取土其地，汙深水积成池，谓之鱼池也。"① 从表面上，看似乎鱼池是天然形成的，实质上这是当时陵园设计者独具匠心的结果，是秦始皇专为陵园开辟的水景。水为园林中的血液，有水显得有生气，水池旁再修建一些台观建筑，形成倒影，是营造园林的重要表现形式。我们知道秦始皇在世时曾多次去东海边寻求仙药、仙山，但欲求不得，他生前在长池中修建瀛洲等景观，死后必然在自己陵园中修建水池。关于这一点，到汉修上林苑时，专门修建了太液池，并在池中筑"蓬莱、方丈、瀛洲"三神仙，以满足汉武帝寻求仙山而无所获的心理需求。同时有水还可以养鱼，作为陵寝祭祀之用。不仅如此，在秦始皇陵地宫中还以水银为百川江河大海，看来秦始皇对水是非常感兴趣的。从发现的 K0007 号坑来看，46 件包括仙鹤、雁、天鹅在内的青铜水禽均站立在水岸之上做觅食状，应是中国最早的仿生学在帝王陵园中的体现，也是仿照生前上林苑在地下的具体体现。

在秦始皇陵北边还发现了动物府藏坑，坑为地下室的土木结构建筑。出土了各种动物残骨的灰迹、炭迹或残骨块。经鉴定有十余种飞禽走兽与鱼鳖等，例如有近似鹤的大鸟、鸡、猪、羊、狗、水獭等。

我们从秦始皇陵的地宫也可以看出园林的特点。秦始皇陵地宫中的情况如何呢？司马迁在《史记·秦始皇本纪》中记载："始皇初即位，穿治郦山，及并天下，天下徒送诣七十余万人。穿三泉，下铜而致椁，宫观百官奇器珍怪徙臧满之，令匠作机弩矢，有所穿近者辄射之。以水银为百川江河大海，机相灌输，上具天文，下具地理，以人鱼膏为烛，度不灭者久之。"②《汉书·楚元王传》载："石椁为游馆，人膏为灯烛，水银为江海，黄金为凫雁，珍宝之藏，机械之变，棺椁之丽，宫馆之盛，不可胜原。"③ 考古工作者经过探测得知，目前地宫保存情况良好，距地面 30 米深。

关于秦始皇陵中"上具天文"的现象，考古工作者在西汉壁画墓中已有发现，在西安交大校园的一座西汉壁画墓中，上部即有二十八宿图像。④ 因此，笔者推测作为"千古一帝"的秦始皇的陵中肯定会有天文图画。

可以看出秦始皇陵地宫俨然是按照生前苑囿的环境设计的，有宫观、山、水、奇珍异宝、奇禽怪兽。秦始皇陵地宫中究竟埋有多少珍宝，还不得而知，但里面确实有水银，用以表示水环境。1981 年和 1982 年，中国科学院地学部等单位，利用汞量测量的新的地球化学探矿办法，后来还做了一次测试，确实探测出秦陵封土中有极强的汞异常现象，从而证实了《史记》中关于秦陵地宫中以水银为百川江河大海的记载，也从侧面证实了司马迁对秦始皇地宫的描述是符合实际的。

---

① [北魏] 郦道元著，陈桥驿校证：《水经注校证》卷第十九《渭水》，中华书局，2007 年，第 461 页。
② 《史记》卷六《秦始皇本纪》，第 265 页。
③ 《汉书》卷五一《贾邹枚路传》，第 2328 页。
④ 陕西省考古研究所、西安交通大学：《西安交通大学西汉壁画墓》，西安交通大学出版社，1991 年，第 24 页。

石刻雕塑也是园林中的必备要素。关于秦始皇陵园有无石刻雕塑，曾有前贤进行过研究，但论者意见不一。笔者认为秦始皇陵园已经有石刻雕塑了，其是秦始皇陵园中重要的景色，也为后代园林要素的形成开了先例。

首先，历史文献中有不少的记载。《西京杂记》曰："五柞宫有五柞树，皆连三抱，上枝荫覆数十亩。其宫西有青梧观，观前有三梧桐树。树下有石麒麟二枚，刊其胁为文字，是秦始皇骊山墓上物也。头高一丈三尺，东边者前左脚折，折处有赤如血。父老谓其有神，皆含血属筋焉。"[1] 五柞宫是汉武帝时期建造的，位于渭河之南上林苑中，是汉代著名的离宫，汉武帝托孤就在这里进行。汉代皇帝游猎南山，都要驻跸在这个宫殿里，《汉书》中的《武帝纪》《宣帝纪》《元帝纪》《成帝纪》以及《司马相如传》《东方朔传》《扬雄传》《张汤传》等，都大量记载着西汉武帝、元帝、成帝经常在上林苑行猎，来往于长杨宫、五柞宫之间的史实。特别是汉武帝，"好自击熊羆，驰逐野兽"[2]，甚至征发右扶风民众进入南山，西自褒斜，东到华山，南驱汉中，张设网罗，捕捉熊罴、豪猪、虎豹等野兽，然后运送到长杨宫射熊馆，放逐于围栏中，供皇帝游猎所用。因此，将石麒麟从秦始皇陵移至青梧观就是为了满足汉代皇帝的欣赏娱乐需求，而且可以作为上林苑中的雕塑点缀。

《封氏闻见记》记载，"秦汉以来，帝王陵前有石麒麟、石辟邪、石象、石马之属"[3]，用这些石刻作为"生平之象仪卫耳"。关于古代帝王陵上的大型石雕，有的著作中提得更早。虽然到目前为止，还没有明确的考古资料证明秦代及秦以前的陵园中设有大规模的石刻群，但我们也不能轻易就否定这些历史文献记载。秦始皇扫灭六国，一统天下，自视功绩显赫，德兼三皇，功过五帝。若如文献所载，秦前已有在陵前置大型石雕的先例，始皇帝必定不甘其后，必会在自己的陵墓上设有象征生前仪卫的象生石雕。

其次，秦汉时期，好大喜功成为社会时尚，因而勒石雕像成风。在秦始皇陵园的考古勘探中已经发现了不少的石刻作品。不仅发现了专门为秦始皇陵服务的打石场遗址，还留有很多当时的石材。[4] 而且在考古发掘过程中也发现了很多石制品，如石下水道、石铠甲等。据记载秦始皇陵地宫中也用了大量石材，文献中也记载修秦始皇陵时确实进行过大规模的采石、运石活动。从现在骊山石的材质来看，确实不宜作秦始皇陵的大型石材，修建秦始皇陵所用的石材，应来源于渭河以北。另外，石铠甲坑是秦始皇陵的大型陪葬坑，面积达13800平方米，从目前的试掘情况来看，其坑内的陪葬品大多是石铠甲和石头盔。据文物工作者测定，其石材均来自渭河以北的富平和蒲城山上。实质上七十余万修陵人中，所包括的这些采石、运石者，应该占有不少的劳动力且占比不小。传说运送的石材中有一块高一丈八尺、周长十八步的大石，运到距骊

---

[1] [晋]葛洪撰，周天游校注：《西京杂记》，三秦出版社，2006年，第138—139页。
[2] 《史记》卷一一七《司马相如列传》，第3053页。
[3] [唐]封演：《封氏闻见记》，学苑出版社，2001年，第143页。
[4] 秦俑坑考古队：《临潼郑庄秦石料加工厂遗址调查简报》，《考古与文物》1981年第1期。

山不远处，运不动了，便放置在那里，并称之为"伢石"。唐皇甫湜还作了《伢石铭》"伢石苍苍，骊山之傍。傲伢顽虐，昏迷猖狂"来声讨始皇帝。到元朝时，此石才被用去修建灞桥。

再次，秦人石刻雕塑工艺日趋成熟，在雕刻技艺上也不存在问题。秦人的石刻是很早的，在凤翔秦公大墓遗址曾经发现过两个小石人。现存最早的中国古代文字石刻——秦《石鼓文》，就是雕刻在天然石块上的。尽管学术界对其雕刻时代还存有争议，但都认为是秦人早期的石刻作品，是春秋时期的产物。秦人或者是在一块独立的天然大石上刻字，或者是将天然的石块略加表面处理后进行雕刻。中国古代将这样的石刻叫"碣"。这是最原始的石刻形态。

古代帝王陵墓前神道两旁所列石刻人像，是模仿宫殿和官署前设置的侍卫人员形象所作的，可以说是"事死如事生"的具体体现。秦始皇生前能把十二个金人放在宫殿前，死后也可以雕塑大型石刻放在其陵墓前，符合当时的丧葬礼仪。墓前翁仲除了充当卫士起保卫陵墓的作用外，也显示了墓主生前的等级身份。而石刻群中诸种现实的和想象出来的动物形象，则是古人迷信用以象征吉祥和驱除妖魔鬼怪的。

既然秦始皇陵前应有大型石刻雕塑已确定无疑，那么，为何在秦始皇陵前看不到这些石雕，这些石刻到哪里去了？不少学者认为是被毁了。郭志坤先生认为，这些石刻石雕毁于项羽、刘邦之时。刘邦在楚汉战争时，历数了项羽的罪行有十条。后来刘邦即帝位后"以亡秦为戒"，又不断指控秦始皇，认为秦始皇有"繁法严刑""赋敛无度"等暴行十余条。因此，原先宣扬始皇帝丰功伟绩的石刻、石雕之类，会毫不留情地被拆除然后销毁。林剑鸣、张文立两位先生认为，两千年的沧海桑田，秦陵上的石刻、石雕一个也不存在了，实在可惜。它们丧失于历代的兵火中，也丧失在人为的破坏中。项羽烧秦宫室，破坏秦始皇陵。后来，因为建筑灞桥，元朝人曾把秦陵上的一方大石，搬去修灞桥。秦陵石刻，就是这样被搞得失散了。同时他们也认为，在所有的帝王陵中，秦陵所受到的摧残，恐怕不数一，也数二。这是因为秦祚太短。秦始皇帝陵宏伟、富丽的陵园建起后，仅一二年，便遭到了项羽的破坏。项羽一把火，陵园建筑成为灰烬。可以这样说，在这场浩劫中，陵园的地面建筑，遭到了毁灭性的破坏，石刻被砸，恐亦难免。这些复仇的"勇士"，怀着"楚虽三户，亡秦必楚"的报仇心态，岂容这些石刻傲然挺立？出于这个原因，宋代卢氏注《博物志》时，曾指出："项羽争衡之时发其陵，未详其至棺否？"可见摧毁之甚。①

笔者认为，诸位先生的观点是正确的。但需要补充的是，代秦而起的是西汉王朝，为了证明自己代秦的合理性与正当性，掀起了舆论上的"过秦"思潮，试图通过"过秦"，证明汉皇刘邦以汉代秦不但非篡非弑，反而是替天诛暴和吊民伐罪。而要想使汉朝凌驾于秦朝之上，重要手段之一就是贬抑秦朝的历史地位，并借此抬高西汉的历史

---

① 见林剑鸣、张文立：《秦陵墓上石刻探微》，《宝鸡师范学院学报》1988年第2期。

地位。正因为如此，汉代对秦在舆论上几乎是全盘否定。因此秦始皇及秦始皇陵便成为汉人的发泄对象，特别是汉武帝"罢黜百家，表章六经"以后，秦始皇在人们心目中的地位受到很大影响，对秦始皇陵的破坏愈来愈多。比如，秦始皇修建万里长城，是为了防御北方匈奴族的侵扰，虽然动用了大量人力、物力和财力，但是这项工程是必需的。然而，在"过秦"思潮的影响下，万里长城却成为后代诟病的对象，并且成为秦快速灭亡的原因之一。汉代人尽管也修建长城，但不叫长城而叫"塞"，明代更称之为"边墙"，誓要与秦决裂。秦始皇陵这样一个劳民伤财的工程更是成为破坏的对象，受到的冲击更大。由于秦始皇陵地宫规模太大，加之众多的防盗措施，盗掘实在不易，而地面建筑、石刻等防护措施较少，便成为主要的破坏对象，从项羽开始秦始皇陵不断遭到厄运，要么被破坏，要么被搬移，挪作他用。《西京杂记》中记载的上林苑五柞宫中的两个石麒麟就是明证。

依山造景是营造园林的重要手法，陵墓园林也是如此。早在春秋战国时期已兴起了依山造陵的观念，后来人们选择墓地又特别重视依山傍水的地理环境。依山傍水被古人视作最佳风水宝地。至于这个观念始于何时，无从考证。应该说秦始皇陵是"依山傍水"造陵的典范。秦始皇陵园南依骊山，北临渭水，符合风水要求。后代的皇陵之所以称为陵园，就是因为历代皇帝均把自己的坟墓建筑得像园林一样，"事死如事生"，以满足统治者死后阴间的需要，直到今天，仍有许多陵园保存下来，成为人们观赏游览之地。

出土秦封泥中有"上寝"。此处指寝殿，就是在墓侧起"寝"，是为祭祀而修建的建筑。寝有生前之宫殿，如《史记·秦始皇本纪》载：秦康公、共公、景公均居雍"高寝"，桓公居雍"大寝"，躁公居"受寝"。出土秦印有"秦上寝左田"，陕西凤翔雍城秦景公墓出土石磬之上有"寝""宫寝"之铭。蔡邕《独断》说："古不墓祭，至秦始皇出寝。起之于墓侧，汉因之而不改，故今陵上称寝殿，有起居、衣冠、象生之备，皆古寝之意也。"① "上寝"应该是"陵上寝""陵上寝殿"的省称。寝应指陵寝，庙指祖庙。如《史记·秦始皇本纪》载二世"诏增始皇寝庙牺牲及山川百祀之礼"。② 事实上秦始皇陵寝在骊山北麓，庙在咸阳都城的"渭南"地区，足证二者有别。"泰上寝左田"，"泰上"为死谥，以此推测，"上寝"之"上"应为秦始皇生前称谓。《史记·秦始皇本纪》中多记载当时皇帝被称为"上"。如"上问博士""上自南郡""上许之""上崩在外""知上死"等。可见，秦皇时代人们称秦始皇为"上"是可以的，也反映出当时人们认为秦始皇的权力是上天授予的，至高无上。

自秦始皇即位后，即穿治丽山，为其修陵。上寝应即秦始皇之陵寝，亦即蔡邕所

---

① ［汉］蔡邕：《独断》，四川大学古籍整理研究所、中华诸子宝藏编纂委员会编：《诸子集成·补编十》，四川人民出版社，1997年，第271页。
② 《史记》卷六《秦始皇本纪》，第266页。

说的"秦始皇出寝,起之于墓侧"的陵寝。而且考古工作者在秦始皇陵园中已经发现了规模庞大的寝殿建筑遗址。

相家巷遗址出土秦"上寝"封泥多件。上寝应是管理秦始皇陵寝的机构。《汉书·百官公卿表》云奉常"掌宗庙礼仪",其属官有"诸庙寝园食官令长丞"。① 以此推之,上寝当为奉常属官。

"上寝"封泥

秦始皇陵园中有寝、便殿的设置,《后汉书·祭祀志》记载:"秦始出寝,起于墓侧,汉因而弗改。"② "上寝"封泥的发现也证明了史书记载是可靠的。实质上根据考古资料可以看出,在秦东陵,已把寝殿从陵上移到墓侧了。便殿的用途为休息闲宴之处。秦始皇陵园制度对以后的帝王陵园产生了重要的影响。《吕氏春秋·节丧》云:"国弥大,家弥富,葬弥厚。含珠鳞施,夫玩好货宝,钟鼎壶滥,舆马衣被戈剑,不可胜其数。诸养生之具,无不从者。"③ 秦始皇陵众多的陪葬坑是地上苑囿在地下的表现,也正好印证了《吕氏春秋》的思想。

《吕氏春秋·安死》也云:"世之为丘垄也,其高大若山,其树之若林,其设阙庭,为宫室,造宾阼也若都邑。"④ 从中可以看出,古代帝王修建高大的陵墓,好像一座山,陵墓上种树,好像是树林,然后在陵园中设阙庭,为宫室,造宾阼,好像都邑。从吕不韦所在时代分析,东陵的有关陵墓和秦始皇陵可能是吕不韦写作《吕氏春秋》所参考的,也有可能是对春秋战国时期帝王陵墓制度的总结。

秦刚建都咸阳时,宫殿集中在渭北地区,筑冀阙、咸阳宫等;到惠文王扩大咸阳时,都城已逐渐向渭河以南发展;秦昭王时,开始修建横桥连接渭河南北两岸,说明这时的都城政治中心已逐渐转向渭南。随着都城向南转移,陵墓也随之迁移,从昭襄王开始,便把陵墓区修建到都城咸阳的东南地区,从而形成东陵陵园和秦始皇陵园。

---

① 《汉书》卷一九上《百官公卿表上》,第726页。
② 《后汉书》志第九《祭祀下》,第3199页。
③ 陈奇猷:《吕氏春秋校释》,学林出版社,1984年,第535—536页。
④ 陈奇猷:《吕氏春秋校释》,第525页。

陵寝制度到秦时发生了大的变化，秦昭王时已把陵寝从墓上移到了墓侧，秦东陵的几个陵园中陵侧已有建筑，到了秦始皇陵时，寝殿、便殿、飤官遗址等陵寝建筑已成体系，以至影响了后代的陵园体制。秦陵四周的保护措施由雍城陵区和东陵的隍壕，演变到秦始皇陵的墙垣，与春秋战国时期的其他国家有所不同，形成了自己的特点。

在相家巷出土封泥中有"丽山飤官"。"丽山飤官"陶文过去在秦始皇陵遗址上有发现，"丽山"是秦始皇陵原来的名称，秦公帝王陵曾经经过墓而不坟、高大墓冢、高大如山几个发展阶段，是和当时的墓葬礼制以及秦的国力发展有关系的。秦始皇陵被称为丽山，确实是美丽如山。2200多年前，这里曾是亭台楼榭、器宇轩昂、高台华屋、鳞次栉比，一派辉煌壮丽景象，并不因其是陵墓而布满阴霾色彩。"飤官"的设立是按照"事死如事生"的礼制进行的，是专为秦始皇的灵魂提供膳食的机构。该遗址已经被考古工作者发现并进行了局部考古发掘。"丽山飤官"建筑遗址，位于秦始皇陵西侧内外城墙之间，东南距陵冢约126.4米。该遗址范围较大，东端距内城墙约8米，西端距外城墙约10米，考古人员在发掘时共计开方19个，每方的面积为10米×10米，合计总面积约为1863平方米。飤官遗址是一组四合院式的房屋建筑基址，东侧房屋基址呈南北向长方形，残长24.5米，东西宽6.1米；南侧房屋基址呈东西向长方形，长37米，南北宽14米。室内西端有渗水井一眼，连接一条五角形陶水道，以便把水排出室外。西侧、北侧房屋基址因残破严重，未做清理。经清理发现，南侧厢房的中间地面下铺有大石块，上面铺木板，加之有渗井一眼，还有两个像井一样的地窖，像是储藏祭物所用。再结合里面出土的罐、壶、盆、缶等饮食器及"丽山飤官""丽山飤官右""丽山飤官左""丽邑五斗、崔""丽邑二升半、八厨"等铭文，推测很可能是陵园内设置的"飤官"。"飤"与"食"相通。所谓飤官，就是掌管宫廷饮食的官吏，是秦代九卿之一奉常的属官。"丽山飤官"就是丽山园的食官，掌管陵寝祭祀的膳食之事，供应始皇陵的祭品。他们如同侍奉活着的皇帝一样，负责皇帝灵魂每天四次享用及祭祀活动的膳食。"六厨""八厨"反映了陵园供厨数量的众多，膳食供应规模的巨大，供厨内服务人员一定很多。而乐府钟的出土，说明祭祀时还有乐府内的乐人奏乐。铜镞、铜矛等兵器的出土，证明陵园内还有官员负责安全守卫。

在中国历史上，古代帝王的膳食管理是由专门的职掌者食官具体负责的，缘于帝王们的不可抗拒性和神圣权威，饮食又是关乎帝王切身需求的关键环节。于是历朝历代都把食官作为中国古代官制的重要组成部分。"丽山飤官"就是丽山园（秦始皇陵园）的食官，掌管陵寝祭祀的膳食之事，供应始皇陵的祭品。据《汉书·百官公卿表》记载，秦设少府，有六丞，属官有尚书、符节、太医、太官、汤官、导官，又有胞人、都水、均官三长丞，其中太官、汤官、导官、胞人便都是食官。按颜师古所注，太官主膳食，汤官主饼饵，导官主择米，胞人主宰割，此时食官内部分工已相当明确。

秦始皇陵之所以名为"丽山"，是因为位于骊山北麓。骊山在司马迁《史记》中多写作"丽山"或"郦山"。秦始皇统一天下后，原来所称"陵"已经不能满足他的要求了,遂以山命名,所以陵墓称为丽山,陵园也就叫丽山园。秦始皇陵周围发现的许多刻有"丽山""丽山园"铭文的文物就是很好的证明。丽山飤官是为陵园祭祀提供膳食服务的机构。生前人要吃饭,死后也要如此。因此,在秦始皇陵园中专门设置有"飤官",负责祭祀时的膳食管理。

东苑、东苑丞印。另有东苑在文献中没有明确记载。目前已知的秦苑囿主要有上林苑、宜春苑、五苑、甘泉苑、北园、骊骥苑以及虎圈、麋圈、兔园等。在秦始皇陵园出土的陶盆上发现了"东园"的刻辞。"东苑"与"东园"很相近,从其意义上可以相通,由此可推知,此印所刻"东苑"很有可能是始皇时代或以前的苑囿之一。

《汉书·百官公卿表》将作少府属官中有"东园主章"①,《秦代陶文》拓片1482陶盆刻文"东园口"②。周晓陆先生认为汉宜春苑在西汉印章中又记为宜春园,似园与苑通,因疑东苑即东园。他认为:"东苑史无明载,文献及秦代陶片上有一'东园',西汉宜春苑在西汉印章中记为宜春园,似苑与园可通,地点约在陕西省一带。"③ 不过东园与东苑的封泥同时出现,可能仍有一些差别,园为食园,苑为禁苑。庄襄王陵有"阳陵禁苑",除王陵之外还有其他禁苑,可见园、苑不全相同。东苑为东陵之禁苑。又《史记·梁孝王世家》云:"于是孝王筑东苑,方三百余里。"④ 或以为孝王东苑在秦东苑基础上扩建,地在今河南商丘市东南。不过秦汉东苑也有可能是异地同名。

"东苑丞印"封泥

王辉先生认为:东苑或说即兔园。⑤《史记·六国年表》记载:"二世元年,十一月,为兔园。"⑥《括地志》云:"兔园在宋州宋城县东南十里。"⑦ 唐宋城县即今河南

---

① 《汉书》卷一九上《百官公卿表上》,第733页。
② 袁仲一:《秦代陶文》,三秦出版社,1987年,第386页。
③ 周晓陆、路东之:《秦封泥集》,三秦出版社,2000年,第214页。
④ 《史记》卷五八《梁孝王世家》,第2082页。
⑤ 王辉:《出土文字所见之秦苑囿》,载雷依群、徐卫民主编:《秦都咸阳与秦文化研究》,陕西人民教育出版社,2003年。
⑥ 《史记》卷一五《六国年表》,第758页。
⑦ [唐]李泰著,贺次君辑校:《括地志辑校》,中华书局,1980年,第152页。

商丘市。

在秦出土封泥中还有"康园""康泰□寝"封泥，笔者认为或许与秦始皇陵有关系，尽管秦始皇十三岁即位后就开始修陵，但毕竟是活人们忌讳的，因此便以"康"代替，正像战国时期国君将陵墓称为寿陵一样。

实质上，秦始皇陵是一个并没有完成的工程。秦始皇陵园在当初修建时虽有设计图，但是后来随着秦国力的不断强大和统一全国，加之秦始皇个人欲望的影响，到后来秦始皇陵园就成为一个规划不断更改和无止境的工程，只要秦始皇不死，陵墓将继续修建。所以尽管我们目前看到的秦始皇陵园规模已经够大了，但他仍然是一个半拉工程，并没有完全反映秦始皇的意志。为何如此呢？这与秦始皇好大喜功的特点及当时的社会环境有关系。

秦人具有好大喜功的传统，这也是秦人的价值观，主要反映在建筑工程中，秦公一号大墓、秦都咸阳、直道、驰道、万里长城等工程的建设都是如此。很典型的例子就是："始皇尝议欲大苑囿，东至函谷关，西至雍、陈仓。优旃曰：'善。多纵禽兽于其中，寇从东方来，令麋鹿触之足矣。'始皇以故辍止"。[1] 秦始皇竟然敢将供其游玩的苑囿建得如此庞大，真是不可思议。秦人一路从甘肃沿汧河、渭河东进，怀有远大的抱负，以统一天下为己任，做事以好大喜功为特色，追求"大"和"多"成为秦人的时尚，这是秦人价值观的反映。[2] 秦始皇死得确实太突然，所以当秦始皇死时陵园的修建工程并未完成。据《汉书·楚元王传》记载："郦山之作未成，而周章百万之师至其下矣。"[3] 当时的起义军已经打到秦始皇陵以东不远处的戏水，由于当时秦政府军队大都在前线，无法立刻应付这突然而来的事件，遂给参加修陵的人发上武库中的兵器，派章邯带领他们去对付农民起义军，因此陵园的未竟工程被迫停工。

秦陵墓的发展变化正处于春秋战国时期，随着思想解放运动，人们的观念也在不断地发生变化，影响到陵墓制度上也发生了很大变化。因此我们可以说，秦的陵墓在中国古代陵墓史上起着承前启后的作用，影响深远广大。

秦帝王陵是当时国家的重点工程，往往由丞相来负责管理，因此难免有许多的机构，秦封泥中有关秦帝王陵的封泥正是研究秦帝王陵的重要资料，值得引起学界重视。

---

[1] 《史记》卷一二六《滑稽列传》，3202页。
[2] 林剑鸣：《从秦人的价值观看秦文化的特点》，《历史研究》1987年第3期。
[3] 《汉书》卷三六《楚元王传》，第1954页。

燕太子丹的报复心理与荆轲刺秦

王绍东

（内蒙古大学历史与旅游文化学院）

摘要： 在赵国做人质时，燕太子丹与嬴政相交甚欢并有恩于他，后来太子丹到秦国为质，秦王嬴政不仅没有礼遇太子丹，反而对他轻视、欺辱，令太子丹产生了强烈的报复心理。在这一心理刺激下，太子丹将个人情感置于国家利益之上，放弃了鞠武等提出的合纵抗秦的正确主张，组织、策划刺秦活动，并在刺秦过程中表现出"急、疑、贪"的心理，最终导致了刺秦的失败。太子丹感情用事，缺乏大局观；秦王嬴政将国家利益置于个人情感之上，并利用太子丹的性格缺陷达成政治目标。两相对比，二人政治素养可谓云泥之别。

关键词： 燕太子丹；荆轲；秦始皇；报复心理

荆轲刺秦王的故事在民间千古流传，几乎到了家喻户晓的地步。荆轲作为反抗强暴、舍生取义的英雄，历来被人们所景仰。实际上，组织、导演、支持荆轲刺秦行动的人，是背后的燕太子丹。太子丹与秦王嬴政之间的复杂关系，及以此导致的爱恨情仇也值得关注。关于荆轲刺秦的故事主要记载在《战国策·燕策》《史记·刺客列传》和《燕丹子》三书中，对于三者之间的相互关系，学者多有辨析。[①] 一般认为：《战国策·燕策》与《史记·刺客列传》的史料可能互有采择，而《燕丹子》是历史传记向历史小说的过渡阶段，三者都有一定的史料价值，故本文在写作过程中，同时采用了三者的史料。

---

* 国家社会科学基金项目"心态史视阈下的秦史研究"（18BZS044）。

① 参见杨学义：《太子丹、荆轲故事的历史流变——以〈战国策·燕策〉〈史记·刺客列传〉和〈燕丹子〉为例》，《青年文学家》2013年第20期；张海明：《〈史记·荆轲传〉与〈战国策·燕太子丹质于秦〉关系考论》，《清华大学学报（哲学社会科学版）》2013年第1期。

一、太子丹与嬴政间的恩仇

燕王喜即位时，秦国剧烈扩张，燕国感到了威胁，便派太子丹到赵国为质，以加强彼此的联盟，从而共同对抗秦国。《史记·刺客列传》记载："燕太子丹者，故尝质于赵，而秦王政生于赵，其少时与丹欢。"① 丹以太子的身份到赵国做人质，当在燕王喜即位的公元前254年。我们看一下此时嬴政的境况。嬴政于公元前259年出生在邯郸，太子丹入赵时，嬴政刚刚6岁。为了保证子楚即位，在嬴政3岁那年，吕不韦以六百金收买守城官吏，并将嬴政的父亲子楚带回秦国，嬴政母子被留在赵国。秦围赵之邯郸，"赵欲杀子楚妻子，子楚夫人赵豪家女也，得匿，以故母子竟得活"②。嬴政母子在赵国过了一段被追杀、为了活命而东躲西藏的日子。3岁时嬴政之父回国，到9岁时嬴政母子回国，这段时间在赵国的生活，应该是嬴政一生中最灰暗的时光。

丹以太子的身份到赵国做人质，他的年龄显然比嬴政大。燕赵之间为同盟关系，丹以太子的身份入质赵国，其处境待遇自然不会很低。长平之战秦坑杀赵卒40万，赵国上下对秦满怀仇恨，嬴政母子孤立无援，在赵国的处境十分窘迫。此时，丹与嬴政交欢，无疑是以大哥哥的身份在照顾嬴政，帮助嬴政度过艰难岁月。6—8岁是人生童年最美好也最难忘的时段，太子丹的出现是嬴政童年灰暗生活的一缕阳光。太子丹也认为自己曾对嬴政关怀呵护，有恩于他。

公元前251年，随着安国君即位为秦孝文王，嬴政也回到了秦国，四年后，嬴政即位为秦王。在秦国的离间下，燕赵之间发生战争。为了与秦国联合攻赵，燕王喜又将太子丹派往秦国为人质，秦国则派张唐到燕国为相。

燕王喜派太子丹入质秦国，一方面是为了加强与秦国的联系，另一方面则考虑到太子丹与嬴政的童年友谊。两人曾在赵国相处甚欢，太子丹帮助过嬴政，自然希望嬴政珍惜这份情谊。在燕王喜及太子丹的想象中，嬴政念及旧情，不仅会对太子丹热情有加，而且会对燕国有所报答，但结果让人大失所望，"秦王之遇燕太子丹不善"③。《燕丹子》一书也记载："秦王遇之无礼，不得意。"④ 期望与现实的反差，使太子丹产生了强烈的屈辱感。嬴政不念旧情，不仅不对太子丹感恩回报，而且对他无礼相待，太子丹感到愤怒，怨恨之火油然而生。嬴政作为秦国君主，已经将秦国的统一推进到最后阶段，此刻太子丹只是他的一颗棋子。燕秦相交，是秦国"远交近攻"策略的一种应用，目的是为了拆散燕赵同盟，便于秦国对赵国的进攻。秦王嬴政作为一个颇有谋

---

① 《史记》卷八六《刺客列传》，中华书局，1959年，第2528页。
② 《史记》卷八五《吕不韦列传》，第2509页。
③ 《史记》卷八六《刺客列传》，第2528页。
④ 佚名撰，[清]孙星衍校，王根林校点：《燕丹子》，见上海古籍出版社编：《汉魏六朝笔记小说大观》，上海古籍出版社，1999年，第35页。

略的政治家，更高明的办法是让燕赵结怨，相互攻击，彼此削弱，以便坐收渔人之利。为达此目的，嬴政派甘罗出使赵国并威胁利诱赵襄王："燕、秦不相欺者，伐赵，危矣。燕、秦不相欺无异故，欲攻赵而广河间。王不如赍臣五城，以广河间，请归燕太子，与强赵攻弱燕。"① 赵襄王果然上当，不仅向秦国割让五城，而且派兵进攻燕国，获取上谷郡的十一个城，并拿出十分之一城进献给秦国。卫广来先生认为："甘罗在赵，许下了送燕太子丹回国以断绝秦燕友好关系的诺言，条件是赵向秦献出五个城。赵国方面既已割地如约，则秦也必须兑现，但这对秦来说是一大难题。因为秦国没有什么理由将燕国的质子送回，否则便是秦先撕毁了燕秦友好的盟约，理屈在秦，失信天下。秦王政当然不愿意落下这个恶名；可是不送燕丹回国，和赵国的这一笔交易就做不成了。怎么办呢？于是秦王便利用燕丹自尊心过强的弱点，故意采用冷落的态度，气走燕丹，这样一来，毁约的罪名就落到燕国方面了，秦也向赵国交了账。"② 可见，秦王嬴政冷淡太子丹，很大程度上是国家利益上的考虑，是一种政治操弄。

另一方面，从心理上也能找到秦王嬴政冷淡太子丹的原因。在赵国的那段时光，嬴政最不堪回首。私生子的传闻、父亲的抛弃、母子的被追杀，都给他的心灵留下了极大的创伤。燕太子丹对他的友好、照顾，在嬴政看来更像一种反衬，一种施舍。在嬴政的心里，他最想遮蔽对这段时光的痛苦回忆，而太子丹为了拉近与嬴政的关系，则会找机会诉说自己对他的恩情，这不仅不会引起嬴政的好感，反而令他心生厌恶。就像陈胜自立为王后，他的青年伙伴不断向人炫耀与陈胜佣耕受苦的往事，结果身边人告诉陈胜："客愚无知，颛妄言，轻威。"③ 陈胜深有感触，便杀掉了他。在赵国的时光是嬴政不愿触及的伤痛，当秦军攻下邯郸城后，"秦王之邯郸，诸尝与王生赵时母家有仇怨，皆坑之"④，嬴政的疯狂复仇，表明他对这段时光的痛苦记忆之深。可想而知，太子丹想与嬴政重温旧情，实际上是在揭开嬴政童年的伤疤，不仅难以如愿，而且必然适得其反。

满怀希望来到秦国的太子丹，却被嬴政轻视、羞辱，令他难以忍受。嬴政不念旧情、恩将仇报，更加放大了太子丹的耻辱感，激发了太子丹的愤怒和仇恨，他的心里充满了复仇之火。逃回燕国后，他曾向其太傅鞠武表示："丹闻丈夫所耻，耻受辱以生于世也；贞女所羞，羞见劫以亏其节也，故有刎喉不顾、据鼎不避者，斯其乐死而忘生哉？其心有所守也。今秦王反戾无常，虎狼其行，遇丹无礼，为诸侯最。丹每念之，痛入骨髓。"⑤ 春秋战国时期复仇之风盛行，燕丹作为太子，感觉名节、脸面都受到了

---

① 《史记》卷七一《樗里子甘茂列传》，第 2320 页。
② 卫广来：《荆轲刺秦刍议》，《运城师专学报》1986 年第 1 期。
③ 《史记》卷四八《陈涉世家》，第 1960 页。
④ 《史记》卷六《秦始皇本纪》，第 233 页。
⑤ 佚名撰，[清] 孙星衍校，王根林校点：《燕丹子》，见上海古籍出版社编：《汉魏六朝笔记小说大观》，第 35—36 页。

屈辱，决心不计一切，必报此仇。

二、报复心理与刺秦选择

太子丹怀着强烈的复仇心理逃回燕国，为发泄自己的愤怒情绪，就处处与秦王作对。秦国大将樊於期因战败逃走，被秦王悬赏通缉，他逃到燕国，太子丹接纳并待为上宾。太傅鞠武加以劝谏："不可。夫以秦王之暴而积怒于燕，足为寒心，又况闻樊将军之所在乎？是谓'委肉当饿虎之蹊'也，祸必不振矣！虽有管、晏，不能为之谋也。愿太子疾遣樊将军入匈奴以灭口。请西约三晋，南连齐、楚，北购于单于，其后乃可图也。"① 鞠武认为：秦国本来就找借口要灭燕国，如果接纳樊於期，无疑会给燕国带来灾难。不如把他送到匈奴，然后与韩、赵、魏、齐、楚合纵，并联盟于匈奴，才是真正对付秦国的办法。作为一国之储君，不能因为意气用事而惹怒秦国。"夫行危欲求安，造祸而求福，计浅而怨深，联结一人之后交，不顾国家之大害，此所谓'资怨而助祸'矣。夫以鸿毛燎于炉炭之上，必无事矣。且以雕鸷之秦，行怨暴之怒，岂足道哉！"② 对于燕国来说，因接纳秦君之仇樊於期而激怒秦国，其后果是极为严重的。

太子丹的复仇怒火太强烈了，甚至超过了对国家前途命运的考虑。在他看来，合纵抗秦的时间太漫长，而自己复仇的愿望不能须臾等待。报复心理具有狭隘性和偏执性，"如果不报仇雪恨，那么就枉为人生。因此只有报复，才能显示出他们的'英雄本色'"③。

燕国实力太过弱小，不仅不能对抗秦国，连防卫秦国都力不从心。"计燕国之众不能敌之，旷年相守，力固不足。"④ 太子丹便将复仇的对象由秦国转向了嬴政本人，希望找到除掉秦王，以缓解心头之恨的方法，那就是不惜代价收买刺客，刺杀秦王。"欲收天下勇士，集海内之英雄，破国空藏，以奉养之，重币甘辞以市于秦。秦贪我贿，而信我辞，则一剑之任，可当百万之师。须臾之间，可解丹万世之耻。若其不然，令丹生无面目于天下，死怀恨于九泉。必令诸侯无以为叹，易水以北，未知所有。"⑤ 他将所有的宝都压在暗杀秦王上，只要计划成功，不仅能够一解自己心头之恨，而且能够拯救濒临灭亡的燕国。太子丹的想法太过简单也太过偏执，却符合报复者心理。"报复心理者认为他们之间有着不可调和的深仇大恨，因而采取一般的办法处理不能宣泄

---

① 《史记》卷八六《刺客列传》，第 2529 页。
② 《史记》卷八六《刺客列传》，第 2529 页。
③ 刘汉民：《论报复心理与暴力犯罪》，《政法学刊》1996 年第 3 期。
④ 佚名撰，[清] 孙星衍校，王根林校点：《燕丹子》，见上海古籍出版社编：《汉魏六朝笔记小说大观》，第 36 页。
⑤ 佚名撰，[清] 孙星衍校，王根林校点：《燕丹子》，见上海古籍出版社编：《汉魏六朝笔记小说大观》，第 36 页。

其心头的怨恨，必须使'仇人'重受皮肉之苦，或者遭受致命的打击，这样才能宣泄心头的仇恨，恢复心理平衡。而且报复的对象受到皮肉之苦越大，或者死得越惨，他们的心理就越痛快，越解恨。"①

鞠武认为燕秦之间实力悬殊，因为自己受辱，就出此下策，将给燕国带来祸端。"秦地遍天下，威胁韩、魏、赵氏，北有甘泉、谷口之固，南有泾、渭之沃，擅巴、汉之饶，右陇、蜀之山，左关、崤之险，民众而士厉，兵革有余。意有所出，则长城之南，易水以北，未有所定也。奈何以见陵之怨，欲批其逆鳞哉！"② 刺杀秦王而刺激秦国，必然加速秦灭燕国的部署。为了国家和人民的利益考虑，不能心怀侥幸。在鞠武看来，太子丹为解心头之恨而暗杀秦王，祈求侥幸成功，是非常不理智的行为。"臣闻快于意者亏于行，甘于心者伤于性。今太子欲灭悁悁之耻，除久久之恨，此实臣所当麋躯碎首而不避也。私以为：智者不冀侥幸以要功，明者不苟从志以顺心。事必成然后举，身必安而后行。故发无失举之尤，动无嗟跌之愧也。太子贵匹夫之勇，信一剑之任，而欲望功，臣以为疏。"③ 为国家计，必作万无一失之虑，而不能心怀侥幸，将感情置于理智之上。

那么有没有更好的办法呢？鞠武主动请缨："臣愿合从于楚，并势于赵，连横于韩、魏，然后图秦，秦可破也。且韩、魏与秦，外亲内疏。若有倡兵，楚乃来应，韩、魏必从，其势可见。今臣计从，太子之耻除，愚鄙之累解矣。太子虑知。"④

由燕国出面联合各国共同抗秦，鞠武的计划是当时能够对抗秦国的唯一正确选择，也具有一定的可行性。此时，秦国吞并六国的步伐不断加快，各国都感到了灭亡的危机。相对来说，燕国地处东北地区，与秦国之间相隔赵国，直接受到秦国的侵扰较少，与其他国家相比，燕国的实力保存得较好。燕国地处东北边陲，但在合纵连横中的地位却非常重要，从来都是各国争相拉拢的对象。"凡天下之战国七，而燕处弱焉。独处则不能，有所附则无不重。南附楚，则楚重；西附秦，则秦重；中附韩、魏，则韩、魏重。且苟所附之国重，此必使王重矣。"⑤ 由燕国出面联合抗秦，可能会起到一定的作用，即使不能阻止，但至少可以延缓秦国的统一。

历史上，燕国确实有过联合弱国打败强国的先例。战国时期，燕齐之间长期交战，纵横家苏秦也曾到燕国进行合纵活动。燕国发生子之之乱，齐国抓住时机进攻燕国，大获全胜，燕几亡国，在各国干预下，齐国掠夺了燕国大量财富后撤军。燕昭王即位

---

① 刘汉民：《论报复心理与暴力犯罪》，《政法学刊》1996年第3期。
② 《史记》卷八六《刺客列传》，第2528页。
③ 佚名撰，[清] 孙星衍校，王根林校点：《燕丹子》，见上海古籍出版社编：《汉魏六朝笔记小说大观》，第36页。
④ 佚名撰，[清] 孙星衍校，王根林校点：《燕丹子》，见上海古籍出版社编：《汉魏六朝笔记小说大观》，第36页。
⑤ 《战国策》卷二九《燕一》，岳麓书社，1988年，第287—288页。

后，一面卑事齐国，一面任用乐毅联合各国抗齐。乐毅认为："齐，霸国之余业也，地大人众，未易独攻也。王必欲伐之，莫如与赵及楚魏。"① 当时齐国实力强大，齐湣王一度称东帝，并且灭掉了宋国。湣王也十分骄横，引起了各国的恐惧与不满，各国便纷纷响应燕国的攻齐主张。"燕昭王悉起兵，使乐毅为上将军，赵惠文王以相国印授乐毅。乐毅于是并护赵、楚、韩、魏、燕之兵以伐齐，破之济西。"② 这次联合进攻，乐毅的军队攻入了齐都临淄，几乎灭掉了齐国。

联合各国抗齐，是燕国历史上辉煌的一页，在燕人心目中留下了深刻的印象。鞠武多次提出合纵抗秦主张，也当与这段历史有关。鞠武作为太傅，是燕国最有威望、最有见解者，太子丹回到燕国后首先向他请教复仇之策，也可以看出对鞠武的尊重。鞠武对形势的分析入情入理，对刺秦的后果估计充分，提出合纵抗秦的对策切实可行，但复仇的怒火燃尽了太子丹的最后一丝理智，他将个人复仇置于国家利益之上。"凡报复心理产生就很难消失，仿佛在心理播下了仇恨的种子，要生根、开花，甚至结果。"③ 嬴政以怨报德，给太子丹以强烈刺激，使他产生了难以名状的仇恨，在他看来，只有杀掉嬴政，才能缓解自己的心头之恨，刺秦也就成了太子丹的不二选择。

三、谋划刺秦的"急、疑、贪"心理

太子丹下定决心，即便秦燕同亡，只要能够复仇，他也心甘情愿。在谋划刺秦的过程中，太子丹表现出"急、疑、贪"的心理，不能冷静处理各种问题，不断出现漏洞和疏失，最终导致了刺秦的失败。

太子丹一心要报复秦王嬴政，表现出急不可待的心理。他断然拒绝了太傅鞠武提出的合纵良谋，指出："此引日缦缦，心不能须也！"④ 即便鞠武强调："臣为太子计熟矣。夫有秦，疾不如徐，走不如坐。今合楚、赵，并韩、魏，虽引岁月，其事必成。臣以为良。"⑤ 心急吃不得热豆腐，只要精心谋划，步步为营，合纵抗秦必有成效。对鞠武的话，太子丹竟然躺在那里，装睡不听。鞠武看到难以说服太子丹，便向他推荐了田光。太子丹又向田光表达了强烈的刺秦复仇愿望："丹尝质于秦，秦遇丹无礼，日夜焦心，思欲复之。论众则秦多，计强则燕弱。欲曰合从，心复不能。常食不识位，

---

① 《史记》卷八〇《乐毅列传》，第2428页。
② 《史记》卷八〇《乐毅列传》，第2428页。
③ 刘汉民：《论报复心理与暴力犯罪》，《政法学刊》1996年第3期。
④ 佚名撰，[清]孙星衍校，王根林校点：《燕丹子》，见上海古籍出版社编：《汉魏六朝笔记小说大观》，第37页。
⑤ 佚名撰，[清]孙星衍校，王根林校点：《燕丹子》，见上海古籍出版社编：《汉魏六朝笔记小说大观》，第37页。

寝不安席。纵令燕秦同日而亡。则为死灰复燃。白骨更生。愿先生图之。"① 田光看到了太子丹的执拗，也感觉他不会听进更好的意见，"欲为太子良谋，则太子不能；欲奋筋力，则臣不能"②，便向他推荐了荆轲。

荆轲是有名的侠士，太子丹与荆轲相交，"于是尊荆卿为上卿，舍上舍。太子日造门下，供太牢具，异物间进，车骑美女恣荆轲所欲，以顺适其意。久之，荆轲未有行意。秦将王翦破赵，虏赵王，尽收入其地，进兵北略地至燕南界。太子丹恐惧，乃请荆轲曰：'秦兵旦暮渡易水，则虽欲长侍足下，岂可得哉！'"③ 秦军灭赵，太子丹催促荆轲尽快展开刺秦行动。荆轲提出，为了让秦王相信燕国的诚意，需要以樊於期的人头和燕国核心之地督亢地图作为礼物。完成准备后，太子丹又为荆轲求购了赵国工匠徐夫人制作的锋利匕首，用毒药淬炼，见血封喉。

一切准备妥当，荆轲还需要一个助手，这个助手既要有极强的心理素质，也要有高超的剑术。从记载看，剑术并非荆轲所长，也未得到同行认可，真正的行刺任务需要副手承担。荆轲与副手之间的具体分工是：荆轲以得当的言辞和冷静的举动获得秦王的信任，从而能够接近秦王；副手以敏捷的身手和凌厉的剑术制服秦王，要挟秦王答应归还诸侯国土地，或者一举刺杀嬴政。只有两人心有灵犀，密切配合，方能完成刺秦任务。

为了刺秦，太子丹已经豢养了一些勇士，但田光认为，他们都非恰当人选。"然窃观太子客，无可用者。夏服，血勇之人，怒而面赤；宋意，脉勇之人，怒而面青；武阳，骨勇之人，怒而面白。"④ 这些人虽然勇武，但精神紧张时，都会出现不同的面部反应，脸色或者变红，或者变青，或者变白，可能引起秦王怀疑，从而导致刺秦计划失败。本来，荆轲找到了一个恰当人选做伙伴，但由于路远还未赶来。太子丹焦急万分，便让秦舞阳做他的助手。"燕国有勇士秦舞阳，年十三，杀人，人不敢忤视。乃令秦武阳为副。"⑤

荆轲并不认为秦舞阳是一个合适的刺秦伙伴。尽管秦舞阳身高体壮，平时耀武扬威，十三岁已经杀人，但秦舞阳的勇敢是建立在他占绝对优势，且无性命之忧的基础上。而刺秦是九死一生，几乎是有去无回的事情。"夫刺人必具死人之心，出人所不及

---

① 佚名撰，[清]孙星衍校，王根林校点：《燕丹子》，见上海古籍出版社编：《汉魏六朝笔记小说大观》，第38页。
② 佚名撰，[清]孙星衍校，王根林校点：《燕丹子》，见上海古籍出版社编：《汉魏六朝笔记小说大观》，第38页。
③ 《史记》卷八六《刺客列传》，第2531—2532页。
④ 佚名撰，[清]孙星衍校，王根林校点：《燕丹子》，见上海古籍出版社编：《汉魏六朝笔记小说大观》，第38页。
⑤ 《史记》卷八六《刺客列传》，第2533页。

防,而后奋然一击,势无两全,其技之神不神,则由天命,固有发于义愤者。"① 秦舞阳只是一个色厉内荏的角色,很难做到视死如归。"荆轲有所待,欲与俱;其人居远未来,而为治行。顷之,未发,太子迟之,疑其改悔,乃复请曰:'日已尽矣,荆卿岂有意哉?丹请得先遣秦武阳。'荆轲怒,叱太子曰:'何太子之遣?往而不返者,竖子也!且提一匕首入不测之强秦,仆所以留者,待吾客与俱。今太子迟之,请辞决矣!'"② 荆轲还是想等待自己选中的伙伴,但太子丹报仇心切,不仅不愿再等待下去,甚至对荆轲起了疑心。太子丹的怀疑令荆轲十分恼怒,只好放弃了等待伙伴的想法,决定带秦舞阳出发刺秦,这也成为刺秦失败的重要因素。

除了急于求成,导致计划不周、准备不全外,在谋划刺秦的过程中,燕太子丹还表现出很强的偏执、猜疑之心。太傅鞠武从多个方面向他分析合纵各国是抗秦的唯一选择,均被拒绝。田光向他推荐荆轲,他告诫田光:"丹所报,先生所言者,国之大事也,愿先生勿泄也!"③ 明显是在担心田光成为泄密者。为此,田光在见过荆轲,荆轲答应帮助太子丹完成夙愿后,便告诉荆轲:"吾闻之,长者为行,不使人疑之。今太子告光曰'所言者,国之大事也,愿先生勿泄',是太子疑光也。夫为行而使人疑之,非节侠也。"④ 田光为了打消太子丹的顾虑,表明自己绝无泄密的想法,便自刎而死。尽管后来太子丹听到田光自杀的消息,表现出无比悲痛的样子,并辩解道:"丹所以诫田先生毋言者,欲以成大事之谋也。今田先生以死明不言,岂丹之心哉!"⑤ 实际上,他的辩解是苍白的。春秋战国时期,士人最重视的就是义气,就是节操,作为名士的田光被太子丹怀疑,让他感到无比耻辱,只能以死明志。

表面上,太子丹对荆轲的信任、赏识、重用无以复加,更是在生活上满足他的一切要求,但实际上,两人之间还是一种利用与被利用、收买与被收买的关系。他也担心荆轲无限拖延,甚至临阵逃脱。当秦兵发起攻赵战争时,他迫不及待地找到荆轲,对他说:"秦兵日暮渡易水,则虽欲长待足下,岂可得哉!"⑥ 此话说得尽管委婉,但已经表现出了不耐烦和疑虑之心。荆轲只好准备匆匆前行。太子丹替荆轲购置了见血封喉的锋利匕首,并委派秦舞阳做他的助手,还给他准备了行装。因为荆轲还想等待自己选中的伙伴,太子丹担心他中途变卦,便采用激将之法:如果你不敢去,我就先派秦舞阳去吧。荆轲向来以神勇著称,他"为人博闻强记,体烈骨壮,不拘小节,欲

---

① [清]朱之榛:《常慊慊斋文集》卷上《史记刺客传书后》,转引自杨燕起、陈可青、赖长扬编:《历代名家评史记》,北京师范大学出版社,1986年,第626页。
② 《史记》卷八六《刺客列传》,第2533页。
③ 《史记》卷八六《刺客列传》,第2530页。
④ 《史记》卷八六《刺客列传》,第2530页。
⑤ 《史记》卷八六《刺客列传》,第2531页。
⑥ 《史记》卷八六《刺客列传》,第2532页。

立大功。尝家于卫，脱贤大夫之急十有余人，其余庸庸不可称"①。荆轲行侠仗义，多次救人于危难之中，说他临阵逃脱，简直是对他人格的侮辱。盛怒之下，他决定不再等待自己选择的那位伙伴，带着秦舞阳前去刺秦。正是由于秦舞阳在秦廷的畏惧胆怯，导致了刺秦的最终失败。

一般认为，太子丹是反抗强秦的英雄，他礼贤下士，能够发现并重用田光、荆轲等英雄豪杰。实际上，太子丹私利重于公义，是一个非常贪婪之人。且不说他多次拒绝鞫武为国谋划的正确主张，在刺秦行动中，他也不断附加内涵，将所有的赌注押宝在刺秦成功上。本来，太子丹因在秦受辱，只想杀掉秦王以泄私愤。"深怨于秦，求欲复之。奉养勇士，无所不至。"② 他向荆轲表白："丹尝游秦，秦遇丹不道，丹耻与之俱生。"③ 随着刺秦谋划的逐步成熟，太子丹又将更多内容附加在此次行动之上，他希望通过刺秦解决所有困扰燕国的问题，并帮助各诸侯国讨回被侵占的土地，不仅要一雪在秦国所受的屈辱，而且能在诸侯国中扬名立万。"诚得劫秦王，使悉反诸侯侵地，若曹沫之与齐桓公，则大善矣；则不可，因而刺杀之。彼秦大将擅兵于外而内忧乱，则君臣相疑，以其间诸侯得合纵，其破秦必矣。"④ 他快意想象着刺秦的巨大利益，却丝毫也没有考虑失败的后果，更没有考虑秦国的疯狂报复可能给国家和人民带来的巨大痛苦与灾难。

历史上，确实有着靠劫持君主扭转局面的先例，《史记·刺客列传》记载的曹沫极为典型。曹沫是鲁庄公手下的大将，他率兵与齐国作战，结果三战三败，不得已向齐国献地求和。齐桓公与鲁庄公在柯举行盟会，曹沫以匕首劫持齐桓公，迫使齐国归还侵占的土地。蔺相如完璧归赵与渑池之会逼秦王击缶为乐，都是靠威逼秦王为赵国挽回了尊严与利益。但时过境迁，齐桓公以尊王攘夷的旗号谋求霸主地位，言出必行是获得诸侯拥戴的条件。完璧归赵与渑池之会都发生在长平之战前，当时秦赵之间实力并未悬殊，再加上各国合纵抗秦，秦昭王还是担心不守承诺会在诸侯国中失信。太子丹谋划刺秦，已经处于秦统一的前夕，秦国对六国的绝对实力以及秦始皇"少恩而虎狼心"⑤ 的性格，都使得通过劫持秦王而换回失地的想法近乎痴人说梦。在太子丹看来，如果劫持不成，便刺杀嬴政，秦因失去君主而发生内乱，各诸侯国趁机组织抗秦联盟，最终打败秦国，这样的想象也近乎天方夜谭。秦国的体制，不会因君主被杀而

---

① 佚名撰，[清] 孙星衍校，王根林校点：《燕丹子》，见上海古籍出版社编：《汉魏六朝笔记小说大观》，第39页。

② 佚名撰，[清] 孙星衍校，王根林校点：《燕丹子》，见上海古籍出版社编：《汉魏六朝笔记小说大观》，第35页。

③ 佚名撰，[清] 孙星衍校，王根林校点：《燕丹子》，见上海古籍出版社编：《汉魏六朝笔记小说大观》，第42页。

④ 《史记》卷八六《刺客列传》，第2531页。

⑤ 《史记》卷六《秦始皇本纪》，第230页。

陷入混乱。燕太子丹从一开始就放弃了合纵抗秦的主张，却幻想依靠刺杀秦王来联合各国，击败秦国，无疑太过单纯幼稚，与一个政治家应有的素养相差万里。

秦始皇二十年（前227），荆轲、秦舞阳来到秦国，向秦王献上樊於期的头颅及燕国的督亢地图，并代表燕王表示愿意成为秦王内臣。秦王嬴政大喜，在咸阳宫接见荆轲一行。按照计划，荆轲献上樊於期的头颅并稳住秦王，秦舞阳将匕首藏在地图里并借机劫持或刺杀秦王。可惜的是，"至陛，秦舞阳色变振恐"①，引起了群臣的怀疑。荆轲冷静地打圆场：他是北方偏远地区来的粗人，第一次见天子，未免恐惧害怕。让他缓一缓，再献上地图。嬴政让荆轲代替秦舞阳献图，这样，刺秦的任务就由身强力壮的秦舞阳变成了剑术不精的荆轲。

荆轲在秦王面前展开地图，这时，裹在里面的匕首露了出来。荆轲左手拉住秦王的衣袖，右手拿匕首去抵秦王的胸膛。匕首还未抵身，秦王跳了起来，扯断了衣袖。秦王想拔剑还击，但剑身太长，一时拔不出来，便绕着柱子躲避，荆轲紧紧追赶。事发突然，群臣张皇失措，来不及反应。按照秦律，没有君主的诏令，台阶下的卫兵不能带武器上殿，否则会受到严惩。仓皇之间，秦王在前面逃，荆轲在后面追，没有武器，秦王以手相搏。这时秦王的御医夏无且急中生智，拿起药袋打向荆轲，缓解了秦王之急。在周围人的提醒下，秦王从背后向外拔剑，刺向荆轲，击断了荆轲的左腿。荆轲坐在地上，拿匕首投向秦王，匕首撞在了铜柱上。秦王连续持剑刺向荆轲，荆轲身体多处受伤。"轲自知事不就，倚柱而笑，箕踞以骂曰：'事所以不成者，以欲生劫之，必得约契以报太子也。'"②正是太子丹给荆轲刺秦设置了两个目标，上为劫持秦王，收复失地，下为刺杀秦王，复仇雪恨，导致了荆轲出手的迟疑、犹豫。荆轲刺秦失败，在于太子丹计划的盲目、准备的仓促与过多的附加因素。荆轲作为悲剧英雄，受到了人们的颂扬和赞美，他的"风萧萧兮易水寒，壮士一去兮不复返"③的慷慨悲歌，千古传唱于燕赵大地。

荆轲刺秦，激起了秦王嬴政更大的愤怒与强烈报复，他向前线调兵遣将，下令大将王翦从赵直接攻燕。秦军很快夺取了燕国首都蓟城，燕王喜和太子丹退守辽东，秦将李信穷追不舍。情急之下，代王嘉写信给燕王喜，建议他丢卒保车。"秦所以尤追燕急者，以太子丹故也。今王诚杀丹献之秦王，秦王必解，而社稷幸得血食。"④无奈之下，燕王喜派人斩杀太子丹，将其首献于李信，但秦军并未就此止步。"后五年，秦卒灭燕，虏燕王喜。"⑤实际上，历史发展到这里，对于秦国来说，灭燕是志在必得，统一也是大势所趋。刺秦之举，献丹之策，杀丹之行，都体现了太子丹、代王嘉、燕王

---

① 《史记》卷八六《刺客列传》，第2534页。
② 《史记》卷八六《刺客列传》，第2535页。
③ 《史记》卷八六《刺客列传》，第2534页。
④ 《史记》卷八六《刺客列传》，第2536页。
⑤ 《史记》卷八六《刺客列传》，第2536页。

喜政治上的不成熟，也加速了秦朝的统一步伐。

历史上，吟咏太子丹及荆轲的作品很多，大多以颂扬为主。唐代文人柳宗元的《咏荆轲》诗却别具新识，指出了刺秦决策的失误及带来的后果。"燕秦不两立，太子已为虞。千金奉短计，匕首荆卿趋。穷年徇所欲，兵势且见屠。微言激幽愤，怒目辞燕都。朔风动易水，挥爵前长驱。函首致宿怨，献田开版图。炯然耀电光，掌握罔正[匹]夫。造端何其锐，临事竟趑趄。长虹吐白日，仓卒反受诛。按剑赫凭怒，风雷助号呼。慈父断子首，狂走无容躯。夷城芟七族，台观皆焚污。始期忧患弭，卒动灾祸枢。秦皇本诈力，事与桓公殊。奈何效曹子，实谓勇且愚。世传故多谬，太史征无且。"① 明确指出通过收买刺客刺秦的办法是"短计"；因秦舞阳非恰当人选而导致"临事竟趑趄"；刺秦失败招致秦王的疯狂报复，招致燕王杀子献首、燕被夷城灭族的悲剧；时代不同了，还想效仿曹沫劫持齐桓公的旧事，"实谓勇且愚"。柳宗元的历史见识是高明的。

---

① 《柳宗元集》卷四三《古今诗·咏荆轲》，中华书局，1979年，第1259—1260页。

西汉帝陵置邑与汉长安城军事防御体系[*]

胡岩涛

（中国海洋大学文学与新闻传播学院）

摘要：西汉帝陵置邑的主体功能虽非在于军事，但是因其特殊的地理位置、优越的交通环境，以及受特定时期政治局势的影响，它们对汉长安城军事防御体系构建有一定程度的意义。长陵邑、安陵邑扼控着北上云阳、甘泉的驰道，防范匈奴沿直道南下进攻"棘门"、中渭桥。霸陵在白鹿原东北角，推测霸陵邑应在其附近不远，对于汉长安城东南方防守及遏控武关道的价值不能忽视。阳陵邑的修建促成了东渭桥出现，对于抵御敌军从蒲关道入侵发挥了一定作用。茂陵邑的修建促成西渭桥的形成，在一定程度上改变了汉长安城西面的交通格局，有利于汉廷防范匈奴从西边进攻都城和经略西域。上述陵邑是汉长安城军事防御体系的重要组成部分，对于捍卫汉帝国都城周边安全意义重大。

关键词：西汉；帝陵置邑；汉长安城；军事防御体系；交通格局

都城是一个国家或政权的政治、经济、文化和军事中心，是统治者发号施令、实施有效统治的中枢。在中国历史上，都城之兴废，是政权隆替、王朝更迭的重要表现，故构建都城军事防御体系对于维护统治和巩固政权十分重要，历来受到当权者的高度重视。西汉帝陵置邑继承了秦代陵邑制度并有了进一步的发展和完善。此方面的研究，学界的讨论多涉及其考古、设置、人口、经济等方面，但对与汉长安城军事防御体系关系的探讨却比较薄弱。虽然有学者注意到有的帝陵置邑在军事上会对汉长安城防卫产生一定影响，例如，王子今先生曾指出："西汉早期与中期长安地区形成了长陵、安陵、霸陵、阳陵、茂陵、平陵、杜陵7个陵邑拱卫京师的形势。"[①] 但学界并没有展开

---

[*] 本文系中央高校基本科研业务费专项项目（202113020）、第68批国家博士后科学基金面上项目（2020M682237）、青岛市2020年博士后第一批应用研究项目资助。

[①] 王子今：《秦汉交通史稿》，中共中央党校出版社，1994年，第274页。

系统的论述。本文拟在前人研究的基础上,结合汉长安城周边交通研究成果①,对西汉帝陵置邑与汉帝国都城军事防御体系的互动关系进行分析,以期有所推进和创见。

一、丽邑与秦咸阳军事防御之互动

陵邑是秦、西汉时期特殊的行政建置。《后汉书·东平宪王苍传》曰:"园邑之兴,始自强秦。"②《史记·秦始皇本纪》虽未明言设陵邑,但有"始皇初即位,穿治郦山"③,为陵"徙谪,实之初县"④ 的记载。又载"天下徙送诣七十万人,穿三泉,下铜而致椁,宫观百官奇器珍怪徙藏满之"⑤,即征发囚徒多达70万人来修建帝陵。秦始皇十六年(前231年)"秦置丽邑"⑥于骊山脚下,此为陵邑创置之始。三十五年(前212年)又"徙三万家丽邑"⑦,此举开创了徙民陵邑之先河。

丽邑的主体作用是保障秦始皇陵营建与后期维护并管理"徙谪"。在秦始皇帝陵附近的考古发掘中,不仅出现过刻有"丽邑"的瓦当,还有刻有"丽邑五斗崔""丽邑二升半八厨"等铭文的残陶片,更加证实了丽邑的存在。

秦人占据整个关中地区后,构建起以秦咸阳为中心,关中四塞为主要门户的都城军事防御体系。秦末,张楚政权周文军突破函谷关,"西至戏,兵数十万"⑧。《水经注·渭水》载:"渭水又东,戏水注之,水出丽山冯公谷。东北流,又北迁丽戎城东。"又,"戏水又北分为二水,并注渭水"⑨。可见戏地与戏水关系密切,故推测戏地大致范围当在关中函谷关大道与戏水交汇的区域,距离秦咸阳咫尺之遥。秦二世惊恐,听

---

① 辛德勇:《汉唐期间长安附近的水陆交通——汉唐长安交通地理研究之三》,《中国历史地理论丛》1989年第1期;李令福:《论西汉关中平原的水陆交通》,《唐都学刊》2012年第2期;辛德勇:《西汉至北周时期长安附近的水陆交通——汉唐长安交通地理研究之二》,《中国历史地理论丛(哲学社会科学版)》1988年第4期;李之勤:《"沙河古桥"为汉唐西渭桥说质疑——读〈西渭桥地望考〉》,《中国历史地理论丛》1991年第3期;喻曦、李令福:《西汉长陵邑的设置及其影响》,《陕西师范大学学报(哲学社会科学版)》2012年第3期;陈力:《从汉长安城到茂陵和平陵邑——汉长安首都圈研究中的一个可视化尝试》,见张学峰主编:《"都城圈"与"都城圈社会"研究文集》,南京大学出版社,2021年。

② 《后汉书》卷四二《东平宪王苍传》,中华书局,1965年,第1437页。
③ 《史记》卷六《秦始皇本纪》,中华书局,1959年,第265页。
④ 《史记》卷六《秦始皇本纪》,第253页。
⑤ 《史记》卷六《秦始皇本纪》,第265页。
⑥ 《史记》卷六《秦始皇本纪》,第232页。
⑦ 《史记》卷六《秦始皇本纪》,第256页。
⑧ 《史记》卷六《秦始皇本纪》,第270页。
⑨ [北魏]郦道元著,陈桥驿、叶光庭、叶扬译注:《水经注全译》卷一九《渭水》,贵州人民出版社,1996年,第663页。

从章邯建议:"盗已至,众强,今发近县不及矣。郦山徒多,请赦之,授兵以击之。"①最后周文军大败,不得不撤出关中,秦军乘胜追击,最终致使陈胜、吴广起义全局失败。周文军能够攻入函谷关,说明秦军关中守备空虚。秦廷之所以能够保住都城,一方面是与周文军在戏地突作停留有关。史料虽未明确原因,但加以分析,"不外是长期作战想略作休整后,再继续进军;或者是因迫近秦都,怕秦防守坚固,等待援军再并力前进"②。其二则与秦廷趁机调用"郦山徒"补充兵源有关。丽邑处在戏地之战的前沿,地当函谷关通往咸阳的要道,又聚集大量刑徒,战时被组织成军队可以直奔战场。当时周文军兵力远超秦军,如果未在戏地休整而是兵至丽邑,抢先收编"郦山徒",历史很有可能就会出现另一种情景了。

及上可见,丽邑的主体功能虽不在于军事,但因其临近都城,又地当交通要道,还有大量人口资源,在秦廷函谷关失守、京畿兵力空虚,起义军攻至戏地的特殊情况下,与秦咸阳发生了军事联系。需要指出的是,丽邑对秦咸阳军事防御的价值更多取决于战争局势的发展,是关中地区非常态下政治、军事形势激化的结果。因此我们要探讨帝陵置邑对汉长安城军事防御体系的意义,当时的政治、军事形势是不能忽视的重要因素。

二、西汉帝陵置邑与汉初"备胡""东伐"形势

西汉立都关中,军事防御条件优越。娄敬戍边陇西,路过洛阳时曾对刘邦说:"且夫秦地被山带河,四塞以为固,卒然有急,百万之众可具也……陛下入关而都之,山东虽乱,秦之故地可全而有也。夫与人斗,不搤其亢,拊其背,未能全其胜也。今陛下入关而都,案秦之故地,此亦搤天下之亢而拊其背也。"③张良也同意娄敬的观点:"夫关中左殽函,右陇蜀,沃野千里,南有巴蜀之饶,北有胡苑之利,阻三面而守,独以一面东制诸侯。诸侯安定,河渭漕挽天下,西给京师;诸侯有变,顺流而下,足以委输。此所谓金城千里,天府之国也。"④

娄敬、张良盛赞关中山河险峻,就当时的政治形势而言的确是择都的最佳地点,但是从当时的情况来看,西汉政权所面临的局势是不容乐观的。这从娄敬从匈奴回来的言论中可以窥探一二:

> 匈奴河南白羊、楼烦王,去长安近者七百里,轻骑一日一夜可以至秦中。秦中新破,少民,地肥饶,可益实。夫诸侯初起时,非齐诸田,楚昭、屈、景莫能兴。今陛下虽都关中,实少人。北近胡寇,东有六国之族,宗强,一日有变,陛

---

① 《史记》卷六《秦始皇本纪》,第270页。
② 《中国军事史》编写组编:《中国历代军事战略(上)》,解放军出版社,2006年,第186页。
③ 《史记》卷九九《刘敬叔孙通列传》,第2716页。
④ 《史记》卷五五《留侯世家》,第2043—2044页。

下亦未得高枕而卧也。①

通过娄敬之言可知汉初关中面临三大难题：其一，汉长安城面对匈奴直接性的军事威胁。秦末，匈奴趁中原大乱占据河套，"是时汉兵与项羽相距，中国罢于兵革，以故冒顿得自强，控弦之士三十余万"②，形成对西汉的军事战略优势。关中北部的屏障主要由横山、黄龙山、子午岭等组成，外控疆索，内藩畿辅，是抵御北方游牧民族南下的天然防御设施，但这些山脉之间的孔道是防御的薄弱之处。"东西对峙的子午岭和黄龙山两条山脉，以子午岭山脉较为重要。子午岭山脉的重要，联系六盘山、黄龙山以及黄河以东的吕梁山来观察更为明显。这几条山脉直线形成的几条重要的军事通道，都曾经是北方游牧民族向南进攻的必经之路。"③ 若防守空虚，匈奴"轻骑一日一夜可以至秦中"并非妄言。其二，关东诸侯国势力的潜在威胁。"东有六国之族，宗强"，说明六国旧贵族虽然在政治上丧失地位，但在当地的影响力不可小觑。实际上，相比于旧时的"六国之族"，对于立都关中的中央执政集团而言，关东地方势力威胁更大。刘邦称帝后，为了巩固统治，大肆分封功臣、异姓诸侯王，后来又以同姓诸侯王代之。汉文帝时，关东诸侯国对汉廷造成的威胁已经显现，例如文帝前元三年（前177）济北王刘兴居谋反，六年（前174）淮南王刘长谋反。到汉景帝时关东诸侯国则形成尾大难掉之势，《汉书·枚乘传》记载："夫吴有诸侯之位，而实富于天子；有隐匿之名，而居过于中国。""夫汉并二十四郡，十七诸侯，方输错出，运行数千里不绝于道，其珍怪不如东山之府。转粟西乡，陆行不绝，水行满河，不如海陵之仓。"④ 汉景帝时"七国之乱"就是汉廷与关东诸侯国长期矛盾彻底激化的结果。其三，关中经济疲敝，兵员匮乏。所谓"今陛下虽都关中，实少人"则指出汉初关中经济发展的困境。又《汉书·食货志》载："汉兴，接秦之敝，诸侯并起，民失作业，而大饥馑。凡米石五千，人相食，死者过半。高祖乃令民得卖子，就食蜀汉。天下既定，民亡盖臧，自天子不能具醇驷，而将相或乘牛车。"⑤ 另外，据《汉书·高帝纪》记载可知，高祖时的汉长安城并没有修建城墙，而是到了惠帝时才动工。⑥ 当时城墙的修筑不是一次性完工而是分批进行，折射出西汉初期国力的虚弱。

同时，娄敬也给出了相应对策：

> 臣愿陛下徙齐诸田，楚昭、屈、景，燕、赵、韩、魏后，及豪桀名家居关中。无事，可以备胡；诸侯有变，亦足率以东伐。此强本弱末之术也。⑦

---

① 《史记》卷九九《刘敬叔孙通列传》，第 2719—2720 页。
② 《史记》卷一一〇《匈奴列传》，第 2890 页。
③ 史念海主编：《文史集林》第二辑，三秦出版社，1987 年，第 53 页。
④ 《汉书》卷五一《枚乘传》，中华书局，1962 年，第 2363 页。
⑤ 《汉书》卷二四《食货志》，第 1127 页。
⑥ 见《汉书》卷二《高帝纪下》，第 182 页。
⑦ 《史记》卷九九《刘敬叔孙通列传》，第 2719—2720 页。

娄敬认为应大量迁徙人口充实关中。"无事"是指在"诸侯有变"未发生的情况下，利用这些人口来实现"备胡"的目的。一旦"诸侯有变"，则可以从中征调兵员以"东伐"。这样汉初关中面临的三大难题不仅可以迎刃而解，更有助于政权巩固，国家稳定。可以说这是一项非常具有前瞻性的战略构想。刘邦听从娄敬建议，开启了迁徙关东民众充实关中的计划，主要是将迁徙而来的大量民众安置到陵邑生活，实际上是继承了秦创设的陵邑和徙民陵邑制度。

据《汉书·地理志》记载，西汉陵邑一共11座：万年，高帝置；长陵，高帝置；安陵，惠帝置；南陵，文帝七年置；霸陵，故芷阳，文帝更名；阳陵，故弋阳，景帝更名；茂陵，武帝置；云陵，昭帝置；平陵，昭帝置；奉明，宣帝置也；杜陵，故杜伯国，宣帝更名。其中，长陵邑、安陵邑、霸陵邑、阳陵邑、茂陵邑、平陵邑、杜陵邑为帝陵置邑。帝陵各陵邑均是当朝皇帝所设，分为"置"与"更名"两种情况。杨武站、王东指出，"帝、后陵葬制修建的各陵邑均是墓主儿子当皇帝时所建，全部为'置'"；"'更名'则是对陵园、陵区附近原有城市进行了改名"。"更名诸陵邑虽为'更名'，仍然属于'置'，均为新建城市"。①

《史记·货殖列传》载："关中富商大贾，大抵尽诸田，田啬、田兰，韦家栗氏，安陵、杜杜氏，亦巨万。"②表明这部分群体也将巨额的家产带过来了。有学者统计，"自茂陵始，陵邑中的巨富异军突起，富贾云集的茂陵邑，商人所占比例高达18.2%。平陵邑仅次于茂陵邑，商人占各类人物的11.5%。杜陵邑也有6.6%的商人"③。说明陵邑的商业是十分繁荣的，这无不与移民有关。随着陵邑人口的增多，关中也有了充足的劳动力进行农业生产，又因其地近京师，交通便利，一些陵邑成为汉长安城周边重要的粮食生产基地。可以说，帝陵置邑为关中社会经济发展奠定了基础。其次，陵邑还承担了特殊的政治使命。主父偃曾对汉武帝说："茂陵初立，天下豪架并兼之家，实京师，外销奸猾，此所谓不诛而害除。"④汉武帝采纳其建议，强制迁徙关东地区的豪强到茂陵居住，这是摧折地方势力以加强京畿实力的重大举措。⑤

还需要提及的是，陵邑的人口为征调兵役提供了资源。居延地区出土汉简中的记录可以佐证⑥：

诏所名捕平陵长霍里男子杜光

骑士安陵高里孙非子

---

① 杨武站、王东：《西汉陵邑营建相关问题研究》，《文博》2014年第6期。
② 《史记》卷一二九《货殖列传》，第3281页。
③ 喻曦：《西汉陵邑人物的地域分布初探》，《中国历史地理论丛》2011年第2辑。
④ 《史记》卷一一二《平津侯主父列传》，第2961页。
⑤ 孙家洲：《〈肩水金关汉简〉所见汉武帝"茂陵邑"探微》，《中国人民大学学报（哲学社会科学版）》2018年第3期。
⑥ 谢桂华等：《居延汉简释文合校》，文物出版社，1987年，第294、550、599页。

  茂陵果城里侯普年卅乘兰车

  茂陵阳耀里段乘年廿五，醉牝马一匹

平陵邑的杜光、安陵邑的孙非子和茂陵邑的侯普、段乘都是当时被抽调至居延、肩水两地的戍卒，这说明陵邑居民也须服力役。唯有如此，娄敬对陵邑徙民无论是"无事，可以备胡"，还是"诸侯有变，亦足率以东伐"的设想才有意义。

西汉帝陵置邑形制表

序号	陵邑	形制	城墙规模（米）	面积（万平方米）
1	长陵邑	长方形	东西1245、南北2200；墙基宽10	2.74
2	安陵邑	不规则长方形	东西1548、南北445；北墙南北宽6—10；西墙残高2—2.8，最宽15；南墙宽5	0.69
3	霸陵邑			3.40
4	阳陵邑	长方形	东西约4500、南北1000—3000；墙基宽3	
5	茂陵邑	曲尺形	周长11190	5.54
6	平陵邑		东西2400、南北3100；墙基宽4—10	7.44
7	杜陵邑	长方形	东西2100、南北500	

三、西汉帝陵置邑对汉长安城军事防御体系构建影响分析

  如果我们将视野放大至以汉长安城为核心的汉帝国都城军事防御体系层面来审视，会发现汉长安城的军事防御体系在空间地理上可以划分为三个军事防御圈层：城区军事防御圈、周边军事防御圈、外围军事防御圈。三个军事防御圈层共同形成对大一统王朝国家政权的有效保护。① 帝陵置邑位于三辅之内，由九卿之首的太常掌管。② 吕后六年（前182）"秩长陵令两千石"③，武帝时义纵"迁为长陵及长安令"④，宣帝时严延年"拜为平陵令"⑤ 等，透露出陵邑的最高行政长官为"令"，行政级别应与县相当。《汉书·朱博传》："博以太常掾察廉，补安陵丞。"⑥《汉书·张禹传》："（张）禹

---

  ① 胡岩涛：《秦汉都城军事防御体系研究》，西北大学2019年博士学位论文。
  ② 太常掌管的原因：一方面是因为太常掌"宗庙礼仪"，而陵邑设置的目的之一就在于"奉山园"，为皇帝守陵；另一方面则是借"事重职尊，故在九卿之首"的太常对多为关东富家大族或高官显贵等的陵邑居民示以优礼，以及以太常的举贤补吏、主管教育职能表示国家在政治上给予其仕进机会，从而团结拉拢他们，维持政治稳定。参见巴新生：《西汉陵县的创置与关中政治经济中心的重建》，《学术研究》2000年第4期；梁安和：《西汉时期五陵原陵邑居民生活状况简析》，载梁安和、徐卫民主编：《秦汉研究》第12辑，西北大学出版社，2018年，第89—100页。
  ③ 《汉书》卷三《高后纪》，第99页。
  ④ 《汉书》卷九〇《酷吏传》，第3667页。
  ⑤ 《汉书》卷九〇《酷吏传》，第3667页
  ⑥ 《汉书》卷八三《薛宣朱博传》，第3398页。

年老，自治冢茔，起祠室，好平陵肥牛亭部处地。"① 又居延汉简："茂陵阳耀里段乘年廿五。"（502·6）②结合《汉书·百官公卿表》所载："大率十里一亭，亭有长。十亭一乡，乡有三老、有秩、啬夫、游徼。"③可见陵邑的建置还应有丞、尉、乡、里、亭等。特别是尉与亭对于维护当地社会治安有着积极意义。虽然帝陵置邑的主体功能不在于军事，但是因其所在的地理位置、交通及受当时政局影响，使之在汉长安城军事防御体系构建中产生了一定影响。

（一）长陵邑、安陵邑

长陵邑与安陵邑位于今咸阳市韩家湾乡，均在渭水之北的咸阳原上，与汉长安城隔河相望。渭水河面宽阔，可以视之为城北的天然壕堑。咸阳原曾是战国秦咸阳的主体所在地，地势较高，南滨渭河，北靠北山，遥望终南，是块"累世隆兴"的宝地。当时秦人将都城从栎阳迁至咸阳，是考虑到咸阳原所具备的天然军事防御条件。天气晴朗时，从咸阳原上往南眺望可以看到汉长安城。

对于汉长安城防守而言，若是匈奴兵临关中，如何将其阻挡至渭北是保卫都城的关键。后元六年（前158）冬，军臣单于率六万骑兵南侵，《史记》云："入上郡、云中各三万骑，所杀略甚众而去。"④为防范匈奴进攻都城，汉文帝在汉长安城周边进行军事部署，以"河内守周亚夫为将军，居细柳；宗正刘礼为将军，居霸上；祝兹侯军棘门，以备胡"⑤。"棘门"在咸阳原上，《史记正义》引孟康云："秦时宫门也。"⑥《长安志》卷十三云："（咸阳县）东北十八里。"《长安志》是宋代宋敏求的作品，当时一里折合今545米，唐宋咸阳城在今渭城区摆旗寨附近，距其东北十八里，当在今咸阳市窑店的牛羊村与姬家道之间，因而也应是宫门，而非郭门。汉军在棘门设防的原因有两点：其一，棘门一带地势高亢，是进行防守的绝佳地方，汉军选择在棘门设防实际上是欲图以地势高亢的咸阳原为渭北军事指挥阵地；其二，在棘门设防能够控制住后方的中渭桥。中渭桥在汉景帝修西渭桥与汉武帝修东渭桥前，《汉书·刘屈氂传》中记载："贰师将军李广利将兵出击匈奴，丞相为祖道，送至渭桥，与广利辞决。"⑦说明中渭桥是当时从汉长安城发兵北上至前线的重要通道，同时对于汉长安城防守来讲，军事战略价值极高。

从棘门北上可以分别抵达长陵邑和安陵邑，前者"去长安城三十五里"⑧，后者

---

① 《汉书》卷八一《张禹传》，第3350页。
② 谢桂华、李均明、朱国炤编：《居延汉简释文合校》，文物出版社，1987年，第599页。
③ 《汉书》卷一九上《百官公卿表》，第742页。
④ 《史记》卷一一〇《匈奴列传》，第2904页。
⑤ 《史记》卷一〇《孝文本纪》，第432页。
⑥ 《史记》卷五七《绛侯周勃世家》，第2074—2075页。
⑦ 《汉书》卷六六《刘屈氂传》，第2883页。
⑧ 皇甫谧曰："长陵山东西广百二十步，高十三丈，在渭水北，去长安城三十五里。"《史记》卷八《高祖本纪》，第394页。

"在长安北三十五里"①,且两地距离不远,往来一日即可。从长陵邑和安陵邑还是北上甘泉的驰道的要处,甘泉再往北就是直道,直接通往汉帝国的北边长城防线。及此可见,棘门是长陵邑、安陵邑与汉长安城之间的关键连接点,匈奴从河套地区南下进攻棘门,必然会先经过长陵邑或安陵邑。长陵邑与安陵邑依托咸阳原优越的防御地势,结合汉高祖、汉惠帝时期汉廷与匈奴的关系来看,将二者视为西汉都城北门锁钥未尝不可。长陵邑建在前,安陵邑建在后,因此安陵邑对长陵邑有着某种程度上的军事辅助意义。

(二)霸陵邑

霸陵邑目前没有被发现,但是考古发掘已经证实,霸陵(江村大墓)位于西安市灞桥区白鹿原的西端。从西汉其他帝置陵邑与帝陵的空间关系来看,霸陵邑应该距离霸陵不远。

要讨论霸陵邑与汉长安城军事防御体系的关系,需要在文帝时期中央与关东诸侯的关系、白鹿原和霸上对汉长安城防守的军事价值的基础上进行分析。汉文帝时,关东藩国对中央造成威胁的隐患已经显现。文帝前元三年(前177),济北王刘兴居悍然发兵,"欲袭荥阳"②。荥阳是汉帝国实行"以关中制关东"战略的军事重镇,附近还有"敖仓",一旦被叛军攻克后果不堪设想。汉廷被迫"遣棘蒲侯陈武为大将军,将十万往击之"③。文帝前元六年(前174),淮南王刘长谋反,但事发前就被平息,未造成军事反叛,这不得不引起汉廷的警觉。可见来自关东诸侯势力的威胁日益严峻。

白鹿原在汉长安城东边不远处,位于今西安市东南方灞水与浐水之间,龙首原之东,海拔在600—700米之间。白鹿原地势自东南向西北稍微倾斜,南北长约20公里,东西宽约六七公里。白鹿原属于汉长安城周边较高的黄土台塬,从军事角度来看,它是汉长安城东南方的制高点,控制此处可以有效阻击从函谷关和武关而来的敌军。若是敌军抢先占领此处,则会致使汉长安城无险可守,因此是兵家相争之地。白鹿原以东是芷阳原,二者以灞水为界,中间所形成的孔道便是武关道,刘邦集团就是从武关道进入关中地区的。霸陵在白鹿原的西端,因此霸陵邑的选址应当也考虑到了军事因素。《史记·李将军列传》:"尝夜从一骑出,从人田间饮,还至霸陵亭,霸陵尉醉,呵止广。"④ 此则史料传达出两个信息:第一,"霸陵尉"透露出霸陵亭有一定的武装色彩;第二,从侧面反映出当时汉长安城周边的宵禁情况,或者说是白鹿原西端、霸陵一带宵禁管控十分严格。之所以如此,无不与霸陵、霸陵邑所处的交通位置对于汉长安城极为重要有关。

霸上是汉长安城周边的东面防御门户。刘邦曾屯兵霸上,迫使秦子婴出城投降。汉文帝后元六年(前158),匈奴南下,形势危急,汉廷派刘礼率兵居霸上严阵以待。

---

① 《史记》卷九《吕太后本纪》,第399页。
② 《史记》卷一〇《孝武本纪》,第425页。
③ 《史记》卷二八《封禅书》,第1383页。
④ 《史记》卷一〇九《李将军列传》,第2871页。

秦汉时，咸阳、长安城内的主人送别重要的客人，为了表示对其尊重，一般都会送至霸上，然后驻足，皇帝大臣也是如此，这已经成为约定俗成的规矩。例如《史记·王翦列传》有记载："于是王翦将兵六十万人，始皇自送至霸上。"①《汉书·张良传》："上自将而东，群臣居守，皆送至霸上。"② 关于霸上的具体位置，学者多有讨论，有认为在白鹿原上或其北端③，有认为在霸城（汉魏）附近④，有认为在临潼芷阳（秦汉芷阳故城）附近⑤，也有的认为在骊山西麓"芷阳坂"西北端⑥。笔者认为，霸上最初是对灞水岸边一处既能向东又可向南，人流量较大的地方的俗称，久而久之就被人们所接受，也就成为这个地方的固定代称。从汉长安城至函谷关，需要越过灞水，由于此路段东西往来人流量很大，所以在当时应该有灞桥的存在以方便通行。从武关到长安，也需要经过霸上，故此二者的交点应该是霸上的最初位置，即灞桥的西岸。随着时间的推移，霸上在空间上也可能出现了一定的延展，不仅延伸到东岸，范围也有所扩大，但是基本是以秦汉灞桥为基点而展开的。

在霸上分手，一般走两条路径，一是顺灞水南下的道路，这条路径是：霸上—蓝田—峣关—商县—武关；另一条路径是：霸上—戏—郑县、武城—宁秦—函谷关。七国之乱时，汉文帝命周亚夫率军出征，行至霸上，赵涉对周亚夫说："吴王素富，怀辑死士久矣。此知将军且行，必置间人于殽黾隘书阨之间。且兵事尚神密，将军何不从此右去，走蓝田，出武关，抵雒阳，间不过差一两日，直入武库，击鸣鼓。"⑦ 此则史料说明，霸上是南下武关和东出函谷关的节点当属无疑。对于防御方来讲，控制霸上之地，向东能阻截从函谷关进犯之敌，向南阻截武关进犯之敌。霸上对汉长安城周边军事防御意义重大，而霸陵邑、霸陵又与霸上在空间上关系密切。王子今先生曾指出："霸陵除踞临通向关东的大道以外，也是长安通往东南方向，过武关，沿丹水直指江汉平原的武关道的实际上的点。"⑧ 与之间隔不远的霸陵邑在东出函谷关、南下武关发挥的作用当比霸陵更大，是在战时控制白鹿原的一座重要城邑。

---

① 《史记》卷七三《白起王翦列传》，第 2340 页。
② 《汉书》卷四〇《张良传》，2035 页。
③ 参见谭其骧：《中国历史地图集》（第二册），中国地图出版社，1982 年；马正林：《也论霸上的位置》，《陕西师范大学学报（哲学社会科学版）》1985 年第 3 期；王化钧：《"霸上"小考》，《人文杂志》1982 年第 3 期；李健超：《霸上与长安》，《西北大学学报（哲学社会科学版）》1984 年第 1 期。
④ 参见李健超：《霸上与长安》，《西北大学学报（哲学社会科学版）》1984 年第 1 期；辛德勇：《论霸上的位置及其交通地位》，《陕西师范大学学报（哲学社会科学版）》1985 年第 1 期；王学理：《"霸上"与"鸿门"地理位置考实》，《文博》2014 年第 2 期。
⑤ 参见张云海：《霸上位置新证——兼与李健超先生商榷》，《文博》1986 年第 2 期；石隙生：《"霸上"在何处？》，《文博》1999 年第 2 期。
⑥ 鹿习健：《秦汉时期"鸿门"与"霸上"地望考实》，《西部学刊》2018 年第 5 期。
⑦ 《汉书》卷四〇《周勃传》，2059 页。
⑧ 王子今：《西汉帝陵方位与长安地区的交通形势》，《唐都学刊》1995 年第 3 期。

(三）阳陵邑

阳陵"在长安东北四十五里"①。《汉书·景帝纪》载："五年春正月，作阳陵邑。"② 通过考古钻探得知，其位置已经确定在阳陵东部偏北的马家湾乡一带。③ 文景之时，西汉社会经济虽有所恢复，但河套地区并未收复，所以汉长安城依然受匈奴进攻的威胁。阳陵邑在咸阳原的最东边，地当交通要冲。从汉长安城出发，过东渭桥可至阳陵邑，而后可抵长安东北方的高陵—栎阳—蒲津道，东渡黄河，北通汾晋、燕代。栎阳在关中地区的军事地位不言而喻，高陵则在汉武帝元鼎三年（前114）被确立为左辅都尉治所，又《后汉书·刘盆子传》载："军（绿林军）及高陵，遂攻东都门，入长安城。"④ 可见其军事地位也较为重要。阳陵及阳陵邑的修建促成了东渭桥的出现，使其在某种程度上起到联系汉长安城与高陵、栎阳的作用。又因处在黄土塬上，并是蒲关道的一处重要据点，故其地理位置与交通格局造就的客观条件形成对汉长安城的军事防御价值。

（四）茂陵邑

茂陵"在长安城西北八十里"⑤。茂陵邑在金日䃅墓东面不远处，平面呈曲尺形，无夯土墙垣，四周以沟渠环绕。茂陵邑周长11190米，总面积5536500平方米。⑥《三辅黄图》引《三辅旧事》："武帝于槐里茂乡，徙户一万六千，置茂陵。"⑦ 若以一户四口来算，当时有约6.4万人迁至此处。

通过《肩水金关汉简》关于茂陵的信息可知，茂陵邑官职有：茂陵令、茂陵丞、茂陵左尉、茂陵狱。孙家洲先生指出"茂陵左尉"与"守左尉"数次出现，自然令人联想到"茂陵右尉"的相应存在。从上引《汉书·地理志》的户数可知，茂陵邑的规模只相当于"小县"的建制，却有"左尉"与"右尉"的并设。这是否意味着，因为是汉武帝陵墓所在，导致朝廷对茂陵邑"武备""武事"的重视超过了一般县邑，由此在官员设置上以"左右尉并立"的方式加以体现？⑧

从交通角度分析，孙家洲先生所言不无道理。茂陵邑地处汉长安城西北向交通大道的要冲。汉代长安通往西域的北路，便是由长安西出至渭城—平陵—茂陵—好畤—漆县—安定—萧关至安定郡治高平一线。⑨ 在相当长的时间内，长安地区联结西南的褒

---

① 何清谷校注：《三辅黄图校注》，三秦出版社，2006年，第431页。
② 《汉书》卷六《景帝纪》，第143页。
③ 刘卫鹏、岳起：《茂陵邑的探索》，《考古与文物》2008年第1期。
④ 《后汉书》卷一一《刘盆子传》，中华书局，1965年，第481页。
⑤ 何清谷校注：《三辅黄图校注》，第432页。
⑥ 刘卫鹏、岳起：《茂陵邑的探索》，《考古与文物》2008年第1期。
⑦ 何清谷校注：《三辅黄图校注》，第433页。
⑧ 孙家洲：《〈肩水金关汉简〉所见汉武帝"茂陵邑"探微》，《中国人民大学学报（哲学社会科学版）》2018年第3期。
⑨ 王开：《陕西古代道路交通史》，人民交通出版社，1989年，第133页。

斜道交通也曾经归结于此。① 建元三年（前138），汉武帝在渭河修建西渭桥，时称"便门桥""便桥"。《汉书·武帝纪》载建元三年（前138），"初作便门桥"②。颜师古注曰："跨渡渭水，以趋茂陵，其道易直。"③ "从汉长安城取西渭桥西行有两条道路。一条从雍门向西延伸，另一条是从章城门向西延伸的道路。这两条道路在汉长安城西郊的某地汇合继续向西延伸，在便桥过渭水，然后连接渭北道。"④ 西渭桥附近曾发现一处仓储遗址，被学界认为是细柳仓遗址。汉文帝时，汉廷曾令周亚夫率大军屯驻细柳防范匈奴进攻都城。西渭桥的出现，从此以后从汉长安城出发就不必经过中渭桥再西折，只通过西渭桥就能够直接到达茂陵邑、平陵邑，这不仅缩短了路程，更凸显出茂陵邑在护卫汉长安城方面的重要性。汉武帝虽以举国之力讨伐匈奴，但初期战况前景并不明朗，茂陵邑的选址及修建不排除就有防范匈奴南下的考虑因素。

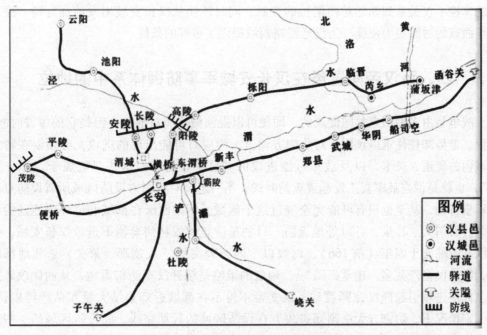

西汉诸陵邑及交通、防御示意图

资料来源：此图参考喻曦《西汉陵邑人物的地域分布初探》（《中国历史地理论丛》2011年第2辑）改绘

在战争中，无论是对于进攻方还是防御方，优越的交通条件对于展开军事行动都是极为重要的。营建帝王陵墓，往往调集大量人力与物资，对交通道路的通行能力要

---

① 王子今：《西汉帝陵方位与长安地区的交通形势》，《唐都学刊》1995年第3期。
② 《汉书》卷六《武帝纪》，第158页。
③ 《汉书》卷六《武帝纪》，第158页。
④ 陈力：《从汉长安城到茂陵和平陵邑——汉长安首都圈研究中的一个可视化尝试》，载张学峰主编：《"都城圈"与"都城圈社会"研究文集》，南京大学出版社，2021年，第56页。

求较高,显然陵墓位置确定在交通便利的地点,亦有利于施工组织。① 例如高祖长陵陵园东、西门宽分别为34米、26米,南、北门阙之间距离20—34米。② 景帝阳陵东司马道西起帝陵陵园东门向东直通阳陵邑,其南北宽110米,东西长3500米。③ 西汉帝陵的道路宽度大致都在12米至14米左右,并推断当时西汉帝陵陵园的道路宽度,大致相当于汉长安城城门两个门道宽度的总和,可并行6至7辆乘车。④ 以此可以推测通往陵邑的交通道路或许也应该有着较高的质量。陵邑的设置,实际上是平地建城,大量人口的涌入,也会促使汉长安城地区新交通格局的出现,这样它们才能成为通往汉长安城重要的军事枢纽。例如阳陵及阳陵邑、茂陵及茂陵邑的修建则分别促成了东渭桥、西渭桥的出现,从而改变了汉长安城东北方向与西方的交通格局。就东北方而言,对阳陵邑的掌控关系到朝廷对东渭桥的控制,能够防止敌人从此方向进攻都城。对茂陵邑的掌控不仅关系到朝廷对西渭桥的控制,同时还使从汉长安城出发前往好畤、漆县乃至西域的道路更为便捷,为汉廷经略西域提供了更好的条件。

四、西汉帝陵置邑在汉长安城军事防御体系中的地位

战争是由多种因素共同促成的,即便可以提前做好应对准备,但是它的爆发时间、进程、走势却往往难以预测。对防御方而言,为应对可能出现的进攻,必须要在特定区域内的要道、关卡,以及敌军可能进攻的城邑中设防,但这些只能属于"预先判定",也就是说当敌军真正发起进攻的时候,不一定会对防御方设防区域所有设防点展开军事行动,甚至也很有可能完全绕过这个区域。例如西汉在都城北部外围地区的调令关、石门关、甘泉、谷口等地设防,目的是防止匈奴从河套南下进攻汉长安城,但在汉文帝前元十四年(前166),匈奴以十四万骑突然"入朝那、萧关,杀北地都尉卬,虏人民畜产甚多,遂至彭阳"⑤。匈奴的策略是绕开汉军防御重地,从西侧攻入关中。此次进攻引起西汉京师震动,汉文帝不得不在都城近郊集结大量军队严阵以待。在一定情况下,防御方无法预知进攻方在设防区域的行动路线,而设防区域的一些未设防点在特殊情况下也有可能遭到进攻,所以防御方能够做到的就是综合考量,对区域各地点侧重选择。西汉帝陵置陵邑的主体作用虽非用于军事,但结合当时的情形来看,它们个体的设置对汉长安城军事防御体系的构建会产生积极的影响。

帝陵置邑因特殊地理位置和交通格局的优势,客观上形成护卫汉长安城的军事屏障。渭北几处陵邑在高亢的咸阳原上一线排列,客观上起到了防范匈奴从河套南下进入关中后进攻汉长安城的作用。霸陵邑则具有防范关中异己势力兴兵西进的军事意义。

---

① 王子今:《秦汉交通史稿》,中共中央党校出版社,1994年,第276页。
② 咸阳市文物考古研究所:《西汉帝陵钻探调查报告》,文物出版社,2010年,第6页。
③ 咸阳市文物考古研究所:《西汉帝陵钻探调查报告》,第41页。
④ 王子今:《西汉帝陵方位与长安地区的交通形势》,《唐都学刊》1995年第3期。
⑤ 《史记》卷一一〇《匈奴列传》,第2901页。

《荀子·议兵》："魏之武卒以度取之，衣三属之甲，操十二石之弩，负矢五十，置戈其上，冠胄带剑，赢三日之粮，日中而趋百里。"以现代军队要求，日常行军速度每日30—40公里，强行军每日行程50公里以上的标准来看，魏武卒的行军速度基本可以达到。马匹的奔跑速度一般在20公里/小时，50公里左右的路程不出半日即可到达。长陵邑、安陵邑、阳陵邑、霸陵邑、茂陵邑属于汉长安城的周边地区，地当交通要地，经济富庶，还有很多达官贵人的府邸，政治地位又高于一般的县邑城。这些帝陵置邑，从军事角度来看，因与汉长安城城区距离较近，二者互动强烈，同时又与汉长安城外围地区能够产生密切的联系，居于汉帝国都城军事防御体系的第二个圈层中，无论是向北，还是往东、东南方，对于保卫汉长安城都有着重要的军事地位。

五、结语

综上所述，帝陵置邑是西汉统治集团在当时特定时期亟须稳定政治、强干弱枝、发展关中经济、防范匈奴进攻的历史大背景下做出的战略决策。

汉高祖至汉景帝时，匈奴占据河套地区，对汉长安城造成较大威胁。鉴于当时西汉实力有限，朝廷不得已采取保守防御策略。高祖长陵邑、惠帝安陵邑位于汉长安城的正北方，遏控着北上云阳、甘泉的驰道，是防范匈奴沿直道南下后，突破"棘门"、中渭桥继而进攻都城的重要城邑。文帝霸陵在白鹿原东北角，推测霸陵邑应在其附近不远，对于汉长安城东南方防守及遏控武关道的价值不能忽视。景帝阳陵邑的修建在一定程度上改变了汉长安城东北方的交通格局，不仅促成了东渭桥出现，对于抵御敌军从蒲关道入侵也能发挥一定作用。汉武帝时期，在西汉取得对匈奴战争的胜利前，汉廷不可预料匈奴是否能攻入关中，因此不得不防。武帝茂陵邑的修建促成西渭桥的形成，在一定程度上改变了汉长安城西面的交通格局，这对于防范匈奴从西边进攻意义重大。

关中狭长的区域范围内分布着很多城邑，虽然其作用多表现在行政管理、经济上，但它们的存在客观上会使汉长安城在遭到进攻时形成缓冲地带，起到消耗和牵制敌军的作用。帝陵置邑承担着特殊的政治使命，经济发达，地理上靠近都城，地形优胜，很多权贵在此居住，又处交通要道，它们对汉长安城军事防御的价值要高于周边其他县邑城。西汉前期，匈奴几次欲南下进攻汉长安城，前锋一度抵达雍城、甘泉，然终没有踏入汉长安城周边地带。新莽时期，绿林军占领武关后北上华阴，而后在渭河以北攻城略地，兵及高陵，遂攻汉长安城东都门。从行军路线来看，绿林军应是经过阳陵邑和东渭桥，但当时新莽政权已经穷途末路，仅存的兵力又被困在京师仓，故而绿林军较为顺利地攻下了汉长安城。政治、军事局势发展使得帝陵置邑在汉长安城军事防御体系中没有发挥出应有的作用，故其军事价值在一定程度上被低估了。

刘贺酎金问题与宣帝朝政治

王 刚

(江西师范大学历史文化与旅游学院)

摘要：刘贺以"南藩海昏侯"的名义分别在元康三年（前63）、四年（前62）两次请求献上酎金并提出朝请的要求，但由于汉廷的婉拒，不仅没有参加相关仪式，而且元康三年准备的酎金都没有机会献上。在强调"亲亲尊尊"的统治秩序及政治团结的宣帝朝，酎金及相关问题不再是打压诸侯的工具，而是为"用章中兴之德"而服务，由此，刘贺依据宗统理念，要求献上酎金并参加朝请。这样的行为一方面是寻求最高"家长"的支持，另一方面，也是旧事重提，对自己被打压的宗法身份做出委婉的申诉，并以"南藩"来暗喻"骨肉之亲"的重要性。希望皇帝不要受到"谗言之徒"的影响，避免"骨肉之酷"的惨剧再次重演，并对"放废之人"的理念做出隐在的礼法否决。

关键词：刘贺；酎金；宣帝；政治

在汉代，当皇帝亲率群臣祭祀宗庙时，列侯需要根据封邑的人口数量献上用以助祭的黄金，这就是历史上著名的酎金。酎金的产生，源于汉代的"饮酎"传统，也即在宗庙祭祀时，围绕着酎酒而展开的饮宴等礼仪活动。由于相关活动需要经费支持，于是，让列侯出金助祭成为一条政治规矩，直至进入汉律之中。

酎金及酎金律的出台，历来有文帝和武帝说两派意见。一派认为，酎金在文帝时期就已产生。《续汉书》注引丁孚《汉仪》曰："《酎金律》，文帝所加，以正月旦作酒，八月成，名酎酒。因令诸侯助祭贡金。"[①] 而在《汉书·景帝纪》注中，在解释"高庙酎""孝惠庙酎"时，张晏曰："正月旦作酒，八月成，名曰酎。酎之言纯也。至武帝时，因八月尝酎会诸侯庙中，出金助祭，所谓酎金也。"颜师古则曰："酎，三重酿，醇酒也，味厚，故以荐宗庙。"[②] 依据此说，武帝时期才出现了酎金。

---

① 见《后汉书》志第四《礼仪志上》，中华书局，1965年，第3104页。
② 《汉书》卷五《景帝纪》，中华书局，1962年，第138页。

但不管哪种意见正确，武帝朝被公认为是酎金问题的重要时段。在元鼎年间，武帝借口酎金的成色和重量不足，还炮制出了"列侯坐献黄金酎祭宗庙不如法夺爵者百六人，丞相赵周下狱死"①的"酎金案"。自此，酎金不仅要按规缴纳，更成为惩治列侯的政治工具。

关于武帝时代的酎金及相关政治问题的考察，历来是学界的一大关注点。但限于材料及各种原因，武帝之后的情况少人问津。现在，南昌海昏侯刘贺墓中汉代酎金实物及相关信息的发现，为此提供了原始资料，具有重要的学术价值。以这些材料为基础，不仅可以加深对相关问题的认知。更重要的是，当这一论题与刘贺的个人命运及时代相结合之后，深入历史的现场，宣帝朝的制度问题与政治的动态演进之间的各种关联亦得以显现。下面，笔者就不揣浅陋，对此作一初步分析，以就正于方家。

一、材料与问题：刘贺酎金的史实复原

在海昏侯墓考古资料中，有关酎金的材料有两处。

一处是五枚金饼上的墨书题记。这五枚金饼"出土于头箱位置，文字为隶书字体"②。由于墨迹的模糊，存在着两种意见，一种意见认为，"文字保留较为清晰的有三枚"，其中有"南海海□□臣贺所□元康□□□□□□""□□□□□臣贺□□元□□□酎黄□□□""□海□昏侯□□□奉元康□□□黄金一斤"等字样，研究者推断："通过相互补充整理依然可以得到基本完整的内容：'南海海昏侯臣贺所奉，元康□□酎黄金一斤。'"③另一种意见则认为，经拼合后，墨书文字为："南藩海昏侯臣贺元康三年酎金一斤。"④二者之间的主要差异在于，是否有着清晰的"元康三年"字样，以及对于"南海海昏侯""南藩海昏侯"的不同释读。

另一处材料来自刘贺墓出土的7号奏牍，虽也文字漫漶，但关键性文句"酎黄金""元康四年"等赫然在目，其具体内容为："……□□拜谨使陪臣行家□事仆□/……年酎黄金□□两/中庶子□□□臣饶□……/……/元康四年。"⑤

历史学的第一要义为史实的复原。落实到本论题则是，刘贺在缴纳酎金时，其真实情况如何？由于文字的模糊及部分内容的缺失，加之理解的不同，现在对此还未能达成完全统一的认知，学界存在着不同的看法。对此做出事实辨析，成为本论题所需面对的首要问题。

综合两宗出土材料，再结合相关传世文献，在笔者看来，就史实的复原而言，主

---

① 《汉书》卷六《武帝纪》，第187页。
② 张烨亮、李文欢：《海昏侯墓出土部分金器初步研究》，《南方文物》2020年第6期。
③ 张烨亮、李文欢：《海昏侯墓出土部分金器初步研究》，《南方文物》2020年第6期。
④ 彭明瀚：《刘贺藏珍：海昏侯国遗址博物馆十大镇馆之宝》，文物出版社，2020年，第95页。
⑤ 王意乐、徐长青：《海昏侯刘贺墓出土的奏牍》，《南方文物》2017年第1期。

要有以下三方面的问题需加以关注和解决。

（一）献酎金的时间及文字差异

就前者而言，主要问题在于，刘贺献酎金是在哪一年？是一次还是两次？就后者来说，主要在于对金饼墨书中是"南藩海昏侯"还是"南海海昏侯"问题加以厘清。

关于刘贺献酎金的时间问题，在奏牍中可见"元康四年"字样，也即可以明确的是，在这一年刘贺有献酎金的计划或行动。这一部分内容应该不存在争议。争议产生在，一派学者认为金饼有"南藩海昏侯臣贺元康三年酎金一斤"墨书文字，依照此论，则在元康三年，刘贺也有一次献酎金的举动，五枚金饼就是这一次的实物证据。但由上可知的是，由于墨书文字的模糊，在另一派意见中并无"元康三年"的释读。那么，接下来的问题是，金饼墨书的"元康三年"说可靠吗？

答案是肯定的。

我们可以通过细审"元康三年"说所依据的金饼（图一），从中获得准确的认知。

图一　元康三年酎金墨书金饼（左为全图，右为局部文字图）①

观察上图，聚焦局部文字图的左列第三字，可以看到，在"元康"二字的下面，虽字迹模糊，但可见横向挑出的笔画，它们明显是汉字中的两横，这两横所代表的数字是"二""三"还是"五"呢？

因为刘贺在元康三年获封海昏。在元康二年（前64）时，他还被软禁在昌邑王宫，所以这个数字显然不会是"二"。"五"也不对，因为元康五年的年号仅仅使用了两个月，在当年三月改元为"神爵"。在出土的奏牍中，时间最晚者，也恰恰是元康五年二月的一封上书："以诏书不上/元康五年二月臣贺□□……（图四，9号）"② 不仅如此，考古工作者还发现，"奏牍中没有发现时间比元康五年二月更晚的，刘贺墓中出土器物也没有发现其他记录有晚于元康四年的"③。也即是说，在神爵元年（元康五年）前后，刘贺发生了重要的转变。

---

① 引自彭明瀚：《刘贺藏珍：海昏侯国遗址博物馆十大镇馆之宝》，第96页。
② 王意乐、徐长青：《海昏侯刘贺墓出土的奏牍》，《南方文物》2017年第1期。
③ 王意乐、徐长青：《海昏侯刘贺墓出土的奏牍》，《南方文物》2017年第1期。

这种转变是什么？应该与刘贺在海昏任上被削户和最后死亡的原因有关。《汉书·武五子传》载：

> 数年，扬州刺史柯奏贺与故太守卒史孙万世交通，万世问贺："前见废时，何不坚守毋出宫，斩大将军，而听人夺玺绶乎？"贺曰："然。失之。"万世又以贺且王豫章，不久为列侯。贺曰："且然，非所宜言。"有司案验，请逮捕。制曰："削户三千。"①

这是刘贺政治生命的又一转折点。但在这段材料中，并未交代削户受惩的具体时间。有学者推断道："《武五子传》仅书'数年'，可知时间当在封侯的一两年以后。刘贺受封海昏侯后仅在位四年，因此，'与孙万世交通'事发的时间，就应该是元康五年（神爵元年，前61）或稍后的神爵二年（前60）。"② 这一说法虽不能完全坐实，但大抵不会差得太远。也就是说，神爵元年（元康五年）后，刘贺由于政治原因基本上与汉廷交流隔绝，加之元康五年仅仅存在二个月，故而在金饼上出现元康五年的概率非常低。更为重要的是，元康五年已改元为神爵，刘贺死于神爵三年，在此后的几年当中，在年号已改的情形下，无论如何都需要改换酎金文字，以此来展现起码的政治规范和敬意。无论如何，在常态下，"元康五年"这样的表述是不可能出现的。

那么，元康四年呢？我们知道，"四"字在早期中国也可以写作"三"，即以四横为基本字形。但在酎金墨书中，"元康四年"的可能也可以排除。理据在于，在海昏侯墓出土的奏牍中数次出现"元康四年"的表述，其中"四"字无一例外地都作"四"，而没有作"三"者。以此类推，金饼中不可能出现"元康三年"的字样，而只能写作"四年"。但"四"字的笔画绝不能横向挑出，与"二""三""五"等字在笔画上差异明显。由此，金饼上的文字只能是"元康三年酎金一斤"。也就是说，可知的事实是，刘贺有两次献酎金的举动。墨书金饼为元康三年的酎金实物。根据奏牍的记载，刘贺在元康四年又有一次献酎金的行动，但这一次没有见到出土实物。

接下来，来看文字方面的差异。由前已知，对于金饼上的文字，有"南海海昏侯"和"南藩海昏侯"的不同释读。笔者及许多学者皆以后者为是，笔者为此还做过一些学术讨论，认为刘贺的"南藩"称谓是有意为之，反映了他向宗藩亲王序列回归的愿景。③ 在此，笔者再次重申这一观点并作若干补证。

循此理路，可注意的是，在奏牍之中，刘贺的自我称谓皆作"南藩海昏侯"，没有一例作"南海海昏侯"，这是刘贺给皇帝和太后的政治文书，可见他对"南藩"的重视。遵循这一规律及基本逻辑，就郑重其事和文例的统一来说，金饼上面当然也应该是"南藩海昏侯"。

---

① 《汉书》卷六三《武五子传》，第2769—2770页。
② 黄可佳、王楚宁：《海昏侯刘贺酎金、朝请浅考》，载邬文玲、戴卫红主编：《简帛研究》二〇二〇（秋冬卷），广西师范大学出版社，2021年，第263页。
③ 参看拙文《宗庙与刘贺政治命运探微》，《人文杂志》2017年第8期。

揆之于事实，也是如此。

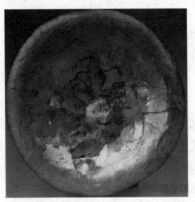

图二　金饼（M1：1829-37）①

我们以 M1：1829-37 号金饼为例来展开讨论，细审此块金饼上的墨书，焦点在右起第一列文字中的第二字。它的上部字形已经无法识读，但在下部字形中，左边的"氵"旁十分清楚，右边的字形虽不太清晰，但绝不是"每"字。由此，此字不可能是"海"字，加之上部尚有若干笔画，"氵"旁与下部右边字形相结合，它极大可能就是"藩"字。也即是，上部的"艹"被遮蔽，下部字形为左"氵"，右"番"。综合各方材料，可以确认，金饼上的墨书就是"南藩海昏侯"，而不是"南海海昏侯"。②

（二）实际参与及献酎金的前期程序问题

通过出土材料，我们已经知道，刘贺以"南藩海昏侯"的名义两次献上酎金。接下来的问题是，刘贺本人实际参与了有关活动吗？它的具体程序如何呢？有哪些相关历史问题呢？

据《汉书·武五子传》，刘贺获封海昏侯时的情形是这样的：

乃下诏曰："盖闻象有罪，舜封之，骨肉之亲，析而不殊。其封故昌邑王贺为海昏侯，食邑四千户。"侍中卫尉金安上上书言："贺天之所弃，陛下至仁，复封为列侯。贺嚚顽放废之人，不宜得奉宗庙朝聘之礼。"奏可。贺就国豫章。③

宣帝所下的封侯诏令，亦见于《汉书·宣帝纪》。其中"骨肉之亲，析而不殊"作"骨肉之亲，粲而不殊"，而金安上的奏疏则被省略。

细绎诏书文字，汉宣帝以舜的弟弟象来比拟刘贺，根据所谓"骨肉之亲，析而不殊"的原则，即便"罪孽"深重，也将其封为列侯，以体现当朝皇帝的"至仁"形象。然而，大臣金安上认为，像刘贺这样"嚚顽放废之人"即便被封为列侯，也应该

---

① 江西省文物考古研究所、南昌市博物馆、南昌市新建区博物馆：《南昌市西汉海昏侯墓》，《考古》2016年第7期。

② 关于金饼墨书为"南藩"而非"南海"问题，详见王仁湘：《南藩海昏侯》，生活·读书·新知三联书店，2022年，第9—16页。

③ 《汉书》卷六三《武五子传》，第2769页。

显示出某种差别，于是上书提出，刘贺"不宜得奉宗庙朝聘之礼"，这一意见获准之后，刘贺踏上了"就国豫章"之路。

由前可知，酎金是为宗庙"饮酎"而提供的经费，由此而言，酎金乃是"得奉宗庙朝聘之礼"的一大表征。也由此，在海昏墓葬出土的奏牍中，不仅有关于酎金的材料，更有大量向汉廷要求朝请的内容。也就是说，刘贺不仅献上酎金，更请求去京城参加朝聘活动，并觐见于宗庙。考古工作者在披露这些资料时，做出了这样的总结："都是关于海昏侯或其夫人朝请的，其中的关键词有'酎黄金''秋请''请'等。"①

当然，刘贺最终还是没有参加所谓的朝聘之礼。这一结论的得出，不仅仅在于"就国豫章"后，刘贺再也没有离开过南昌，行动轨迹十分清楚。更重要的是，汉廷对他的基本方针是"不宜得奉宗庙朝聘之礼"。有了这一条，朝请的大门就被封死，酎金之事也就无所寄托，不能达其所愿。

根据这样的事实，考古工作者在研究出土奏牍时，提出这样的推定：

> 刘贺元康三年被封为海昏侯，当年未被批准参与"奉宗庙朝聘之礼"，到元康五年又到了三年一朝的期限，由于连续两年的朝献助祭的钱物和酎金甚至奏牍都被退回，刘贺可能在这个时候上书试探皇帝，不过最后的结果还是让刘贺失望的。奏牍中没有发现时间比元康五年二月更晚的，刘贺墓中出土器物也没有发现其他记录有晚于元康四年的。刘贺应该是接受了现实，在元康五年后不再有对朝廷的朝请。②

综合奏牍的各种信息，得出"当年未被批准参与'奉宗庙朝聘之礼'"的结论，可以说是比较准确的。还可补充的是，元康五年二月的最后一封上书"以诏书不上/元康五年二月臣贺□□……（图四，9号）"，很可能反映的就是，朝廷直接向刘贺下达诏书，重申不需要朝请，也不需要献上酎金。所谓"以诏书不上"云云，大概就是指向于此。

但再进一步，"助祭的钱物和酎金甚至奏牍都被退回"一说，或许还可以斟酌。

奏牍被退回那是没有问题的。如 21 号、46 号和 54 号奏牍上面有着淡墨书写的内容，而且有着"以嘉其"的回复，以及奏牍回收者"门大夫"的信息。研究者指出："这些内容似乎包括朝廷对奏牍的回复，或者海昏侯府接受退回来的奏牍的时间以及接受人员等信息。"③ 这表明，奏牍被呈给皇帝及太后之后，最终被退回，并附上了若干回复意见。

但酎金是否与奏牍一样，在呈奉给汉廷后，被原样退回呢？答案或许是否定的。

汉代政治的一个特点，是重视文书的作用。重要的政务活动大都需要打报告、走

---

① 王意乐、徐长青：《海昏侯刘贺墓出土的奏牍》，《南方文物》2017 年第 1 期。
② 王意乐、徐长青：《海昏侯刘贺墓出土的奏牍》，《南方文物》2017 年第 1 期。
③ 王意乐、徐长青：《海昏侯刘贺墓出土的奏牍》，《南方文物》2017 年第 1 期。

流程，汉儒概括为"以文书御天下"①。在缴纳酎金时，也应遵循这一准则。奏牍中所见献酎金以及朝请事宜，其实就是刘贺向汉廷所呈上的先期报告，需要上面批复后，才能启动相关程序，并最终落实。从这个角度来说，"助祭的钱物和酎金"不存在"退回"的可能。因为刘贺向朝廷请示之后，未获得批准。它们并未真正被呈上去，也就不存在退回一事了。

还需一提的是，是否不需要等待朝廷的批复，就可以直接将酎金呈上去？如果元康三年的酎金是交上后再退回的，那么，我们就要问了：为什么墓葬中没有元康四年的酎金呢？如果要退回酎金及钱物等，难道不应该一起退回吗？

回到历史的现场，笔者以为，刘贺只准备了元康三年的酎金。关于这一点，在后面再详论。在此需要指出的是，在封侯之后，虽事务繁杂，但初次摆脱困境之后的刘贺，应该是满怀着期待和欢喜的，所以他提前做好了去参与"饮酎"的准备。元康三年的酎金反映的就是这一事实。然而，当他被朝廷拒绝献酎金的要求之后，心情的糟糕可想而知。在元康四年，他一方面再次上书表明要求朝请和献上酎金的心意，另一方面，应该不再会去匆匆准备酎金了，而是静待朝廷的回应，相应地采取下一步行动。汉廷的态度是又一次的拒绝。由此，元康四年不再有酎金物品的出现。

从历史和逻辑来看，以上的推断应该符合当时的历史真相，也与史籍中金安上的上书相契合。但可注意的是，近来有学者对金安上的上书问题提出了不同见解，认为史籍错置了金氏的上书时间，并结合出土材料，提出这样的一种观点：依据奏牍，首先认为刘贺已参与了献酎金及朝请等活动，也即是"刘贺以海昏侯身份参与了一套完整的'宗庙朝聘之礼'"，很显然，这一结论与金安上的上书中所谓的"不宜得奉宗庙朝聘之礼"产生了冲突。但他们继续坚持自己的观点，并在此基础上进一步认为，金安上的上书是在神爵年间前后。也即是，刘贺获封海昏时，金安上还未上书，所以刘贺有资格去参与"宗庙朝聘之礼"。②

落实到具体的考订中，这一思路所依凭的"证据"多为臆想，与事实基本上都是相悖的。兹举此文中两个最为关键的"论证"来加以具体说明：一是金安上的上书问题；二是所谓"刘贺以海昏侯身份参与了一套完整的'宗庙朝聘之礼'"。

由前引《汉书·武五子传》可知，金安上的上书与宣帝的封诏同一时间，或者也可以说，它就是呼应宣帝之诏的奏疏。但为了证明金安上此时没有上书，研究者居然提出，因为"（刘贺）的言行并没有达到象一般恶毒，对宣帝也没有直接或间接的伤害"，从而认为，"在此时就不应提出'不宜得奉宗庙朝聘之礼'一类附加条件，更没

---

① 《论衡·别通》曰："汉所以能制九州者，文书之力也，以文书御天下。"（[东汉] 王充撰，黄晖点校：《论衡校释》，中华书局，1990年，第591页）

② 黄可佳、王楚宁：《海昏侯刘贺酎金、朝请浅考》，载邬文玲、戴卫红主编：《简帛研究》二〇二〇（秋冬卷），第258—261页。

有以此作为惩罚或羞辱的必要"。①

但这样的结论实在是想当然。将刘贺比拟为象，以及所谓的"嚚顽放废之人"，与是否伤害宣帝毫无关系，这主要是专制政治将防范对象妖魔化的需要，并由此来衬托宣帝的"宽仁"。事实上，对于刘贺一方面封侯，另一方面严控和羞辱，正是宣帝老练的政治手法。从特定意义来说，金安上的上书乃是体仰上意的结果。所谓的"不宜得奉宗庙朝聘之礼"，乃是承接"嚚顽放废之人"的判定而来，而这一判定，既是历史上象的概貌，也在宣帝诏中明确表示。金安上的评价，实质上就是对宣帝旨意的落实，并且暗喻着将刘贺流配远地的境遇。② 要之，无论是出于宣帝的暗中授意还是臣工的揣摩，金氏的上书绝非后来才有，而是封诏的伴随物，其中的理据逻辑是十分清晰的，在没有切实的证据之前，不宜推翻。

至于认为"刘贺以海昏侯身份参与了一套完整的'宗庙朝聘之礼'"，那更是无稽之谈。最基本的致误之因在于，研究者在具体论证中误读了相关材料，所得出的结论也就不可信从了。

我们注意到，推导这一结论的基本材料是出土的 M1：499 – 48 奏牍。由此认为："同年上书的奏牍 48 正文中则有'再拜为秋请'，证实元康四年时刘贺以海昏侯身份参与了一套完整的'宗庙朝聘之礼'。"③ 然而，细审奏牍文字，可以发现，"再拜为秋请"只是刘贺提交的报告，是要朝廷批复的。基本事实是，刘贺自入海昏，禁足在南昌一带，何尝"以海昏侯身份参与了一套完整的'宗庙朝聘之礼'"呢？

再进一步论之，如果事实真的是这样，何以不见元康四年的酎金及相关信息呢？参与这样的活动是刘贺念兹在兹的头等大事。如果刘贺参加了"宗庙朝聘之礼"，作为重要的历史记录，元康四年的酎金要么与元康三年的金饼一起随葬于刘贺身旁，要么被朝廷所接纳。但为何既没有实物出土，在奏牍中也不见半点具体情形的记载，以及刘贺为此而感恩戴德的政治颂词呢？由此而论，这样的"新见"是完全不能成立的。

（三）酎金的斤、两差异及相关问题

由前已知，在元康三年的金饼墨书中，酎金的统计以"斤"为基础，而在奏牍中，又有元康四年"酎黄金□□两"的记载，很显然，它是以"两"为酎金的计算单位。那么，进一步的问题是，为什么会有斤、两的表述差异？后面的历史背景是什么呢？有哪些值得注意的历史文化问题呢？

据《续汉书》注所引《汉律·金布令》，酎金的缴纳要求是这样的："皇帝斋宿，

---

① 黄可佳、王楚宁：《海昏侯刘贺酎金、朝请浅考》，载邬文玲、戴卫红主编：《简帛研究》二〇二〇（秋冬卷），第 262、263 页。
② 关于这一问题的具体论证，可参看拙文《海昏侯墓"孔子衣镜"的弟子选配旨趣及相关问题蠡测》，《地方文化研究》2019 年第 5 期。
③ 黄可佳、王楚宁：《海昏侯刘贺酎金、朝请浅考》，载邬文玲、戴卫红主编：《简帛研究》二〇二〇（秋冬卷），第 258 页。

亲帅群臣承祠宗庙，群臣宜分奉请。诸侯、列侯各以民口数，率千口奉金四两，奇不满千口至五百口亦四两，皆会酎，少府受。"① 由此可知，酎金的缴纳以"千口""四两"为两大基本要素。具体说来，诸侯封邑中人口满一千者，需要缴纳四两的黄金以助祭，不满一千者，也需要缴纳四两。四两，是酎金缴纳的最小数额。同时，也是惩戒的重要指标。依据汉律，少缴纳四两酎金，即可免去爵位。沈家本认为，此法当起于汉武帝时期，他还为此感慨道："酎金之法，少四两及免侯，其法甚苛。"② 可注意的是，这样严苛的法令一直沿用到了宣帝朝，据《汉书·王子侯表》，在宣帝时还有两位列侯因此被免，一是"地节四年，坐奉酎金八两少四两，免"，二是"五凤四年，坐酎金少四两免"。③ 要之，酎金以四两为基本单位加以审核。合规与受罚，甚至免去爵位，都是以其为基本单位。

但更可注意的是，《汉旧仪》曰："王子为侯，侯岁以户口酎黄金诸于汉庙，皇帝临受献金以助祭。大祀日饮酎，饮酎受金。金少不如斤两，色恶，王削县，侯免国。"④ 其中"金少不如斤两"一句最为关键。既然在审核酎金时，对分量不足者以"斤两"为衡量标准，那么，在具体的实际工作中，不仅要看其缺少了多少"两"，还需要上升到"斤"这一尺度。

由此，我们看到，元康三年的金饼墨书所标明的重量为"一斤"，而不是以"两"为单位。在海昏墓葬中，每枚金饼皆为足量一斤的规模，为达此标准，还出现了砍削、嵌塞的校重现象。根据这样的事实，有学者对于这些"经过人为校正，以保证每枚重量达到汉斤 1 斤"的金饼给予高度评价，认为"（它）说明汉代诸侯王、列侯上交的酎金是当时通行的饼金，上交时还要书写名字，以备少府核验饼金的重量、成色"⑤。

但在笔者看来，这些事实固然可以证明，在呈献酎金时，以标准的金饼作为载体是重要选项，所核验的重量以一斤为指标。但问题是，这只是指标的一方面。每枚金饼以一斤为标准重量，以金饼形式来缴纳酎金，通过清点数量，可以很方便地统计出有多少斤黄金。在核验"金少不如斤两"时，由此能够准确地得出"短斤"方面的数据，但是，它对于"少两"的数据统计是无效的。

也就是说，由出土实物推断出"汉代诸侯王、列侯上交的酎金是当时通行的饼金"这样的结论时，它固然反映了历史的一种面相，但那不是全部的事实。由于列侯封邑一般多在千户以上，每户五口人，最后缴纳的酎金一般都会超过一斤。因此，在核验黄金重量时，当出现"不如斤两"的情形时，既有"两"，更有"斤"的要求，墨书金饼说明了"斤"的普遍性与适用性。只不过，"斤"的存在，不能够排挤对于"两"

---

① 见《后汉书》志第四《礼仪志上》，第 3104 页。
② ［清］沈家本撰，邓经元、骈宇骞点校：《历代刑法考》，中华书局，1985 年，第 1691 页。
③ 《汉书》卷一五上《王子侯表上》，第 475、445 页。
④ 《史记》卷三〇《平准书》，中华书局，1959 年，第 1440 页。
⑤ 彭明瀚：《刘贺藏珍：海昏侯国遗址博物馆十大镇馆之宝》，第 95 页。

的核验。否则因四两酎金而免侯的现象何以会出现呢？质言之，在核验酎金重量时，既以"斤"，主要是足量金饼为载体来加以核算，同时还要计算"斤"以下的"两"的分量，这个就不能以金饼为载体了。

事实上，在汉代，也的确有着精准到两的黄金制品。1978年在咸阳市毛王沟出土的黄金制品中，当时被认定为麟趾金的两枚器物上，一枚自铭"十五两十朱"，另一枚自铭"斤一两二十三朱"。另外，被认定为马蹄金的器物上有"廿朱"的字样。研究者指出："准确度可以到铢的单位，差一铢都不能入两。"①

落实到本论题的考察中，因材料所限，酎金在"两"方面如何呈现，现在还没有直接的实物证据。但既然毛王沟的金器可以精准如斯，那么，在甚为严苛的酎金缴纳过程中，怎么会没有"两"的统计呢？可注意的是，在对于金饼进行校重时，海昏出土的金饼也是"准确度可以到铢"，是以比"两"还轻的"铢"为核算单位的。所以在有些金饼上，有"上十五未（铢）""去六未（铢）下十二未（铢）"等刻画文字，研究者指出："'未'作'铢'，为汉代重量单位……相关铭文则可明确其含义，如'上一'即为'上一铢'，即比标准重量重一铢。'下一'即为'下一铢'，即比标准重量轻一铢。"② 我们相信，在这样铢、两必较的作风下，"两"作为基本单位，当然也会落实在酎金的缴纳上。

顺带一提的是，考察海昏侯墓的酎金实物，虽然只能看到"斤"方面的情形，而缺少"两"方面的实物证据，但在出土的某些器物上，对重量的标记也是精确到了"两"的。例如，在3件自名为鋗的铜器上，M1：1147外腹部錾刻铭文"昌邑食官鋗容四升重十二斤二两，昌邑二年造"；M1：1012类似位置有铭文"昌邑食官鋗容四升重十三斤六两，昌邑二年造"；M1：1012-1铭文"昌邑食官鋗容四升重十三斤十两，昌邑二年造"。③ 对于这样的大家伙尚且要精确到"两"，当刘贺及相关人员需要缴纳酎金时，又怎么会只以"斤"而论呢？

笔者以为，当以"斤"来核算酎金时，足量的金饼当然是最优载体，其重量的统一具有普适性的意义，准确而方便，一般来说，无须标记出重量等信息。但是当核算到"两"这一层级时，金饼就无法承担这一职能了，而需要专门的黄金定制品，并因不同器物而各个不同，要将具体的重量标记出来，就像毛王沟器物那样。尤为关键的是，在汉代酎金案中，因分量不足而获罪都是由于"少两"。这或许在于，足量金饼一斤一个，核验起来简便而准确。但在对一斤以下的黄金核验时，则易做手脚，所以"少两"或许是一种常态，而这也为武帝打击诸侯提供了借口。这种斤、两有别的情形反映在海昏资料中，前者以元康三年的金饼形式加以呈现，后者则由元康四年奏疏中

---

① 王丕忠、许志高：《咸阳市发现的麟趾金和马蹄金》，《考古》1980年第4期。
② 张烨亮、李文欢：《海昏侯墓出土部分金器初步研究》，《南方文物》2020年第6期。
③ 曹斌：《海昏侯刘贺墓铜器定名和器用问题初论》，《文物》2018年第11期。

的"酎黄金□□两"一句得以体现。

在了解以上史实之后,再次回到原来的那个问题:刘贺在元康三年、四年分别以斤、两来核算酎金重量,这种差异何以发生呢?

以笔者的揣测,事实应该是这样的:

元康三年三月,宣帝下诏封刘贺为海昏侯。诏书下达至刘贺所在的昌邑,需要一定的时间,加上物品整理及各种准备工作,起码要在四五月间刘贺才能赶往海昏。由于路程遥远,交通不便,这其间又要耗去不少时日。根据温乐平的推算:"刘贺南下就国途中至少需要25天才能抵达海昏县。"① 那么,等刘贺到达海昏时,最早也要在五六月间。献酎金的活动在八月正式开始。时间是非常紧迫的,此时无论如何都要开始准备。这种准备或许初到南昌时就要落实,也或许这一行动在昌邑时就已开始。质言之,要腾出手来查询资料,准确核算海昏的人口数并不容易,而且在匆忙之中,也无那个必要。或许刘贺采取的办法,是大致估算海昏人口,献上酎金。

据有关学者的估算,"海昏侯刘贺食邑四千户,如果每户为五人,则总共两万人,每年需要酎金八十两,汉代一斤为十六两,也就是每年酎金五斤,合五块金饼"②。也就是说,五块足量金饼可以满足酎金的需求量。需要注意的是,根据《汉书·地理志》的记载,温乐平折算出西汉豫章郡每户5.2人的数据,而且海昏侯国所在地"比平均户数高","人口较多,经济较发达"③。那么,随之而来的问题是,如果海昏人口数超过两万,五枚金饼还能满足酎金的需求量吗?

答案是肯定的。当历史进入昭、宣时代,史载:"承孝武奢侈余敝师旅之后,海内虚耗,户口减半。"经过汉武帝连年战争和穷奢极欲的统治,那时的大汉王朝社会凋敝,人口剧减。在这样的情形下,"轻徭薄赋,与民休息"④ 成为治国方针,通过"昭宣中兴",西汉王朝才从危机中走了出来。《汉书·地理志》所载的民户及人口数,为汉平帝时代的数据,从特定视角来说,实为"昭宣中兴"以来的成果。而回到宣帝朝,可以发现的是,虽经济社会方面的危机已获得初步纾解,但"户口减半"的效应依然存在。所以在宣帝时期,招徕流民,致力垦殖,成为汉廷极为关注之事。加之昭、宣时代之前的长江流域尚未获得深度开发,比海昏更为重要的长沙国尚且被视为"卑湿贫国"⑤,刘贺封邑的情形可想而知。也就是说,刘贺的海昏侯国人口不能高于两万人,在匆忙难以统计之时,以酎金五斤来助祭,是完全够用的。

但是,元康四年则不一样,刘贺已入居海昏一年,可以按照人口数量来缴纳酎金了。更为重要的是,此刻倘不按照民户人口来加以缴纳,不仅表明刘贺对于封地情形

---

① 温乐平:《海昏侯国历史文化研究》,江西人民出版社,2021年,第164页。
② 王意乐、徐长青:《海昏侯刘贺墓出土的奏牍》,《南方文物》2017年第1期。
③ 温乐平:《海昏侯国历史文化研究》,第82页。
④ 《汉书》卷四《昭帝纪》,第233页。
⑤ 《汉书》卷五三《景十三王传》,第2426页。

的不熟及不尽职，也容易传递出政治上的轻慢之意。作为戴罪之身的刘贺，自然要谨慎小心。由此，核算出多少两酎金不仅仅是个经济数据，也反映着政治上的态度。也由此，在前后两年之间，两次酎金的缴纳，两种不同的测算，反映了不同的历史背景。

二、"用章中兴之德"与宣帝朝的酎金及相关问题

前已论及，酎金在武帝时期成为打压诸侯的政治工具，并因成色及重量的不同，炮制出了牵连上百人的"酎金案"。作为汉史中的焦点，武帝时代的酎金问题历来为人所重视。然而，当历史转入到昭、宣时期之后，尤其在宣帝朝，在酎金及相关问题上虽然承接武帝以来的各种仪程及规范，但它们已发生了历史性的变化，有了新的特点。在酎金及相关的宗庙"饮酎"方面，功能及重点都有所转移。总的来说，它们不再是打压诸侯的工具，而是为"用章中兴之德"而服务，尽力展现出汉廷的"亲亲"之义。

刘贺就处在这样一个转变的时代，对相关问题所做出的考察，必然要在这样的大背景下加以思考。由此，在对刘贺酎金的个案问题做出进一步考察之前，有必要对宣帝朝的酎金及相关问题有一个准确的理解。下面就具体论之。

就事实而言，可以明确的是，与武帝时代不同，宣帝朝的宗庙"饮酎"淡化经济因素，转而成为展示"亲亲"之义的舞台，政治团结及统治合法性成为核心要素。此后不再是打压，而是笼络列侯及臣下成为新的政治方针，酎金的重要性越来越低，直至最后被取消。由此而言，宣帝朝就是酎金问题发生历史性变化的分水岭。

在这样的问题意识下，可注意的是，虽然在宣帝时也有因酎金而失侯者，但由前可知，那主要是沿袭"武帝故事"，犯事者仅有二人。早在清末，沈家本已注意到了此点。他指出，武帝时期不仅大量诸侯因酎金而受惩治，还有所谓的"见知不举"之罪，成为苛法的典型，可谓打击面大，手段狠辣。以宣帝为转变的关键期，"元帝以后则无此事"。[①]

不仅如此，此后似乎酎金的缴纳都已不见记载。看起来，汉廷对其已不再看重了。有学者忽略了这种历史的变化，仅仅依据《续汉书》注引的《酎金律》《金布令》等，认为"'酎金律'在两汉一直存在"[②]。但事实上，《续汉书》正文中所载的是"八月饮酎"，根本没有一语及酎金。在两汉其他史籍中，也都是如此。要之，以宣帝时代为分水岭，从元帝之后，有饮酎而无酎金的记录，或许酎金律已被取消或形同具文了。

揆之于史，这样的逻辑理路，其实在昭帝时代已开启。

我们可以看昭帝朝的一段故事。当燕王刘旦谋反失败后，昭帝"使使者赐燕王玺书曰"：

---

① [清]沈家本撰，邓经元、骈宇骞点校：《历代刑法考》，第1691页。
② 焦克华：《汉代的"酎金"与"酎金案"》，《平顶山师专学报》2002年增刊。

> 昔高皇帝王天下，建立子弟以藩屏社稷。先日诸吕阴谋大逆，刘氏不绝若发，赖绛侯等诛讨贼乱，尊立孝文，以安宗庙，非以中外有人，表里相应故邪？樊、郦、曹、灌，携剑推锋，从高皇帝垦菑除害，耘锄海内，当此之时，头如蓬葆，勤苦至矣，然其赏不过封侯。今宗室子孙曾无暴衣露冠之劳，裂地而王之，分财而赐之，父死子继，兄终弟及。今王骨肉至亲，敌吾一体，乃与他姓异族谋害社稷，亲其所疏，疏其所亲，有逆悖之心，无忠爱之义。如使古人有知，当何面目复奉齐酎见高祖之庙乎！①

此段训词以"当何面目复奉齐（斋）酎见高祖之庙乎"结束。所谓"斋酎见高祖之庙"，就是"饮酎"活动。但这里没有酎金的信息，所突出的是宗室、宗庙的意义。也即是，宗室王孙应将"以安宗庙"作为自己的政治任务。实质上就是拥护皇帝，在"亲亲尊尊"中共同维系汉家天下。反之，则是拆散"骨肉至亲"的血缘"一体"，从而"与他姓异族谋害社稷，亲其所疏，疏其所亲"。

一直以来，"酎见"于宗庙是汉家礼制的一部分。但何以在昭帝，尤其是此后的宣帝时代，一方面对其特为看重，另一方面要淡化直至取消酎金的存在呢？这与当时的政治危机及转机有关。

问题又得先回到武帝那里。

由前已知，武帝时代以"酎金案"剥夺了一百多位列侯的爵位，使得宗庙中的"饮酎"有了几分狠辣的色调。但这只是问题的一面。另一面的事实是，"饮酎"本应呈现的，是温情脉脉的举动。它通过"亲亲尊尊"的宗庙仪式，将皇帝与宗室及大臣连接在一起。由此，在武帝朝政治中，既有夺爵的一面，也有着"推恩"分封的另一面。并由此造成了相反相成的如下景况：因酎金而夺爵者中，大部分就是那些因"推恩"而得以分封的王子侯——对于宗室而言，既分封又夺爵。

那么，接下来的问题是：何以会有这样矛盾的举动呢？

关键点在于专制皇权的维护。就正向而言，施于恩德，提高向心力是维护政权的题中应有之义。无论是"饮酎"还是"推恩令"的展开，都以此为目标和载体。但在专制政治中，不可能都是温情脉脉，它更需要对皇权的无条件服从以及对臣下的必要防范。随着专制主义的加深，在武帝朝，后一方面的特点越来越显著。

尤为重要的是，随着武帝对内好大喜功，对外长期征战，民困国穷，国家财政日渐吃紧。强势的汉武大帝通过盐铁国营、均输平准等措施，一方面打击巨贾的投机，另一方面不断加税，在与民争利的过程中巧取豪夺。直至以告缗之法来直接剥夺民间财富，以达到其充实国库的目的。随着边事的不断吃紧，财力物力不断枯竭，当此之际，武帝特别希望臣下能够出钱出力。而在那时，唯有卜式主动表示，愿意献出自己的身家，与朝廷共患难。武帝对此大为褒奖，并暗示列侯们也应有所行动，然而，结

---

① 《汉书》卷六三《武五子传》，第2758页。

果令其十分失望。史载:"天下莫应。列侯以百数,皆莫求从军击羌、越。至酎,少府省金,而列侯坐酎金失侯者百余人。"①

也就是说,酎金的出现,大背景是边事所带来的财政困难,直接的燃点,则是列侯的无动于衷,不肯主动奉献。宋儒说:"此在汉法未之有,特以私怨而加威,故酎金之罪虽轻,而削夺之典特重,权一时之宜可也,非不刊之法也。"② 由此而论,酎金的出现,乃是专制帝王震怒之下而采取的一时之计。

这样的一时之计,除了列侯忤逆上意之外,还需以两大基本条件为前提:一是在皇权稳固与强势的背景下,中央与地方的矛盾尚存。我们知道,汉武帝是一名具有雄才伟略的皇帝,拥有绝对的威权。与此同时,虽然自他父亲景帝之后,中央逐渐控制了地方权力,但依然有着"七国之乱"。延承着这一政治轨迹,武帝在高度集权的进程中,对于地方的防范之心从未消退。二是边患未解,国家治理及财政运作围绕着军事活动而展开。尤其是汉匈大战,耗尽了帝国的物力、财力,在捉襟见肘的情形下,通过酎金来搜刮财富,并借此打压列侯及地方势力,成为武帝时代的政治选择。

然而,当历史进入昭、宣时代,尤其是宣帝朝之后,这两大条件不仅逐渐消失,甚至呈现出了反向的特点。一方面,在大一统体制已经建构完成,地方已不能形成分裂势力的背景下,随着政治强人武帝的离去,中央的威权也在下降,甚至皇权的合法性大不如前。由此,团结,而不是打压宗室,成为重要的政治任务。另一方面,随着民族关系及对外军事斗争的缓和,边患正在不断纾解,直至匈奴入朝称藩,汉朝获得了前所未有的大好局面。由此,对内发展经济,重视民生,在财政中不是搜刮,而是轻徭薄赋成为大势所趋。

在这样的历史背景下,酎金的存在日渐失去了意义。

这样的历史趋势,既可视为对武帝朝主流政策的反拨,同时又具有政策延续的特点。因为将打压、控制为核心的政策转向宽松及社会和谐为导向的政策,正是武帝自己一手所操控。

习文史者皆知,汉武帝在晚年下轮台罪己之诏,深自悔恨以往的所为,他提出:"当今务在禁苛暴,止擅赋,力本农,修马复令,以补缺,毋乏武备而已。"③ 事实上,残酷打压和控制性政策并非是武帝心目中的理想境界,他更多地将其作为制度建设的必要过程。由此,武帝所心心念念的继承者,不是继续开边用武之人,而是维系帝国平稳发展的"守文"之君,轮台诏体现着这种改变。

这样的改变是历史的必然。不如此,汉帝国就要重蹈亡秦之路。武帝曾做过这样的表示:"汉家庶事草创,加四夷侵陵中国,朕不变更制度,后世无法;不出师征伐,

---

① 《史记》卷三〇《平准书》,第 1439 页。
② [北宋] 王观国撰,田瑞娟点校:《学林》,中华书局,1988 年,第 85 页。
③ 《汉书》卷九六下《西域传》,第 3914 页。

天下不安；为此者不得不劳民。若后世又如朕所为，是袭亡秦之迹也。"① 由此，林剑鸣指出，昭、宣时代的经济社会发展和国家建设，一方面，"历史似乎又回到汉初的文、景时代，统治阶级奉行与民休息的政策，使社会经济生产又逐渐恢复和继续发展"。另一方面，"这时期的休养生息是在比汉初更高的基础上出现的"，"实际上是武帝时期的延续"。②

沿着这样的历史路径发展至宣帝时，经济社会获得了长足的发展，汉帝国终于从危机中走了出来，"中兴"之势日趋明显。班固曾赞颂道："吏称其职，民安其业"，"业垂后嗣，可谓中兴"。尤为重要的是，匈奴单于的"稽首称藩"③，彻底解决了边患问题，由当年的主动收缩转而成为和平常态。就军政角度来说，酎金的征取也就失去了必要和意义。

但与此相关的宗庙饮酎不仅没有失去意义，反而变得极为重要。它的重要性体现在哪呢？最主要的是，武帝时代的酎金问题，从表面上来看是中央对于诸侯，尤其是宗室大臣的控制和打压。但冲突的背后还关联着一个更深的政治动因，是守文与开边、残酷与宽仁的政治对立。其中最重要的标志性的事件就是"巫蛊之祸"。

根据田余庆的研究，轮台诏的一个重要关节点乃是，武帝开边政策与"守文"、仁厚的卫太子之间有着矛盾，直至在江充的挑拨下发生了巫蛊之祸。卫太子全家罹难，仅剩下当时尚在襁褓的太子孙，也即后来的汉宣帝。此后的各种政治脉络及走向都可以在这里找到缘起，包括"昌邑王之旋立旋废，卫太子之孙终于得以续统为宣帝等等，都可以视为卫太子问题的余波"④。

这种"余波"所关联的种种前后因果暂且不论，就本论题出发，特别值得注意的是，政治对于骨肉亲情的撕扯及宣帝的因应。宋儒评价道，"骨肉之酷如此"，"固不待于江充之谮也"。⑤ 当武帝朝政治的震荡日渐消退，宣帝时代进入了"昭宣中兴"的完成阶段，"中兴"之势已成定局。稳定、不折腾，对于当下的皇权取得高度认同，成为当时最为紧要的政治任务。当此之际，当然不能再有武帝朝那种"骨肉之酷"，否则再起厮杀，几十年来所取得的政治经济成果将得而复失，所谓的"中兴"也将无从谈起。不仅如此，宣帝作为卫太子之后，在废黜刘贺之后登极至尊。在对其皇权合法性的展示中，所应体现的内容，就不能再是令朝野震动的"骨肉之酷"了，而是乃祖的宽仁及"守文"。

所以，在强调"中兴"成就时，宣帝对于"骨肉之亲"特为看重，将其视为"中兴"及仁政的重要指标。循此理路，对于宗室，哪怕是一场场的政治表演，做着表面

---

① 《资治通鉴》卷二二《汉纪十四》，中华书局，1956年，第727页。
② 林剑鸣：《秦汉史》上册，上海人民出版社，1989年，第510页。
③ 《汉书》卷八《宣帝纪》，第275页。
④ 田余庆：《论轮台诏》，见氏著《秦汉魏晋史探微》（重订本），中华书局，2004年，第57页。
⑤ ［宋］洪迈撰，孔凡礼点校：《容斋随笔》，中华书局，2005年，第239页。

功夫，都需要展现出宽容有加的政治姿态。据《汉书·武五子传》，燕王旦虽因谋反而死，但当宣帝即位后，"封旦两子，庆为新昌侯，贤为安定侯，又立故太子建，是为广阳顷王，二十九年薨"①。对于牵扯到谋反事件中的广陵王也是一再优容。至于刘贺，更需如此。由前已知，正是根据"骨肉之亲，析而不殊"②的原则，刘贺被改封为海昏侯。王子今指出：

> 刘贺"复封为列侯"的次年，即元康四年（前62），施行了大规模"诏复家"的政策。诏令若干在高后、文景及武帝时代已经因各种原因失去"列侯"地位的功臣贵族后代重新恢复先祖身份。《汉书》卷一五上《王子侯表上》可见一例，《汉书》卷一六《高惠高后文功臣表》的记载凡123例，合计124例。汉宣帝"封故昌邑王贺为海昏侯"，可以理解为汉宣帝表现"骨肉之亲，析而不殊"或说"骨肉之亲粲而不殊"的"至仁"宣传，同时"用章中兴之德"之系列举措的先声。③

在这样的背景下，酎金的征缴与"用章中兴之德"之间并不协调。加之政治经济环境的好转，财政困局已然被打破。重视"饮酎"对于宗室的团结，而逐渐忽视酎金的作用，已越来越成为大势所趋。在酎金问题上，概言之，宣帝时代的主体性格乃是，对于呈奉的金钱越来越看轻。所看重的是围绕着皇帝及皇权，以其为核心而建构出"亲亲尊尊"的统治秩序及政治团结，并最终具化在宗庙"饮酎"的仪式感中。

三、"放废"与"南藩"：献酎金的政治考量及相关问题

由前已知，刘贺在封侯之时，被规定"不宜得奉宗庙朝聘之礼"，由此献上酎金及要求朝请，似乎是多此一举。但他为何还要有这番举动呢？有学者这样解读：

> 是否禁止刘贺派人秋请及正月祭祀和纳贡，诏书没有提及，刘贺本人显然认为是可以的。首先刘贺是武帝子孙，虽然"不宜得奉宗庙朝聘之礼"，但他并没有被削去宗籍，派人参加祭祀是他的义务也是他的权利；其次，列侯未派人秋请或助祭而被免的事例让刘贺不敢不朝请。④

这样的说法有其合理性。但"不敢不朝请"云云，则将刘贺的举动看得过于被动、无奈。且不说元康三年甫一封侯，刘贺即准备酎金，表现得十分积极。作为"不宜得奉宗庙朝聘之礼"之人，倘担心朝廷怪罪自己不去朝请及缴纳酎金，完全可以先去上奏询问，然后再照章行事。但事实是，刘贺在被拒之后，依然一而再、再而三地献酎

---

① 《汉书》卷六三《武五子传》，第2759页。
② 《汉书》卷六三《武五子传》，第2769页。另《汉书·宣帝纪》作"骨肉之亲粲而不殊"（第257页）。
③ 王子今：《海昏：刘贺的归宿》，《江西师范大学学报（哲学社会科学版）》2016年第3期。
④ 王意乐、徐长青：《海昏侯刘贺墓出土的奏牍》，《南方文物》2017年第1期。

金，并提出朝请要求，态度十分主动且急迫。尤为重要的是，刘贺以"南藩"自号，在给皇帝上奏的同时，频频向太后请示各种相关事宜。研究者面对这些事实时，倘能联系到刘贺的立废及身份问题，再以宣帝朝政治的视野去加以考察，这些举动可谓意味深长。

对于这些相关问题，笔者曾在另文中有所涉及。认为"南藩"所对应的，是宗藩诸侯王，而非列侯这样的规格。而在"不宜得奉宗庙朝聘之礼"的背景下，酎金本不能派上用场。刘贺之所以如此，并自称"南藩海昏侯"，实质上所要达成的目标，是希望传达出这样的政治旨趣：他无意争夺大宝，只想恢复宗藩诸侯王的地位，作为刘氏宗亲，这应该是他最大的政治愿景。①

也就是说，酎金及奏牍上的"南藩"名号既隐含着某种政治诉求，也是刘贺表示臣服的表征。《礼记·经解》曰："朝觐之礼，所以明君臣之义也；聘问之礼，所以使诸侯相尊敬也。""聘觐之礼废，则君臣之位失，诸侯之行恶，而倍畔侵陵之败起矣。"② 可以说，当刘贺以"南藩海昏侯"的名义要求酎见时，它完全符合宣帝时代以"饮酎"来维护以皇权为核心的"骨肉之亲"，"用章中兴之德"的政治追求。由此，汉廷在奏牍的回复中有着"以嘉其"③ 的勉励。但进一步的问题是，汉廷最终拒绝了刘贺酎见的要求，酎金也最终随刘贺深埋于地下。这一结局的出现，固然有着汉廷坚持成命的一面。然而，更关键的是，它实质上是对刘贺"放废"身份的坚持。

在这样的问题意识下，结合本论题，以史学眼光加以考察，可钩稽出不少隐于其后的政治问题。简言之，由刘贺不能酎见的事实不仅可见朝廷的基本态度，更牵扯着复杂而具体的政治纠葛及事件。其中最主要的，关联着宣帝朝政治中君统与宗统间的复杂关系。刘贺在这些方面的介入，带来了政治上的某种不确定性和潜在的危机。下面，来做具体的解析。

当刘贺以"南藩海昏侯"名义献上酎金及要求朝请时，毫无疑问，它就是一种政治试探。倘汉廷接受这一要求，就意味着刘贺踏上了回归正常藩王之路，至少也是对其日后升格为诸侯王的一种默认。

但金安上的奏疏明明在前，刘贺这么做不是公然违规抗命吗？

这就需要回到汉代政治中的宗统和君统问题上来做解答。

在中国古代政治观念中，皇帝有着双重身份。一是以君统而论，负责维系以皇权为核心的严密的等级制度，以此来君临天下，治国理政；二是以宗统而论，皇帝作为继承人，与前一代帝王形成父子相续，或以此为基础而有所变化的关系。就像刘贺，与昭帝年龄相仿，却要作为他的子辈，以皇太子的身份继承大统。这样一来，君主就

---

① 关于这一问题，可参看拙文《宗庙与刘贺政治命运探微》，《人文杂志》2017年第8期。
② ［清］朱彬撰，饶钦农点校：《礼记训纂》，中华书局，1996年，第738、739页。
③ 王意乐、徐长青：《海昏侯刘贺墓出土的奏牍》，《南方文物》2017年第1期。

兼具君、父两大身份。前者主要是国家系统，后者主要是家庭系统。落实到汉代，以开创王朝基业的高祖刘邦为起点，以宗庙为依托，汉代皇帝将宗室及臣民统御于"汉家"这一权力网络之中，从而奠定了汉家天下的合法地位。质言之，从高祖获得"天命"开始，在一代代的皇位传承中，既有皇帝号位的接替，更有着父子相续的宗庙延承。

尤为重要的是，在汉代的皇位继承中，体现家庭关系的宗统，甚至是比国家系统的君统更为优先考虑的因素。所以皇帝即位之际，要拜谒宗庙，通过"庙见"，才能完成最后的身份确认。由于与霍光之间存在着政治斗争，刘贺在被废前没有完成"庙见"这一程序。由此，他甚至都不是真正意义上的皇帝，属于"废王"，而非"废帝"，宗庙及宗统问题成为帝位存废的关键。① 所以，废黜刘贺的基本理据乃是："宗庙重于君，陛下未见命高庙，不可以承天序，奉祖宗庙，子万姓。当废。"② 并且以当时汉家最高的"家长"——太后的名义，以"不孝"之罪将其赶下台来。质言之，刘贺被废，主要遵循的是宗统政治路径。

由此，我们看到，当刘贺被废时，他抗辩道："闻天子有争臣七人，虽无道不失天下。"而霍光的回答则是："皇太后诏废，安得天子？"霍光的否决，反映了一个重要事实，皇太后的权威此时凌驾于皇帝之上。为什么呢？因为"宗庙重于君"，在宗庙之内用家法，太后由此享有极大的权威性。所以行废立之事的霍光集团不管面对何种责让，一再强调宗庙的意义，以"为人后者为之子"作为礼法依据，认为刘贺是凭借昭帝之子的身份，才具有了皇位合法性，而刘贺"嗣孝昭皇帝后，行淫辟不轨"，犯下的是不孝之罪，从而"绝之于天下"。③ 据此理路，刘贺的被废不仅顺理成章，而且太后在以"母"废"子"的过程中，不仅斩断了刘贺最终获得帝位的可能，也使其自动失去了天子号位。

同理，遵循着"宗庙重于君"的原则，当金安上的奏疏呈给宣帝时，太后还在，从严格意义来说，应该征求一下太后的意见，以获得在宗统范畴内的统一。严格说来，单纯依据皇帝及君统的权威，还不足以对刘贺的宗庙权力实施剥夺，宗庙之事应行家法，由最高的家长来主持。金安上的奏疏为什么没有出现在《汉书·宣帝纪》中？很大可能在于，由于最高的家长——太后的缺失，这一奏疏虽然上升为汉廷的官方文件，但并非么"硬性"。而这些自然给刘贺的种种举动留下了法理空间，有了属于他的操作。

为论述方便，我们回到刘贺被废时的历史现场。

翻检史籍，当废黜之举发生时，对于刘贺的处置，"群臣奏言：'古者废放之人屏

---

① 参见拙文：《宗庙与刘贺政治命运探微》，《人文杂志》2017年第8期，第94页。
② 《汉书》卷六八《霍光传》，第2945—2946页。
③ 《汉书》卷六八《霍光传》，第2940、2945页。

于远方，不及以政，请徙王贺汉中房陵县。'"然而，太后拒绝了这一建议，"诏归贺昌邑，赐汤沐邑二千户"①。王子今指出："太后之诏，似乎显现出对'群臣'视刘贺为'废放之人'的严厉冷酷的迫害方式有所保留的态度。"②

由本论题出发，值得进一步指出的是，与"群臣"划开界限的太后之态度，不仅在于保留了温情，更重要的是，虽然她下达了废黜刘贺的太后诏，但一则这是霍光的政治安排，而且是以"诏曰可"这样的名义发出，未必可以等同于内在的本意。二则，当群臣们大肆罗列刘贺"罪过"时，太后表态道："止！为人臣子当悖乱如是邪！"③在"悖乱"的谴责声中，以一句"止"，要求群臣们暂且停止宣读那些"罪过"。太后之所为，愤怒所致，抑或不愿深究？真正目的如何，已不得而知。但"悖乱"而不是"罪恶"云云，已在淡化刘贺之"罪"，至于最后对于"废放之人"的否决，更是为刘贺的非罪状态及宗室身份留下了模糊的空间。

就文义而言，所谓的"废放之人"，就是废弃流放的罪人。《礼记·王制》云："公家不畜刑人，大夫弗养士，遇之涂，弗与言也。屏之四方，唯其所之，不及以政。"④一旦刘贺被贴上这一标签，在理论上将失去"公家"所赋予的一切政治权利。然而，在刘贺的流放地都被确立的情形下，太后不仅让刘贺回到昌邑故地，而且"赐汤沐邑二千户"，这是"公家"赋予宗室或王侯的待遇。从这个角度来说，刘贺的宗室身份并未剥夺，罪不及"废放"。

在许多年后，当金安上提出"贺嚚顽放废之人，不宜得奉宗庙朝聘之礼"时，一方面以"嚚顽"来呼应宣帝诏中舜、象兄弟的暗示，另一方面，"放废之人"的提出，显然是在将被太后一度否决的"群臣奏言"再度祭出。但无论是"废放"还是"放废"的决定，都不是由太后做出或首肯，这就为刘贺留下了一线生机。由此，刘贺同时给太后呈上奏牍，一方面是寻求最高"家长"的支持，另一方面，也是旧事重提，对自己被打压的宗法身份做出委婉的申诉，以寻求行事的合法性。

特别需要指出的是，就与太后的关系而言，刘贺与其为"母子"关系，但宣帝作为卫太子孙，与昭帝之间的辈分为祖孙。作为父子相续的变体，这固然也是一种政治选择，但就宗统而言，毕竟还是隔了一层。当然，卫太子作为长子，这一系本是最正宗的嫡传，但经过"巫蛊之祸"后，不管事后如何平反，这一系不仅不再是正统，有罪之身终究不能完全消除。⑤所以，宣帝在即位后虽然为自己的祖父母及父母立庙，但

---

① 《汉书》卷六八《霍光传》，第2946页。
② 王子今：《海昏：刘贺的归宿》，《江西师范大学学报（哲学社会科学版）》2016年第3期。
③ 《汉书》卷六八《霍光传》，第2946、2944页。
④ ［清］朱彬撰，饶钦农点校：《礼记训纂》，第172页。
⑤ 关于这一问题，可参看张小锋：《西汉中后期政局演变探微》，天津古籍出版社，2007年，第13—14页；拙文《海昏侯墓"大刘记印"研究二题》，《江西师范大学学报（哲学社会科学版）》2016年第3期。

一则这不代表他可以抛开昭帝,直承卫太子一系而成为帝系正统;二则在当时已有"宣帝为昭帝后而立父庙,于礼不正"①的风评。宣帝虽顶着压力给父、祖立庙,但在宗统上并没有发生本质性的变化,他依旧只能延承着昭帝统系。

但问题是,由于辈分相隔,宣帝不能再像刘贺那样由皇太子身份接替皇位,即位时,只能是"见皇太后,封为阳武侯。已而群臣奉上玺、绶,即皇帝位,谒高庙"②。较之刘贺,虽然"谒高庙"的关键仪程得以完成,但没有作为皇太子的一节,在宗统上是有所欠缺的。不仅如此,这样的情形使得在宣帝朝政治中,出现郭善兵提出的"究竟应依'宗统',还是依'君统'处理昭宣二帝关系问题上存有疑义";由此事实,郭善兵又敏锐地发现,宣帝即位后,本应为太皇太后的昭帝皇后——刘贺为帝时的太后,依然沿用太后的名号。③

因此,在刘贺为帝时,作为最高家长的太后,从理论上而言,依然掌握着宗统的最后话语权。如果刘贺觐见,作为曾经的"皇太子",与太后所建构的母子关系,将让宣帝如何自处与因应?

还需一提的是,当宣帝以"骨肉之亲"来展现宽仁,并改封刘贺为海昏侯之后,刘贺以"南藩"名义上奏。从特定视角来看,它也正是对宣帝诏中的"骨肉之亲"所做出的政治因应。

可注意的是,所谓"南藩"是有成例在前的。那就是武帝时代的"东藩"——中山靖王刘胜,汉武帝的庶兄。笔者曾经指出,在相似的政治情势下,"作为藩臣,刘贺颇似当年'东藩'刘胜的再版,而且境遇更为悲惨"④。所以,刘贺颇以刘胜自况。刘胜所遭遇的问题是什么呢?主要在于,作为宗藩不仅没有获得朝廷的尊重,甚至在"谗言之徒"的煽惑下,为小吏"所侵"。刘胜在朝请之时,曾泣对道:"宗室摈却,骨肉冰释。斯伯奇所以流离,比干所以横分也。"武帝闻言后甚为感动,"乃厚诸侯之礼,省有司所奏诸侯事,加亲亲之恩焉"⑤。

联系这些事实,可以认为,当刘贺自号"南藩"之时,意在提醒宣帝,本以"骨肉之亲"而改封自己,但倘若听从"谗言之徒"的进言,最后的结果只能是"宗室摈却,骨肉冰释"。当年汉武帝在刘胜之事上有所醒悟,通过"加亲亲之恩"而保全了宗室。但当有一天,武帝不再顾忌"骨肉之亲"时,连戾太子都能在谗言下全家罹难,乃至呈现出"骨肉之酷"的情形。宣帝是此难的亲历人和幸存者,对于此中三昧,是不难体会的。

要之,当历史转入宣帝时代,在宗统范畴内及相关的宗室问题上,太后与刘贺成

---

① 《汉书》卷二七上《五行志上》,第1336页。
② 《汉书》卷八《宣帝纪》,第238页。
③ 郭善兵:《中国古代帝王宗庙礼制研究》,人民出版社,2007年,第129—130页。
④ 关于这一问题,可参看拙文《宗庙与刘贺政治命运探微》,《人文杂志》2017年第8期。
⑤ 《汉书》卷五三《景十三王传》,第2424—2425页。

为聚讼所在。刘贺以太后及"南藩"作为酎见的依托,又使得情形更为复杂。在历史与现实的纠葛下,极易带来政治上的不确定性和不可控的因素。职之是故,汉廷对于刘贺酎见及朝请的要求固然要严拒,以避免不必要的事端及不可控的局面发生,但与此同时,又不能完全从制度及礼法上对其加以苛责。所以,一方面不让刘贺觐见,也不受其酎金;另一方面,又通过"以嘉其"云云来温语抚慰,以体现所谓的"骨肉之亲",成为宣帝时代朝廷的对应之策。

四、结论

海昏侯墓出土的相关材料,不仅为我们了解刘贺酎金问题提供了历史的细节,也为进一步探究宣帝朝政治搭建了一个重要的研究平台。以两宗出土材料为核心及起点,笔者对相关事实做了历史的复原,以刘贺的个人命运与宣帝朝的政治发展及因应作为聚焦点,由此对酎金及相关宗庙问题做了初步考察。在以小见大中,通过具体的历史面相,从特定侧面去思考宣帝朝政治的历史逻辑与思想脉络。

沿着这样的问题意识,本文获得了如下的认识:

其一,在史实复原方面,首先可以确认的是,刘贺以"南藩海昏侯"名义分别在元康三年、四年两次要求献上酎金,朝廷在查核酎金重量时,有斤、两两种指标。当刘贺在元康三年以"斤"为核算单位来献上酎金时,属于大致估算,时间在封侯前后。而在元康四年,刘贺入居海昏一年之后,则开始按照人口数量,以"两"来缴纳酎金。这不仅仅是经济数据的问题,也反映着政治上的恭谨态度。其次,笔者认为,根据出土材料,得不出"刘贺以海昏侯身份参与了一套完整的'宗庙朝聘之礼'"这样的结论,也不存在"助祭的钱物和酎金"被"退回"这样的事实。当时的情形应该是,刘贺向朝廷请示之后,未获得批准。但由于刘贺提前准备了元康三年的酎金,所以它们出现于墓葬中,而元康四年则在朝廷婉拒后没有再准备酎金。

其二,考察武帝至宣帝朝的历史演进,着眼于汉代的酎金及相关的宗庙"饮酎"问题,可以发现,其功能及重点已发生了变化。它们不再是打压诸侯的工具,而是为"用章中兴之德"而服务,尽力展现出汉廷的"亲亲"之义。宣帝时代的主体性格是,对于呈奉的金钱越来越看轻。所看重的,是围绕着皇帝及皇权,以其为核心而建构出"亲亲尊尊"的统治秩序及政治团结,并最终具化在宗庙"饮酎"的仪式感中。由此,宣帝朝成为酎金问题发生历史性变化的分水岭。

其三,在宣帝朝,就宗统而言,太后掌握着宗庙问题的最高话语权。当刘贺以"南藩海昏侯"名义献上酎金并提出朝请要求时,一方面是寻求最高"家长"的支持,另一方面,也是旧事重提,对自己被打压的宗法身份做出委婉的申诉,以寻求行事的合法性。刘贺还以"南藩"来暗喻"骨肉之亲"的重要性,希望皇帝不要受到"谗言之徒"的影响,既避免"骨肉之酷"的惨剧再次重演,也隐隐在对"废放之人"的理念做出礼法否决。而汉廷的应对之策则是，一方面不让刘贺觐见，也不受其酎金；另一方面，又通过"以嘉其"云云来温语抚慰，以体现所谓的"骨肉之亲"。

总之，以海昏侯墓出土材料中的酎金问题为引线，可以牵扯出宣帝朝政治的种种侧面，并可由此上溯至武帝时代。刘贺的个人命运背后，所折射的是西汉制度及政治的转折。

从"左官律"看西汉文武之际的律令关系
——兼论"汉律—汉令"二分法

顿文聪

(南京大学马克思主义学院)

摘要：汉武帝朝设立的"左官律"是规范官员与诸侯王关系的法律。通过分析"左官律"的生成，并细绎《汉书·刑法志》相关表述，可知"左官律"在内的武帝以后所谓"单行律"实际上非"律名""非单行律"，而为"汉令"之单篇法条。由此，可判断西汉文、武两朝之前的"汉律"即为删定之秦律，汉人补充的法为"汉令"。武帝后，"汉律"作为社会基本规范的法律汇编基本定型，"汉令"大量制作并成为两汉主干律令，这一认识似可一窥魏晋律家建构汉律六十篇之缘由。因此，可将学界争议不断的"正律"与"旁章"的汉律二分法调整为"汉律"与"汉令"二分法。

关键词：汉文帝；汉武帝；左官律；汉律；律令关系

汉律在结构上形成了以经、律、令、科、比、法、条、事等为核心的律令体系，是魏晋律令承袭的蓝本，成为中华法系的重要奠基。但汉律亡佚较多，民国时沈家本《汉律摭遗》、程树德《九朝律考·汉律考》实开近代辑佚研究汉律之风。程树德论述了汉律时延续了《晋书·刑法志》对汉律的重要看法，如汉律形成过程："汉萧何作九章律，益以叔孙通傍章十八篇，及张汤越宫律二十七篇，赵禹朝律六篇，合六十篇，是为汉律。"如汉律分为"正律"与"旁章"："若夫九章之外以律称者，如尉律大乐上计酎金诸律，其为属旁章以下，抑系别出，书缺有间。"[1] 可见，刘邦肇立，"悉除去秦法"[2]，与民休息，又律令汉承秦制，遂有"三章法""九章律"。随着时代变迁，

---

[1] [清]程树德：《九朝律考·汉律考序》，商务印书馆，2010年，第3页。
[2] 《史记》卷八四《屈原贾生列传》，中华书局，1982年，第2492页。

帝国行政日细、矛盾渐出，吕后时有《二年律令》二十八章①，文帝"悉更秦之法"②，景帝"法令多所更定"③，武帝大规模"条定法令"，不仅删定形成了《越宫律》《朝律》等系统律令，也出现了一批所谓"单行律"，《汉书·刑法志》记为"律令凡三百五十九章，大辟四百九条，千八百八十二事，死罪决事比万三千四百七十二事"④。近年来，在出土简牍的刺激下，"正律"与"旁章"汉律二分法⑤、是否存在"单行律"⑥ 等问题，日益成为学界关注、争论的焦点。本文不揣浅陋，以"左官律"等所谓"单行律"为突破口，以西汉文武之际的大规模法制改革为重点，尝试在学界研究的基础上进一步认识"单行律"问题，并就汉代律令关系提出新的看法。

"左官律"设置于汉武帝时代，《汉书·诸侯王表》序曰"武有淮南、衡山之谋，作左官之律，设附益之法，诸侯惟得衣食税租，不与政事"⑦。《汉书·高五王传》赞曰："自吴楚诛后，稍夺诸侯权，左官附益阿党之法设。其后诸侯唯得衣食租税，贫者

---

① 当然，本文并不认同《二年律令》为当时全部的律令合集，而是当时墓主根据需要自行选择而成的一部法律汇编。
② 《汉书》卷四《刑法志》，中华书局，1962年，第1101页。
③ 《史记》卷一〇一《袁盎晁错列传》，第2746页。
④ 《汉书》卷四《刑法志》，第1101页。
⑤ 程树德对汉律关于"正律"与"旁章"的划分，学界有争议。本文仍以"正律"概念讨论，认为"正律"是社会行为规范的法律汇编，至于九章以外的"左官"诸律为"旁章"的说法，笔者不大认同。笔者认为"正律"其实就是继承的秦律，秦律之外有"汉令"。[清]程树德：《九朝律考·汉律考》卷一《律名考》，第17页。参看张建国：《叔孙通定〈傍章〉质疑——兼析张家山汉简所载律篇名》，《北京大学学报（哲学社会科学版）》1997年第6期；徐世虹：《说"正律"与"旁章"》，载中国文物研究所编：《出土文献研究》第八辑，上海古籍出版社，2007年，第74—85页；徐世虹：《文献解读与秦汉律本体认识》，载《"中央研究院"历史语言研究所集刊》第八十六本第二分，2015年，第240—241页；荆州博物馆：《湖北荆州市胡家草场墓地M12发掘简报》，《考古》2020年第2期；张忠炜、张春龙：《汉律体系新论——以益阳兔子山遗址所出汉律律名木牍为中心》，《历史研究》2020年第6期；陈伟：《胡家草场汉简律典与汉文帝刑制改革》，《武汉大学学报（哲学社会科学版）》2022年第2期。
⑥ 汉代是否存在单行律仍有争论，此"单行"应是如古书单篇流传一样的意思，这从其制作时代、传抄时段不同均可看出。参看孟彦弘：《秦汉法典体系的演变》，《历史研究》2005年第3期；杨振红：《汉代法律体系及其研究方法》，《史学月刊》2008年第10期；徐世虹：《说"正律"与"旁章"》，载孙家洲、刘后滨主编：《汉唐盛世的历史解读——汉唐盛世学术研讨会论文集》，中国人民大学出版社，2009年，第287页；张忠炜：《秦汉律令法系研究初编》，社会科学文献出版社，2012年，第217页；张忠炜、张春龙：《汉律体系新论——以益阳兔子山遗址所出汉律律名木牍为中心》，《历史研究》2020年第6期。
⑦ 《汉书》卷一四《诸侯王表》，第395页。

或乘牛车。"① 它主要涉及官吏管理法及官员危害中央集权罪。"左官律"早已亡佚，后世注家人言不一，笔者就"左官律"生成的背景、契机、动机、内容、实效及性质，进行过考证。汉武帝以前，"左官"无其名而有其实，指的是王国自置官员，汉朝对其实行歧视和区别政策；汉武帝后，"左官"主要是指那些攀附结交诸侯王的官员或王国人。汉武帝朝"作左官之律"，其实质是一部规范官员与诸侯王国关系的法律，核心是要官员奉行汉法，禁止私交诸侯王，王国人不宜宿卫中央，以防宫禁密事泄漏。

一、从《汉书·杜周传》看汉律的两大特征

对于中华法系来说，皇帝作为最高的立法者、执法者、监督者，其诏、令、敕、谕是国家律令的主要来源，"儒表法里"才是中华法系尤其是汉律的最主要特征。《汉书·杜周传》一段对话明示了汉律生成的主要机制。史载：

> 周为廷尉，其治大抵放张汤，而善候司……客有谓周曰："君为天下决平，不循三尺法，专以人主意指为狱，狱者固如是乎？"周曰："三尺安出哉？前主所是著为律，后主所是疏为令；当时为是，何古之法乎！"②

张汤、杜周是武帝朝有名的酷吏，这段对话含有理解汉律乃至中华法系的关键信息：一是法律的来源。"前主所是著为律，后主所是疏为令"，一般认为杜周此意显示了人主意志在相当程度上就是法律本身，实际上其关于"律""令"区别的看法可说是汉武帝朝的实录。杜周认为：前朝为"律"，当朝为"令"。后世对之前王朝的"律"和"令"进行删改以适合本朝使用，同时还会制定本朝的"令"与"法"。前朝的"律""令""法"经过选择可以进入律令体系或法律汇编，即"某律"或"令甲、令乙"等。这说明汉律从设置之初就带有明显的帝王意志，而且具有很强的时效性。"左官律"的设置就是这一论述的完美诠释，其契机是汉武帝统治时代中前期的淮南王、衡山王的谋反事件，其动机是为了维护武帝朝的中央集权，对仕于王国的官员进行法律限制。

二是法律的时效性。"当时为是"，意味着法律的制定实与当时的政治社会环境相关，其适用性也与当时的环境相连，"左官律"在武帝、宣帝、成帝、哀帝之际的适用就是明证。一些法律因由重大政治事件被制定，因而适合当时的政治社会环境，但很

---

① 《汉书》卷三八《高五王传》，第2002页。安作璋等据此以为左官、附益、阿党三项法令均为景帝时设，并据此前推到汉初时代。参见安作璋、熊铁基：《秦汉官制史稿》，齐鲁书社，1984年，第237—239页。实际上班固赞语并未言明设置的确切时间，而只是用了"吴楚诛后"，并不能指向景帝时代。而在《班固·诸侯王表序》中不仅明确提出了其设置于汉武帝时代，而设置的原因，也即"武有衡山、淮南之谋"。根据文献考证的确定性原则，以及下文其设置的背景、动机与效果来看，本文认为《诸侯王表序》之武帝设置"左官律"为确。

② 《汉书》卷六〇《杜周传》，第2659—2660页。

快世事变迁，法律成为具文，成为"盈于几阁，典者不能遍睹"① 式律令的存在。如"左官律"颁发的时效性可能在武帝时甚至只有十余年的时间。淮南王、衡山王谋乱事件十年后，也即元鼎五年（前112），汉武帝令列侯献酎金助祭，又在当年以酎金成色不足的理由夺侯106名，达当时列侯数量的半数之多，可见此时汉武帝已经完全控制了诸侯王国。"左官律"在武帝后期基本不见使用。然而，作为前代的"律令"，一旦符合后世的政治社会环境，又会被作为"故事"重新加以确认和使用。只不过，这种使用自然带有后世的时代性和特殊性，这也是成帝、哀帝之际"王国人不得宿卫"被视为"左官律"重新发挥作用的重要原因。

二、"左官律"等非律名或"单行律"

程树德将《九章律》《傍章律》《越宫律》《朝律》六十篇称为"正律"，将辑录"正律"之外的"尉律""酎金律""上计律""钱律""左官律""大乐律""田律""田租税律""尚方律""挟书律"十种"律"视为"单行之律"。是否存在"单行律"，十种律是否为律名、"单行律"，学界争议不断。沈家本、程树德、崛敏一、李学勤、张建国、富谷至等学界前辈均认为是律名，且是"单行律"。但近些年来学术界对此已有更正，如滋贺秀三、于振波、孟彦弘、李振宏等学界前辈多持不存在"单行律"的看法。② 王伟认为文献中出现的"左官律"之类，可能是律名，也可能仅是某一类律条文、某一律条文甚至某一律条文中的某一款，程树德"单行之律，固汉魏间通制也"的说法应该摒弃。③ 杨振红在多篇文章中建构了秦汉律篇"二级分类"说。④ 以上观点均为理解汉律打下了重要基础。

然而，逐个分析这十种"单行律"便发现，无出土文献参照前，文帝时"挟书律""钱律""田租税律"等见于本纪的"律"在西汉中前期指称已经有所模糊，其他多数律之律名、律文均佚失，所谓律名均是后人所注称或补称（见表1）。事实上，包括《九章律》在内的汉律六十篇很多都已经佚失，原文无存，但其作为"正律"，仍较十种所谓"单行律"演变脉络清晰。⑤ 出土文献大量发现以后，这些律名有些与出

---

① 《汉书》卷四《刑法志》，第1101页。
② 参看〔日〕滋贺秀三撰，姚荣涛译：《西汉文帝的刑法改革和曹魏新律十八篇篇目考》，载刘俊文主编：《日本学者研究中国史论著选译》第八卷《法律制度》，中华书局，1992年，第90—93页；于振波：《秦汉法律与社会》，湖南人民出版社，2000年，第34—35页；孟彦弘：《秦汉法典体系的演变》，《历史研究》2005年第3期；李振宏：《萧何"作律九章"说质疑》，《历史研究》2005年第3期。
③ 王伟：《论汉律》，《历史研究》2007年第3期。
④ 参看杨振红：《出土简牍与秦汉社会》，广西师范大学出版社，2009年，第1—125页；王伟：《辩汉律》，《史学月刊》2013年第6期。
⑤ 参看王伟：《论汉律》，《历史研究》2007年第3期。

土之律名相同或相似，但律名与律的实际内容是否能画上等号，还需要更多直接的法令作为支撑。如"田律"，文献注疏与秦汉简牍《田律》律文已有很大的抵牾。又如"尚方律"，除《宋书》外，其他史籍无载，不知注家何据。从文献考证原则来看，后世将不见"正律"或佚失的法条，直接称之为"某律"，可能造成"层累的构造"或错判，并不能直认其为西汉真实存在的律名。实际上，班固留下了关键线索。

《汉书》两处提及"左官律"，但仅《汉书·诸侯王表序》为"作左官之律"，其结构与《史记·平准书》"复弛商贾之律"①、《汉书·食货志》"除其贩卖租铢之律"②相同，但"商贾之律"不仅有"然市井之子孙亦不得仕宦为吏"具体内容作为支撑，且就秦汉对商贾的态度及"七科谪"法律而言，"商贾律"名实相符。但"左官之律""除其贩卖租铢之律"可能是"律条""法条"，即相关律令之律条文。《汉书·高五王传》赞"左官附益阿党之法设"，并未将"左官律"称之为"律"，而是与"附益阿党"俱称为"法"。再如所谓"诽谤律"，实际为"法有诽谤妖言之罪"，指称的是针对诽谤妖言罪的法。"左官律""酎金律""上计律"等"单行律"，均可视为"法"或法条，即针对某事的具体的办事规程或处罚办法。细读《汉书·刑法志》，又发现东汉时人眼中的"律"就是杜周的"前主所是著为律"。下面来看其"律令""法令""法"等的用例：

A. 汉兴，高祖初入关，约法三章曰："杀人者死，伤人及盗抵罪"……三章之法不足以御奸，于是相国萧何攈摭秦法，取其宜于时者，作律九章。

B. 丞相张苍、御史大夫冯敬奏言："……臣谨议请定律曰……"

C. 景帝元年，下诏曰："加笞与重罪无异，幸而不死，不可为人。其定律……"

D. 及至孝武即位……于是招进张汤、赵禹之属，条定法令，作见知故纵、监临部主之法，缓深故之罪，急纵出之诛。其后奸猾巧法，转相比况，禁罔寖密。律令凡三百五十九章……

E. 时涿郡太守郑昌上疏言："……今明主躬垂明听，虽不置廷平，狱将自正。若开后嗣，不若删定律令。律令一定，愚民知所避，奸吏无所弄矣……宣帝未及修正。"

F. 至元帝初立，乃下诏曰："夫法令者，所以抑暴扶弱，欲其难犯而易避也。今律令烦多而不约，自典文者不能分明，而欲罗元元之不逮，斯岂刑中之意哉。其议律令可蠲除轻减者，条奏，唯在便安万姓而已。"

G. 至成帝河平中，复下诏曰："《甫刑》云'五刑之属三千，大辟之罚其属二百'，今大辟之刑千有余条，律令烦多，百有余万言……其与中二千石、二千石、博士及明习律令者议减死刑及可蠲除约省者，令较然易知，条奏。"

H. 汉兴之初，虽有约法三章，网漏吞舟之鱼，然其大辟，尚有夷三族之令。令

---

① 《史记》卷三〇《平准书》，第1418页。
② 《汉书》卷二四下《食货志下》，第1176页。

曰:"当三族者,皆先黥,劓,斩左右止,笞杀之,枭其首,菹其骨肉于市。其诽谤詈诅者,又先断舌。"

I. 至高后元年,乃除三族罪、妖言令。

J. (孝文二年)平、勃乃曰:"陛下幸加大惠于天下,使有罪不收,无罪不相坐,甚盛德,臣等所不及也。臣等谨奉诏,尽除收律、相坐法。"

K. (景帝)三年复下诏曰:"高年老长,人所尊敬也;鳏寡不属逮者,人所哀怜也。其著令:年八十以上,八岁以下,及孕者未乳,师、朱儒当鞠系者,颂系之。"

L. 至成帝鸿嘉元年,定令:"年未满七岁,贼斗杀人及犯殊死者,上请廷尉以闻,得减死。"

M. 删定律令,篹二百章,以应大辟。其余罪次,于古当生,今触死者,皆可募行肉刑。及伤人与盗,吏受赇枉法,男女淫乱,皆复古刑,为三千章。①

A—G、M 例为西汉诸帝删定制作律令的过程。其中,D、F 二例中均见"法令""律令",二者并非简单的互文关系。在这些例子中"律令"并提指称的是西汉当时的全部法律,如 D 例"律令凡三百五十九章"及 E、F、G 与 M 例中的"律令"均为明证。而"法令"出现在 D、F 例中,其意不仅有全部法律的意思,而且内有法律哲学或法律功能指称的意思。

A 例中出现了单独的"法"和"律","法"的意思是某类或某款法条,很可能与本朝高度相关,所以说"约法三章"而不是"约律三章";而"律"为删定前朝法律,"律"为一类法律的统称②,即"攗摭秦法,取其宜于时者",所以汉武帝之前一直有"定律"的说法。汉承秦制,汉律抄录秦律是学界公认的,但更进一步说,汉初所谓"律"很可能指称的是承袭的秦律。J 例中,出现了"尽除收律、相坐法",更进一步证明了以上看法:"律"为一类律的统称,而"法"为某款法条,"连坐法"显然来自于秦律,"尽除收律、相坐法"是朝廷废除了所有涉及连坐收监父母妻子同产等法律以使"有罪不收",废除连坐这一具体律条,以使"无罪不相坐"。③

H、I、K、L 例中,出现了当朝人主"著"或"定"的"令",所以汉代有"著令""定令""具为令"的说法。贾谊就说过:"天子之言曰令,令甲、令乙是也。"④东汉文颖在注《汉书·宣帝纪》"令甲"时谓:"天子诏所增损,不在律上者为令。令甲者,前帝第一令也。"如淳说:"令有先后,故有令甲、令乙、令丙。"颜师古说:

---

① 《汉书》卷四《刑法志》,第 1091—1112 页。下划线为笔者所加。
② 王伟讨论了"律"在五种不同意义上的使用情况。参见王伟:《论汉律》,《历史研究》2007 年第 3 期。
③ 当然,制度设计与制度执行是两回事,文帝时废"收律",但此后收律及连坐仍时常出现在传世和出土文献中。
④ [汉]贾谊著,阎振益、钟夏校注:《新书校注》,中华书局,2000 年,第 47 页。

"甲乙者，若今之第一第二篇耳。"① 可见"令"就是人主的诏、令、敕、谕一类的条文，经过廷尉等提议，成为朝廷正式的法令。D、E、F、G四例"删定律令"均为汉武帝及以后，而B、C是"定律"，在景帝及之前，《史记·屈原贾生列传》说文帝时贾谊"诸律令所更定……皆自贾生发之"②。综合来看，文帝、景帝前可能主要以删改汉律中的"秦律"为主，辅以汉帝作的"汉令"，武帝之后则是删改前代所有律令，尤其是"汉令"。因此笔者认为，"汉律"即"取其宜于时者"的秦律，汉人所新作法律是为"汉令"。

汉初毕竟草创，"律、令、法"的区别本身已经就有模糊，后人又不明具体所指而附会武帝时"左官""酎金"等为"律"。据上考，它们不是西汉的"律"，因而不是律名，也不是一类"律"的总称，而是西汉当代的"法"或"令"，属于一事一议的具体的法条。所以班固在《汉书·高五王传》赞中才会说"左官附益阿党之法设"。颜师古注曰："皆新制律令之条也。左官，解在《诸侯王表》。附益，言欲增益诸侯王也。"③ 颜师古此注就颇得要领，认为三者是新设置的"律令"，而且是具体的条款，而非律名或一类律的统称。当然，"左官附益阿党之法"可以同时使用，也可以单独使用，但总体上是汉朝用来调整官员与诸侯王国关系的系列法律，三者之间互有重叠，但核心是防止官员与王国诸侯产生私人交往，影响汉朝法律在诸侯王国的运行，以此来维护中央集权。如此，就比较符合武帝时期杜周"前主所是著为律，后主所是疏为令"的说法。之前学界一直将这句话理解为杜周为人主"三尺律"的辩护，实际上这应包含了时任廷尉的杜周对"律、令、法"的指称及内涵的思考。

三、西汉文武之际的律、令关系

秦汉的律、令关系是学界研究的一个重点，形成了程树德、陈梦家"令亦可称为律"，中田薰"令变为律"，崛敏一"令为追加法"，大庭脩"令为律的补充"等主要观点。④ 但这些观点多形成于近年来张家山汉墓336号墓简、胡家草场汉简、益阳兔子山汉简之前，因而如程树德、中田薰等以《晋书·刑法志》作"金布律"，《汉书·萧望之》《后汉书》均作"金布令"，以为"金布令"为"金布律"，但不见睡虎地秦简

---

① 《汉书》卷八《宣帝纪》，第252—253页。
② 《史记》卷八四《屈原贾生列传》，第2492页。
③ 《汉书》卷三八《高五王传》，第2002页。
④ 程树德：《九朝律考·汉律考序》，第17页；陈梦家：《汉简缀述》，中华书局，1980年，第275—284页；〔日〕中田薰：《汉律令》，载中国政法大学法律古籍整理研究所编：《中国古代法律文献研究》第三辑，中国政法大学出版社，2007年，第112—114页；〔日〕崛敏一：《晋泰始律令的制定》，载杨一凡主编：《中国法制史考证》丙编第二卷，中国社会科学出版社，2003年，第282—301页；〔日〕大庭脩撰，林剑鸣等译：《秦汉法制史研究》，上海人民出版社，1991年，第10页。

《金布律》十五条律文、岳麓秦简《内史旁金布令》、兔子山汉律木牍"金布（律）"等出土文献，做了误认，实际上二者是大庭脩认为的并行关系。岳麓书院秦简《律令杂抄》，不仅有 14 种秦律，还出现了 20 余种秦令，其中同时有《内史杂律》与内史诸律；① 胡家草场汉简中同时出现了蛮夷诸律与蛮夷类令②，可见秦汉至少到文帝末期，仍然是律、令并行。

不过，秦代律与令关系也不大容易理解，睡虎地秦简《语书》说"不从令者，致以律"、《金布律》说"及不如令者，皆以律论之"③，《龙岗秦简》说"不从令者，论之如律"④，一定程度上反映了律、令的区别。这大概就是晋代杜预所谓"律以定罪名，令以存事制"⑤、仁井田陞"律是刑罚法典，令是非刑罚法典；律是禁止法，令是命令法；律是对犯人的惩戒法，令是行政法"⑥、张忠炜"律主令辅、律令分途"⑦ 等看法的渊源。

但正如孟彦弘所说，秦汉的律中大量存在着属于规范和条例的内容，因此上述律令关系的观点有着内在不足。孟彦弘从律令的文本形式和律令之间的互相作用认为，汉代律、令关系的实质，即"'令'是对'律'的补充、修订或说明"，这与大庭脩的观点不谋而合，是为确论。但他认为律令形成过程是"诏令—令—律"则证据不足⑧，由诏令而为令的线索，《汉书·刑法志》非常清晰，这一点也被张家山汉墓 336 号墓之《功令》所证实⑨，但由令经典化为律则没有直接证据，学界还需要进一步研究。

---

① 陈松长：《岳麓书院所藏秦简综述》，《文物》2009 年第 3 期。
② 荆州博物馆、武汉大学简帛研究中心编著：《荆州胡家草场西汉简牍选萃》，文物出版社，2021 年。
③ 睡虎地秦墓竹简整理小组：《睡虎地秦墓竹简》，文物出版社，1990 年，第 13、39 页。
④ 中国文物研究所、湖北文物考古研究所：《龙岗秦简》，中华书局，2001 年，第 110 页。
⑤ ［宋］李昉等撰：《太平御览》第三册，中华书局，1960 年，第 2859 页。
⑥ 〔日〕大庭脩撰，林剑鸣等译：《秦汉法制史研究》，第 1 页。
⑦ 张忠炜：《秦汉律令法系研究初编》，第 132—145 页。
⑧ 中田薰、广濑薰雄、杨振红、于洪涛、张忠炜等也有此认识，但均未见直接由令转化为律的实例。中田薰以为"金布令"而为"金布律"，前文已指明其误。参看〔日〕中田薰：《汉律令》，载中国政法大学法律古籍整理研究所编：《中国古代法律文献研究》第三辑，第 112—114 页；〔日〕大庭脩撰，林剑鸣等译：《秦汉法制史研究》，第 64 页；孟彦弘：《秦汉法典体系的演变》，《历史研究》2005 年第 3 期；〔日〕广濑薰雄：《秦汉时代律令辨》，载中国政法大学法律古籍整理研究所编：《中国古代法律文献研究》第七辑，社会科学文献出版社，2013 年；杨振红：《出土简牍与秦汉社会》，第 56—59 页；于洪涛：《试论敦煌悬泉汉简中的"厩令"——兼谈汉代"诏""令""律"的转化》，载王沛主编：《出土文献与法律史研究》第四辑，上海人民出版社，2016 年，第 148 页；张忠炜：《秦汉律令法系研究初编》，第 124—132 页。
⑨ 《功令》详细记录了文帝时官员迁转补缺等规定，许多条文保留了由诏令而为令的格式和痕迹，如《功令》第 35 条：淮南请：得以汉人为淮南吏爵大夫以上者补六百石。制曰：亦通用其国人大夫以上（第 111 页）。参见荆州博物馆编，彭浩主编：《张家山汉墓竹简（三三六号墓）》（上下），文物出版社，2022 年，第 95—125 页。

汉中后期以后的"律"为东汉以后人补称,有其实而非其名,不能视同西汉真实存在的律名。下面就西汉尤其是文武之际的律、令关系进行分析。笔者将研究起点回到所谓"单行律"上,仅就律名将汉代"正律"外有名可考的所谓"单行律"列表如下①。

表1 汉代"正律"外十三种"单行律"表②

名称	传世文献出处	出土文献出处	年代
尉律	《说文解字》注:徐锴曰,尉律,汉律篇名。	睡虎地秦简《秦律十八种》有"尉杂"	秦、汉初
酎金律	《礼仪志注》引丁孚《汉仪》"酎金律文帝所加"。		汉武帝
上计律	《周礼·春官·典路》:"大宾客亦如之。"注:"亦出路当陈之。"郑司农云:"汉朝《上计律》:'陈属事于庭。'"	睡虎地秦简《仓律》、额济纳汉简"与计偕"	战国秦汉通例
钱律	《史记·汉兴以来将相名臣年表》:五年,"除钱律,民得铸钱"。《汉书·文帝纪》作"除盗铸钱令"。《汉书·景帝纪》:六年,定铸钱伪黄金弃市律。	张家山汉墓《二年律令》、张家山汉墓《汉律十六章》、兔子山汉律木牍均见"钱律"	汉文帝
大乐律	《周礼·春官·大胥》注、《百官志》"大予令"卢植《礼》注:"汉大乐律,卑者之子不得舞宗庙之酎。"《汉书·百官公卿表》:"阳平侯杜相为太常,五年坐擅繇大乐令论。"	胡家草场汉简、兔子山汉律木牍均见"外乐律"	疑汉武帝前
田律	《周礼·秋官·士师》:"士师之职掌国之五禁之法……四曰野禁,五曰军禁。"郑玄注:"野有田律,军有器谨夜行之禁。"《夏官·大司马》注:"无干车,无自后射。"疏:"此据汉田律而言。"	睡虎地秦简《秦律十八种》、张家山汉墓《二年律令》、兔子山汉律木牍、四川青川木牍均见"田律"(为田律)	汉文帝前
田租税律	《史记·汉兴以来将相名臣年表》:十三年,"除肉刑及田租税律、戍卒令"。《史记·文帝本纪》作"其除田之租税",《汉书·文帝纪》作"其除田之租税"。		汉文帝

---

① 广濑薰雄认为秦汉律令本无名称,包括出土文献在内的律名是个人基于内容而使用的略称,是由个人随意选择若干皇帝诏令而汇总为一条律,不是由中央王朝统一规定的。广濑薰雄的观点极具挑战性,这样的解释就将很多阐释传世文献与出土文献律名之异的研究釜底抽薪,并且涉及汉律律文的性质。参考看张忠炜、张春龙:《新见汉律律名疏证》,《西域研究》2020年第3期;〔日〕广濑薰雄:《秦汉律令研究》,汲古书院,2010年,第68—69页。

② 尉律至挟书律十种见程树德辑录,其他为笔者从《史记》《汉书》中辑录。连劭名还从《晋书·刑法志》引魏《新律序》中辑录一条汉律"上言变事律",并搜集了史汉及西域汉简中的相关文献为之疏证,可备一说。[清]程树德:《九朝律考·汉律考》卷一《律名考》,第24—29页;连劭名:《汉律中的"上言变事律"》,《政法论坛》1988年第1期。

续表

名称	传世文献出处	出土文献出处	年代
尚方律	《宋书》：尚方所制，汉有严律，诸侯窃服，虽亲必罪。		未知
左官律	《汉书·诸侯王表序》："武有淮南、衡山之谋，作左官之律，设附益之法。"		汉武帝
挟书律	《汉书·惠帝纪》："三月甲子，皇帝冠，赦天下。省法令妨吏民者，除挟书律。"颜师古注引张晏曰："秦律：敢有挟书者，族。"		汉惠帝
除收孥相坐律	《史记·汉兴以来将相名臣年表》：元年"除收孥相坐律"。《史记·文帝本纪》作除收帑诸相坐律令，《汉书》同。《汉书·刑法志》："尽除收律、相坐法。"	张家山汉墓《二年律令》、兔子山汉律木牍均见"收律"	汉文帝前
除诽谤律	《史记·汉兴以来将相名臣年表》：二年"除诽谤律"。《史记·文帝本纪》作"今法有诽谤妖言之罪……自今以来，有犯此者勿听治"，《汉书》同。		汉文帝
商贾律	《史记·平准书》："孝惠、高后时，为天下初定，复弛商贾之律，然市井之子孙亦不得仕宦为吏。"《汉书·食货志》同。		汉惠帝

其中"钱律""田租税律"出自司马迁《史记·汉兴以来将相名臣年表》。《汉书·司马迁传》谓太史公书"十篇缺，有录无书"①，包括《汉兴以来将相名臣年表》。张晏认为此表为后人所补，余嘉锡考证后赞同沈钦韩的观点，认为该篇天汉后之表为成帝时冯商奉旨续书。② 案此，天汉以前该表为司马迁手作。

该表有汉文帝元年"除收孥相坐律"、二年"除诽谤律"、五年"除钱律"、十三年"除肉刑及田租税律、戍卒令"。③ 从律名来看，尉律、钱律、田律、挟书律、除收孥相坐律5种汉律与秦律律名相同或相似，再加商贾律，这6条可以明确为汉律，且均参考借鉴了秦律。"除收孥相坐律"就起源于秦律，"赵高曰：'严法而刻刑，令有罪者相坐诛，至收族……'二世然高之言，乃更为法律"④。上计制度为战国以来通例，不知注为律者所据，疑为诏书；酎金律为武帝所制定，但《史记》《汉书》未称为"律"，而是以诏书形式下发的；左官律为武帝制定，实际上是左官之法，当为诏书；诽谤律实际上是诽谤罪的法条；"田租税律"其实是"其除田之租税"的诏书；大乐律、尚方律不知所据，阙疑。综上，辑录的13条所谓"单行律"，6条与秦律相关，5条为诏书（含上计律、诽谤律），2条为后世注称。

---

① 《汉书》卷六二《司马迁传》，第2724页。
② 余嘉锡：《太史公书亡篇考》，载《余嘉锡文史论集》，岳麓书社，1997年，第29—32页。
③ 《史记》卷二二《汉兴以来将相名臣年表》，第1125—1127页。
④ 《史记》卷八七《李斯列传》，第2552页。

因此，至少武帝时代，汉律中"律""令""法""罪"等术语的意义及使用方式还很模糊，具有一定的任意性，但可确定：一、尉律、钱律、田律、挟书律、除收孥相坐律、商贾律确定为汉律的仅6种，俱为文帝以前的汉律；上计律、酎金律、左官律、诽谤律、田租税律5条为汉朝颁布的诏书，经过一定形式成为法令。二、上计律、酎金律、左官律、诽谤律、田租税律等5条诏书，实际上是指称具体的"法"或"罪"，如"其除田之租税""令法有诽谤妖言之罪"很明显不是一类律的统称，而是具体的法律条文。三、从时间上看，律6条及3条诏书，均为汉文帝时及之前的法律，2条为武帝时期（均非律），2条不知年代。

由此可知，文帝时期是秦汉律令的大整理时代，不仅是就删定律令而言，而且是"律""令"关系的重要调整时期。实际上，文帝朝进行了一次大规模的法制改革，其目标就是继承秦律成分较大或直接继承秦律的"汉律"。文帝元年"除收孥相坐律"，二年"除诽谤律"，五年"除钱律"，十三年"除肉刑及田租税律、戍卒令"，《汉书·文帝纪》《汉书·刑法志》还详细记载了文帝废除肉刑、收孥相坐律的改革，仍是对秦法苛政的纠正，"惩恶亡秦之政……选张释之为廷尉，罪疑者予民，是以刑罚大省，至于断狱四百，有刑错之风"①。《史记·屈原贾生列传》说贾谊"悉更秦之法……诸律令所更定，及列侯悉就国，其说皆自贾生发之"②。文帝在贾谊等朝臣的辅助下"悉更秦之法"，在"过秦"的历史大背景下清理的基本上都是秦律，制作的是"易侯邑""令列侯之国"等意义深远的当代之"令"。在这一观点下看"挟书律"等传世文献记载诸律，实际上隐含了汉人的理解和构造。《汉书·惠帝纪》："三月甲子，皇帝冠，赦天下。省法令妨吏民者，除挟书律。"颜师古注引张晏曰："秦律：敢有挟书者，族。"③"挟书律"之所以称为"律"，正是来自"秦律"。大庭脩对此论述甚详："魏编纂了法典《法经》六篇，正文成为'法'，补充法成为'律'。在秦代，将正文的'法'改称为'律'，补充法也还叫作'律'。汉代继承了秦的六律和补充法的诸'律'，只是从补充法的诸'律'中编纂三篇加入正律作为《九章律》，其余的诸律原封不动被继承下来。汉代以后的补充法也有对律的补充，大多数被称为'令'。"④ 大庭脩说汉律就是继承的秦律而称"律"，汉人的补充法叫作"令"，这一观点正被出土

---

① 《汉书》卷四《刑法志》，第1097页。
② 《史记》卷八四《屈原贾生列传》，第2492页。
③ 《汉书》卷二《惠帝纪》，第90页。
④ 卜宪群、陈苏镇、王彦辉等认为汉律大量采用秦法，高敏、李安敦等更是认为汉初法律全部继承秦律。参看〔日〕大庭脩撰，林剑鸣等译：《秦汉法制史研究》，第10页；高敏：《汉初法律系全部继承秦律论——读张家山汉简〈奏谳书〉札记之一》，载中国秦汉史研究会编：《秦汉史论丛》第六辑，江西教育出版社，1994年，第167—176页；卜宪群：《秦制、汉制与楚制》，《中国史研究》1995年第1期；陈苏镇：《〈春秋〉与"汉道"——两汉政治与政治文化研究》，中华书局，2011年，第61—65页；王彦辉：《关于〈二年律令〉年代及性质的几个问题》，《古代文明》2012年6期；〔美〕李安敦、〔加〕叶山：《秦汉法律的功能和效用——张家山法律文献在传统法律发展中的地位》，载武汉大学简帛研究中心主办：《简帛》第十七辑，上海古籍出版社，2018年，第189页。

文献所证实。

目前已出土的众多秦律和汉律中,存在着相同或类似的律名和条文,仅睡虎地《秦律十八种》《秦律杂抄》(11 种)与《二年律令》律名相同或相似的就有田律、金布律、徭律、置吏律(除吏律)、效律、传食律、行书律、军爵律(爵律)、傅律、捕盗律 10 种,岳麓书院秦简《秦律杂抄》与《二年律令》律名相同(除睡虎地秦简外)的还有贼律、兴律、具律、置吏律 4 种。① 两种秦简又与近年来胡家草场汉简、益阳兔子山汉木牍律名相同或相似的有仓律、关市律、司空律、厩苑律(厩律)、仓律、杂律、尉卒律 7 种。以上秦汉律名相同或相似的已达 21 种之多,此外如盗律、告律、亡律、捕律、收律等 40 余种律名不同,其中《九章律》的律名来自秦律无疑,其他律名也很可能也与秦律有关。

比较张家山汉墓《二年律令》、张家山汉墓三三六号墓《汉律十六章》、胡家草场汉简、兔子山汉律木牍,从律名上来看,汉初律名有逐渐定型的倾向。从简牍时间上看,四种文本形成于吕后、文帝初年、文帝时期、景帝三朝:《二年律令》被认为是吕后二年(前 186)的相关法律汇编②,张家山汉墓三三六号墓年份为吕后晚年至汉文帝七年(前 173)之间③,胡家草场墓 M12 下葬年代不早于汉文帝后元元年(前 163)④,益阳兔子山七号井简牍中出现的最晚年份为汉景帝前元三年(前 154)⑤。从简牍内容上看,四种文本发现的律名有大量重复:《二年律令》28 种律名与《汉律十六章》仅不见囚律、厩律、襍律、迁律和朝律不同,而且律条律文具有内容上的相关性,后者对前者进行了增删和补充⑥;《二年律令》《汉律十六章》与胡家草场汉简、兔子山汉律木牍等重复 25 种,仅襍律、市律、津关律不见,襍律见于《汉律十六章》;胡家草场汉简、兔子山汉律木牍各律名 44 种,相同 39 种,胡家草场汉简多出蛮夷诸律 5 种,兔子山汉律木牍多出迁律、赘律、诸侯秩律 3 种,迁律见于《汉律十六章》。

当然,不能仅因律名相同就以为律文一致,但也发现:一、律名相同律文也基本相同⑦,从目前已出版的胡家草场汉简选粹可以看出,它不仅与《二年律令》基本重复,而且部分律文也大致相同。如胡家草场汉简《盗律》简 1375 号、简 1273、1266、1264 号《贼律》简 1004 号、简 1260 号、简 1123、1128、1129、994 号,与《二年律令》之《盗律》简 56 号、简 78、79 号,《贼律》简 2 号、简 5 号、简 6、7、8 号基本相同。二、律文相同出现在不同的律名中,如《二年律令》之《史律》中"史学童以

---

① 陈松长:《岳麓书院所藏秦简综述》,《文物》2009 年第 3 期。
② 彭浩:《江陵张家山汉墓出土大批珍贵竹简》,《江汉考古》1985 年第 2 期。
③ 荆州博物馆编,彭浩主编:《张家山汉墓竹简(三三六号墓)》(上下),第 95 页。
④ 荆州市博物馆:《湖北荆州市胡家草场墓地 M12 发掘简报》,《考古》2020 年第 2 期。
⑤ 湖南省文物考古研究所、益阳市文物考古研究所:《湖南益阳兔子山遗址七号井发掘简报》,《文物》2021 年第 6 期。
⑥ 荆州博物馆编,彭浩主编:《张家山汉墓竹简(三三六号墓)》(上下),第 161 页。
⑦ 张家山二四七号汉墓竹简整理小组:《张家山汉墓竹简(二四七号墓)》(释文修订本),文物出版社,2006 年,第 80—82 页。

十五篇"简与《说文解字叙》引《尉律》就有部分相同；胡家草场汉简《贼律》简1395号与《二年律令》之《盗律》简71、72、73号基本相同，但所在篇目不同。①三、相似主题的律出现在不同的律名中，如关于汉初传舍的规定就出现在《二年律令》之《傅律》《置吏律》《徭律》中。②从《九章律》等其他律名与法律之间的关系来看，虽然传抄过程中律令可能因为抄写目的、使用需要、基层理解等出现了同律不同目的情况，但基本可以窥探汉朝律令经过汉初四代帝王的删定正逐渐臻于稳定。湖南张家界古人堤东汉简牍中出土了《贼律》《盗律》律目，但残缺严重，似为定型后的法律律名、律目及律文。③

以上为汉律的演变，再来看汉令的集结情况。汉高祖、吕后时期的，见张家山汉简之《津关令》，出现了多种单篇令，如传令阑令、越塞令、诈伪出马令等。④吕后晚年文帝初年的，见张家山汉墓三三六号墓之《功令》，详细记载了官员迁转补缺的法令。⑤文帝时期的，见胡家草场汉简，不仅出土了大量的汉律名目及律文，还出现了令名目，包含了十一章，即"令甲、令乙、令丙、令丁、令戊、壹行令、少府令、功令、蛮夷卒令、卫官令、市事令"，从《少府令》《卫官令》来看主要是规定性意见，以及违反法令的惩罚条款。⑥从贾谊"天子之言曰令，令甲、令乙是也"之语可以看出，汉文帝时已经开始大规模地汇编天子之"令"，有的"令"含有多条，如目前公布的《少府令》是其第三十七条。不仅如此，胡家草场还一并出现了蛮夷诸律与蛮夷类的令，可见当时律令并行，但功能各不相同。汉景帝时期，晁错"所更令三十章，诸侯皆喧哗疾晁错"⑦，晁错进行了大规模的修改"汉令"，尤其是景帝三年七国之乱前，对诸侯法令进行了重大调整，才会引起诸侯王的愤恨。甘肃敦煌悬泉置汉简中有《厩令》，明言汉武帝元鼎六年（前111）九月下达，共611字，重见于敦煌汉简1298号，二者律文略有不同。⑧可见，律令在传抄过程中并非与中央原件保持全部相同。现在看来，陈梦家先生认为"令"是不同事类的诏书结集，而且他认为"功令"等为"汉令"的"专行之令"，不在令甲、令乙之内，目前也得到了胡家草场汉简"令名目

---

① 本文以各简整理小组编号代表相关简文，有多条简文以"简X、X号"为标志。参看张家山二四七号汉墓竹简整理小组：《张家山汉墓竹简（二四七号墓）》（释文修订本）；荆州博物馆、武汉大学简帛研究中心编著：《荆州胡家草场西汉简牍选萃》，第191—192页。

② 参看侯旭东：《汉代律令与传舍管理》，载卜宪群、杨振红主编：《简帛研究》二〇〇七，广西师范大学出版社，2010年，第152页。

③ 李晓明、赵久湘：《散见战国秦汉简帛法律文献整理与研究》，西南师范大学出版社，2011年，第389—392页。

④ 张家山二四七号汉墓竹简整理小组：《张家山汉墓竹简（二四七号墓）》（释文修订本），第83—88页。

⑤ 荆州博物馆编，彭浩主编：《张家山汉墓竹简（三三六号墓）》（上下），第95—125页。

⑥ 荆州博物馆、武汉大学简帛研究中心编著：《荆州胡家草场西汉简牍选萃》，文物出版社，2001年，第197页。

⑦ 《史记》卷一〇一《袁盎晁错列传》，第2747页。

⑧ 李晓明、赵久湘：《散见战国秦汉简帛法律文献整理与研究》，第151、350页。

的有力支持，是非常正确的。① 不仅如此，在武帝以后，还出现了机构汇集的"汉令"汇编。湖北荆州松柏汉简，出土了文帝十年（前170）六月下的令，题为"令丙"第九，抄写时间不晚于汉武帝元光二年（前133）。② 该令主要内容为请三县进献枇杷，传送的方法及考课办法，被编入了"令丙"第九。曹旅宁认为与法律、刑罚毫不相干，李晓明等认为是九卿如少府之类的法令汇编。③ 李说是，该令应为行政命令，与汉令之甲乙丙类的汇编，功令、津关令、兵令④等事务性令有一定的区别，应为行政机关汇编的令的集合，如东汉时期的武威磨咀子汉墓《王杖诏书令》记载了对年老之人进行优待的诏令，被编入兰台令第三十二，武威汉简《王杖十简》中出现了七十以上授王杖诏书，被同时编入兰台令第三十三、御史令第三十三。⑤ 这为理解汉令带来了新思路，不仅中央制作"令"，并对令进行令甲乙丙之类的汇编，中央政府、地方机构也可能根据各自需要汇编来自中央的"令"等行政命令，以备查验。又如东汉中晚期的甘肃武威旱滩坡汉墓，出土了东汉刘秀建武十九年（43）正月十四日下的诏书。⑥

> 吏金二两，在田律。民作原蚕，罚金二两，令在乙第廿三⊘6
> 坐臧（赃）为盗，在公令第十九。丞相常用第三⊘7
> 不道，在御史挈令第廿三⊘8
> 赦，不得下蚕室，在兰台挈令第□⊘9甲
> □法，在卫尉挈令⊘9乙
> 代户父不当为正，夺户，在尉令第五十五。10

可见，"汉令"在汉中后期也出现了逐渐集结的过程，从汉初中央的"令甲、令乙"和"津关令"等单篇令，到景帝时修改"汉令"，再到武帝及以后大规模制作"汉令"，又产生了机构汇编的"兰台令""兰台挈令""御史令""御史挈令"等部门"汉令"编。⑦

四、试说"汉律—汉令"二分法

这样一来，汉初的律、令关系就比较明确了。武帝以前，汉律就是秦律，是汉朝以秦律为蓝本、以本朝需要为目的制作的律，这就是《九章律》；其他凡是直接参照或部分修改秦律的汉法律也可称为律，如叔孙通《傍章》十九篇。律外，还有汉朝人自己制作的法律，大多数为大庭脩所说作为补充法的"令"，即"汉兴之初，虽有约法三

---

① 陈梦家：《汉简缀述》，中华书局，1980年，第275—284页。
② 李晓明、赵久湘：《散见战国秦汉简帛法律文献整理与研究》，第216页。
③ 李晓明、赵久湘：《散见战国秦汉简帛法律文献整理与研究》，第214页。
④ 李晓明、赵久湘：《散见战国秦汉简帛法律文献整理与研究》，第154页。
⑤ 李晓明、赵久湘：《散见战国秦汉简帛法律文献整理与研究》，第117—121页。
⑥ 李晓明、赵久湘：《散见战国秦汉简帛法律文献整理与研究》，第393页。
⑦ 徐世虹对秦汉令的三种编纂模式有很好的说明。参看徐世虹：《出土简牍法律文献的定名、性质与类别》，《古代文明》2017年第3期。

章,网漏吞舟之鱼。然其大辟,尚有夷三族之令"。景帝时仅见"定铸钱伪黄金弃市律",应为《汉书·刑法志》的"定律",也就是删定律令的意思,而不是新作律令的意思。所以至文景之际,汉律的篇目实际已经达到了近五十种,几乎是《九章律》《傍章》篇目的二倍,可见刘邦以后,汉律增长之多。武帝朝张汤、赵禹大规模条定律令,新定《越宫律》27篇、《朝律》6篇,该《朝律》是否与出土的汉文帝时的《朝律》有内容上的递进暂不可得知,但武帝后文献没有记载新制作律令,基本都是"删定律令""除律"。由此可见,武帝以后基本确认了前朝所定的"律"为汉朝基本的社会规范的法律汇编。

武帝以后,作为法律汇编的"律"仍然作为国家法律使用,如"释之案律盗宗庙服御物者为奏"①,"孝以为陈喜雅数与王计谋反,恐其发之,闻律先自告除其罪"②,"令民得以律占租"③,"律曰斗以刃伤人,完为城旦,其贼加罪一等,与谋者同罪"④,等等。但武帝后的定律可能只减不增,本朝所制定的法律经过"著令""定令"等程序成为法定的令。⑤ 武帝时"律令凡三百五十九章",而所谓"正律"不足八十余篇(仅目前出土及传世文献所见)⑥,由此可看出"令"的数量远大于"律"的数量。不过武帝前后的"令"也不是法典,而是令甲、令乙、令丙之类的法律汇编。

来自《晋律·刑法志》"汉初九章律—武帝六十篇"建构没有出现在《汉书·刑法志》中,其问题主要在于:一是法经沿革的建构,二是以汉代六十篇治天下的建构。

---

① 《史记》卷一〇二《张释之冯唐列传》,第2755页。
② 《史记》卷一一八《淮南衡山列传》,第3097页。
③ 《汉书》卷七《昭帝纪》,第224页。
④ 《汉书》卷八三《薛宣朱博传》,第3395页。
⑤ 于振波、杨振红也认为汉武帝前对汉律令均有大的删定,但武帝以后,对律令条文的修改,大多写在令中,修改律文的情况不多,武帝时期末,汉代律令篇章大概已经固定,至东汉末未有大的变化。于振波:《秦汉法律与社会》,第24—25页;杨振红:《出土简牍与秦汉社会》,第73页。
⑥ 汉代律令中的篇、章问题,在杨振红、王伟的"汉律之辩"中是一个基础性的问题。二者争论的重点是《晋书·刑法志》"集类为篇,结事为章"(《晋书》卷三〇《刑法志》,中华书局,1974年,第923页)这八字,因此探讨传世文献与出土文献中汉律的篇章问题,以合六十篇等数目。宋洁以《二年律令》《奏谳书》及"古人堤汉律目录"为据,进一步提出了八字的新内涵。笔者认为,晋人的汉律建构是以晋代的历史背景为依据,充满了整齐、分类的意识,不应被视为讨论起点。讨论汉律的起点仍应回到《汉书·刑法志》,在班固时代,篇与章并非截然断裂,也并非有集类、结事之分,《汉书·刑法志》中篇、章同用,章又是全部律令的统计尺度,如约法三章、萧何九章律、武帝时"律令凡三百五十九章"、汉代"及伤人与盗,吏受赇枉法,男女淫乱,皆复古刑,为三千章"等。如果按照"结事为章",不仅汉初三种不同事类的"三章法"无法理解,即便是后来的九章、三百五十九章、三千章也无法理解,它们指称的是当时社会的全部法律。萧何九章律,在统计汉律篇目时均被认为是九章律,似无异议。因此,至少在汉代,汉代律令中的篇、章应该是共存同用,没有实质性的区别。参看杨振红:《出土简牍与秦汉社会》,第1—125页;王伟:《论汉律》,《历史研究》2007年第3期;王伟:《辩汉律》,《史学月刊》2013年第6期;宋洁:《汉律构成中"篇""章""条""事"之关系》,载杨振红、邬文玲主编:《简帛研究》二〇一四,广西师范大学出版社,2014年,第198—207页。

第一个问题,法的来源及法经的延续暂搁置不论。第二个问题,从现在看到的传世文献和出土文献来看,似无须反驳,但它可能反映了魏晋时期中华法系律令关系的演变,律令关系正走向律令分途、律主令辅的前夜。如若先搁置魏晋律学的整齐化、典制化建构,回到西汉的历史场景中,律令增删改定的线索就非常清晰了。

《汉书·刑法志》强调的是"约法三章到九章律再到傍章十八篇,文帝景帝时期的删定律令,武帝时期新定《越宫律》27篇、《朝律》6篇,宣帝、元帝、成帝之际的删定律令,文景帝以后的著令"这一脉络上,未曾言"六十篇",也并没有说西汉仅以六十篇为用。从约法三章到作《九章律》,再到《傍章》十八篇,再到《二年律令》二十八种律,再到文景时期的近五十种律,国家大小事务均含其内,又武帝删减律令,新定《越宫律》《朝律》三十三篇律。这三十三篇律与文景时期的近五十篇律是叠加关系,还是删定沿革的关系,①限于文献阙如不可得知。但从武帝大规模"条定律令"可以推测,篇目之间的归类合并、修改删减是没有问题的。即便是文帝、武帝之际叠加算八十余种律,整合至所谓六十篇律,也未必没有可能。所以在律令关系变动的前夜,魏晋律家始有"汉初九章律—武帝六十篇"建构也就不足为奇了。但因汉代律令残缺严重,为后世研究造成了巨大困难,学者拘于魏晋以来的六十篇律叙述,导致了一定的误解。

既然汉律承袭秦律,汉初律令既包含秦律,也有汉人创制的律令,那么这些律令是不是有所区分,如何区分? 这关涉西汉尤其是汉初律与令的关系或分类问题。《晋书·刑法志》以来将汉律分为"正律"与"旁章",至今仍为学界使用的基本概念和范式。随着出土简牍的发现和研究,有学者根据新近出土简牍认为,汉律至迟在汉惠帝时已有狱律、旁律之分。② 如睡虎地汉简《旁律》24篇,有15篇见于胡家草场汉简《旁律甲》,7篇见于《旁律乙》,律名相同者达22篇之多,睡虎地汉简《旁律》未见胡家草场汉简《旁律》的2篇,胡家草场汉简《旁律》未见睡虎地汉简《旁律》的8篇,陈伟认为这是由于某种原因的缺录,但应该不是体系上的差异。③ 睡虎地汉简与胡家草场汉简下葬时间大致为文帝前后,时间基本一致,来自基层应用的汉律区分具有一定的辨识度和合理性,大概也是根据各地不同需要进行的抄录。前举不同律条出现在不同的律名中,又因胡家草场汉简尚未完全公布,故两种汉简的比勘研究,也就是律文内容上的关系才是解决问题的关键。

不过,狱律之分大概以律的功能分,更强调律在基层的使用;而"正律"则强调律的国家性,"旁章"则是难以归入"正律"的律令。以基层出土法律文献来调整汉

---

① 张家山汉简《二年律令·杂律》"诸与人妻和奸"条(简192),就与时间为西汉中后期的悬泉汉简一条文基本相同,但后者多出"其夫居官……"等,明显可见汉律的因袭。参看侯旭东:《汉代律令与传舍管理》,第160页。

② 参看张忠炜、张春龙:《汉律体系新论——以益阳兔子山遗址所出汉律律名木牍为中心》,《历史研究》2020年第6期;陈伟:《秦汉简牍所见的律典体系》,《中国社会科学》2021年第1期;陈伟:《胡家草场汉简律典与汉文帝刑制改革》,《武汉大学学报(哲学社会科学版)》2022年第2期。

③ 陈伟:《秦汉简牍所见的律典体系》,《中国社会科学》2021年第1期。

律结构上的区分,尤其是在功能上做大的区分,仍有理论漏洞。如果"狱律"与"旁律"确实是自上而下的律令二分,为何律令二分法不见于贾谊、晁错、张汤、赵禹等汉中前期活跃的法律人物的著述中,甚至连《史记》《汉书》都有所缺笔?这些律令记录或者说这种律令二分法如果确实得到了中央认可,至少在汉武帝时期就应该有所体现,但史籍体现的汉代律令关系至少在武帝之前并未有"正律"与"旁章"、"狱律"与"旁律"的区别。然而,"狱律"与"旁律"的划分如果不从实用角度分析,而从律典方面出发,它可能是趋向律典的形成,但这仍有陷入了"律以正罪名,令以存事制"的后世律典建构及近现代西方法系影响之嫌疑。隋唐以前尤其是汉代的律法没有完善的法典和严整的律令格式体系,大量的法科比事、奏谳书、故事等史例证明汉律是一个庞杂的体系,是一个开放性体系,是一个难以细分为近代以来所谓刑事、民事、行政法等各法领域、各部门法的体系,其往往在"援儒入法""儒法表里"结合下呈现许多不同于世界其他法系的案例。如"左官律",它既是行政法,涉及官吏管理制度;它又是刑法,是危害中央集权的重罪。

根据以上思考,从汉初法律的来源及使用的实际,可用"汉律"与"汉令"二分法代替"正律"与"旁章"二分法。所谓汉代"正律"即"汉律","汉律"来源于"秦律",①"汉律"之外有"汉令"。汉初,以统治需要照搬或参照秦律整合制作"汉律",惠帝、吕后、文帝、景帝时以"定律"的形式对"汉律"进行删定,同时制作当代的"令"是为"汉令"。文景之后不仅通过"定律"来删定"汉律",也会对"汉令"进行"更定"。武帝时,通过"条定法令"的方式对前代"汉律"和"汉令"进行删定,形成武帝朝的社会规范的法律汇编,同时以大量制作"汉令"来满足新的统治需要。文武之际,这种来自于秦律的"汉律"逐渐趋于定型,但"汉令"大规模增长,远超过了"汉律"。在这种情况下,宣元以后又屡次进行大的"删定律令"的改革来适应新的统治需要。因此,用"汉律"与"汉令"的二分法很好地解决晋代以来关于"正律"与"旁章"二分法造成的律名篇目、正律外律归属等问题,也为"正律"和"旁律"隐含的正统性以及后世的建构性解蔽,使汉律研究重新回到具体的历史场景中去。

综上所述,汉代所谓的"律"为前代律令的整合汇编,是汉初的"九章律"等"攈摭秦法,取其宜于时者",是当时社会政治背景下采撷秦律整合而成的一部规范汉

---

① 笔者曾考虑使用"汉(秦)律"来指称汉初来源于或者整合于秦律而形成的"汉律",以此表明汉初"汉律"承继秦律的特性。承蒙匿名评审专家指正,为突出西汉文帝、武帝之际律令改革的重要作用,尤其是汉文帝以后开始新作汉朝法令的情形,并考虑到本文关注的是汉代的律令关系,遂以"汉律"来取代"汉(秦)律"之称。在此感谢匿名评审专家的评审意见。

初社会的基本法律汇编①,并非是如《唐律》《大明律》《大清律例》或外国法典那样严整完备的法典。"六十篇"既具有"正律"的作用,也具有前代法律参考的意味,因而在"九章律""傍律""越宫律""朝律"等"汉律"之外,仍有"夷三族之令"等当朝法令——"汉令",而且这种汉令远较"汉律"为多,这应是《汉书·刑法志》所说至武帝时期"律令凡三百五十九章,大辟四百九条,千八百二十事,死罪决事比万三千四百七十二事"之意。可见,汉律尤其是西汉律令不论在内容上、形式上还是性质上,均处于后世严整法典的萌生期、中华法系的奠基期。②

---

① 孟彦弘认为"九章"为泛指,以喻其多,李振宏认为萧何作九章无事实依据,滋贺秀三、王伟则认为九章律包含了一些历代法律都不能缺少的基本内容。张忠炜、张春龙提出九章律是汉代律令学发达后经过二次或多次选择的结果,是律令学的"律本"。他们认为九章之说源自班固,汉律制作过程又经魏晋制造,故篇目、篇数有所抵牾。实际上,不必拘泥于九章之数,将其视作秦汉无法典下的社会基本规范的法律汇编即可。参看孟彦弘:《秦汉法典体系的演变》,《历史研究》2005年第3期;李振宏:《萧何"作九章律"说质疑》,《历史研究》2005年第3期;〔日〕滋贺秀三撰,姚荣涛译:《西汉文帝的刑法改革和曹魏新律十八篇篇目考》,载刘俊文主编:《日本学者研究中国史论著选译》第八卷《法律制度》,第110页;王伟:《论汉律》,《历史研究》2007年第3期;张忠炜、张春龙:《汉律体系新论——以益阳兔子山遗址所出汉律律名木牍为中心》,《历史研究》2020年第6期。

② 曹旅宁认为秦汉律仍处于庞杂的法律汇编阶段,法典化的进程远未完成。陈伟将睡虎地77号墓汉简、张家山汉简《二年律令》、胡家草场汉律三个修订于文帝时代的律文视为三次修订的律典,但庞杂的出土律章肯定不是汉初的全部律令,是否可以视为法典仍是一个绕不开的问题。参看曹旅宁:《薛允升〈汉律辑存〉稿本与汉律沿革》,载王沛主编:《出土文献与法律史研究》第二辑,上海人民出版社,2013年,第163页;陈伟:《胡家草场汉简律典与汉文帝刑制改革》,《武汉大学学报(哲学社会科学版)》2022年第2期。

汉代社会对"好色"的认知与礼法调适

陈 慧[1] 夏增民[2]

(1. 华中科技大学人文学院，2. 华中科技大学马克思主义学院)

摘要：汉代的"好色"风气，是当时人们生命意识的展现，也是"养生适欲"观念的表达。然而，时人在享乐娱忧的同时，也有着纵欲伤身损性和淫乱动摇社会秩序的警惕，于是出现对女色的贬低倾向，在文学作品中出现美色败德的讽谏和正情检逸的反思，这反映出汉代文人个体心中普遍存在着好色追求与礼义大防的矛盾。随着儒家思想的影响日巨，在人欲与人伦的关系方面，以礼制欲、以刑止淫的礼法主张则成为主流。在这一过程中，女色（女性）被物化成了纯粹的审美对象和欲望载体，两性关系被纳入礼法秩序中，强化了传统社会性别制度的建构。

关键词：汉代；好色；性别史；妇女史

一般认为，汉代两性关系较为宽松，因此整个社会也往往给世人留下带有"好色之风"的印象。从《史记》明言汉高祖刘邦"好酒及色"，再到史籍所载上至王侯下及富民皆多广蓄妻妾、享受女乐①，可谓郑卫之音、淫侈之俗弥漫。

然而，在目前所见的汉代论著中，鲜有直接讨论"色"及"好色"问题的。杨树达先生《汉代婚丧礼俗考》谈及婚姻，唯提到择妇择婿，"有以形相者"；另又专辟"妾媵"一节，云男子于正妻之外，有小妻、小妇、少妇、傍妻、妾、下妻、外妇、傅婢御婢等。② 当然，"形相"未必专指形体容貌，小妻之属也未必仅为人欲，但总归与"色"的议题相接近。对这一主题关注较多的，是彭卫先生。他在《汉代社会风尚研究》一书中专论"汉代体貌观念及其政治文化意义"，指出在汉代，虽然人体美的多样性已得到了时人的承认，但仍然有一些相对公认的人体审美准则，比如女性体态的轻

---

* 基金项目：国家社会科学基金一般项目"简帛文献与秦汉妇女/性别史研究"（18BZS040）。

① 吕思勉先生述及"秦汉时社会组织"之"昏制"，列举颇详，具见吕思勉：《秦汉史》，上海古籍出版社，2005年，第424页。

② 杨树达：《汉代婚丧礼俗考》，上海古籍出版社，2009年，第4—5、45—47页。

盈、颀长的身材、脸庞的俏丽等,男性身材高大、肤色光润等,且汉代人的体貌观念具有相当明晰的性别审美分野,体现了"夫好容,人之所好也"的风尚。① 更加详细的讨论是在他和杨振红合著的《中国妇女通史·秦汉卷》中,其《容貌体态与服饰》一节,重述秦汉社会是一个注重容貌的社会,在《性爱》一节,考察了汉代人的性爱观念,并指出"性"在汉代人生活世界中有较高位置。② 另外,他在《汉代婚姻形态》一书中还讨论了汉代的婚姻思想,指出汉代婚仪和礼对婚姻关系的维系和规范,这也可以说与"色"的主题相关。但整体而言,学界并未详论汉代的"色"与"好色"问题,或许是感觉难登大雅之堂,或许是认为此乃常人之性,无足论者。然而,对这一问题的讨论,可透视出汉代文化的一个侧面,尤其是可以为探讨汉代两性关系提供一个视角,所以,于此略述浅薄之议,做抛砖引玉之言。

一、养生适欲:"好色"的人性基础

汉代社会的"好色"风气,其实是当时人们生命意识的体现。性,是"情性之极,至道之际"③,人人"爱而喜之"④,属于人的本性,是最宝贵的生命中的一部分。两汉民众感受到生命的有限与可贵,对全生尽年有着热切期盼。而性,也是养颐生命的重要途径。

(一) 性:"好色"的自然之理

在汉代社会,人们对"好色"的认识很大程度上受到黄老养生思想和医学理论的影响。这一时期医学的发展,使人们对性生理、性心理、性疾病、性养生等方面的认识更加深入,中国传统的性医学逐渐体系化。

"天地絪缊,万物化醇。男女构精,万物化生。"⑤ 以《周易》为代表的阴阳哲学是传统医学的理论核心。汉代医书指出:"本乎天者,天之气也,本乎地者,地之气也。天地合气,六节分而万物化生矣。"⑥ 这就从天地阴阳出发,肯定了男女交合顺乎自然。

男女交合是以性功能的成熟为前提的。《黄帝内经》是我国传统医学理论的奠基之作,汇集了先秦以来的医学硕果,其中也包含了较为完整的性与生殖理论。在《素

---

① 彭卫:《汉代社会风尚研究》,三秦出版社,1998年,第103—137页。
② 彭卫、杨振红:《中国妇女通史·秦汉卷》,杭州出版社,2010年,第255—261页。
③ 《汉书》卷三〇《艺文志》,中华书局,1962年版,第1779页。
④ 魏启鹏、胡翔骅:《马王堆汉墓医书校释(贰)》,成都出版社,1992年,第111页。
⑤ [魏]王弼,[晋]韩康伯注,[唐]孔颖达等正义:《周易正义》卷八《系辞下》,[清]阮元校刻:《十三经注疏》,中华书局,2009年影印本,第184页。
⑥ 郭霭春:《黄帝内经素问校注语译》篇第七十四《至真要大论》,天津科学技术出版社,1981年,第471页。

问·上古天真论》中，男女的性发育过程被描述得相当详细：

女子七岁，肾气盛，齿更发长。二七而天癸至，任脉通，太冲脉盛，月事以时下，故有子。三七，肾气平均，故真牙生而长极。四七，筋骨坚，发长极，身体盛壮。五七，阳明脉衰，面始焦，发始堕。六七，三阳脉衰于上，面皆焦，发始白。七七，任脉虚，太冲脉衰少，天癸竭，地道不通，故形坏而无子也。

丈夫八岁，肾气实，发长齿更。二八，肾气盛，天癸至，精气溢泻，阴阳和，故能有子。三八，肾气平均，筋骨劲强，故真牙生而长极。四八，筋骨隆盛，肌肉满壮。五八，肾气衰，发堕齿槁。六八，阳气衰竭于上，面焦，发鬓颁白。七八，肝气衰，筋不能动，天癸竭，精少，肾脏衰，形体皆极。八八，则齿发去。肾者主水，受五脏六腑之精而藏之，故五脏盛，乃能泻。今五脏皆衰，筋骨解堕，天癸尽矣，故发鬓白，身体重，行步不正，而无子耳。①

《黄帝内经》将肾脏作为影响性发育的主要器官，分析了性机能变化过程中的性别差异，指出随着性器官的成熟，女子十四岁出现月经，男子十六岁有遗精现象，具备了生育的能力。接着，女子三十五岁衰老，四十九岁绝经无子；男子四十岁衰老，六十四岁便不再具备生育功能。该书明确指出女子性功能的成熟和衰退均早于男性，这从医学角度为汉代男女婚龄提供了理论依据。

性欲是一种客观存在，男女交合是自然之理，倘若男女性欲长期得不到满足，就会造成身体疾病。《史记》便记载了一个相关病案，西汉初年济北王的侍者韩女患有腰背痛，医术高超的淳于意为其诊脉，认为是"内寒，月事不下也"，而病症产生的根源在于性欲长期得不到满足，"欲男子而不可得也"。②武威医简"白水侯方"则记录了男子想要与女子交合而不得，导致性功能出现障碍的问题，"七日精自出，空居独怒，临事不起，死玉门中，意欲常得妇人"③。因此，汉代人已经意识到，性是人的自然需求，这就构成了"好色"的自然基础。

（二）由性到性养生："好色"的理论之基

汉代医学不但对性机能有所研究，还对性养生进行了理论与方法上的指导。两汉时期已经存在相当数量的用以指导男女性生活的医学专书，例如《汉书·艺文志》在"方技略"中便收录《容成阴道》《务成子阴道》《黄帝三王养阳方》等诸多房中著作，可惜这些文献早已亡佚。现存最早的古代房中书，是20世纪70年代在长沙马王堆汉墓出土的《十问》《合阴阳》《天下至道谈》等几种简帛医书，即抄写于秦汉之际。《十问》假托上古圣人与医家术士之名，以问答的形式探讨了性养生相关的理论、方法，《合阴阳》与《天下至道谈》论述了性交过程、性技巧以及性生活的基本原理，《养生方》涉及性治疗、性保养等内容，而《杂禁方》甚至记录了有关性的巫诅禁咒。另外，

---

① 郭霭春：《黄帝内经素问校注语译》篇第一《上古天真论》，第3—4页。
② 《史记》卷一〇五《仓公列传》，中华书局，1982年，第2808页。
③ 甘肃省博物馆、武威县文化馆编：《武威汉代医简》，文物出版社，1975年，第15页。

《医心方》的房内篇也保存了《素女经》《玄女经》等汉代房中古籍的部分内容。①

汉代医学强调房事活动对繁衍子嗣、强身养性所起的关键作用，既反对禁欲，也反对纵欲，"以欲竭其精，以耗散其真"②的起居无节行为是被强烈禁止的。《汉书·艺文志》对房中类著作的主旨进行了总结，"乐而有节，则和平寿考。及迷者弗顾，以生疾而陨性命"③，这种性医学理念实际上是建立在黄老学说中养生思想上的。司马谈《论六家要旨》指出黄老之学"因阴阳之大顺，采儒墨之善，撮名法之要"④，以道家思想为主，融合了阴阳、儒、墨、名、法等派精华。"神者生之本也，形者生之具也，不先定其神，而曰我有以治天下，何由哉？"⑤ 相较于先秦道家对个体解脱与精神超越的重视，汉代黄老学说更加关怀政治，其基本宗旨一为治身，二为治国，两者相互贯通。它希望君主借由修身养生方面的完善，进而在经世治国上取得更大成功。而节欲作为治身养性的原则方法，成为重点讨论的内容。

《吕氏春秋》作为黄老学说的重要作品，在汉代受到普遍重视。该书认识到人生而有欲，然而"欲有情，情有节"⑥，继而提出了知本去害、顺性适欲、法天顺时等养生原则。该书认为，过于沉湎物质享受反而是以富贵害所养。对于色欲放纵，《吕氏春秋·本生》直言："靡曼皓齿，郑、卫之音，务以自乐，命之曰伐性之斧。"⑦ 在此基础上，《淮南子》进一步发展了养生思想，对生命的本源、构成与本性等问题进行了阐述，继而提出了形、气、神三者兼养的养生原则。该书以《原道训》开篇，提及声色犬马等感官刺激只不过是"以外乐内"，真正的快乐应当是"以内乐外"，以达到内在精神的充盈。不过，《淮南子》依然肯定了好色、饮食、喜乐等人欲的客观存在，并指出应当顺适性情，在合理范围内满足欲望，不任其发展变成嗜欲。"欲不过节，则养性知足。"⑧ 治身养性的具体措施则为："节寝处，适饮食，和喜怒，便动静，使在己者得，而邪气因而不生。"⑨ 另外，《淮南子·时则训》依据法天顺时原则，特别强调君子在夏至"节声色，薄滋味"，在冬至亦要"去声色，禁嗜欲"。⑩

武帝独尊儒术之后，黄老学说逐渐退出政治舞台，其经术政教之道不再受到重视，而修身养生的理论因满足了社会上下的切身之需，反倒更为蓬勃发展。无论是两汉之

---

① 周贻谋先生认为《素女经》《玄女经》可能由战国人起草，经西汉和东汉及至魏晋不断补充和加工整理才最后成书。详见周贻谋：《论房中经典〈素女经〉与〈玄女经〉》，《中国性科学》2005年第1期。
② 郭霭春：《黄帝内经素问校注语译》篇第一《上古天真论》，第1页。
③ 《汉书》卷三〇《艺文志》，第1779页。
④ 《史记》卷一三〇《太史公自序》，第3289页。
⑤ 《史记》卷一三〇《太史公自序》，第3292页。
⑥ 陈奇猷校释：《吕氏春秋新校释》，上海古籍出版社，2002年，第86页。
⑦ 吕不韦撰，陈奇猷校释：《吕氏春秋新校释》，第22页。
⑧ 何宁集释：《淮南子集释》卷十四《诠言训》，中华书局，1998年，第997页。
⑨ 何宁集释：《淮南子集释》卷十四《诠言训》，第1016页。
⑩ 何宁集释：《淮南子集释》卷五《时则训》，第402—427页。

际的《老子河上公章句》,还是东汉末期的《老子想尔注》,都延续了清静寡欲、养气固精等基本养生观念。不过,由于秦汉社会神仙观念盛行,黄老道家的养生思想与神仙方术合流,养生延寿的目标转变为长生成仙,逐渐走向宗教化,为道教的诞生开启了端绪。而房中术也成了一种长生修炼之法,盛行于社会。

二、娱神与败德:"好色"的心理冲突

汉初主流的意识形态黄老道家和汉代的医学理论中的养生之方,也同时始终保持着对纵欲伤身损性的警惕,因此提倡清静寡欲、适情辞余。这一理论也同样受到了社会的认可,这就不能不对"好色"的风气形成节制心理。而且,儒家政治思想也对淫乱动摇社会秩序进行了批评。另外,至东汉,随着佛教的传入,也出现了佛教思想对女色的否定与防范。《四十二章经》是东汉时期所译的佛经,其中多篇目即论述了色欲问题,如"财色招苦""妻子甚狱""色欲障道""天魔娆佛""正观敌色""心寂欲除"等①,指出色欲是为害最大的贪欲,必须远离女色。这些论述出自不同的思想流派,却都强调了同一问题:情欲是一种自然而强大的力量,美色是难以抗拒的诱惑,这反映出好色追求与礼义大防的矛盾在汉代普遍存在。

(一) 美色娱忧之肯定

楚辞《大招》和《招魂》仿民间招魂仪式,渲染四方之凶险,铺陈故居之美好,诱使灵魂早日而返。在诗中,诗人极力夸耀人间享乐生活,包括宫室、美女、饮食、歌舞、狩猎等内容,其中对美女歌舞的描绘占据了相当大的篇幅。汉代祭祀时也延续了这种形式,将声色作为娱神的手段,例如《郊祀歌·练时日》便着力刻画了衣着华丽、姿容出尘的美女形象,"众嫭并,绰奇丽,颜如荼,兆逐靡"②。

西汉中期以后,随着经济的繁荣,乐舞百戏等娱乐活动在社会上流行开来,相关题材的文学作品也日益增多,例如傅毅《舞赋》、张衡《舞赋》以及李尤《平乐观赋》等。傅毅《舞赋》对乐舞的娱乐功能进行了肯定,对美色也采取了较为客观的态度。他借宋玉之口表达了郑声和雅乐各有适当的场合,郑卫乐舞在宴会上娱乐众宾,带来欢乐,并无荒淫之意。《舞赋》细致描述了丰富多彩的舞姿,生动刻画了舞女的精湛技艺与高贵心志,最后点出宴饮乐舞只要乐而不泆,有所节制,就能"娱神遗老"③,有益身心。另外,汉乐府一些表现民间宴饮情形的作品,也都提及到了声色之享。

在这些祭祀、宴饮题材作品中,道德的因素被排除在外,而人们对富贵享乐生活的理想追求一览无余,声色、饮食、宫室等都成为感官享受的消费对象。当然,在这一过程中,美女被物化成了纯粹的审美对象和欲望载体。

---

① 参见尚荣译注:《四十二章经》,中华书局,2010年。
② 《汉书》卷二二《礼乐志》,第105页。
③ [梁]萧统编,[唐]李善注:《文选》(第二册)卷十七,上海古籍出版社,1986年,第803页。

（二）美色败德之讽谏

西汉中期以后，经学逐渐取得统治地位，"汉赋亦不自觉地接受了经学的规范、控制"①。司马相如《子虚赋》《上林赋》标志着汉代散体大赋的成熟，并确立了颂美与讽谏的汉赋价值标准。《上林赋》大肆渲染了天子上林苑的壮丽、天子游猎之声势以及庆功宴上酒馔声色之极乐，而后笔锋一转，写天子悔过反思"此大奢侈"，于是乎罢酒停猎，行仁义德政而天下大悦。文中极力铺陈美色，言其恍如神女，绝殊离俗，最后以"色授魂与，心愉于侧"②表现美色的强烈诱感。然而，这些美色描绘并非是歌功颂德的点缀，而是基于儒家道德意识对奢侈淫逸的讽谏。至西汉后期，成帝郊祠以求继嗣，扬雄"从上甘泉，还奏《甘泉赋》以风"③。该赋铺陈夸饰了天子郊祀场面的盛大、甘泉宫的壮丽奇谲以及天子的静心斋戒，表面上尽是颂美之词，然而"想西王母欣然而上寿兮，屏玉女而却宓妃"却间接贬低了美色，其目的在于劝谏君主不要好色败德。

这种对女色的贬低倾向，一直延续到了东汉。傅毅仿《七发》作《七激》，而后七体逐渐勃兴，有崔骃《七依》、张衡《七辩》、曹植《七启》等。但《七激》之后的七体创作，绝大多数是以招隐为主题④，其内容结构非常相似，先写饮食、车马、田猎、声色等诸多乐事，最后以"汉之盛世"对前事全部否定，基于儒家的道德与政治价值观，批评奢侈享乐和出世隐逸，劝召贤士出仕。在这些汉大赋里，女色只是美刺的工具。

清代学者章学诚言："古之赋家者流，原本《诗》《骚》，出入战国诸子。"⑤也就是说，汉赋吸收先秦文学精髓，继承《诗》《骚》传统，担负着"抒下情而通讽谕"⑥的政教责任。一般而言，汉大赋对女色的态度是比较严肃的。然而，汉大赋作为宫廷文学还有着娱悦耳目的功能，于是对文辞华美有着很高追求，这很容易掩盖讽谏之旨，例如赋中对女色等物欲享受的铺陈张扬反而令人产生了向往，故而有曲终奏雅、劝百讽一之嫌。

（三）正情检逸之自觉

先秦时期，《登徒子好色赋》便专门探讨了好色与守礼的关系。司马相如《美人赋》对其进行了模仿创作，借助主客对话，展现了对好色的体认。楚王问相如能否与孔子、墨子相比，相如认为孔墨没有直面美色，不能证明其品性。而后他叙述了两则拒绝美色诱感的自身经历，一则重复了宋玉所述东邻美女之事，另一则延续了章华先生的经历，在郑卫溱洧之间遇到至美女子。与《登徒子好色赋》不同的是，相如在上宫闲馆面对的是"有女独处，婉然在床"，女子还投怀送抱，"皓体呈露，弱骨丰肌。

---

① 冯良方：《汉赋和经学》，中国社会科学出版社，2004年，第3页。
② ［梁］萧统编，［唐］李善注：《文选》（第四册）卷八，第376页。
③ 《汉书》卷八七《扬雄传》，第1043页。
④ 祝琳：《傅毅〈七激〉在七体流变中的作用》，《安徽文学》（下半月）2013年第5期。
⑤ ［清］章学诚：《文史通义》，上海书店，1988年，第98页。
⑥ ［梁］萧统编，［唐］李善注：《文选》（第一册）卷一，第1页。

时来亲臣，柔滑如脂"①。面对这样直接的肉欲刺激，"臣乃脉定于内，心正于怀。信誓旦旦，秉志不回"②。《美人赋》并没有讨论太多色与礼的关系，而是夸耀了自身强大的理性和意志力，不为情欲所动。然而，文中充斥着美色诱惑，而克制情欲只有寥寥数语。尽管主角对美色进行了正面抗拒，完成了汉赋的道德主旨，但书写美色本身便暴露了作者的好色动机，读者也从文本中获得了观赏美色的愉悦。

而在枚乘《七发》中，诗中之"理"则更加大于诗中之"情"。《七发》开篇言楚太子有疾，而吴客往问之，点明其疾源自"久耽安乐"。接着，吴客依次列举音乐、饮食、车马、宴游、田猎、观涛等天下至乐，然太子"仆病未能"。最后，吴客开出"要言妙道"这一良方，太子霍然病已，可见精神需求战胜了物质享受。该赋从贵身的角度出发，强烈批判了嗜欲安逸之为，并称美色乃"伐性之斧""甘餐毒药、戏猛兽之爪牙"③。北大藏汉简《反淫》的结构、内容与之相近④，虚构了魂子、魄子的对话，探讨了物质享受与精神追求的斗争，最终强调了要道妙说，即"天下之至道"的重要性。

东汉中叶以后，汉赋在思想内容上逐渐脱离了政治讽谏的桎梏，更多地转向了对个体道德修养和内心情感的探索和表达。社会上出现了诸多专门描写女色之丽与对女色的态度的抒情言志小赋，例如蔡邕《检逸赋》、陈琳《止欲赋》、阮瑀《止欲赋》、应玚《正情赋》以及一系列的《神女赋》等。由于不少赋已成残篇，此处暂以内容完整的阮瑀《止欲赋》为例，分析其思想内涵。

> 执妙年之方盛，性聪惠以和良。禀纯洁之明节，复申礼以自防。重行义以轻身，志高尚乎贞姜。予情悦其美丽，无须叟而有忘。思桃夭之所宜，愿无衣之同裳。怀纡结而不畅，魂一夕而九翔。出房户以踯躅，睹天汉之无津。伤匏瓜之无偶，悲织女之独勤。还伏枕以求寐，庶通梦而交神。神惚恍而难遇，思交错以缤纷。遂终夜而靡见，东方旭以既晨。知所思之不得，乃抑情以自信。⑤

这些赋通常择取一位美女为抒写对象，不但铺陈其姿容曼丽，还赞扬其品德出众，继而描绘自身倾慕相思以至神魂颠倒的状态，最终落脚到抑情止欲的主旨上。这些文学作品减少了肉欲刺激的描摹，更多的是在展现因色欲而起的"情"之状态，其主旨接近《国风》好色而不淫的境界，"盈其欲而不愆其止"⑥。知识阶层更加注重情志锻炼和自我反省，希望以更加理性的情感态度面对欲望，这显然是儒学化程度加深的一种表现。

---

① ［清］严可均辑：《全汉文》卷二十二，见《全上古三代秦汉三国六朝文》，中华书局，1958年，第245页。

② ［清］严可均辑：《全汉文》卷二十二，见《全上古三代秦汉三国六朝文》，第245页。

③ ［梁］萧统编，［唐］李善注：《文选》（第四册）卷三十四，第1560—1561页。

④ 参见傅刚、邵永海：《北大藏汉简〈反淫〉简说》，《文物》2011年第6期。

⑤ ［清］严可均辑：《全后汉文》卷九十三，见《全上古三代秦汉三国六朝文》，第973页。

⑥ ［清］王先谦撰，沈啸寰、王星贤点校：《荀子集解》卷六《大略》，中华书局，1988年，第511页。

在汉人心中，情欲与道德的完美平衡可以在婚姻中达成。蔡邕《协和婚赋》言："惟情性之至好，欢莫备乎夫妇。"① 新婚之日，新娘的美丽与婚礼之盛大相得益彰。张衡创作的五言诗《同声歌》则以新妇的口吻，描述了新婚之夜的夫妇合乐。这些描绘新婚的作品既抒写了情欲，又不失道德。反之，超越婚姻框架的情欲是不被道德认可的。蔡邕《青衣赋》极力赞扬了一位婢女的美丽和品德，甚至称其"宜作夫人，为众女师"②。然而，两人良贱有别、门第悬殊，婚姻结合自是无望，这份感情只能看作是不合礼仪的情欲，为时人所批评。

由此看，在汉代的文学作品中，其对美色的描写深刻反映了好色追求与礼义大防的男性心理矛盾。出于维护伦理等级和社会秩序的需要，好色之欲被严加防范，唯有婚姻框架下的情欲纾解才被视为正当。而文学所描绘的美女形象，实际上是男性在现实桎梏下的情色欲望的艺术代偿。这种展示美色和克制欲望的书写模式，一方面体现了男性隐藏好色愿望的虚伪，"对美色的铺陈和夸张也可以被宣布为一个守礼之士并不犯邪的证明，展览美色反而获得了检验品德的意义"③；另一方面又展现了男性沉迷女色的自觉反省，这表明汉代儒家伦理道德逐渐内化为人们自身的价值取向。另外，从社会性别的角度来看，文学书写中的美女形象全部是男性欲望的反映，其体貌神态、言行举止无不是按照男性审美标准所塑造的。这些美女形象只是一种文化符号，抽离了女性自身的情感意志，与现实存在相当大的距离。然而，文学观念对现实生活有着深刻影响，文学作品不断将美女作为男性道德考验物，实则固化了女性的情欲载体身份，进一步贬低了现实女性的个体价值。而这一思想倾向，也在汉代社会的礼法建构中得到了强化。

三、教化与刑惩："好色"的礼法规范

汉代社会对"好色"的认知，一方面是受黄老思想的影响，从治身养生的个体需求出发，强调乐而有节，另一方面则是深受儒家思想影响，关注到人欲与人伦的关系，主张以礼制欲、以刑止淫，从而维系社会秩序的稳定。

（一）以婚姻定其礼

先秦时期，儒家便在人性问题上展开了广泛而深入的思考。由于欲望的产生和满足总是与"情"有着密切关联，所以在诸多语境下，"情"也包含了"欲"的内容。情欲与生俱来，不可磨灭，但在实现情欲的满足时却很有可能引起混乱，故而要依靠"礼"来节制、调整。"饮食男女，人之大欲存焉。"④ 倘若没有礼仪限制，"男女之合，

---

① ［清］严可均辑：《全后汉文》卷六十九，见《全上古三代秦汉三国六朝文》，第853页。
② ［清］严可均辑：《全后汉文》卷六十九，见《全上古三代秦汉三国六朝文》，第853页。
③ 康正果：《风骚与艳情：中国古典诗词的女性研究》，上海文艺出版社，2001年，第84页。
④ ［汉］郑玄注，［唐］孔颖达等正义：《礼记正义》卷二十二《礼运》，（清）阮元校刻：《十三经注疏》，北京：中华书局，2009年影印本，第3080页。

夫妇之分，婚姻，娉内，送逆无礼，如是，则人有失合之忧，而有争色之祸矣"①。因此，为了规范好色之欲，先秦儒家主张男女有别与婚姻以礼。

汉代儒学继承并发展了上述观念，同样从人欲与人伦的关系角度来认识好色，并通过礼仪制度和文化观念的强化来规范人之色欲。在现实生活中，汉代女性积极参与经济生活，其身影在农业、手工业、商业等领域均有出现，两性之间的交往接触是不可避免的。因此，在"男女有别"的层面上，汉代儒家更加重视两性之间的等级差异，对性别隔离的限制则远不如后世严格。

那么，婚姻便成为汉代社会引导、规范色欲的主要途径。《淮南子·泰族训》载："故先王之制法也，因民之所好，而为之节文者也。因其好色而制婚姻之礼，故男女有别。"②《淮南子》是一部杂家著作，其思想内容留有儒家的痕迹，认为婚姻礼制是为了人的好色之情而设立，顺应了百姓的人性喜好，又对其进行了教化。董仲舒也认识道："夫礼，体情而防乱者也，民之情，不能制其欲，使之度礼。"③好色之欲不可杜绝，那么就要以婚姻之礼进行合理疏导。

婚姻既满足了男女情爱诉求，又防止了争色之乱，并且将两性关系纳入伦理秩序，从而更好地维系了社会稳定。"故《易》基乾坤，《诗》始《关雎》，《书》美厘降，《春秋》讥不亲迎。夫妇之际，人道之大伦也。礼之用，唯婚姻为兢兢。夫乐调而四时和，阴阳之变，万物之统也。"④ 在汉人看来，一方面，夫妇之合源自阴阳乾坤之理，顺乎天道；另一方面，夫妇作为家庭的基础，承担着社会生产和人口繁衍的重要使命，是人伦之开端、社会之基石。可以说，婚姻贯通了自然与人事，具备超乎寻常的伦理意义和政治价值。

（二）践德以化民

"以礼制欲"，不仅仅是以婚姻这种礼仪形式规范因人性冲动而可能产生的人伦、社会失序，在先秦、秦汉时期，先哲已在思想意识上开始了"以礼制欲"的理论建构。比如孔子曾言"非礼勿视，非礼勿听，非礼勿言，非礼勿动"，又感慨"未见好德如好色者也"等等，即是明例，此不赘言。先哲们是欲通过"教化"的手段建立起两性关系的社会道德秩序。在儒家学说中，礼义教化是自上而下推行的。"君子之德风，小人之德草，草上之风，必偃。"⑤ 在上者能率先垂范，以德化民，民众自然随之效仿。那么，对大一统的汉王朝而言，担任教化万民职责的必然是君王。《春秋繁露·王道三》曰："古之造文者，三画而连其中，谓之王。三画者，天地与人也，而连其中者，通其

---

① ［清］王先谦撰，沈啸寰、王星贤点校：《荀子集解》卷六《富国》，第176—177页。
② 何宁集释：《淮南子集释》卷二十《泰族训》，第1386页。
③ ［汉］董仲舒著，［清］苏舆撰，钟哲点校：《春秋繁露义证》卷十七《天道施》，中华书局，1992年，第469页。
④ 《史记》卷四九《外戚世家》，第1967页。
⑤ ［魏］何晏集解，［宋］邢昺疏：《论语注疏》卷十二《颜渊篇》，［清］阮元校刻：《十三经注疏》，第5439页。

道也。"① 王者顺乎天命，能够沟通天、地与人，担负着统率万物、教化万民的职责。因此在两性关系方面，君主也要以身作则，感召民众。传统史学对此的叙述，主要是从整齐后宫着手的。

皇帝当然亦有好色之欲。汉高祖刘邦发迹前，便"好酒及色"②；称帝后，又曾怀拥戚姬接受大臣周昌的奏事，遭到周昌的激烈反对，说他是"桀纣之主也"③。文帝宠爱慎夫人，携其与皇后同席，于是袁盎特意引慎夫人坐下席，并以"人豕"旧事，奉劝文帝注重妻妾之别："臣闻尊卑有序则上下和，今陛下既以立后，慎夫人乃妾，妾、主岂可以同坐哉！"故而，《后汉书》评之："高祖帷薄不修，孝文衽席无辩。"④ 言其男女无别，以乱尊卑。然而，武、元以后，后宫更为庞大，东汉"孝章以下，渐用色授"⑤。因此，大臣、儒士不断地通过道德规劝、政治讽谏等方式，以使君主能够救偏补弊，在"好色"的问题上有所收敛。

汉兴，社会上曾形成"过秦"的思潮，以期为新王朝统治提供历史借鉴。尽管秦亡与女色无过多关联，"但陆贾已看出刘邦好美姬的性格，及皇权结构的自身必酿成外戚之祸，所以在《慎微》⑥中说'夫建功于天下者，必先备于闺门之内'"⑦。至文景时期，齐、鲁、韩三家诗先后被立为官学。自此，儒家在继续发挥《诗经》礼乐教化作用的基础上，更加突出了其政治讽谏的功能。在阐述后宫秩序时，汉儒无不以《关雎》为据，特意将诗中的君子淑女，附会为君王后妃，从而描摹一种理想夫妻模式，劝诫君王后妃以身作则，树立万民典范。

齐诗、毛诗从不同角度阐述了《关雎》对后妃之德的称美。而鲁诗认为《关雎》是刺康王晏起："佩玉晏鸣，《关雎》叹之。"⑧《韩诗章句》进一步指出《关雎》本是称赞"故人君退朝，入于私宫，后妃御见有度，应门击柝，鼓人上堂，退反宴处，体安志明"⑨，后来贤人见到人君心萌淫思，"故咏《关雎》，说淑女，正容仪，以刺时"⑩。实际上，美、刺本是一体，称美为《关雎》作诗之义，刺时乃用诗之义。比如，昭宣以后，"天下俗贪财贱义，好声色……婚姻之党隆"⑪，"女宠至极，不可上

---

① ［汉］董仲舒著，［清］苏舆撰，钟哲点校：《春秋繁露义证》卷十一《王道通三》，第329页。
② 《史记》卷八《高祖本纪》，第343页。
③ 《史记》卷九六《张丞相列传》，第2677页。
④ 《后汉书》卷一〇上《皇后纪上》，中华书局，1965年，第399页。
⑤ 《后汉书》卷一〇《皇后纪上》，第400页。
⑥ ［汉］陆贾撰，王利器校注：《新语校注》卷上《慎微》，中华书局，2012年，第89页。
⑦ 徐复观：《两汉思想史》，华东师范大学出版社，2001年，第62页。
⑧ 《汉书》卷六〇《杜钦传》，第2669—2670页。
⑨ 《后汉书》卷二《明帝纪》注引，第111—112页。
⑩ 《后汉书》卷二《明帝纪》注引，第111—112页。
⑪ 《汉书》卷八一《匡衡传》，第3333—3334页。

矣"①。元帝后宫妻妾妃嫔，多得"不可常见，乃使画工图形，案图召幸之"②。为此，匡衡多次上疏，以诗讽谏。元帝初，他提出"臣窃考《国风》之诗，《周南》《召南》被贤圣之化深，故笃于行而廉于色"③，以期纠正重利轻义、嗜好声色的浮奢世风。而后元帝爱幸傅昭仪及其子甚于皇后、太子，匡衡再次上疏："福之兴莫不本乎室家，道之衰莫不始乎阃内。故圣王必慎妃后之际，别适长之位。"④ 不独匡衡，谷永也进谏云："夫妻之际，王事纲纪，安危这机，圣王所致慎也……未有闺门治而天下乱者也。"⑤ 至成帝，更是"湛于酒色"⑥，匡衡又上疏，以《关雎》咏淑女之义，劝君主"采有德，戒声色，近严敬，远技能"⑦。

引经据典、以史为鉴，均为大臣上疏的惯例，《史记》《汉书》记载尤多。比如，杜钦为了避免君王淫乱荒政，提议恢复周礼，限制后妃人数，"建九女之制，详择有行义之家，求淑女之质，毋必有色声音技能，为万世大法"⑧。王仁则多引史例，其《谏立赵皇后疏》云："夏之兴也以涂山，亡也以妹嬉。殷之兴也以有戎，亡也以妲己。周之兴也以文母，亡也以褒姒……是以圣王必慎举措，察操行，以计胜色者昌，以色胜计者亡。"⑨ 这些言论将好色与政治兴废相连，在约束君主好色的同时，也对后妃提出了更高的道德要求。

对于臣下的讽谏，君主也不得不做出回应。如成帝永始四年（前13）六月诏即云："或乃奢侈逸豫……多蓄奴婢，被服绮縠，设钟鼓，备女乐，车服嫁娶葬埋过制……列侯近臣，各自省改。"⑩ 当然，整体而言，这些回应其实并未显示出实际效果。虽然如此，汉代社会对君主品行的高度要求，也是为树立典范、教化民众而做的努力。而上述文化典籍与历史典故，也将通过多种途径，教育更多男性规范色欲：重德轻色，慎重择偶；御见有度，限制纳妾；重视内外有别，不要因色误事；严格妻妾之别，维系家庭秩序。而这，也成为传统中国社会基本的行为规范和道德要求。

（三）严刑以惩奸

汉代深刻总结秦亡教训，反思了不兴礼义、严刑峻法的严重后果，于是采取了礼法合治、德主刑辅的社会治理模式。对于两性关系的调整，主要以礼乐教化为主，努

---

① 《汉书》卷八五《谷永传》，第3460页。
② ［东晋］葛洪撰，周天游校注：《西京杂记》，三秦出版社，2006年，第68页。
③ 《汉书》卷八〇一《匡衡传》，第3335页。
④ 《汉书》卷八〇一《匡衡传》，第3340页。
⑤ 《汉书》卷八五《谷永传》，第3446页。
⑥ 《汉书》卷一〇《成帝纪》，第330页。
⑦ 《汉书》卷八一《匡衡传》，第3342页。
⑧ 《汉书》卷八一《杜钦传》，第2668页。
⑨ ［汉］荀悦撰，张烈点校：《汉纪》第二十六《孝成皇帝纪》，中华书局，2002年，第454页。
⑩ 《汉书》卷一〇《成帝纪》，第325页。

力灌输符合社会主流价值的伦理观念。"刑者德之辅,阴者阳之助。"① 礼可预防于前,法可补救于后。因此,因好色而发生的不良行为,汉律也给出了明确的惩罚措施。"汉世贵族,淫乱颇甚"②,那些"逾制"及"禽兽行",汉法皆严惩不贷。后世赵翼著《廿二史札记》,其中"汉公主不讳私夫""汉诸王荒乱"诸条,细数汉时两性关系对社会秩序的忤违之处。③《汉书》之《王子侯表》《高惠高后文功臣表》《景武昭宣元成功臣表》,以及《文三王传》《景十三王传》《武五子传》等篇,其载因"奸乱""与姊妹乱""与后母乱""未除服奸""略人妻""与王侯女通""与人妻奸""与婢奸"等状而被治罪乃至处死者也并不鲜见,于此不一一条述。

贵族、官员如此,而一般民众在两性关系失序方面所受法律的约束和惩戒,更有过之。以奸罪为例,《二年律令·杂律》载:"强与人奸者,府(腐)以为宫隶臣。"④一般情形下,破坏了社会治安的强奸犯,要在受过腐刑之后在宫中服隶臣的劳役。文帝以后肉刑废除,刑罚体系出现变化。至西汉晚期,"强与人奸者及诸有告劾言辞讼治者,与奸皆髡以为城旦。其以故枉法及吏奸驾(加)罪一等"⑤。强奸罪量刑转为"髡以为城旦",而官吏罪加一等。

对于和奸,《二年律令·杂律》规定:"诸与人妻和奸,及其所与皆完为城旦舂。其吏也,以强奸论之。"⑥《悬泉置汉简》载:"诸与人妻和奸,及所与为通者,皆完为城旦舂;其吏也以强奸论之。"⑦ 可见,西汉初期和晚期对与人妻和奸的量刑是一致的。至于官吏与人妻和奸,由于存在权力压迫的可能,并对社会风气造成不良影响,因此要视为强奸罪进行严惩。

对于严重破坏伦理秩序的犯罪行为,汉代律法则予以了严重处罚。《二年律令·杂律》载:"同产相与奸,若取(娶)以为妻,及所取(娶)皆弃市。其强与奸,除所强。"⑧ 又载:"复兄弟、孝(季)父柏(伯)父之妻、御婢,皆黥为城旦舂。复男弟兄子、孝(季)父柏(伯)父之妻、御婢,皆完为城旦。"⑨ 不论是血亲关系,还是拟

---

① [汉]董仲舒著,[清]苏舆撰,钟哲点校:《春秋繁露义证》卷十一《天辨在人》,第336页。
② 吕思勉:《秦汉史》,上海古籍出版社,2005年,第428页。
③ 详见[清]赵翼著,王树民校证:《廿二史札记校证》第2版,中华书局,2013年,第62—64页。
④ 张家山二四七号汉墓竹简整理小组编:《张家山汉墓竹简(二四七号墓)》(释文修订本),文物出版社,2006年,第167页。
⑤ 胡平生、张德芳编撰:《敦煌悬泉汉简释粹》(修订本),上海古籍出版社,2001年,第11页。
⑥ 张家山二四七号汉墓竹简整理小组编:《张家山汉墓竹简(二四七号墓)》(释文修订本),第34页。
⑦ 胡平生、张德芳编撰:《敦煌悬泉汉简释粹》(修订本),第9页。
⑧ 张家山二四七号汉墓竹简整理小组编:《张家山汉墓竹简(二四七号墓)》(释文修订本),第34页。
⑨ 张家山二四七号汉墓竹简整理小组编:《张家山汉墓竹简(二四七号墓)》(释文修订本),第34页。

制血亲关系，亲属间的奸行都为世难容。

同时，奴与主奸也是法律严厉打击的对象，《二年律令·杂律》规定："奴取（娶）主、主之母及主妻、子以为妻，若与奸，弃市，而耐其女子以为隶妾。其强与奸，除所强。"① 不过，《二年律令·置后律》提及"婢御其主而有子，主死，免其婢为庶人"②，可以推测男主与婢女的私通行为在当时不受约束，这反映了两汉社会男女性道德的双重标准。

四、结语

男女情爱出自天然，好色之欲不可杜绝，不受约束的色欲就会败坏伦理、引发争端，汉代大一统政治格局的形成，需要建立尊卑有序的整体社会秩序，而两汉社会关注到了"好色"之风对家庭关系和社会秩序可能带来的破坏性，于是规范"好色"便成为调整两性关系、强化性别秩序的重要举措，因此，就生发出以礼疏欲、以刑止淫的理念。一是强化儒家伦理在社会中的实践，强调以婚姻之礼满足基本情欲需求，将两性关系纳入伦理秩序，从而更好地维系社会稳定；二是借助汉代礼法合治、德主刑辅的社会治理模式，在对两性关系的调整上，既自上而下地推行礼乐教化，期待主政者身体力行、率先垂范，同时又将法律作为支撑和保障，强制规范"好色"之欲，维护人伦秩序、家庭秩序和社会关系；三是在儒家价值观念的影响下，使重德远色成为德性修养的重要内容。可以说，伦理、礼制和法律三方面的措施，是覆盖全社会各个阶层的；它成为一种社会主流的价值观，为知识阶层所宣教，为行政力量所提倡和引导。当然，这种道德、文化和权力的约束，肯定会对社会风气有改善作用，推进文化阶层的伦理自觉和社会治理的良政善治。然而，仅从汉代历史上看，其效果却是差强人意，先哲期盼的结果，仍有待文化的力量在历史发展过程中施展。虽然如此，从社会性别文化的角度来看，就本质而言，汉代社会对"好色"的规范，是从制度和文化着手，维系以父系血缘为核心的父权制社会组织结构的稳定性，这一目标是已经达成了的。

而且，从上文也可以看到，终两汉之世，在"性""情""礼"之间，"重色"与"礼法"经历了一个动态调适的过程。从此，"重色"和"礼法"也成为中国文化中讨论两性关系理论的概念范畴，二者在社会历史发展中此消彼长，直到近代以降西方理论体系东来，这一固有阐释模式才被打破。

---

① 张家山二四七号汉墓竹简整理小组编：《张家山汉墓竹简（二四七号墓）》（释文修订本），第34页。

② 张家山二四七号汉墓竹简整理小组编：《张家山汉墓竹简（二四七号墓）》（释文修订本），第61页。

批判与反思：汉末社会批判的理论意义[*]

高海云　蒋惟一

（聊城大学历史文化与旅游学院）

摘要：东汉后期是一个各种社会危机相互交织的衰世。在这种时代背景下，知识领域形成一股社会批判思潮。它以王符、仲长统等人为代表，以权宦势力为斗争对象，以"贤人政治"为主要政治主张，以"批判与反思"为思想特点，但从未质疑刘氏皇权统治的合法性问题。这与西汉中后期的社会批判思想形成鲜明差异。究其原因，是"东汉尚名节"风气的影响。东汉"名节"以"忠于一姓"为内核，否定异姓嬗代的可能性。综论东汉批判思想家的批判内容与反思结果，是真正厘清汉末社会批判思潮历史价值与理论意义的前提。

关键词：东汉；社会批判；贤人政治

东汉后期，随着政治统治的腐败、经学的衰落，汉末社会批判思潮应之而起。它以王符、崔寔、荀悦、仲长统等批判思想家为代表，针砭时弊，力求挽救社会危机。近世学者或基于哲学史视角，或由思想史角度出发，以批判家的"学案式"专题研究为特点，但就批判思潮的"结构性""系统化"诠释较为缺乏。以"整体性"视角重新诠释社会批判思潮的内容，方能全面把握其思想的历史与理论意义。

一、批判与反思的时代背景

在东汉后期的政治生活中，社会批判思潮是理论领域的主流。它形成的时代背景是外戚与宦官交相专权、"清流"与"浊流"相互斗争的社会状况。前者为社会批判树立了斗争对象，后者则为社会批判思潮提供了士人群体基础。

---

[*] 国家社会科学基金后期资助项目"秦汉政权合法性理论的建构与演变"（221FZSB025）、山东省社会科学规划项目"东汉儒生与文吏互动关系研究"（21CLSJ03）阶段性成果。

东汉后期，幼主嗣位，母后临朝，外戚与宦官交替专权。"朝廷日乱，纲纪颓弛"①，天灾人祸不断，"弥弥滋甚，百姓空虚，不能自赡"②，隐有倾覆之兆③。和帝时，窦太后临朝，以窦宪为侍中，内干机要，出宣诏令。此为东汉外戚专权之始。永元四年（92），和帝依靠宦官郑众，诛窦宪，灭窦氏。元兴元年（105），和帝崩，邓后"舍长立幼"，立少子刘隆为殇帝，以其兄邓骘掌政，"仪同三司始自骘也"④。次年，殇帝薨，邓后复立仅13岁的刘祜为安帝。永宁二年（121），邓后崩，安帝与小黄门李闰、乳母王圣等共潜邓氏，结果邓骘、邓遵自杀，宦官江京、李闰等得封侯，迁中常侍。此为外戚与宦官比党乱政之始。安帝亲政后，皇后阎氏一门崛起，兄弟阎显、阎景、阎耀、阎晏"并为卿校，典禁兵"，"兄弟权要，威福自由"⑤。延光四年（125），安帝崩，阎氏废太子刘保，立济北王幼子刘懿为少帝。次年，少帝死，宦官孙程等人杀阎显，迎废太子刘保为顺帝，皇后梁氏兴，梁冀辅政。建康元年（144），顺帝崩，梁氏立仅2岁的皇子刘炳为冲帝；数月后，冲帝崩，梁氏又立8岁的刘缵为质帝。质帝隐有明君之象。梁冀心有所忌，于本初元年（146）毒死质帝，另立15岁的刘志为桓帝。延熹二年（159），梁太后死，桓帝与宦官单超、徐璜等五人合谋，诛梁冀，灭梁氏。单超等五宦官同日封侯，号称"五侯"，"自是权归宦官，朝廷日乱矣"⑥。永康元年（167）桓帝崩，灵帝即位，窦太后临朝，以其父窦武为大将军，与太傅陈蕃共同辅政。建宁元年（168）九月，中常侍曹节矫诏诛窦、陈，夷其族，窦太后幽禁南宫。灵帝时，宦官集团长期控制朝政，在曹节之后，又有段珪、张让等十常侍专权。中平六年（189），灵帝崩，刘辩即位为少帝，何氏太后临朝，以其兄大将军何进与太傅袁隗辅政。何进尝欲联络朝野官僚，共诛宦者，事泄被杀。后袁绍发动兵变，"闭北宫门，勒兵捕宦者，无少长皆杀之。或有无须而误死者，至自发露然后得免。死者二千余人"⑦。此虽终结了宦官集团近三十年的专权局面，但东汉政权亦名存实亡了。如上，是东汉后期政治生活中最高权力演变的基本脉络。刘氏皇权、外戚势力、宦官集团构成了权力斗争的主线，但是，我们不能忽视另一种力量的存在——儒生群体。儒生群体不仅为汉家朝廷提供规模化的官僚队伍，也凭借其在基层民众中的影响力成为社会力量的代表。朝野士人相结合，"党人"因之而兴。

东汉后期外戚与宦官交相专权的局面，使君主失权柄而政归权宦。外戚、宦官把

---

① 《后汉书》卷六七《党锢列传》，中华书局，1965年，第2195页。
② 《后汉书》卷五四《杨震传》，第1764页。
③ 侯外庐先生曾列表总结汉末诸政治势力消长关系，参见侯外庐：《中国思想通史》第二卷，人民出版社，1957年，第335—342页。
④ 《后汉书》卷一六《邓寇传》，第612页。
⑤ 《后汉书》卷一〇《皇后纪》，第436、437页。
⑥ 《后汉书》卷七八《宦者列传》第2520页。
⑦ 《后汉书》卷六九《何进传》，第2252页。

持官员任用之权,"做朝官的主要是外戚徒党,做地方官的主要是宦官徒党,留给官僚集团的道路是不宽的。那些耿直派官僚当然感到不满,企图仕进的士人更是无路可走"①。士人群体不满于仕进之路被阻塞,他们以清流官僚和名士为领袖,以太学生、州郡学子、私学之徒等为主体②,结成一股日益庞大的政治力量,即"党人"。他们具有较为相近的儒学文化素养,又有着相对一致的名节观念和人格追求,故逐渐产生一种"共同心志"的群体意识。《后汉书·党锢列传》载:"(李)膺与廷尉冯绲、大司农刘祐等共同心志,纠罚奸倖。"③"同志"一词正是基于此产生的,如荀淑"博学有高行,与李固、李膺同志友善"④。贾彪尝"谓同志曰:'吾不西行,大祸不解。'"⑤刘陶"为人居简,不修小节,所与交友,必也同志"⑥等。士人们的"共同心志",日益表现为士人群体的联合行动。他们把"虐遍天下,民不堪命"⑦的宦官势力作为斗争目标,大兴"清议"。

所谓"清议",源于东汉后期士人们的交游风气⑧,实质是朝野士人与太学生相联合⑨,"品核公卿,裁量执政"的行为。"清议"一词,《后汉书》未见,《三国志》始见,如《三国志·吴书·张温传》曰:"(暨)艳字子休……至尚书,艳性狷厉,好为清议,见时郎署混浊淆杂,多非其人,欲臧否区别,贤愚异贯。弹射百僚,核选三署,率皆贬高就下,降损数等。"赵翼释"清议"曰:"迫朝政日非,则清议益竣,号为正

---

① 范文澜:《中国通史》(第二册),人民出版社,1978年,第185页。
② 金发根先生认为,"党人集团大致上是清流豪族的结合体",包括豪族世家及其依附他们的宗亲宾客和门生故吏。参见金发根:《东汉党锢人物的分析》,《"中研院"历史语言研究所集刊论文类编》(历史编·秦汉卷),中华书局,2009年,第1220页。实际上,在"党人"集团的主体中,还应包括数量达三万人的太学生。
③ 《后汉书》卷六七《李膺传》,第2192页。
④ 《三国志》卷一〇《魏书·荀彧传》,中华书局,1971年,第307页。
⑤ 《后汉书》卷六七《贾彪传》第2216页。
⑥ 《后汉书》卷五七《刘陶传》,第1842页。
⑦ 《后汉书》卷七八《单超传》,第2522页。
⑧ 钱穆先生认为,"东汉之季,士厌于经生章句之学,四方学者,荟萃京师,渐开游谈之风"(见钱穆:《国史大纲》,商务印书馆,2001年,第142页)。
⑨ 胡三省曾曰"太学诸生三万人,汉末互相标榜,清议此乎出"(《资治通鉴》卷五三《汉纪·本初元年》,中华书局,1956年,第1705页)。

人者,指斥权奸,力持正论,由是其名益高。"① "清议"的主要内容是关注现实政治,核心是臧否人物、裁量执政,其表现形式主要有人物鉴识、风谣与题目品藻等,如不畏强御陈仲举,九卿直言有陈蕃,天下楷模李元礼,天下好交荀伯条,天下英秀王叔茂,天下冰楞王秀陵,天下忠平魏少英,天下稽古刘伯祖,天下良辅杜周甫,天下英才赵仲经,疾恶如风朱伯厚,关东大豪戴子高,道德彬彬冯仲温,德行恂恂召伯春,等等。又如黄宪称"徵君",董扶称"致止",刘惇号"神明"。再如《太平御览》引袁山松《后汉书》曰:"太学生三万余人,榜天下士,上称'三君',次'八俊',次'八顾',次'八及',次'八厨',犹古之'八元''八凯'也。"② 名士们臧否人物往往能够左右社会舆论,影响仕进之选,故士子们为了踏入仕途,务求交结名士,如李膺"独持风裁,以声名自高,士有被其容接者,名为'登龙门'"③。这种"风谣""题名"④,通常能够概括士人的德业学行,标示个人名节。它们精炼简短,便于流布,时人一旦闻知,往往视为"公论"和"道义",具有强大的舆论威力,实在是"延誉上达"的利器。统治者常常派人到各地采访风谣,或诏举谣言,如顺帝时曾分遣八使巡行天下,采访风谣。桓帝时曾诏三辅掾属举谣言。当时的士大夫正是通过这种"清议"的方式对当时执政或知名人物的品性、德才进行简单概括,来表达自身对于现实政治的不满与期盼。他们批评宦官弄权,认为"天朝政事,一更其手,权倾海内,宠贵无极,子弟亲戚,并荷荣任,故放滥骄溢,莫能禁御。凶狡无行之徒,媚以求官,

---

① [清]赵翼著,王树民校证:《廿二史札记校证》,中华书局,1984年,第93—94页。近人就"清议"的性质有所分歧。陈寅恪先生认为"清议"是士大夫与宦官之间的斗争,"当东汉之季,其士大夫宗经义,而阉宦则尚文辞。士大夫贵仁孝,而阉宦则重智术",二者崇尚之经典与价值观有所差异,故导致其间斗争。侯外庐先生认为"清议"是以外戚为首的群体与以宦官为首的群体所产生的斗争。刘泽华先生认为"清议"是汉末固守儒家政治价值和理想的士大夫与宦官为代表的既得利益集团的冲突。余英时先生认为"清议"是士大夫群体的自觉,它既有可能与宦官发生冲突,也有可能对外戚表达不满。分见陈寅恪:《书〈世说新语〉文学类钟会撰四本论始毕条后》,载《陈寅恪史学论文选集》,上海古籍出版社,1992年,第144页;侯外庐:《中国思想史》第二卷,人民出版社,1957年,第202页;刘泽华:《中国政治思想史》(秦汉魏晋南北朝卷),浙江人民出版社,1996年,第348页;余英时:《士与中国文化》,上海人民出版社,1987年,第228页。各家学说纷纭,备列于此,以资参考。
② [宋]李昉等撰:《太平御览》卷四六五《人事部》,中华书局,1960年,第2139页。"三君"指窦武、刘淑、陈蕃;"八俊"指李膺、荀翌、杜密、王畅、刘祐、魏朗、赵典、朱宇;"八顾"指宗慈、夏馥、巴肃、尹勋、范滂、蔡衍、羊陟、郭林宗;"八及"指张俭、刘表、翟超、反抗、岑晊、檀敷、孔昱、陈翔;"八厨"指王章、度尚、刘儒、蕃向、张邈、秦周、王考、胡毋班。
③ 《后汉书》卷六七《李膺传》,第2195页。
④ 东汉"题名品藻"可考见还有:"神君(荀淑)""云中白鹤(邴原)""连璧(潘安世与夏侯湛)""八龙""二稺(周泽与孙堪)""三虎(贾彪兄弟三人)""二龙(许劭兄弟)""玉人(裴楷)""三才(刘庆孙等)""四聪(夏侯玄等)""八达(诞备等)""关西孔子(杨伯起)""关中大豪(戴子高)"等。

恃执怙宠之辈，渔食百姓，穷破天下，空竭小人"①，讽刺当权宦官为"左回天（左悺），具独坐（具瑗），徐卧虎（徐璜），唐两堕（唐衡）"②。

范晔称桓灵之世"主荒政缪，国命委于阉寺，士子羞与为伍，故匹夫抗愤，处士横议，遂乃激扬名声，互相题拂，品核公卿，裁量执政"③。顾炎武《日知录》曰："故范晔之论，以为桓、灵之间，君道砒僻，朝纲日陵，国隙屡启，自中智以下，靡不审其崩离，而权强之臣，息其窥盗之谋，豪俊之夫，屈于鄙生之议，所以倾而未颓，决而未溃，皆仁人君子心力之为。可谓知言者矣。"④当时一批名士如李膺、陈蕃、范滂、张俭等人，抨击社会黑暗，"危言深论，不隐豪强"，赢得了朝野士人的支持。《后汉书·申屠蟠传》载："先是京师游士汝南范滂等非讦朝政，自公卿以下皆折节下之。太学生争慕其风，以为文学将兴，处士复用。"⑤这些士人之间相互标榜，又与三万京师太学生们相呼应，结成一股强大的政治力量。这种政治力量具有某种"政治派别"的属性。他们以"清议"的方式，品评在朝官僚与著名士人，在社会上激荡起强大的政治舆论，致"自公卿以下，莫不畏其贬议，屣履到门"⑥。

党人的锋芒直指当朝权宦，与之发生激烈的冲突与矛盾。延熹五年（162），平羌功臣皇甫规拒绝向宦官徐璜、左悺行贿，被诬侵吞军饷，下狱。太学生张凤等三百人至宫门前力辩，结果皇甫规被免官归乡。又如太尉杨秉揭发益州刺史侯参之罪，并弹劾其兄宦官侯览，结果侯参畏罪自杀，桓帝罢免杨秉。又如中常侍具瑗曾向冀州刺史蔡衍请托，欲为其弟具恭举茂才，蔡衍不许，"乃收赍书者案之"⑦。又有曹鼎为宦官中常侍曹腾之弟，"（曹）腾使大将军梁冀为书请之，衍不答，鼎竟坐输作左校"⑧。再如刘祐为河东太守，"时属县令长率多中官子弟，百姓患之"。刘祐乃"黜其权强，平理冤结，政为三河表"。后刘祐转迁大司农，"时中常侍苏康、管霸用事于内，遂固天下良田美业，山林湖泽，民庶穷困，州郡累气"，刘祐"移书所在，依科品没入之"⑨。再如李膺为司隶校尉，时宦者张让之弟张朔为野王令，"贪残无道，至乃杀孕妇"，惧罪逃往京师，匿于兄弟之家，"藏于合柱中"。李膺"率将吏卒破柱取朔，付洛阳狱。受辞毕，即杀之"。张让"诉冤于帝"，桓帝乃召李膺"诘以不先请便加诛辟之意"，李膺回复曰："《礼》云公族有罪，虽曰宥之，有司执宪不从。昔仲尼为鲁司寇，七日而诛少正卯。今臣到官已积一旬，私惧以稽留为愆，不意获速疾之罪……特乞留五日，

---

① 《后汉书》卷四三《朱穆传》，第1472页。
② 《后汉书》卷七八《宦者列传》，第2521页。
③ 《后汉书》卷六七《党锢列传》，第2185页。
④ ［清］顾炎武著，黄汝成集释：《日知录集释》，岳麓书社，1994年，第587页。
⑤ 《后汉书》卷五三《申屠蟠传》，第1752页。
⑥ 《后汉书》卷六七《党锢列传》，第2186页。
⑦ 《后汉书》卷六七《党锢列传》，第2209页。
⑧ 《后汉书》卷六七《党锢列传》，第2209页。
⑨ 《后汉书》卷六七《党锢列传》，第2199—2200页。

克殄元恶,退就鼎镬,始生之愿也。"① 可见,党人已经成为一种不容忽视的政治力量,他们在同权宦势力的斗争中表现出不畏威权的名节,而这也使他们积累起更大的名声。

相较于"清议"和"党人"反对宦官势力的直接斗争方式而言,社会批判思潮是在理论领域的另一种斗争方式。理论上的建构、创造,又反过来影响士人群体在社会实践中的所言所行。从"理论与实践"相结合的角度而言,社会批判思潮的兴起,渊源有自。

二、社会批判思潮的理论内容

除以实际行动反抗权宦势力以外,还有一些有识之士通过著书立说,对社会现实进行深入的反思和批评。他们将批判的锋芒指向当政的外戚、宦官集团,甚或批评昏君、暗主,力求挽救社会危机;其政治主张的核心在于要求君主推行"贤人政治",恢复正常、正统的统治秩序。

(一) 批判权宦,要求君明

汉末社会批判思潮中,外戚、宦官集团是最主要的抨击对象。思想家们认为,外戚与宦官交相掌政,权倾朝野,腐朽黑暗,是社会混乱疲敝的根源。仲长统尝谓:"权移外戚之家,宠被近习之竖,亲其党类,用其私人,内充京师,外布列郡,颠倒贤愚,贸易选举……怨气并作,阴阳失和,三光亏缺,怪异数至,虫螟食稼,水旱为灾,此皆戚宦之臣所致然也。"② 仲氏将社会祸乱的原因,甚或是自然灾害的频仍,都推到外戚、宦官身上,这不免有失公允,却反映了他对权宦专政的强烈不满。他总结外戚专权之害,曰:"汉兴以来,皆引母妻之党为上将,谓之辅政,而所赖以治理者甚少,而所坐以危亡者甚众。"③ 他还列举元帝用宦官石显、灵帝用侯览、曹节等例,指出朝政委于宦官会导致"政令多门,权利并作。迷荒帝主,浊乱海内"④。左雄也曾指陈当时官僚机构运作几近瘫痪,认为"选代交互,令长月易,迎新送旧,劳扰无已,或宫寺空旷,无人案事,每选部剧,乃至逃亡"⑤。行政废弛,政令不通,自然会造成全社会政事的混乱。居官者专务腐败贪墨,盘剥百姓,"视民如寇仇,税之如豺虎","损政伤民,和气未洽,灾眚不消,咎皆在此"⑥。贪官污吏横行,狼狈成奸,整个官僚队伍腐化严重。王符认为东汉末期正逢衰世,大小官吏无不贪残暴虐,侵渔百姓,"刺史、守

---

① 《后汉书》卷六七《党锢列传》,第2194页。
② 《后汉书》卷四九《仲长统传》,第1657页。
③ [清]严可均辑:《全上古三代秦汉三国六朝文》,中华书局,1958年,第952页。
④ [清]严可均辑:《全上古三代秦汉三国六朝文》,第952页。
⑤ 《后汉书》卷六一《左雄传》,第2019页。
⑥ 《后汉书》卷六一《左雄传》,第2017页。

相，率多怠慢，违背法律，废忽诏令，专情务利，不恤公事。细民冤结，无所控告"①。他提出官吏的品级与罪责的大小成正比，认为"衰世群臣诚少贤也，其官益大者罪益重，位益高者罪益深"②。

思想家们还抨击东汉后期朝野奢侈之风，如郎𫖮曰"方今时俗奢佚，浅恩薄义"，"宫殿官府，多所构饰"，"又西苑之设，禽畜是处，离房别观，本不常居，而皆务精土木，营建无已，消功单贿，巨亿为计"③。统治者大兴土木，耗费靡滥，百姓负担极其沉重，故郎𫖮要求"诸所缮修，事可省减，禀恤贫人，赈赡孤寡"，认为"去奢行俭"乃"天之意也，人之庆也，仁之本也，俭之要也"④。王符曾揭露豪富的奢侈之风，曰："或刻画好缯，以书祝辞；或虚饰巧言，希致福祚；或靡折金綵，令广分寸；或断截众缕，绕带手腕；或裁切绮縠，缝缀成幡。皆单费百缣，用功千倍，破牢为伪，以易就难，坐食嘉谷，消损白日。"⑤他认为这种奢靡的生活会造成社会财富的极大浪费，无益于社会生产，"皆所宜禁者"⑥。王符还由贫富差距的角度分析，一方面提出"贫生于富"，抨击奢侈之风；另一方面痛斥不务正业的游闲之人，认为他们败坏世风，不利于社会生产。他说："今民奢衣服，侈饮食，事口舌，而习凋欺，以相诈绐，比肩是也。或以谋奸合任为业，或以游敖博弈为事；或朦丁夫世不扶犁锄，怀丸挟弹，携手遨游。"⑦政治的良莠，是关乎社会安定、人民生计的重要因素。思想家们对于东汉末期弊政的揭露、批判，直指政治统治的权力核心，影响深远。

君臣关系关乎治政之效。思想家们在抨击时政的同时，为恢复君臣纲纪，试图重新设计君臣关系：明君秉政，贤臣为辅，君臣调和。王符曾明确提出："国之所以治者，君明也；其所以乱者，君暗也。"⑧并将"明"作为君主最高美德的体现，认为"人君之称，莫大于明；人臣之誉，莫美于忠"⑨。批判思想家们首先肯定君主在政治生活中的主导地位，将君主看成是重整统治秩序的领袖。崔寔认为，在君臣关系中，君主是关键，他将国家混乱的根源归咎于君主的昏暗，列举暗主的种种表现，批评君主奢靡享乐，曰："后宫采女五六千人，从官侍使复在其外。冬夏衣服，朝夕禀粮，耗费缣帛，空竭府藏，征调增倍，十而税一，空赋不辜之民，以供无用之女，百姓穷困于外，阴阳隔塞于内。"⑩上述诸人的言论，皆认为昏君暗主必然导致社会动荡和危机，

---

① [东汉]王符著，汪继培笺，彭铎校正：《潜夫论笺校正》，中华书局，1985年，第208页。
② [东汉]王符著，汪继培笺，彭铎校正：《潜夫论笺校正》，第92页。
③ 《后汉书》卷三〇《郎𫖮传》，第1054、1054—1055、1058页。
④ 《后汉书》卷三〇《郎𫖮传》，第1055页。
⑤ 《后汉书》卷四九《王符传》，第1635页。
⑥ 《后汉书》卷四九《王符传》，第1635页。
⑦ [东汉]王符著，汪继培笺，彭铎校正：《潜夫论笺校正》，第123页。
⑧ [东汉]王符著，汪继培笺，彭铎校正：《潜夫论笺校正》，第54页。
⑨ [东汉]王符著，汪继培笺，彭铎校正：《潜夫论笺校正》，第356页。
⑩ 《后汉书》卷六二《荀爽传》，第2055页。

若不采取挽救措施,则帝祚必倾。在他们看来,君主的职责在于为民服务,君主失德,则举国乱亡。君主的明与暗,决定国家的治与乱,君主能"明",则臣下定当尽忠职守,"是以忠臣必待明君乃能显其节,良吏必得察主乃能成其功。君不明,则大臣隐下而遏忠,又群司舍法而阿贵"①。

  荀悦同样肯定君与臣皆为治政的主体,认为"非天地不生物,非君臣不成治。首之者天地也,统之者君臣也"②。他把君臣与天地相比类,认为君臣的统治地位是天经地义的事情。他曾划分君臣之品,将君主分为明主、圣王和暗主、凡主,将臣子分为忠臣和邪臣、谄臣;既反对君主独裁一切,又反对臣下夺主威权,并认为明君忠臣是最理想的君臣关系。荀悦主张为人臣者,在忠君之余,不能一味顺从君主之意,而要对君主过失及时指正,只有这样才算是真正尽忠。忠臣不能仅仅俯首帖耳,唯命是从,而要以匡正君主之过为务。他斥责那些只知服从的臣子,曰:"人臣有三罪,一曰导非,二曰阿失,三曰尸宠。以非引上谓之导,从上之非谓之阿,见非不言谓之尸。导臣诛,阿臣刑,尸臣绌。"③ 此所谓"三罪",归结到一点,就是对君主过失的放任。基于此,荀悦提出所谓"进忠三术":"一曰防,二曰救,三曰戒。先其未然谓之防,发而止之谓之救,行而责之谓之戒。防为上,救次之,戒为下。"④ 他又提出所谓"从道不从君"的命题,曰:"违上顺道,谓之忠臣;违道顺上,谓之谄臣。忠所以为上也,谄所以自为也。忠臣安于心,谄臣安于身。"⑤ "从道不从君"远承先秦儒家的传统,荀悦重提此义的最终目的不是为了限制王权,而是以巩固王权统治秩序为目的,他所防、所救、所戒的不过是昏君暗主的过失,若当朝者是明君圣王,自不会有什么臣子"违上顺道"之事发生。

  在维护君统的同时,东汉末的思想家们又强调治世必须有贤臣辅佐。如崔寔曰:"自尧舜之帝,汤武之王,皆赖明哲之佐,博物之臣。故皋陶陈谟而唐虞以兴,伊、箕作训而殷周用隆。及继体之君,欲立中兴之功者,曷尝不赖贤哲之谋乎。"⑥ 如果尧舜、汤武之类的圣王没有皋陶、伊尹、箕子之类的贤臣为辅,很难成就大业。明君必有贤臣方能治世清明。君臣之间应当建立起一种协调一致的关系,故崔寔陈述他心目中理想的君臣模式,曰:"国有常君,君有定臣,上下相安,政如一家。"⑦

  王符认为明君必须能够做到兼听、纳谏、任贤使能,并要求君主加强自身修养。

---

① [东汉] 王符著,汪继培笺,彭铎校正:《潜夫论笺校正》,第362页。
② [战国] 荀悦:《申鉴》卷四《杂言》,"丛书集成初编本",(长沙)商务印书馆,1937年,第17页。
③ [战国] 荀悦:《申鉴》卷四《杂言》,第18页。
④ [战国] 荀悦:《申鉴》卷四《杂言》,第18页。
⑤ [战国] 荀悦:《申鉴》卷四《杂言》,第19页。
⑥ 《后汉书》卷五二《崔寔传》,第1725页。
⑦ [清] 严可均辑:《全上古三代秦汉三国六朝文》,第725页。

在他看来，兼听或偏信是区分明君或暗主的主要标准之一，"君之所以明者兼听也，其所以暗者偏信也。是故人君通心兼听，则圣日广矣；庸说偏信，则愚日甚矣"①。君主施政时，要能广泛采纳群臣意见，然后做出正确、可行的决策，不可凭借自己的主观臆断，肆意而为。王符把当时朝政中君主"偏信"的原因归咎于权宦的专权。因为权宦把持仕进之路，使贤臣不能进，而专利之徒显贵于朝，导致"听塞于贵重之臣，明蔽于骄妒之人"②。他认为"人君常有过"，君主要善于纳谏，接受贤臣的批评，广开言路，这样才能减少决策失误。他将"纳谏"奉为"神明之术"，如果君主失去此术，就会"令臣钳口结舌而不敢言。此耳目所以蔽塞，聪明所以不得也"③。他还要求君主提高个人道德修养，注重个人品行，以起到表率作用，使上行下效，"民固随君之好"④，"人君身修正，赏罚明者，国治而民安"⑤。需要指出的是，王符所主张的君主兼听、纳谏，同样不是要削弱君主的政治权威，实际上恰恰相反，他的这些主张是以巩固君主的最高权威为核心的。他所针对的主要是权宦当道、君主失权的现状，强调君主主政的重要性与必要性。他说："制下之权，日陈君前，而君释之，故令群臣懈弛而背朝。此威德所以不照，而功名所以不建也。"⑥ 为了改变这种状况，王符要求君主必须"明操法术""自握权秉"。他说："夫术之为道也，精微而神，言之不足，而行有余；有余，故能兼四海面照幽冥。权之为势也，健悍以大，不待贵贱，操之者重；重，故能夺主威而顺当世。是以明君未尝示人术而借下权也。"⑦ "所谓术者，使下不得欺也；所谓权者，使势不得乱也。术诚明，则虽万里之外，幽冥之内，不得不求救；权诚用，则远近亲疏，贵贱贤愚，无不归心矣。"⑧ 在王符看来，"术"具有某种"道"的属性，不能以言语说明，"术"主要是要运用于政治实践中体现其在治道中的作用；"权"为权势，操"权"则能威行当世，所以明君要藏其"术"而深用之，握其"权"而威行之。王符这种对于"权""术""势"的强调，可以说是对法家权术理论的借鉴，实际上也是东汉自光武帝始所主张的"经术"与"文法"并重政治路线的另一种阐述。

（二）"贤人政治"

东汉末的社会批判思想家们抨击昏君暗主、权宦专权的最终落脚点，在于期盼统治者能够任贤使能，推行"贤人政治"。他们首先批判当时吏治腐败的现实，继而集中

---

① ［东汉］王符著，汪继培笺，彭铎校正：《潜夫论笺校正》，第54页。
② ［东汉］王符著，汪继培笺，彭铎校正：《潜夫论笺校正》，第55页。
③ ［东汉］王符著，汪继培笺，彭铎校正：《潜夫论笺校正》，第360页。
④ ［东汉］王符著，汪继培笺，彭铎校正：《潜夫论笺校正》，第23页。
⑤ ［东汉］王符著，汪继培笺，彭铎校正：《潜夫论笺校正》，第307页。
⑥ ［东汉］王符著，汪继培笺，彭铎校正：《潜夫论笺校正》，第360页。
⑦ ［东汉］王符著，汪继培笺，彭铎校正：《潜夫论笺校正》，第364页。
⑧ ［东汉］王符著，汪继培笺，彭铎校正：《潜夫论笺校正》，第357页。

讨论官吏选任、考课等问题，表达的是朝野士人对于仕途不畅的不满。

东汉末年，选官的运作为外戚、宦官、豪族所操纵，在仕途上出现"名实不相副，求贡不相称"①、"官无直吏，位无良臣"②的局面，王符揭露东汉后期吏治腐败、所用非人的现象，曰："群僚举士者……名实不相副，求贡不相称。富者乘其财力，贵者阻其势要。以钱多为贤，以刚强为上。凡在位所以多非其人，而官听所以数乱荒也。"③他发出"今汉土之广博，天子尊明，而曾无一良臣"④的感叹，认为国家欲长治久安，士风良美，就必须真正做到"赏贤使能"。他说："臣者治之材也。工欲善其事，必先利其器。是故将致太平者……必先安其人；安其人者，必先审择其人。"⑤贤者的重要性，关涉国家兴亡，"国以贤兴，以谄衰"⑥。

在朝野士人贤愚难分、假贤猖獗的背景下，王符强调"真贤"的作用，认为贤能与否不在于贫富贵贱，"所谓贤人君子者，非必高位厚禄富贵荣华之谓也，此则君子之所宜有，而非其所以为君子者也。所谓小人者，非必贫贱冻馁困辱阨穷之谓也，此则小人之所宜处，而非其所以为小人者也"，"故君子未必富贵，小人未必贫贱"⑦。基于此，他反对权宦之家世袭官位的现象，提出"苟得其人，不患贫贱；苟得其材，不嫌名迹"⑧的用人原则。只要是"真贤"，不论出身贵贱，地位高下，皆应委政事而重用之。何谓"真贤"？王符给出标准，曰："不损君以奉佞，不阿众以取容，不堕公以听私，不挠法以吐刚，其明能照奸，而义不比党。"⑨在他眼中，"真贤"必是刚正不阿、克己奉公、材足治平之人。

仲长统也提出用人原则，曰"官人无私，唯贤是亲"⑩，把"德"与"才"作为选官的基本标准，反对以"阀阅"取士的做法。他说："今反谓薄屋者为高，藿食者为清，既失天地之性，又开虚伪之名，使小智居大位，庶绩不咸熙，未必不由此也。得拘挛而失才能，非立功之实也。以廉举而以贪去，非士君子之志也。夫选用必取善士。"⑪所谓"善士"即德才兼备之士，其特征为："使通治乱之大体者，总纲纪而为

---

① ［东汉］王符著，汪继培笺，彭铎校正：《潜夫论笺校正》，第68页。
② ［东汉］王符著，汪继培笺，彭铎校正：《潜夫论笺校正》，第151页。
③ ［东汉］王符著，汪继培笺，彭铎校正：《潜夫论笺校正》，第68页。
④ ［东汉］王符著，汪继培笺，彭铎校正：《潜夫论笺校正》，第159页。
⑤ ［东汉］王符著，汪继培笺，彭铎校正：《潜夫论笺校正》，第90页。
⑥ ［东汉］王符著，汪继培笺，彭铎校正：《潜夫论笺校正》，第151页。
⑦ ［东汉］王符著，汪继培笺，彭铎校正：《潜夫论笺校正》，第32、34页。
⑧ ［东汉］王符著，汪继培笺，彭铎校正：《潜夫论笺校正》，第91页。
⑨ ［东汉］王符著，汪继培笺，彭铎校正：《潜夫论笺校正》，第98页。
⑩ ［东汉］王符著，汪继培笺，彭铎校正：《潜夫论笺校正》注引《群书治要》载《昌言》，第308页。
⑪ 《后汉书》卷四九《仲长统传》，第1655页。

辅佐；知稼穑之艰难者，亲民事而布惠利"①，能够沟通君主与民众，擅长治世之术。至于那些依靠家族门荫登用大位，尸位素餐者，自然不在仲长统所言的"善士"之列。仲长统认为朝野固有贤人："丁壮十人之中，必有堪为其什伍之长，推什长已上，则百万人也。又十取之，则佐史之才已十万人也。又十取之，则可使在政理之位者万人也。"② 在他看来，整个社会的民众都在选贤的范围之内，贤才之储备众多，用之不竭，非谓国无贤士，问题只在于国家未能选用贤人。

王符等人还对官吏的任免、考课提出一系列建议。王符认为统治者用人应当审慎，"为官择人，必得其材，功加于民，德称其位"③。这关系到国家行政的好坏，"国家存亡之本，治乱之机，在于明选而已矣"④。因而，他强调对被选之士进行"考功"，认为"凡南面之大务，莫急于知贤；知贤之近途，莫急于考功。功诚考则治乱暴而明，善恶信则直贤不得见障蔽，而佞巧不得窜其奸矣"⑤。人才被选后，则要"量才授任"，按照其真才实学，授以不同等级的官职，使士人能够才称其位，各为其用。仲长统明确提出人才能力的高下，当与其所任官职的高下相匹配，"一伍之长，才足以长一伍者也；一国之君，才足以君一国者也；天下之王，才足以王天下者也"⑥。统治者做到选贤任能，量才任用，则可保障国家行政制度的正常、有效运作，从而使朝野清明，君臣纲纪得序，刘氏皇权稳固。

三、理论意义及学理根源

汉末社会批判思潮，是汉代政治与精神生活领域的重要内容，在中国思想发展史上有着独特的历史价值和理论意义。东汉末批判思想家们的矛头直指权宦当道的社会危机，希望昏君消亡、明君降世，希望明主能够重整皇权统治的正常秩序。在他们看来，东汉末期的外戚与宦官交相专权，严重削弱皇帝的政治权威，是一种"畸形"的统治形态。君臣纲纪失序，士人官僚无以推展其政治抱负。士人们因之基于共同的斗争目标与政治利益而结成团体，谋求群体利益与价值取向的实现。然而，这一思潮虽然对社会现实政治的各种危机竭力批判，思想家们却从未质疑刘氏一姓统治的合法性、合理性。他们是以刘氏皇权统治的"捍卫者"角色自居的，他们批判的最终目的和诉求无外乎是想将现实政治秩序拉回到它本来的"正常秩序"。

东汉社会批判思潮，与西汉儒生批评现实的思维理路截然不同。西汉统治者运用

---

① ［清］严可均辑：《全上古三代秦汉三国六朝文》，第948页。
② 《后汉书》卷四九《仲长统传》，第1654页。
③ ［东汉］王符著，汪继培笺，彭铎校正：《潜夫论笺校正》，第82页。
④ ［东汉］王符著，汪继培笺，彭铎校正：《潜夫论笺校正》，第90页。
⑤ ［东汉］王符著，汪继培笺，彭铎校正：《潜夫论笺校正》，第62页。
⑥ 《后汉书》卷四九《仲长统传》，第1653页。

"五德终始说"论证刘氏建汉的合法性①，再加上董仲舒"三统论"的论述，必然使儒生在思想上认为任一朝代皆有统治时限。当一姓皇权所接受的"天命"达到时限，新的"天命"出现时，就会天然地发生朝代更迭。西汉后期有眭孟的"异姓嬗代说"及甘忠可、夏贺良的"更受命说"的出现。即便是刘氏宗室子弟出身的刘向，也曾提出"天命所授者博，非独一姓"②。他们在西汉末期鼓荡出一种"汉运将终"的思潮，实际是对西汉刘氏统治的正统性、合法性提出了怀疑、质疑甚或否定，最终促成新莽代汉。有鉴于此，东汉自光武帝始，通过规范经学、"吏化"儒生的方式，竭力使儒学"意识形态化"，使儒生成为朝廷的"职业官僚"③。在东汉统治者眼中，现实皇权统治的合法性问题是不允许讨论的，更不能质疑。士人们被绑定在刘氏一姓皇权的马车上。王符、仲长统、崔寔、荀悦等人的社会批判思想，始终以维护刘家天下为政治目的，从未质疑刘氏统治是否合法，更没有滋生出任何"新王代兴"的学说。他们不满的是现实统治秩序的"失序"，他们要求的是政治秩序回复到士人心目中的"理想"状态。

东汉末批判思想家们要求皇权"选贤任能"，他们提供了"贤人"的标准、用贤的原则、官员考课的内容等具体建议。这些主张出于当时士人群体对仕途不畅的不满，寄望于皇权能够推行"贤人政治"，摒弃权宦势力对察举制度运作过程的操纵。他们试图为东汉王朝寻找一条"救世"出路，他们的方案不外乎强化君主集权、选贤任能，谋求皇权的接纳与尊崇。尽管他们也曾举起"刑德并举""礼法兼用"的主张，却不过是光武帝以来所奉行之"经术"与"吏化"并重的政治路线的回诉。换言之，在王符等人的心目中，所谓"建武、永平之政"才是他们"理想"的治世状态。他们不可能如西汉儒生那般质疑刘氏皇权的合法性，也从未寻找新的"天命之人"。在这一层面看，东汉社会批判思潮早已失却了兴于先秦且在西汉末年尚有"余绪"的"志于道"的价值传统。他们在思想上没有形成一套"系统化"的政治理论体系，更不存在利用这种"政治理论体系"去改造社会现实的思维逻辑。

两汉社会批判之差异的形成原因，就学理与价值层面而言，显然与光武帝以来所崇尚的"名节"观念直接相关。东汉的"名节"以"忠"为核心，强调的是"忠于一姓"的观念。这种"名节"观念兴立的途径是"移孝作忠"，并通过树立忠君典范的方式，要求世人效法之。"孝"作为儒家所主张的基本伦理观念，基本内涵是"父家长制"，要求人们绝对遵从"父家长"，从而在外在表现上呈现"服从权威"的精神。"孝"反映在国家权力运作中，是要建立一种由下而上"层级"服从的等级秩序。所

---

① 尽管汉代的德运问题经历了汉初高祖、张苍的"水德说"，贾谊、公孙臣所主张并为武帝确认的"土德说"，刘歆的"火德说"，但其理论逻辑始终是"五德终始"。就汉代"德运"问题的演变及其演变的政治与学理根源，拟另撰文讨论。

② 《汉书》卷三六《楚元王传》，第1950页。

③ 关于光武帝"重儒"与"吏化"问题的论述，可参见高海云：《东汉政治与学术演变》第二章、第三章，中国社会科学出版社，2023年，第37—112页，113—142页。

谓"服从权威",成为对社会上每一成员最基本的要求。于是,"孝道"就成了所有汉代纲常伦理的根基。西汉统治者将"孝"的精神与汉家政治秩序相结合,"以孝治天下",但未能达到统治的永续。光武帝对"孝"的作用有着清醒的认知,它希望通过"移孝作忠"的方式,将"忠"凸显于"孝"之上,要求臣子必须"尽忠于国,事君无二"①。章帝时,大鸿胪韦彪曾上书讨论"忠"与"孝"的沟通问题,他说:"夫国以简贤为务,贤以孝行为首。孔子曰:'事亲孝故忠可移于君,是以求忠臣必于孝子之门。'"②"忠"出于"孝",以"孝"为基础,是"孝"的结果。"东汉君臣的着眼点集中于人臣移孝作忠,事君无二和贤臣廉吏兴化举善,可知纲常名教的核心是一种旨在选才任贤以兴化忠臣顺民的忠孝之道,其政治功效在于强化君臣尊卑等级,社会功效则是强化人们服从权威,忠顺长上的社会伦常行为规范,以巩固东汉王朝的统治秩序。"③"移孝作忠"的结果,是强调臣子对于君主的"绝对忠诚",在纲常伦理中将君统置于父统、夫统之上。只有忠于君主,才能使父权、夫权得到皇权政治的保障。这种"忠孝节义"的名节观念,贯穿于整个东汉一代,虽然在东汉中期以后出现了"名实相悖"的现象,也在东汉后期出现过名节评判标准的新变化,但"忠君"这一内核始终是君臣思想、价值及言行的最根本观念。王符等东汉末社会批判思想家们之所以从未质疑刘氏一姓皇权合法性的学理根源,便是因为"忠君"观念内化入他们的思想之中。

四、结论

东汉社会批判思潮,源出于社会危机之中,是批判思想家挽救社会危机的理论创造。"批判"是外在形式,"反思"是救世方案在思想家心中的内化过程。王符等人"反思"过程是积极的、理性的,在当时的影响也是巨大的。然而,这一思潮的局限性也十分明显。它所"反思"的内容皆是当时最直接的社会问题,提出的"救世"方案也没有超越前人政治理论的范畴。它有浓厚的现实意义,却没有多少"思想"新义。东汉历来被视为"经学时代",经师巨儒辈出,然东汉一代在思想领域的"创造"并不繁荣。东汉经师们孜孜以求的不过是经学内部的论争与融合,主要表现为今、古文经学之争,经学与谶纬的融合。东汉除《白虎通》外,富于"思想性"理论著述并不多见。

---

① 《后汉书》卷二六《冯勤传》,第910页。
② 《后汉书》卷二六《韦彪传》,第918页。
③ 刘泽华:《中国政治思想史》(秦汉魏晋南北朝卷),浙江人民出版社,1996年,第335—336页。

试析《汉书·地理志》中户口内容的创设理念

李昊林

（郑州大学地球科学与技术学院）

摘要：《汉书·地理志》首次将户口数作为一项地理内容予以记载，学界通常认为这与当时户籍制度的建立有重要关系。然而，这一观点只强调了户口数在《汉书·地理志》中出现的客观条件，而未揭示班固如此撰写的原因。借助对班固《白虎通义》的解析，可发现"户口"具有指示各郡国等第的意义，班固将分封制下诸侯国等第（以爵位与封土为指标）的变动类比成郡县制下地方长官的迁转。因此，《汉书·地理志》将封国与郡县视为前后相继的地方管理制度，其叙周代封国等第次序时用爵位与封土的差异作为指标，记汉代郡国时则用户口数来指示等第次序，以上创设理念均可从《白虎通义》中找到对应。

关键词：《汉书·地理志》；户口；等第；《白虎通义》

班固《汉书·地理志》（以下简称《汉志》）中的户口数是我国现存最早的全国人口统计数字，然而这一项内容为何会首次出现在《汉志》中，前辈学者多将其归因于当时户籍制度的建立，如梁方仲、林甘泉均曾言此。[①] 但是，这种解释至多揭示了人口数字出现在《汉志》中的充分性，即当时存在人口调查制度，而没有提及必要性，即为何人口数字会被班固重视且记录在《汉志》中。班固向有良史之称，故《汉志》中所载各项内容、数字均有其书写理念。那么，应该如何理解户口数字在《汉志》中的存在意义？下文将从《汉志》书写体例以及户口数在日常行政中的书写惯例等角度试作分析。

---

① 分见梁方仲编著：《中国历代户口、田地、田赋统计》，中华书局，2008年，第21页；林甘泉主编：《中国经济通史·秦汉经济卷》，经济日报出版社，1999年，第119页。

一、户口内容在《汉书·地理志》中的结构意义

《汉书·地理志》作为古代正史中的第一部地理志书,包含了政区、地名沿革、山川地物、户口、风俗、分野等诸多门类的信息,作为主体部分的则是西汉郡国县道政区的内容。其中户口内容的书写体例主要是在叙各郡国名称、沿革之后,列出本郡(国)的户数与口数。虽然,除各郡国户口数外,《汉志》叙长安、茂陵等五县时也注明了户口数,以及叙洛阳、宛等五县时注明了户数。但从总体上讲,《汉志》中的户口数字主要还是郡国一级的。

班固撰《汉志》时能获得西汉各郡国的户口数字,有赖于秦汉时期户籍制度的建立。《汉志》户口数字的史源是郡国上计文书汇编成的集簿,如东汉胡广言"秋冬岁尽,各计县户口垦田,钱谷入出,盗贼多少,上其集簿"①。出土文献也可以证明《汉志》所包含的政区、户口信息确实在郡国集簿中都有反映。②

如前文所言,上计文书或集簿只是提供了人口资料,这种资料让班固具备了列举郡国户口的可能性,但这一举措的必要性却无法得到解释。须知上计文书并非仅有政区、户口之内容,这两项内容其实是班固刻意选取出来的。如尹湾汉墓简牍所见西汉东海郡《集簿》就包含了乡里亭邮数目、吏员设置、垦田数字、钱谷收支等信息。③以垦田数字为例,此项内容其实在《汉志》中也有所反映:

> 讫于孝平,凡郡国一百三,县邑千三百一十四,道三十二,侯国二百四十一。地东西九千三百二里,南北万三千三百六十八里。提封田一万万四千五百一十三万六千四百五顷,其一万万二百五十二万八千八百八十九顷,邑居道路,山川林泽,群不可垦,其三千二百二十九万九百四十七顷,可垦不可垦,定垦田八百二十七万五百三十六顷。民户千二百二十三万三千六十二,口五千九百五十九万四千九百七十八。汉极盛矣。④

班固所言"汉极盛"的四大量化指标,就是其所掌握的全国的政区数目、疆域道里、田亩数字和户口数字。而由于上计文书必然提供垦田数字,可以想见班固在参考上计文书或集簿时,也同样掌握了垦田数,他完全可以记录下各地垦田数,且这一行为还可算是接续了《禹贡》记录九州田、赋等级的传统。但结果却是,户口数字得到了班

---

① 《续汉志》,载《后汉书》志第二八《百官志五》,中华书局,1965年,第3623页。
② 谢桂华:《尹湾汉墓所见东海郡行政文书考述》,载连云港市博物馆、中国文物研究所编:《尹湾汉墓简牍综论》,科学出版社,1999年,第25页;马孟龙:《汉成帝元延三年侯国地理分布研究》,《历史研究》2011年第5期。
③ 连云港市博物馆、东海县博物馆、中国社会科学院简帛研究中心、中国文物研究所编:《尹湾汉墓简牍》,中华书局,1997年,第77页。
④ 《汉书》卷二八下《地理志下》,中华书局,1962年,第1639页。

固的青睐，得以用郡国分叙的形式展现，而垦田数字却无此殊荣。那么户口数字的特殊性体现在何处？

　　人口调查制度在中国早有渊源，可追溯到商周时代①，但把户口作为一项地理内容予以记载，并非早期地理文献的惯例，只能归功于班固的创设。比如《汉志》所征引的《尚书·禹贡》《周礼·职方》两篇早期地理文本，就对户口并不关注。《周礼·职方》中分叙九州之男女比例的内容看似与人口相关，如扬州"民二男五女"② 之语。按西晋孔晁注《逸周书》所言这体现的是"九州土气生民，男女各不同"③，清代孙诒让解释为"此经扬、荆、豫、兖、幽、并六州，皆女多于男，雍、冀二州则男多于女，《淮南子·墬形训》云'山气多男，泽气多女'是也"④。因此，叙九州之男女比例体现的是古人对自然环境与生育性别比例之间关系的认识，即如葛剑雄所言"它多少反映了作者对当时各地男女结构比例的直觉印象"⑤，而与户口数字的关联则不够密切。总之，从《汉志》以前的经典文献中，无法找到记录人口地理分布的文本渊源。

　　《汉志》中的内容设计一方面会受到资料来源的影响，但同样会因作者的撰述意图而取舍。尤其在没有前例可循的情况下，班固在资料的裁剪、编辑并使之条理化方面用功甚巨，因此，户口内容的创设，必然要符合其文本的内在逻辑。

　　在《汉志》中，黄帝"方制万里，画野分州，得百里之国万区"⑥ 成为地理之学的出发点，《汉书·叙传》也有言《汉志》"分州域，物土疆"⑦ 的表述。显然班固以行政区划作为《汉志》的核心议题，户口的地理分布内容则从属于政区叙述之中。以至后世司马彪概况《汉志》的内容为"记天下郡县本末，及山川奇异，风俗所由"⑧。在《汉志》的内容书写中，户口是从属于政区而位列郡国沿革之后，这或许意味着，户口数本身也是一种政区属性，这就很容易联想到户口数字在汉代行政中发挥的一项重要功能，即作为评价政区等第时的量化指标。

---

① 葛剑雄：《中国人口史》第一卷《导论：先秦至南北朝时期》，复旦大学出版社，2002 年，第 215—224 页。
② 《汉书》卷二八上《地理志上》，第 1539 页。
③ 黄怀信、张懋镕、田旭东撰：《逸周书汇校集注》（修订本）卷八《职方解第六十二》，上海古籍出版社，2007 年，第 977 页。
④ ［清］孙诒让撰，王文锦、陈玉霞点校：《周礼正义》卷六三《职方氏》，中华书局，1987 年，第 2645 页
⑤ 葛剑雄：《中国人口史》第一卷《导论、先秦至南北朝时期》，第 67 页。
⑥ 《汉书》卷二八上《地理志上》，第 1523 页。
⑦ 《汉书》卷一〇〇下《叙传下》，第 4271 页。
⑧ 《续汉志》，载《后汉书》志第一九《郡国志一》，第 3385 页。

二、郡国户口数字暗含的等第意义

"等第"一词最早见于《唐会要》①,用于衡量同级政区之间的等级,但学界也常泛用于唐以前时段的研究中。靳生禾认为《禹贡》九州的田地、赋税分等"暗合于后来行政区划的等第……可以看作地方等第的滥觞"②。进入郡县制时代,等第划分的原则也一直存在,如马春笋概括秦汉魏晋南北朝时期县级政区的等第处于"户口指标阶段"③,即以户口数划分县的级别。

《魏书·官氏志》最早记录了对统县政区的体系化等第划分,其中指出北魏对州郡县皆有划分上、中、下的等第,长官品秩各有差别。而后《隋书·百官志》记载了"梁武帝……另行制定郡守十班、县七班,而州有六等"的做法,以及北齐对州、郡、县的九等划分,等第不同的政区长官秩俸亦不同。④ 南北朝以至隋唐,州郡分等皆以户口数为标准。⑤

可见,在唐代及以前,户口数是划分州、郡、县等政区等第的最重要指标。具体到秦汉时期,县级政区等第的明确记载,见于《汉书·百官公卿表》:"县令、长,皆秦官,掌治其县。万户以上为令,秩千石至六百石。减万户为长,秩五百石至三百石。"⑥ 前辈学者多循此说。其后因出土文献的丰富,县分令、长承秦制的说法已得到重新检讨。⑦

至于秦汉时期统县政区的分等,周振鹤认为:"秦郡是否分等,历史上没有明确记载。据《汉书·元帝纪》,汉郡开始有分等的举措。建昭三年,以12万户上下为准区分大小郡。按照这个标准,西汉末年的103个郡国当中,有38个郡国是大郡,占1/3强。"⑧

此外,靳生禾认为汉郡存在一种三辅郡、普通郡、边郡的类别差异⑨,这一差异是

---

① [宋]王溥撰:《唐会要》卷七〇《量户口定州县等第例》,上海古籍出版社,2006年,第1457页。
② 靳生禾、师道刚:《中国古地理文献中地方等第刍议》,载中国地理学会历史地理专业委员会、《历史地理》编辑委员会编:《历史地理》第十辑,上海人民出版社,1992年,第310页。
③ 马春笋:《县分等的历史研究》,《华东师范大学学报(哲学社会科学版)》1996年第2期。
④ 阎步克:《从爵本位到官本位:秦汉官僚品位结构研究》下编第三章《西汉郡国官的秩级相对下降》,生活·读书·新知三联书店,2009年,第362页。
⑤ 靳生禾、师道刚:《中国古地理文献中地方等第刍议》,载中国地理学会历史地理专业委员会、《历史地理》编辑委员会编:《历史地理》第十辑,第312—315页。
⑥ 《汉书》卷一九上《百官公卿表上》,第742页。
⑦ 李昭君:《两汉县令、县长制度探微》,《中国史研究》2004年第1期。
⑧ 周振鹤:《中国地方行政制度史》,上海人民出版社,2005年,第320页。
⑨ 靳生禾、师道刚:《中国古地理文献中地方等第刍议》,载中国地理学会历史地理专业委员会、《历史地理》编辑委员会编:《历史地理》第十辑,第311页。

存在的，但不宜理解为等第，普通郡和边郡未必有高下之分。

西汉存在县级政区分等，《汉书·百官公卿表》指出县分令、长的依据在于户口，虽然应劭提及了"三边始孝武皇帝所开，县户数百而或为令"① 这样的特例，但总的来说汉代之县以户口数分等确实具备一定的普遍性。至于"郡"这一层级，如周振鹤所言，汉代人会根据户口数划分"大郡""小郡"，《汉书·元帝纪》有"益三河、大郡太守秩，户十二万为大郡"② 之语，《汉官旧仪》亦引此言，并注曰"十二万户以上为大郡太守，小郡守迁补大郡"③。

在东汉史料中也能找到类似的表述，如汉和帝时期有"时大郡口五六十万举孝廉二人，小郡口二十万并有蛮夷者亦举二人"④ 的说法，可见朝廷仍以户口数来划分大小郡。按五口之家的一般规律来看，口数五六十万与西汉时期"户十二万"的标准是一致的。在《汉书》《后汉书》中，亦屡见时人关于"大郡"的言论。

综上可知，至少自西汉元帝建昭三年（前36）开始，汉廷存在以户口数来划分大小郡的行政习惯，户口数可以成为评定郡之等第的动态指标。

政区之等第与擢升顺序有关，汉廷会依照政区等第、层级的顺序来逐级提拔地方长官，如小县之县长有功可迁大县之县令，县令又可升太守，而县长升小郡太守则属"超迁"。⑤ 即使是郡太守，也存在小郡太守升大郡太守的次序，如《汉官旧仪》称"小郡守迁补大郡"。

至于诸侯国，西汉前期有"诸侯王相在郡守上"⑥ 的记载，显示诸侯国的地位在一般郡之上。而国相转任三辅长官则是升迁，显示诸侯国地位不及三辅，如陈昆、李禹阶在论述西汉时期国相的"郡守化"趋势时，指出"自宣帝时期开始，诸侯国相调入中央担任的官职以'三辅'（京兆尹、左冯翊、右扶风）职位为多"⑦。但自汉元帝初元三年（前46）起"诸侯相降至二千石，与郡守同秩，位在郡守之后"⑧。而且严耕望据辖县数量论证，此后国相的地位一直低于郡守。⑨

---

① 《续汉志》，载《后汉书》志第二八《百官志五》，第3623页。
② 《汉书》卷九《元帝纪》，第294页。
③ ［汉］卫宏撰：《汉官旧仪》卷下，［清］孙星衍等辑，周天游点校：《汉官六种》，中华书局，1990年，第49页。
④ 《后汉书》卷三七《丁鸿传》，第1268页。
⑤ 参见严耕望：《秦汉地方行政制度：中国地方行政制度史甲部》，北京联合出版公司，2020年，第322—323页；李昭君：《两汉县令、县长制度探微》，《中国史研究》2004年第1期。
⑥ 《汉书》卷八一《孔光传》，第3352页。
⑦ 陈昆、李禹阶：《西汉诸侯国相的"郡守化"趋势及其历史意义》，《中国史研究》2021年第1期。
⑧ 阎步克：《从爵本位到官本位：秦汉官僚品位结构研究》下编第三章《西汉郡国官的秩级相对下降》，第351页。
⑨ 严耕望：《秦汉地方行政制度：中国地方行政制度史甲部》，第41页。

因此，约略从汉元帝时代起，汉代郡国存在一种三辅—大郡（三河郡皆视为大郡）—小郡—诸侯国这样的等第顺序，其中占大多数的大、小郡的划分主要由户数决定。

郡县制与分封制虽然在今人看来是两种迥异的制度，在古人眼中却可以类比。约两晋时有学者黄恭撰《十四州记》，就提出了"始皇二十六年废五等之爵，立郡县之官，以公国为大郡，侯伯为小郡"①这种将郡类比公国、侯国的想法，还将县类比子国、男国：

> 县万户以上为令，则子国也。千户为长，男国也。今人呼县为百里，子男本方百里也。故言今之百里，古之诸侯。②

黄恭把大郡、小郡、万户之县、千户之县类比成古代的公国、侯伯国、子国、男国，显然他认为诸侯国以爵号分等和郡县以户数分等是可以形成古今对照的。

儒家经典所记先秦之分封制度，和秦代以降的郡县制度，是两种不同的地方治理模式，但由于都属于划分天下即"画野分州"的方法，在古人观念中其实具有前后继承关系。黄恭将郡县比作五等爵制的封地，方百里之县可与子国、男国对应，这遵循了《周礼》之说：

> 诸公之地，封疆方五百里，其食者半。诸侯之地，封疆方四百里，其食者参之一。诸伯之地，封疆方三百里，其食者参之一。诸子之地，封疆方二百里，其食者四之一。诸男之地，封疆方百里，其食者四之一。③

班固《汉志》在摘取《周礼·职方》片段叙周代十二州之制后，也记录了五等封土制：

> 周爵五等，而土三等：公、侯百里；伯七十里；子、男五十里；不满为附庸，盖千八百国。④

但班固这里对五等封土制的描述又是化用自《礼记·王制》：

> 王者之制禄爵，公、侯、伯、子、男，凡五等……天子之田方千里；公侯田方百里；伯七十里；子、男五十里；不能五十里者，不合于天子，附于诸侯，曰附庸。⑤

班固叙周代五等封土制后，继续讲述列国被兼并的过程，结尾言及秦代"不立尺

---

① 见［唐］欧阳询撰，汪绍楹校：《艺文类聚》卷六《郡部》，上海古籍出版社，1965年，第117页。
② ［宋］李昉等撰：《太平御览》卷一五七《州郡部三》"叙县"，中华书局，1960年，第763页。
③ ［汉］郑玄注，［唐］贾公彦疏：《周礼注疏》卷九《大司徒》，载［清］阮元校刻：《十三经注疏》，中华书局，1980年，第704页。
④ 《汉书》卷二八上《地理志上》，第1542页。
⑤ ［汉］郑玄注，［唐］孔颖达等正义：《礼记正义》卷一一《王制第五》，载［清］阮元校刻：《十三经注疏》，第1321页。按《孟子·万章章句下》也有此文，但考虑到《礼记》《孟子》在汉代的地位差异，以及《白虎通义》多引《礼记》之文，则班固更可能依据《礼记》。

土之封,分天下为郡县"①,可见班固与黄恭一样,也将封国、郡县视为前后相继的制度。

尽管《周礼》与《礼记》的记载有别,但都是用封地面积差异来衡量周代五等爵的高下,结合古人把封国、郡县视为一脉相承的政区之观念,则可以说,在当时学者眼中,诸侯国的等第是以封土面积大小作为评判标准的。

这和秦汉以降衡量郡县等第的户口指标存在明显差异。《汉书·百官公卿表》言"县大率方百里,其民稠则减,稀则旷"②,可见汉代是居民数决定县域大小。所谓"方百里"只是一种结果归纳,并不是制度规定。甚至按"民稠则减,稀则旷"的原则而言,越是人口密集之地,一县的面积反而可能越小;人口稀疏之地,划分一县的面积则更大。

为何周代封国可以遵循严格的封土面积规定?班固给出的解释是"古有分土,亡分民",颜师古注:"有分土者,谓立封疆也。无分人者,谓通往来不常厥居也。"③ 按照颜师古对班固看法的解释,周代虽有封国,但封国之民并不是定居的,可以随意迁徙,诸侯对自己封国内的子民并无严格控制。故周王只能划定每个封国的面积,而无法分配人口。《晋书·地理志》的观点与此一脉相承:"古者有分土而无分民,若乃跨州连郡,小则十有余城,以户口为差降,略封疆之远近,所谓分民自汉始也。"④

这种认知未必符合史实,如近代出土的西周早期青铜器大盂鼎有"受民受疆土"之铭文,被学者们用于论证西周分封制度其实兼有分土和分民⑤。但班固之说可能是汉唐学者普遍认同的观点,故能在唐修《晋书·地理志》和颜师古《汉书注》中得到进一步的解读和发展。《史记·五帝本纪》也称黄帝部族"迁徙往来无常处"⑥,这种说法或许与班固"古有分土,亡分民"有着同样的知识来源。

在班固看来,周代封国无法以人口定居为基础,只能通过划定土地面积来实现。而他本人则处于"分民"时代,政区是以户口数作为划分指标。"分土"时代以封土面积作为等第划分指标出自《礼记》这样的经典,"分民"时代以户口数作为等第划分指标则是班固所熟知的行政惯例。因此,班固在《汉志》中可以将诸侯国等第的面积指标和郡县等第的户口指标进行类比。

由此则可以理解,《汉志》在叙周代封国等第次序后,又用户口数的差异体现西汉

---

① 《汉书》卷二八上《地理志上》,第 1542 页。
② 《汉书》卷一九上《百官公卿表上》,第 742 页。
③ 《汉书》卷二八下《地理志下》,第 1660 页。
④ 《晋书》卷一四《地理志上》,中华书局,1974 年,第 413 页。
⑤ 徐中舒:《论西周是封建社会——兼论殷代社会性质》,《历史研究》1957 年第 5 期;王玉哲:《有关西周社会性质的几个问题》,《历史研究》1957 年第 5 期;谷霁光:《论西周的彻和庸》,《历史研究》1962 年第 4 期;韩连琪:《论两汉封国食邑制下的土地所有制和剥削形态》,《山东大学学报(历史版)》1963 年第 1 期。
⑥ 点校本二十四史修订本《史记》卷一《五帝本纪》,中华书局,2014 年,第 7 页。

王朝对政区等第次序的继承,这一叙事结构是符合当时人认知的。

这种行文的前后继承性还可得到社会意识层面的证明,即东汉官方也持有主动把周代封国等第和汉代郡县等第联系在一起的态度。关于这一点,可以从班固整理的《白虎通义》中找到线索。

三、从《白虎通义》看《汉书·地理志》户口内容的创设

同为班固所撰,《白虎通义》所体现的思想正可用于揭示《汉志》户口内容的创设理念,又集中体现在《白虎通义·考黜》篇对《尚书》"三考黜陟幽明"一语的解释上。

《尚书·舜典》有"三载考绩,三考黜陟幽明"一语来描述舜时期的官员考核制度。这一考核制度在西汉时期大致有两种解释。孔安国将其解释为"三年有成,故以考功;九岁则能否、幽明有别,黜退其幽者,升进其明者"①。按此说法,古制三年一考,三考后根据官员在位表现来进行提拔或黜免。但在同时,还存在另外一种解释,即把黜陟泛化到诸侯层面,如相传为伏生所撰《尚书大传》的解释:

> 三岁而小考者,正职而行事也,九岁而大考者,黜无职而赏有功也。其赏有功也,诸侯赐弓矢者得专征,赐铁钺者得专杀,赐圭瓒者得为鬯以祭。不得专征者,以兵属于得专征之国;不得专杀者,以狱属于专杀之国;不得赐圭瓒者,资鬯于天子之国,然后祭。②

《尚书大传》中所谓"诸侯赐弓矢"云云,又见于汉文帝时期成书③的《礼记·王制》:"诸侯赐弓矢,然后征;赐铁钺,然后杀;赐圭瓒,然后为鬯。未赐圭瓒,则资鬯于天子。"但二者的区别在于,《礼记·王制》并未将这种赏赐与否看作一种制度化的奖惩方式,而《尚书大传》将其联系到"三考黜陟幽明"之文,认为这是天子对诸侯的考核制度,据其功过进行赏与不赏。这一联系已经比较牵强,而另一缺陷在于只解释了"赏有功"的一面,对如何落实"黜无职"则没有讨论,因此《尚书大传》的解读应属以今释古。许倬云也指出,《尚书大传》所反映的考核诸侯制度"太过完备,倒像战国以后有了上计制度后的情形,西周未必如此"④。

---

① [汉]孔安国传,[唐]孔颖达等正义:《尚书正义》卷三《舜典》,载[清]阮元校刻:《十三经注疏》,第132页。
② [清]皮锡瑞撰:《尚书大传疏证》卷一《唐传》,载《续修四库全书》第55册,上海古籍出版社,2002年,第707页。
③ 孔颖达正义引卢植语"汉文帝令博士诸生作此篇",见[汉]郑玄注,[唐]孔颖达等正义:《礼记正义》卷一一《王制第五》,第1321页。
④ 许倬云:《西周史》(增补二版)第五章《封建制度》,生活·读书·新知三联书店,2012年,第189页。

《尚书大传》的说法影响到了东汉经学对《尚书》的解释，建初四年（79）白虎观会议后，班固所整理的《白虎通义》，专门有"考黜"一节，整合相关经文内容并给出了官方解释。开篇即言明"三考黜陟幽明"就是针对诸侯的：

> 诸侯所以考黜何？王者所以勉贤抑恶，重民之至也。《尚书》曰："三载考绩，三考黜陟。"①

那么该如何落实对诸侯的赏罚呢？《白虎通义》的解释是进行爵位和封土面积的调整：

> 《书》所以言三考黜者，谓爵土异也。小国考之有功，增土进爵；后考无功，削黜，后考有功，上而赐之矣。五十里不过五赐而进爵土，七十里不过七赐而进爵土，能有小大，行有进退也。一说：盛德始封百里者，赐三等，得征伐、专杀、断狱。七十里伯始封赐二等，至虎贲百人。后有功，赐弓矢。后有功，赐秬鬯，增爵为侯，益土百里。复有功，入为三公。②

"《书》所以言三考黜者，谓爵土异也"这一论断是官方解释的出发点，即赏罚是通过爵位与封土两方面的变化来实现。但《白虎通义》又认为这两方面变化不是同时进行的，比如其惩罚的顺序是"先削地、后绌爵"：

> 百里之侯，一削为七十里侯，再削为七十里伯，三削为寄公。七十里伯，一削为五十里伯，二削为五十里子，三削地尽。五十里子，一削为三十里子，再削为三十里男，三削地尽。五十里男，一削为三十里男，再削为三十里附庸，三削爵尽……先削地、后绌爵者何？爵者，尊号也；地者，人所任也。今不能治广土众民，故先削其土地也。故《王制》曰："宗庙有不顺者，君绌以爵；山川神祇有不举者，君削以地。"明爵土不相随也。③

以百里之侯国为例，在面临首次惩罚时，会先将其封土削为七十里，第二次惩罚才会将侯爵削为伯爵。

至于奖励的顺序则是爵、土与九锡的搭配，如七十里伯在有功时会首先获得九锡中的弓矢，再有功时会获得"赐秬鬯，增爵为侯，益土百里"的奖励。从这样的表述顺序来看，似乎在奖励的时候，爵位与封土面积是同时增益的。这也与后文"大夫有功成，封五十里；卿功成，封七十里；公功成，封百里"的逻辑是契合的。

虽然《白虎通义》继承了《尚书大传》之说，认为"三考黜陟幽明"是针对诸侯，且将九锡中的弓矢、秬鬯等内容纳入了奖惩范围，但在其所构建的奖惩体系中，九锡的得失不甚重要，核心内容仍是爵位与封土。

《白虎通义》展现的所谓考核诸侯功过而制定的爵位、封土奖惩次序之"古制"，

---

① ［清］陈立撰，吴则虞点校：《白虎通疏证》卷七《考黜》，中华书局，1994年，第302页。
② ［清］陈立撰，吴则虞点校：《白虎通疏证》卷七《考黜》，第310—311页。
③ ［清］陈立撰，吴则虞点校：《白虎通疏证》卷七《考黜》，第313页。

实际上是不存在的。其《尚书》原文按理反映的应是传说中的舜时代，而用于解释《尚书》原文的爵位、封土、九锡之类内容，则属儒家经典中的周制。除了这种混杂外，《白虎通义》很明显是站在郡县体制的角度来看待"考黜"的。西周分封制在分封之时即"把土地、连同土地上的人民一起分封给受封者"，此后"土地和人民皆被封君世袭占有和统治"。① 因此，分封之后天子就对各诸侯国的土地、人民丧失了掌控。所谓"地者，人所任也""治广土众民"这种将万民归属于天子的观念，应是东汉学者们依据郡县制时代的惯性思维来解释的。

对经文的解读如此不合理，只能认为《白虎通义》其实是以汉代的行政实践来解经，即是一种以今释古的行为。但这恰好能折射出班固《汉志》中刻意设计户口数字这一内容的理论来源。

既然从官方经学解释看来，诸侯国的封土面积可以视为等第，那么诸侯封土面积的依次增减，反映的就是一种等第调整。又因汉代地方长官的提拔同样遵循等第、层级的顺序，那么，所谓通过考核而对诸侯的"考黜"，就完全可以对应成日常行政中官员在大小县、大小郡中逐级迁转的现象。

基于此认识，重新审读《汉志》"周爵五等，而土三等：公、侯百里；伯七十里；子、男五十里"之文，可以发现班固确实同时提及了爵位与封土这两项《白虎通义》所述"考黜"体系的核心内容，爵位与封土共同构成了周代封国的等第，这应当不是巧合。因《白虎通义》代表的是朝廷意识形态，故可以认为《汉志》之文是顺应官方观点的结果。这一汉制之郡县分等可以对应周制之诸侯国分等的思路，在后世黄恭《十四州记》中也得到了体现，可以认为汉晋时期学者们多有这种认知。

四、结语

经上述讨论可以看出，如果将《汉志》中户口内容理解为一种班固描述郡国等第的指标，既契合汉代的行政惯例，也符合《汉志》文本从叙周代封国（及其等第）到叙汉代郡县（及其等第）的内在行文逻辑。因当时学者普遍将封国与郡县视为前后相继、有因有革的制度，随着经学发展，在东汉官方经学中出现了以地方长官迁转模式来解释经文"三考黜陟幽明"的方案，进而为《汉志》构建一条以爵位、封土指称封国等第过渡到以户口指称郡国等第的政区叙述脉络创造了条件。

户口数是评定郡国等第的指标，因户口时有增减，而官方仅以当时户口为判断标准，不像北朝时出现了把各州郡县分为上、中、下等的明确规定，故两汉朝廷实际上不存在划分大小郡的名单。所谓"大郡"就是一种笼统概念或行政习惯，且存在动态

---

① 杨宽：《从分封制到郡县制的发展演变》，载《杨宽古史论文选集》，上海人民出版社，2003年，第85页。

调整。班固无法亦没必要一一注明何者为大郡，而选择用户口数来呈现，是符合行政惯例的，也更接近当时郡国等第划分的本质。对于班固而言，通过呈现郡国户口数就足以反映元始二年（"汉极盛"时）的郡国等第了。

虽然班固未言明户口数字在《汉志》文本中的功能与含义，但并不影响后世学者对这种设计的理解与认同。如《晋书·地理志》"以户口为差降，略封疆之远近，所谓分民自汉始也"一语，点明了汉代行政中把户口多寡与政区分等联系起来的首创之功，从"分民自汉始也"也明显看出对《汉志》内容和理念的因循。或许这也是后世历代正史地理志书大多能坚持《汉志》传统，尽可能记录各地户口数字的原因。

东汉《四分历》行星算法及精度分析[*]

彭卉滢

(西北大学科学史高等研究院)

摘要：行星理论是中国古代历法中的重要组成部分，我国现存最早的历法为西汉时的《三统历》，该历专列一章讨论行星理论，用以推算任意时刻的行星位置；而东汉《四分历》继承了《三统历》的精髓，并加以改进创新，以符合当时的天象。利用计算机程序模拟《四分历》行星算法，可探讨《四分历》行用初期30年推算行星位置的误差。计算结果表明，《四分历》在推算该时段木星、火星、土星、金星和水星的赤经绝对误差最大值依次为13.83°、49.50°、9.12°、16.10°和19.48°。通过分析得出，影响《四分历》行星计算精度的主要因素是未考虑行星和太阳运动的不均匀性，除此之外，还有会合周期的精度、五星动态表的构造、星合时刻以及一个会合周期内的速度等因素影响。

关键词：三统历；四分历；行星；步五星；行星运动

刘歆所撰的《三统历》作为我国现存的第一部历法，颁行于西汉时期公元前7年，沿用了《太初历》（颁行于公元前104年）的系统[①]，行用至公元84年。该历法反映了我国古代历法行星理论的核心思想，即计算行星任意时刻的位置所在。其推算的结果准确与否，决定该部历法的优劣程度。然而随着历法行用时间的推移，其精确程度将会有所降低，便会面临废止行用。自建武八年（32）开始，太仆大夫许淑等数次上书改历，直到元和二年（85）二月，汉章帝颁"改行四分历"的诏书[②]，《四分历》才成为东汉时期的官方历法。

东汉《四分历》由编䜣和李梵等编制，是继《三统历》之后保存完整的第二部历

---

[*] 国家社会科学基金冷门绝学研究专项学术团队项目"中国古代历法中的'步五星术'研究"（20VJXT005）。

[①] 薄树人：《薄树人文集》，中国科学技术出版社，2003年，第329—368页。

[②] ［清］严可均辑：《全上古三代秦汉三国六朝文》，中华书局，1958年，第496页。

法，共行用179年。前人对《四分历》这部历法也进行了深入的研究，薄树人、张培瑜等人对《四分历》术文进行了详细的解读与分析，并评价其相对《三统历》的进步性[1]；钱宝琮和陈美东均详细阐述了《四分历》的改历过程以及该部历法的重要成就[2]；曲安京分析了《四分历》五星会合周期的近距起点[3]；刘洪涛对其算法进行了详细的解读[4]；Christopher Cullen 对《四分历》文本进行了英文翻译[5]；唐如川校勘和补遗了《四分历》与行星计算相关的三个重要的常数[6]；杨帆研究了《四分历》的火星运动[7]。综上，这些学者针对《四分历》已涉及《四分历》行星算法精度分析的研究。

本文在前人研究基础上，对《四分历》行星算法进行解读，并利用 Python 语言模拟其算法，计算出《四分历》行用30年初，即公元85年至公元114年行星算法的精度。通过分析其精度，可了解东汉时期的行星理论水平。

一、东汉《四分历》步五星算法解读

薄树人、张培瑜等学者所编撰的《中国古代历法》与刘洪涛《古代历法及算法》均对《四分历》的术文进行了详细的解读[8]。本文仅简要解读计算行星任意位置的相关算法，现将《四分历》中记载的五星常数、相关算法及一个会合周期内的行星运动状态列举如下。

（一）步五星常数解读

《四分历》步五星中有6个与推行星所在位置相关的天文常数，依次为周率、日率、合积月、月余、月法、日度法。现将计算步五星术所用到的常数以表格的形式呈现，如表1所示。

---

[1] 张培瑜、陈美东、薄树人、胡铁珠：《中国古代历法》，中国科学技术出版社，2008年，第359—383页。

[2] 分别见于钱宝琮：《从春秋到明末的历法沿革》，《历史研究》1960年第3期；陈美东：《中国科学技术史》（天文学卷），科学出版社，2003年，第179页。

[3] 曲安京：《中国历法与数学》，科学出版社，2005年，第219—222页。

[4] 刘洪涛：《古代历法计算法》，南开大学出版社，2003年，第58—98页。

[5] Cullen C. The Foundations of Celestial Reckoning: three ancient Chinese astronomical systems, 2017, Page138 – 232.

[6] 唐如川：《后汉〈四分历〉中两个庞大年数及有关数据的勘误和补遗》，《自然科学史研究》1986年第1期。

[7] 杨帆、孙小淳：《观测、理论与推算——从〈三统历〉到〈皇极历〉的火星运动研究》，《中国科技史杂志》2017年第1期。

[8] 分别见于张培瑜、陈美东、薄树人、胡铁珠：《中国古代历法》，第377—383页；刘洪涛：《古代历法计算法》，第89—98页。

表 1　东汉《四分历》五星常数表①

	木星	火星	土星	金星	水星
周率	4327	879	9096	5830	11908
日率	4725	1876	9415	4661	1889
合积月	13	26	12	9	1
月余	41606	6634	138637	98405	217663
月法	82213	16701	172824	110770	226252
日度法	17308	3516	36384	23320	47632

"周率"和"日率"是《四分历》中五星运行的主要常数，日率与周率之比即为行星的会合周期，单位为"年"。这两个常数相当于《三统历》中的见数和岁数，不同的是，《三统历》是求见所在，而《四分历》是求合所在。通过这两个常数可以推求步五星中的其他常数，在《四分历》步五星章节的开头，详细介绍了五星常数的推算方法，此处以火星为例，用以推算并解释表中的天文常数。

"合积月"是指火星一个会合周期内所包含的整月数。计算该常数的术文为："以章法乘周率〔用〕〔月〕法，章月乘日率，如月法，为积月月余。"② 其中，章法 = 19，章月 = 235，从而可得火星的合积月为：

$$合积月\frac{月余}{月法} = \frac{章月 \times 日率}{章法 \times 周率} = \frac{235 \times 1876}{19 \times 879} = 26\frac{6634}{16701}$$

根据该公式可以得出，火星的月法为16701，合积月为26，月余为6634。

计算"日度法"的术文为："以日法乘周率为日度法"③。其中，日法为4，从而可得火星的日度法 = 日法 × 周率 = 4 × 879 = 3516。

（二）步五星算法解读

本文推算《四分历》行星位置所在共用到5个相关算法，其基本思路可分为四步：第一步是计算五星与太阳相合时距离冬至的时距；第二步是求出行星与太阳相合时的日期；第三步是计算五星与太阳相合时的宿度；第四步是根据其动态表累加行星与太阳相合时刻的宿度，从而求出行星每日的位置所在。

第一步，计算五星与太阳相合时距离冬至的时距。与此相关的算法为"推五星术"，其术文记载如下：

> 置上元以来，尽所求年，以周率乘之，满日率得一，名为积合；不尽名〔为〕合余。〔合〕余以周率除之，不得焉退岁；无所得，星合其年，得一合前年，二合前二年。金、水积合奇为晨，偶为夕。其不满周率者反减之，余为度分。④

其算法思想与《三统历》并无差异，只是将求所求年行星晨始见的位置改为求所

---

① 本表为作者据《续汉志》相关记载而作，见《后汉书》志第三《律历志下》，中华书局，1965 年，第 3067—3068 页。
② 见《后汉书》志第三《律历志下》，第 3067 页。
③ 见《后汉书》志第三《律历志下》，第 3067 页。
④ 见《后汉书》志第三《律历志下》，第 3068 页。

求年行星合的位置。

可得公式如下：

$$（1）\quad \frac{上元积年 \times 周率}{日率} = 积合\frac{合余}{日率}$$

其中，"积合"表示行星从上元到所求年运行的会合周期个数。$\frac{合余}{周率}$ 表示所求年冬至到行星前一次合的时间间距，单位为"年"。当 $\frac{合余}{周率}<1$ 时，行星在所求年与太阳相合；当 $\frac{合余}{周率}>1$ 时，行星合于所求年的前一年；当 $\frac{合余}{周率}>2$ 时，行星合于所求年的前二年。

对于内行星金星和水星，《四分历》将其分为两段来处理，即上合和下合。其中，上合亦称夕合，下合则为晨合。当求得的积合为奇数时，是晨合，偶数为夕合。

当合余小于周率时，度分＝周率－合余，表示所求年冬至与行星下一次合的间距。

第二步，求出行星与太阳相合时的日期。该步骤涉及的算法共计3个，分别为"推星合月""推朔日"以及"推入月日"。

"推星合月"，其术文记载如下：

> 以合积月乘积合为小积，又以月余乘积合，满其月法得一，从小积［为积月，不尽］为月余。积月满纪月去之，余为入纪月。每以章闰乘之，满章月得一为闰；不尽为闰余。以闰减入纪月，其余以十二去之，余为入岁月数，从天正十一月起，算外，星合所在之月也。其闰［余］满二百二十四以上至二百三十一星合闰月。闰或进退，以朔制之。①

该算法是推求所求年行星与太阳相合时的月份。其方法通过行星自上元以来到所求年所积合数来推求积月数，并考虑闰月，从而推出所求年星合所在的月份。

根据术文可得公式：

$$合积月 \times 积合 = 小积$$

$$（2）\quad \frac{月余 \times 积合}{月法} + 小积 = 积月\frac{月余}{月法}$$

$$积月 \equiv 入纪月 \pmod{纪月}$$

$$（3）\quad \frac{入纪月 \times 章闰}{章月} = 闰月\frac{闰余}{章月}$$

$$入纪月 － 闰月 \equiv 入岁月数 \pmod{12}$$

当 $224<$ 闰余 <231 时，则星合月为闰月。星合月是以天正十一月为起点累加求得的入岁月数，算外得出的。

"推朔日"算法为：

> 以蔀日乘（之）入纪月，满蔀月得一为积日，不尽为小余。积日满六十去之，

---

① 见《后汉书》志第三《律历志下》，第3069页。

余为大余,命以甲子,算外,星合月朔日。①

该算法是推所求年星合月的朔日日名。这个算法是根据入纪以来的月数转化为以日为单位,并对60取余,从甲子日起,算外,从而得到朔日日名。

可得公式如下:

$$(4)\quad \frac{入纪月 \times 蔀日}{蔀月} = 积日\frac{朔小余}{蔀月}$$

$$积日 = 朔大余 \pmod{60}$$

"推入月日"的术文记载如下:

以蔀日乘月余,以其月法乘朔小余,从之,以四千四百六十五约之,所得(得)满日度法得一,为入月日,不尽为日余。以朔命入月日,算外,星合日也。②

这段术文是推算所求年星合月的入月日和星合日,"入月日"即推求星合入该月的第几日,而星合日为星合所在的日名,也就是入月日从朔日算外起算得到的日名。该算法是通过"推星合月"算法中所得的"月余"推求的。

因此,根据术文可得公式如下:

$$(5)\quad \frac{月余 \times 蔀日 + 朔小余 \times 月法}{4465 \times 日度法} = 入月日\frac{日余}{日度法}$$

其中,4465为章法与章月的乘积。

第三步,计算五星与太阳相合时的宿度。该步骤的相关算法为"推合度",其算法为:

以周天乘度分,满日度法得一为积度,不尽为度余。以斗二十一四分一命度,算外,星合所在度也。③

该算法是推算所求年行星与太阳相合时的宿度。这段术文中的度分是通过"推五星术"中得到的,表示为从所求年冬至夜半到行星与日相合的距离。

因此可得公式如下:

$$(6)\quad \frac{度分 \times 周天}{日度法} = 积度\frac{度余}{日度法}$$

第四步,根据行星的动态表求得行星每日的宿度。《四分历》中,给出了各行星在一个会合周期内的运动状态,用以描述行星自星合开始的逐日行度。如下,仅列出火星的动态记载:

火,晨伏,七十一日二千六百九十四分,行五十五度二千二百五十四分半,在日后十六度有奇,而见东方。见顺,日行二十三分度之十四,[百]八十四日行

---

① 见《后汉书》志第三《律历志下》,第3069页。
② 见《后汉书》志第三《律历志下》,第3069页。
③ 见《后汉书》志第三《律历志下》,第3070页。

[百]一十二度。微迟，日行十二分，九十二日行四十八度。留不行，十一日。旋逆，日行六十二分度之十七，六十二日退十七度。复留，十一日。复顺，九十二日，行四十八度，又百八十四日行百一十二度，在日前十六度有奇，而夕伏西方。除伏逆，一见六百三十六日，行[三]百三度。伏复，七十一日二千六百九十四分，行五十五度二千二百五十四分半，而与日合。凡一终，七百七十九日有千八百七十二分，行星四百一十四度与九百九十三分。通率日行千八百七十六分之九百九十七。①

东汉《四分历》是继《三统历》之后的第二部历法，其五星动态表亦是采用文字的方式来描述。其五星动态表的描述法对后世历法产生了极大的影响，刘洪的《乾象历》（公元206年）、杨伟的《景初历》（公元237年）、何承天的《元嘉历》（公元443年）均采用《四分历》的分段和描述法。②

《四分历》行星运动状态的起算点从"晨始见"改为"合"，也就是以《三统历》行星动态表中的伏行段的中点作为起算点。由此可见，东汉时期的历法家对五星的会合运动有了更加清楚的认识。该方法对之后的历法产生了深远的影响，直到隋唐时期的《皇极历》又改用"晨始见"为起点。

《四分历》外行星运动状态的段目从《三统历》的6个段目增加到9个段目，分别为：晨伏、顺行、顺迟行、留、逆行、留、顺迟行、顺、伏行，其中土星没有迟行段；内行星从11个段目改为14个段目，依次为：晨伏、逆行、留、顺、顺疾行、复疾行、伏行、夕伏、顺疾行、顺迟行、复迟行、留、逆行、伏行，其中水星缺少两个段目。并且，《四分历》将内行星的运动状态划分为两个部分，分别以"晨伏"和"夕伏"为起点。

二、东汉《四分历》行星视位置计算误差

为了讨论东汉时期的行星计算精度，可用 Python 语言将《四分历》行星算法程序化。由于早期历法是用赤道宿度来表示行星的位置，而赤道宿度可以转化为赤经。因此，只需通过 Skymap 程序提取所求年每日夜半行星的赤经，便可与历取结果做差，从而得到行星算法的精度。

（一）行星算法计算算例

为了便于理解，此处参照上文第二小节的五星算法解读，以火星为例，列举《四分历》公元85年的算例。

《四分历》行星理论计算除上文第二小节所提到的五星常数外，还需以下基本天文

---

① 见《后汉书》志第三《律历志下》，第3070—3071页。其中分的分母为行星的日度法。
② 张培瑜、陈美东、薄树人、胡铁珠：《中国古代历法》，第359—383页。

常数：上元积年，即上元到公元85年的积年为9366年；纪法为1520；蔀法为76；周天为1461；日法为4；纪月为18800；章月为235；章闰为7；章法为19；蔀日为27759；蔀月为940。具体算例如下：

1. 推五星术。即求公元85年火星合的位置所在。

将基本天文常数代入上文第二小节所给的公式（1）中，可得结果如下：

$$\frac{积年 \times 周率}{日率} = \frac{9366 \times 879}{1876} = 4388 \frac{826}{1876}$$

因此 $\frac{合余}{周率} = \frac{826}{879} < 1$，从而推得公元85年火星合于所求年。

$$度分 = 周率 - 合余 = 879 - 826 = 53$$

2. 推星合月。即求公元85年火星合于某月。

将天文常数和算法"推五星术"中所得的结果代入公式（2）到公式（6）中：

$$小积 = 合积月 \times 积合 = 26 \times 4388 = 114088$$

$$\frac{月余 \times 积合}{月法} + 小积 = \frac{6634 \times 4388}{16701} + 114088 = 115831 \frac{149}{16701}$$

$$115831 = 3031（MOD 8800）$$

$$闰月 \frac{闰余}{章月} = \frac{入纪月 \times 章闰}{章月} = \frac{3031 \times 7}{235} = 90 \frac{67}{235}$$

$$入纪月 - 闰月 = 3031 - 90 = 1（\mathrm{mod}\, 12）$$

综上，以天正十一月为起点，算外，求得公元85年火星合于十二月。

3. 推朔日。即求公元85年火星星合月的朔日日名。

$$积日 \frac{朔小余}{蔀月} = \frac{入纪月 \times 蔀日}{蔀月} = \frac{3031 \times 27759}{940} = 89508 \frac{9}{940}$$

$$89508 = 48（\mathrm{mod}\, 60）$$

以甲子日为起点，算外，求得火星星合月的朔日日名为壬子。因此，可得其朔日公历日期为85年1月15日。

4. 推入月日。即推求公元85年火星入该月的日数。

$$入月日 \frac{日余}{日度法} = \frac{月余 \times 蔀日 + 朔小余 \times 月法}{4465 \times 日度法} = \frac{149 \times 27759 + 9 \times 16701}{4465 \times 3516} = \frac{4286400}{15698940}$$

算外，推得公元85年火星合入该月第1日，因此火星与日合的日期为85年1月15日。

5. 推合度。求公元85年火星的积度。

$$积度 \frac{度余}{日度法} = \frac{度分 \times 周天}{日度法} = \frac{53 \times 1461}{3516} = 22 \frac{81}{3516} \approx 22.0230$$

因此，火星从公元85年的冬至到星合的积度为22.0230度。

推算火星的赤经值，需要推算所求年的天正冬至时刻。根据《四分历》的算法首先可以求出回归年的长度 $= \frac{周天}{日法} = \frac{1461}{4} = 365.25$ 日。

下一步即为求天正冬至时刻。冬至时刻可用如下公式推算,即:
$$回归年 \times 上元积年 \equiv 冬至大小余 \pmod{60}$$
代入回归年长度与上元积年 $N_{84}=9365$ 的值,可得:
$$365.25 \times 9365 \equiv 26.25 \pmod{60}$$

《四分历》的上元起于辛酉日,根据上式推得冬至大余序号为 26,因此得到其干支名为"辛卯",日余为 0.25 日。查阅《三千五百年历日天象》①,可得理论冬至时刻为公元 84 年 12 月 22 日 12 时 27 分,日名为"戊子",日余化成以日为单位是 0.5188 日。从而推出历取冬至时刻为公元 1984 年 12 月 25 日 6 时 00 分。又因为理论冬至时刻的赤经可以看作是 270°,根据该值可以推出历取冬至时刻的赤经为 272.7312°。

根据算法"推合度"可知,已经推出火星从冬至到合运行的积度是 22.0230 度,通过累加冬至时刻的赤经,从而得到火星合所在时刻的赤经 α 为:
$$\alpha = 270.7312° + \frac{22.0230 \times 360}{365.25} \approx 292.4376°②$$

为推求火星合所在日夜半的赤经,根据算法"推入月日"已知火星合所在日的日余为 $\frac{4286400}{15698940} \approx 0.2730$,因此火星合所在日夜半的赤经 α' 可表示为:
$$\alpha' = 292.4376° - \frac{0.2730 \times 0.7753 \times 360}{365.25} \approx 22.2290°$$

在此基础上,累加火星的每日行度,从而得到火星晨始见之后每日夜半的赤经。

(二) 行星精度计算

行星的精度计算就是用历法算得的五星赤经值与理论提取的赤经值做差。其中,五星的理论数据是通过 Skymap 软件提取的,Skymap 软件中的数据曾被 NASA 引用,可见其精确程度是很高的。并且,该软件的天文数据是从 J.2000 开始的③,因此满足考察古代五星计算精度相关数据的要求。

由于行星计算精度可能会呈现出周期性的变化,为了全面考察其计算精度,故笔者计算了《四分历》五星自公元 85 年开始后 30 年的每日夜半的赤经误差。如下将给出《四分历》自公元 85 年开始行用 30 年的行星误差散点图,以便更直观地分析其精度。图中的纵坐标表示按照历法中的算法推求的行星每日夜半的赤经和 Skymap 中提取的理论结果之差,单位为"°",横坐标表示行星自公元 85 年与日合之后的日数,单位为日。

---

① 张培瑜:《三千五百年历日天象》,大象出版社,1997 年,第 918—919 页。
② 此处是将计算结果从古度转化为现代度。《四分历》的一周天为 365.25 度,因此 1 度 = $\frac{360}{365.25}°$。
③ Warren Wayne H, Miller Alvin C, Myers Joanne R, Tracewell David A: The New NASA SKYMAP Spacecraft Acquisition and Tracking Catalog, *Open Astronomy*, 1997, vol. 6 NO.1, Page3-4.

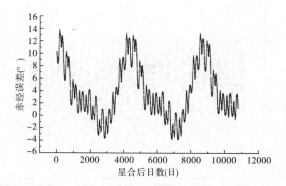

图1 公元85年至公元114年《四分历》木星赤经误差（历法值−理论值）散点图

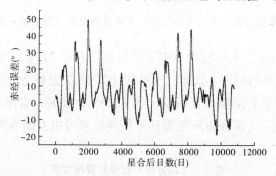

图2 公元85年至公元114年《四分历》火星赤经误差（历法值−理论值）散点图

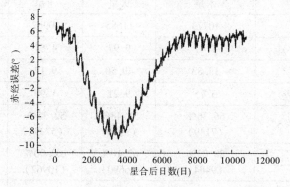

图3 公元85年至公元114年《四分历》土星赤经误差（历法值−理论值）散点图

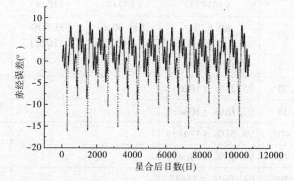

图4 公元85年至公元114年《四分历》金星赤经误差（历法值−理论值）散点图

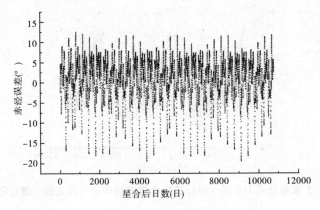

图5 公元85年至公元114年《四分历》水星赤经误差（历法值－理论值）散点图

如图1至图5所示，木星包含10773个数据，共计27个完整会合周期；火星包含15个完整周期，共11685个数据；土星共计算29个完整会合周期，包含10962个数据；金星计算了19个完整会合周期，共11096个数据；水星计算了95个完整周期，共11020个数据。《四分历》五星计算精度结果可由上图整理如下，即表2中的相关数据。

表2 《四分历》行星计算精度表

星名		木星	火星	土星	金星	水星
数据量（个）		10773	11685	10962	11096	11020
绝对平均误差（°）		4.47	9.97	4.64	3.80	4.65
绝对误差最大值（°）		13.83	49.50	9.12	16.10	19.48
绝对误差之均方差		3.75	9.21	1.99	2.79	3.50
绝对误差所占百分比及数据量（个）	<5°	66.36%(7149)	36.48%(3930)	52.35%(5739)	70.48%(7820)	61.54%(6782)
	<10°	88.03%(9484)	62.10%(6690)	100.00%(10962)	97.49%(10817)	92.40%(10182)
	<15°	100.00%(10773)	79.59%(8574)	99.53%(11044)	97.74%(10771)	
	<20°		86.87%(9358)	100.00%(11096)	100.00%(11020)	
	<25°		92.01%(9912)			
	<30°		95.28%(10264)			
	<35°		97.16%(10467)			
	<40°		98.51%(11613)			
	<45°		99.55%(11633)			
	<50°		100.00%(11685)			

三、影响《四分历》行星计算精度的因素分析

东汉《四分历》虽较《三统历》有所改进,但其行星计算结果仍是平位置。因此,未考虑行星与太阳的不均匀性运动是影响行星计算精度的主要因素。除此之外,五星的会合周期常数、星合的起点、动态表以及速度等均是影响行星计算精度的因素,本节将对以上几个方面进行详细的分析探讨。

(一) 五星会合周期精度分析

《四分历》五星会合周期的值为日率与周率之比,但其单位为"年",需乘以回归年长度方可将单位转化为"日"。现将《四分历》五星会合周期的计算结果与理论结果进行对比,如表3所示。

表3 《四分历》五星会合周期精度表①

行星	历取会合周期(日)	理论会合周期(日)	误差(历取－理论)(日)
木星	398.85	398.88	-0.03
火星	779.53	779.93	-0.4
土星	378.06	378.09	-0.03
金星	584.02②	583.92	0.1
水星	115.88	115.93	-0.05

根据表3中的数据可以得出,东汉时期五星会合周期,除火星外,已经相当接近理论值。相比于《三统历》的数据③,除水星外,均有着明显的进步。《三统历》的五星常数是在挑选了特别的岁数之后,再参照其他方面的一些因素确定的,而《四分历》的五星会合周期是根据对既定上元的直接配合得到的。④ 高平子曾指出《三统历》的常数具有玄学色彩,而《四分历》完全摆脱玄学⑤,因此《四分历》的五星会合周期较为精密。

(二) 五星动态表精度分析

据唐泉构造的行星入平合度的数学模型⑥,可计算《四分历》五星动态表的精度,

---

① 笔者在制作该表时,历取会合周期的计算结果保留了小数点后两位数字。
② 《四分历》中内行星金星和水星的运动被分为上合和下合两段来处理,因此其历取会合周期是日率与周率之比的二倍。
③ 《三统历》木星、火星、土星、金星和水星历取会合周期的值依次为398.71、780.53、377.94、584.13和115.91日。
④ 曲安京:《中国历法与数学》,第231页。
⑤ 高平子:《汉历五星周期》,《"国立中央研究院"院刊》第二辑,1955年,第193—224页。
⑥ 唐泉:《中国古代五星动态表的精度——以"留"与"退"两个段日为例》,《内蒙古师范大学学报(自然科学汉文版)》2013年第4期。

现笔者将计算结果列表如下。

表4 《四分历》火星动态表精度计算表①

段目	行日	历取行度(°)	理论行度(°)	误差（历取行度-理论行度）	各段目节点误差(°)
晨伏	71.7662	55.64	51.40	4.24	4.28
顺行	184	112	125.23	-13.23	-8.86
顺迟行	92	48	38.73	9.27	0.44
留	11	0	0.03	-0.03	0.41
逆行	62	-17	-16.06	-0.94	-0.55
留	11	0	-0.03	0.03	-0.52
顺迟行	92	48	38.51	9.49	8.98
顺行	184	112	125.18	-13.18	-4.12
伏行	71.7662	55.64	51.40	4.24	0.16

表中，"历取行度"是指用历法中的五星动态表计算出火星在该段目运行的度数；"理论行度"是通过该数学模型算得的后一段目的入平合度与前一段目的入平合度做差得到的。前文提到《四分历》将《三统历》外行星的顺行段改为顺行和顺迟行两个段目，从表中数据可看出，该段目的改正反而降低了该段目的精度。又计算了外行星木星和土星的动态表精度，木星的动态表与火星的类似，顺行段与顺迟行段的误差是最大的。相较之下，土星没有调整段目的数量，其精度整体而言更好。对于内行星的动态表精度，增加段目的金星比水星整体的精度更好。

（三）五星一个会合周期内的速度分析

按照第二节的方法，可依次算出《四分历》五星星合的日期，以此为起点，描绘出五星一个会合周期运行的速度，并与理论速度进行比较，如图6所示。

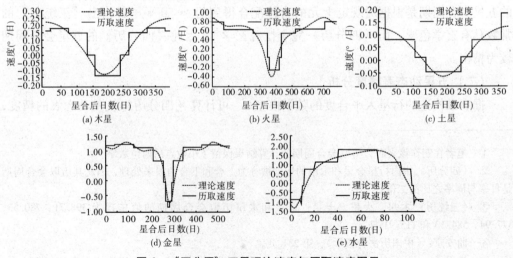

图6 《四分历》五星理论速度与历取速度图示

----

① 表中度数单位为古度。

从《五星占》开始，历法家以动态表中各段目的不同速率来改正位相角这一因素对视运动的影响。① 从图 6 中可以看出，《四分历》的历取速度是折线函数，即历法家将行星的每个段目视为匀速运动处理，而理论速度是曲线函数，是变速运动。由于《四分历》行星部分段目的增加，使得历取速度更加拟合理论速度。并且，图中的历取速度均呈现出轴对称的情形，这与历法家将会合周期的起点改为"合"有关。此外，在"留"段目的前后会呈现出速度跳跃的现象，这种现象是与实际不相符的。"留"仅仅是指一个瞬间，并不是一段时间，因此，"留"段目的时长越长，其误差也会越大。根据表 4 可以看出理论中"留"段目的速度很小，因此历法家难以观测，会产生视速度为零的情形。这种情况必然会使得历法中的行星位置计算与实际天象产生误差。

（四）星合起点精度分析

星合起点是通过算法"推入月日"算得的，其本质意义就是推求上元积年对行星会合周期的余数，再以冬至日期为起点累加余数，即可求得行星与日合的起点日期。本文通过中国黄道星空软件查询出公元 85 年至公元 114 年行星与日合的理论日期，将其与历法算得的日期对比。其中，木星共计算 27 个周期，最大误差为 11 天，平均误差为 4.35 天；火星共计算 15 个周期，最大误差为 26 天，平均误差 8.6 天；土星共计算 29 个周期，最大误差为 11 天，平均误差为 5.72 天；金星共计算 19 个周期，最大误差为 11 天，平均误差为 3.73 天；水星共计算 95 个周期，最大误差为 8 天，平均误差为 2.9 天。从以上数据可以得出，星合日期的计算结果也是影响行星计算精度的因素之一。

四、结论

本文通过对东汉《四分历》中步五星算法的解读和计算，并结合前文分析，可以得出如下结论：

第一，根据图 1—5 知，无论是内行星还是外行星，其赤经误差曲线均呈现出周期性变化。根据计算得出，该波动周期与行星的公转周期相关，火星的波动周期与大冲周期相关。

第二，《四分历》外行星中土星的计算精度是最精确的，无论是绝对平均误差还是绝对误差最大值，均小于火星和木星。其中，木星的计算精度略低于土星。根据前文分析，可发现木星和土星的会合周期精度相当，而木星的星合起点计算更为精确，以及木星一个会合周期的速度较土星更为拟合。但是，根据行星的动态表精度分析，已得出的外行星顺行段目的增加反而降低了其精度。因此，影响行星平位置计算的主要因素为动态表构造的精度。

---

① 刘金沂：《麟德历行星运动计算法》，《自然科学史研究》1985 年第 2 期。

第三，从表2中的数据可以看出，在内行星金星和水星中，金星的数据均优于水星，但是除绝对误差最大值相差较大外，其余数据均相差无几。结合前文分析，可发现水星除会合周期比金星精确外，星合起点的计算误差、动态表精度、一个会合周期内的速度拟合情况，均劣于金星。

第四，笔者在此前计算过《三统历》的行星计算精度，木星、火星、土星、金星和水星的绝对平均误差分别为3.99、10.13、5.78、3.74和5.25，绝对误差最大值依次为13.76、33.03、12.81、12.73和19.63。根据以上数据可得出，《四分历》五星的平均精度均优于《三统历》。但是，《四分历》五星的绝对误差最大值均大于《三统历》的五星绝对误差最大值。总体而言，东汉时期《四分历》的行星计算精度相比于西汉时期的《三统历》并没有明显的进步。结合全文分析，可知《四分历》行星计算精度进步有以下三点原因：一是关于五星计算的天文常数是根据既定上元的直接配合得到的；二是由于行星的起算点改为"合"，更加符合五星的会合运动；三是历法家增加了《四分历》的五星动态表的段目，使得其更加拟合真实的行星运动。

致谢 在本文的写作过程中，唐泉教授曾悉心指导，匿名评审专家也提出许多宝贵的修改意见，在此一并表示感谢。

·综述·书评·书序·

四十年来的秦陵铜车马保护研究述评

田 静

(秦始皇帝陵博物院)

摘要：秦始皇陵铜车马的出土是继兵马俑发现之后秦陵考古工作的又一重大发现，引起了海内外学者的高度关注与研究。通过梳理秦陵铜车马出土后考古、历史、科技人员相关修复保护、阐释研究的学术历程，可将四十年来的保护与研究工作分为三个阶段：1980—1994年的提取修复阶段、1995—2005年的科学保护阶段及2006—2023年的展示阐释阶段。

关键词：秦始皇陵；铜车马；修复

1978年6月，考古人员在秦始皇陵调查勘探中发现一座车马坑。该坑位于秦始皇陵封土西侧20米处。1980年12月，从这座陪葬坑内出土了两乘铜车马。这是继秦兵马俑发现之后，秦陵考古工作的重大发现。专家学者随即对秦始皇陵铜车马进行保护研究，深化了中国古代车制史研究，拓展了秦代文物研究的内容。四十年来的保护研究工作，可分为三个阶段。

一、提取修复阶段（1980—1994）

1980年到1994年是秦陵铜车马研究的初期阶段，主要任务是配合考古发掘进行文物提取和修复保护。秦陵铜车马结构复杂、破碎严重，为了科学清理、完整提取铜车马，经论证决定采取整体切割的方式，将铜车马堆积层连同土遗址一起整体从坑底切割并装箱，搬运到博物馆进行修复。由于方案周密，测试工作扎实，具体操作稳妥，铜车马整体切离和装箱、搬运工作十分顺利。

在文物清理过程中，学者进一步研究后得出结论：两乘铜车马均由四匹马、一名驾车的御者和多组零部件组装而成，每组部件或每根鞁具均由几个或上百个小构件连接、组合而成,车、马、御手及大部分零件的表面都有彩绘纹饰或涂有颜色。

一号铜车马上的鞁具有牵引、控御、止车以及马身上的装具等不同的类别,大多数由青铜构件制作,少数鞁具如勒、缰索等由金质、银质构件制成。出土时鞁具断成碎片,但原位移动不大,经修复可以恢复原貌。二号铜车马由于坑顶塌陷破坏,车马均向北侧倾倒,破碎较为严重,但经修复也能恢复原貌。据统计,一号车出土时破碎成 1325 片,有断口 2069 个,破洞 437 个。二号车破碎为 1685 片,有断口 2244 个,破洞 316 处。残件均有不同程度的变形,所有连接的销锁部位或关节均已锈死不能活动,一些器壁很薄或器形较小的部件锈蚀非常严重。

根据两辆车的形制及破碎程度,课题组决定先修复二号车。考古、历史、文物保护学科人员联手攻关,成立工作组,集中力量进行文物清理和资料提取,同时走访国内考古机构、大型博物馆和车制史研究专家,请教技术问题,论证修复方案。针对修复技术细节和彩绘保护以及黏合剂、焊接材料、焊接工具等进行讨论和实验,最终确定了保护方案和修复原则,就是以粘接为主,焊接为辅,综合治理。在修复过程中,一定要保护好铜车马表面的彩绘。1982 年 4 月,铜车马修复方案和实施细则得到专家认可,随后通过国家文物局审核。1982 年 6 月,清理工作结束,修复工作开始。

铜车马修复中有两个难题,一是矫形,二是焊接。因为铜车马被夯土压碎,导致很多零部件变形,修复中首要工作就是将这些零部件恢复原状。如果在矫形过程中方法不当,或者压力过大,就会造成新的损伤。以一号车伞盖为例,不仅碎成一百多片,而且它的表面是弧形的,薄厚不均,如果矫形时用力不均,将造成新的损伤。为此,修复组研发了矫形机。通过持续渐进式地施加压力,对一些碎片进行矫形。

焊接工作同样面临着难题,车轮车轴是车厢中起支撑作用的部位,如采用粘接方式修复,就会导致强度不够,必须用焊接的方式来解决。但是焊接又牵扯到另外一个问题:铜车马表面有很多彩绘,如采用高温熔炼式的焊接,高温就会对彩绘及周围的区域造成新的损伤。经过反复试验,选择铅焊这种中低温的焊接,不会对铜车马本体造成大的伤害。此外,还采用新的合金材料做焊接材料,以增加青铜器的强度和柔韧性。

1983 年 7 月,秦俑考古队发表《秦始皇陵二号铜车马清理简报》和《秦始皇陵二号铜车马初探》,孙机先生从车制结构方面深入研究铜车马,并将其置于中国车制史的历史长河中进行分析,他的《始皇陵二号铜车马对车制研究的新启示》为学者提供了第一手资料。①

---

① 以上三篇文章均刊于《文物》1983 年第 7 期。

1983年11月,《考古与文物》编辑部以专辑形式出版《秦陵二号铜车马》①,收录文章12篇,首篇为杨正卿先生《秦陵二号铜车马的发现》,末篇为陈梦东先生《修复后记》,其余10篇均为研究论文,现梳理如下。袁仲一与程学华先生合写的《秦陵二号铜车马》为该专辑第二篇文章,全文2万余字,从车的结构、具及系驾方法、车制问题、制造工艺、装饰花纹五个方面综合研究,不仅提供了发掘与修复中的大量资料,而且就车马具及车制问题提出了有见地的观点,得到了多数学者的认可,引领后续研究深入开展。

其中铜车马修复小组发表《秦陵二号铜车马修复简报》,从文物修复角度公布铜车马的形制、结构及修复中的研究结论,解开困惑学术多年的问题。夏文干先生《青铜文物胶接复原技术研究》和李兰、强万岐、包达权合著《使用钎焊技术修复秦陵二号铜车马的总结》是介绍铜车马的修复方案、采用方法和经验的两篇文章,可为同类文物修复工作提供借鉴。

杨玉芳先生《秦陵二号铜车马材质分析》、夏文干先生《秦陵二号铜车马主体材料的化学成分》、华自圭先生《秦陵二号铜车马连接技术的初步考证》及赵雨亭、阎进盈、夏文干合著《秦陵二号铜车马的涂层和胶粘剂初析》四篇文章分别对铜车马材质、工艺等方面进行科学鉴定,并从科学史角度探讨了铜车马的成就,率先在考古领域中引用科学技术研究方法,并使两者结合起来,为文物修复与保护工作提供了范例。王学理先生《五时副车铜偶所反映的秦代銮驾制度》从古代车制特别是銮驾制度入手,探讨秦陵铜车马的学术价值。王正华先生《秦陵二号铜车马的艺术造型、装饰与彩绘》从艺术视角分析研究,为保护彩绘提供了依据。

1984年论文有程学华、周柏龄先生《秦陵彩绘铜车结构规格》。文章经过测量和对比铜车马车辕、衡、轴、策、扁壶等部位数据,结合文献记载,认定铜车马制作年代在秦统一后。② 张仲立先生《秦陵二号铜车车舆纹饰仿衣蔽属性初探》③ 一文,分析铜车马上的图案纹饰,就其乘车衣蔽及相关问题专题探讨。文章认为,秦陵二号铜车通身盛施彩绘装饰图案,图案中有一种使用广泛的条带形状的边缘装饰,根据其纹样特征,称其为几何纹边饰。这种纹饰分布在舆盖上下两面的周边、车厢内外侧主体纹饰的四周边栏,及车门、窗、轼、茵的四缘,各部分边饰的构图、纹饰、色彩雷同,形成活泼有序、瑰丽大方的边缘装饰,是其衣蔽设施的写照,反映了秦楚文化的联系。

---

① 陕西省秦俑考古队、秦始皇兵马俑博物馆编:《秦陵二号铜车马》(《考古与文物丛刊》第一号),《考古与文物》编辑部出版,1983年。另期刊、集刊或论文集设有专栏或整本刊物、论文集涉及秦陵铜车马保护研究。为便于梳理,行文流畅,此类情况只在总论处注明出处,单篇论文不再一一注明,特此说明。

② 程学华、周柏龄:《秦陵彩绘铜车结构规格》,《文博》1984年第1期;张文立:《秦陵二号铜车马》,《人文杂志》1984年第1期。

③ 张仲立:《秦陵二号铜车车舆纹饰仿衣蔽属性初探》,《文博》1985年第1期。

此外，还有张文立先生《秦陵二号铜车马》等。

王子今、高大伦、周苏平先生合写的《关于秦陵二号铜车御者俑》认为探讨二号车御者身份，对于确定二号车有重要意义。之前学界有太仆、奉车郎和御官三种观点。作者认为车郎比较恰当，车郎属郎中令管辖，归于宫廷警卫部队，因而出行带剑。① 党士学先生《关于秦陵二号铜车马》② 和彭京士先生《胁驱阴靷……与二号铜车马》③，提出了新观点，丰富了相关方面的研究。

袁仲一、程学华先生合写了多篇论文，如《秦陵出土铜兵器和铜车马的制造工艺》从制造工艺的角度研究铜车马与秦始皇陵出土青铜兵器，认为秦陵秦俑坑出土的大量青铜兵器制作工艺高超，表明秦代是一个金属冶铸工艺发展的辉煌时代。④《秦陵铜车马的发掘、修复与研究》中梳理了从 1980 年到 1986 年，关于铜车马修复研究的成果，认为秦代工匠在铸造学、机械学、材料学、力学等诸多领域，已经掌握了丰富的基础知识，表现出较为娴熟的技艺。⑤

吴永琪先生《铜车马修复中的几点认识》、张志军先生《秦陵一号铜车马彩绘的保护》，从文物修复、保护研究的角度总结铜车马修复中的经验，分析铜车马彩绘成分、损害机理等。⑥ 1988 年 5 月，秦陵一、二号铜车马修复完毕，并在博物馆内正式展出，这让很多学者有机会近距离观察研究铜车马。张仲立与党士学先生合写的《秦陵铜车车舆结构与车舆衣蔽再探》就是在作者前篇论文基础上的深化研究。⑦

分别于 1984 年、1986 年、1990 年和 1994 年召开的秦俑学研究第一、二、三、四届学术研讨会，将铜车马研究作为一个专题，有多位学者提交这方面的论文，论文集中的论文先后曾在《文博》1985 年、1987 年与 1990 年第 5 期《秦文化·秦俑研究特刊》、1994 年第 6 期"第四届秦俑研究学术研讨会"专号，以及《秦文化论丛》第二辑、第三辑中发表。

1989 年的代表性论文有聂新民先生《秦陵铜车舆内出土文物释名》⑧、王关成先生《辒辌车刍议——兼论秦陵二号铜车的相关问题》⑨。

1990 年，《文博》第 5 期以特刊方式刊登秦俑学第五届学术研讨会论文 36 篇。党

---

① 王子今、高大伦、周苏平：《关于秦陵二号铜车御者俑》，《文博》1985 年第 1 期。
② 党士学：《关于秦陵二号铜车马》，《文博》1985 年第 2 期。
③ 彭京士：《胁驱阴靷……与二号铜车马》，《湘潭师专学报（社会科学版）》1985 年第 2 期。
④ 袁仲一、程学华：《秦陵出土铜兵器和铜车马的制造工艺》，载黄麟雅等主编：《从古铜车马到现代科学技术——陕西省科学技术史论文集》，西安交通大学出版社，1986 年，第 3—15 页。
⑤ 袁仲一：《秦陵铜车马的发掘、修复与研究》，《"国立"历史博物馆》1993 年第 1 期。
⑥ 吴永琪：《铜车马修复中的几点认识》，《文博》1987 年第 1 期；张志军：《秦陵一号铜车马彩绘的保护》，《文博》1987 年第 6 期。
⑦ 张仲立、党士学：《秦陵铜车车舆结构与车舆衣蔽再探》，《考古与文物》1989 年第 3 期。
⑧ 聂新民：《秦陵铜车舆内出土文物释名》，《文博》1989 年第 5 期。
⑨ 王关成：《辒辌车刍议——兼论秦陵二号铜车的相关问题》，《考古与文物》1990 年第 5 期。

士学先生的《再谈秦陵铜车马的几个问题》根据当时公布的二号铜车马的资料，就铜车马上的小件文物进行研究，并给出论证充分的结论。① 此文是作者此前发表论文《关于秦陵二号铜车马》的续篇。张仲立先生《秦陵铜车车舆结构与车舆衣蔽再探》是此前同一问题研究的深化。② 邢力谦、郑宗惠、程学华先生合著的《秦陵铜车马的伞盖、镝衔及铜丝类件的加工工艺》，从零部件修复保护的视角，分析各种部件的作用，进而讨论铜车马制作工艺方面的价值。③

1991年，陕西省秦俑考古队程学华发表《秦始皇陵一号铜车马清理简报》，进一步公布考古发掘与文物修复方面的资料，为后续相关研究提供了资料。④ 孙机先生《略论始皇陵一号铜车》依据一号车资料，从古代车制方面进一步研究。⑤ 袁仲一先生《秦陵二号铜车马的形制及系驾方法》，从系驾关系方面探讨铜车马的形制。⑥ 之后，张仲立、王子今、高大伦、周苏平、党士学、张志军、聂新民、张文立、王关成等先生陆续就铜车马车舆结构、车舆纹饰、车马器具等进行深入研究。

1993年，王学理先生专著《秦始皇陵研究》有专章研究铜车马，作为最早参与铜车马保护修复的工作人员，王学理先生掌握的资料丰富而珍贵，研究的视角比较宽广。⑦ 1994年，张仲立先生专著《秦陵铜车马与车马文化》出版，该书从车马文化方面考察铜车马的价值与意义。⑧

1994年，在秦俑学第四届学术研讨会上，党士学先生发表《试论秦陵一号铜车马》，是作者关于铜车马整体结构研究的力作。⑨ 此外，还有赵德金、阎月花合著《秦陵铜车上的银蝉》，对秦陵铜车的饰物银蝉做了详细描述，并讨论了银蝉的作用，银蝉的发现为我国秦代昆虫学史的研究提供了有价值的实物资料。⑩

二、科学保护阶段（1995—2005）

1995年到2005年是秦陵铜车马研究的第二阶段，这一阶段的研究从秦陵二号铜车

---

① 党士学：《再谈秦陵铜车马的几个问题》，《文博》1990年第5期。
② 张仲立：《秦陵铜车车舆结构与车舆衣蔽再探》，《文博》1990年第5期。
③ 邢力谦、郑宗惠、程学华：《秦陵铜车马的伞盖、镝衔及铜丝类件的加工工艺》，《文物》1991年第1期。
④ 陕西省秦俑考古队程学华：《秦始皇陵一号铜车马清理简报》，《文物》1991年第1期。
⑤ 孙机：《略论始皇陵一号铜车》，《文物》1991年第1期。
⑥ 袁仲一：《秦陵二号铜车马的形制及系驾方法》，陕西省考古学会编：《庆祝武伯纶先生九十华诞文集》，三秦出版社，1991年，第162—167页。
⑦ 王学理：《秦始皇陵研究》，上海人民出版社，1994年。
⑧ 张仲立：《秦陵铜车马与车马文化》，陕西人民教育出版社，1994年。
⑨ 党士学：《试论秦陵一号铜车马》，《文博》1994年第6期。
⑩ 赵德金、阎月花：《秦陵铜车上的银蝉》，《西北农业大学学报》1994年第4期。

马拓展到秦陵一号铜车马，专家将视角转移到对两乘铜车马的关系问题以及一、二号铜车上器具、小部件以及制作工艺的研究方面，其中以党士学先生的《试论秦陵一号铜车马》和袁仲一、程学华先生的《秦陵铜车马的结构及制作工艺》，以及杨青、杜白石《秦陵铜车轮轴部件设计中的力学和机械学原理》、朱思红先生的《秦始皇陵一号铜车出土铜弩研究》为标志，相关文章刊登在《文博》《秦文化论丛》《秦俑秦文化研究——秦俑学第五届学术论文集》上。

1995年，《西北农业大学学报（自然科学版）》以专刊形式集中发表相关文章22篇。其中有袁仲一、程学华先生《秦陵铜车马的结构及制作工艺》，袁仲一、赵培智先生《秦陵铜车马标准化概述》，杨青、吴京祥、程学华先生合著《秦陵一号铜车立伞结构的分析研究》，侯介仁先生《秦陵铜车马中钻削技术应用研究》，杨青与吴京祥先生合著《秦陵铜车马木车马构件的标准化初考》，侯介仁先生《秦陵铜车马中镶嵌工艺的使用》，杜白石、杨青、李正先生合著《秦陵铜车马的牵引性能分析》，杨青、杜白石先生合著《秦陵铜车轮轴部件设计中的力学和机械学原理》，应用现代力学和机械学知识，参照《考工记》一书，对秦陵铜车轮轴部件的设计进行了考证分析，探讨了秦代机械设计的发展水平。杨青、吴京祥先生合著《秦陵铜车马典型构件分析》等论文，多角度提供了有关保护修复和研究的珍贵资料。

1996年至1997年发表论文有张佐华先生《秦陵铜车马密封保护技术研究》和许珅先生《秦陵二号铜车车茵考》等。袁仲一先生《秦陵铜车马有关几个器名的考释》对铜车马上的较、耳、輨、胁驱、班剑、弩韔、缨环等零部件进行考证，对于研究古代车制和铜车马器具的准确命名具有学术意义。①

1998年，《秦始皇陵铜车马发掘报告》和《秦始皇陵铜车马修复报告》先后出版，全面公布了铜车马的发掘与修复工作资料。② 张小燕、郭振琪、杨德玉合著《秦陵一号铜车马残件元素组成分析》一文，公布了采用光谱和化学分析方法对秦陵一号铜车马残件及其彩绘涂层的化学组成所进行的元素分析和测定结果。秦陵一号铜车马复制科研课题组公布《秦陵一号铜车马复制工作总结报告》。③

郭兴文先生《铜车马内的铜壶和铜折页》和《考辩铜车马内的铜壶和铜折页——

---

① 张佐华：《秦陵铜车马密封保护技术研究》，《考古与文物》1995年第6期；许珅：《秦陵二号铜车车茵考》，《文博》1997年第2期；袁仲一：《秦陵铜车马有关几个器名的考释》，《考古与文物》1997年第5期。

② 秦始皇兵马俑博物馆、陕西省考古研究所：《秦始皇陵铜车马发掘报告》，文物出版社，1998年；秦始皇兵马俑博物馆：《秦始皇陵铜车马修复报告》，文物出版社，1998年。

③ 张小燕、郭振琪、杨德玉：《秦陵一号铜车马残件元素组成分析》，《光谱实验室》1998年第2期；秦陵一号铜车马复制科研课题组：《秦陵一号铜车马复制工作总结报告》，《中国文物修复通讯》1998年第10期。

为纪念好友聂新民而作》是关于铜壶与铜折页研究的代表性论文。①

1999 年到 2009 年，在秦俑学研究第五、六、七届学术研讨会上，有多位学者提交了铜车马研究的论文。2000 年，《秦俑秦文化研究——秦俑学第五届学术论文集》出版，论文集刊登秦俑学第五届学术会议提交的代表性论文 49 篇。

朱思红先生的《秦始皇陵一号铜车出土铜弩研究》指出：在一号铜车上有一件铜弩，置于车轼前的掩板上。这件铜弩第一次提供了完整、准确、细腻的秦代弩的模型。它虽不能像真实的弩那样给人们提供认识实际的复杂构造，但因古代弩的实物能完整保留至今的极少，所以它是人们认识古代弩的珍贵实物资料。②

王丽琴、党高潮、程德润、郭振琪合著《秦陵铜车马最佳保存湿度的确定》选择土红、孔雀石绿、白铅矿和铅丹四种在古代彩绘中有代表性的颜料，通过改变环境湿度、有无紫外光照射，考察了它们的变化情况。实验结果表明：土红、孔雀石绿比较稳定，光照射和湿度对其影响甚小；铅颜料容易变化，尤其是铅丹在光照高湿（相对湿度 66%—81%）条件下变成铅白。经综合分析，确定了保存带有精美彩绘的秦陵铜车马的最佳湿度为 44% 左右。③

王君龙、郭宝发、程德润先生合写的《秦陵铜车马彩绘保护的最佳湿度研究》在对秦陵铜车马彩绘取样分析的基础上，对其保存环境湿度进行了模拟，以红、白、蓝、绿 4 种矿物质颜料为代表，通过改变环境湿度、温度和有无光照等来考查色差值 ΔE 的变化情况。结果表明：在无光照条件下，湿度对彩绘颜色变化影响不大。在光照条件下，湿度、紫外线和光化学反应等因素的综合结果，其保护湿度应控制在 44%—55% 的范围内为宜。④

此外，还有朱思红、朱君孝先生合著《秦车减震试探》与朱思红、宋远茹《伏兔、当兔与古代车的减震》，⑤ 陈春慧先生《论一号铜车上的 Π 型箭》⑥，申茂盛先生《试

---

① 郭兴文：《铜车马内的铜壶和铜折页》，《文博》2002 年第 2 期；郭兴文：《考辩铜车马内的铜壶和铜折页——为纪念好友聂新民而作》，载秦始皇兵马俑博物馆《论丛》编委会编：《秦文化论丛》第九辑，西北大学出版社，2002 年，第 505—511 页。

② 朱思红：《秦始皇陵一号铜车出土铜弩研究》，载秦始皇兵马俑博物馆《论丛》编委会编：《秦文化论丛》第七辑，西北大学出版社，1999 年，第 529—539 页。

③ 王丽琴、党高潮、程德润、郭振琪：《秦陵铜车马最佳保存湿度的确定》，《西北大学学报（自然科学版）》1999 年第 5 期。

④ 王君龙、郭宝发、程德润：《秦陵铜车马彩绘保护的最佳湿度研究》，《西北大学学报（自然科学版）》2000 年第 5 期。

⑤ 朱思红、朱君孝：《秦车减震试探》，载秦始皇兵马俑博物馆、袁仲一主编：《秦俑秦文化研究——秦俑学第五届学术讨论会论文集》，陕西人民出版社，2000 年，第 595—605 页；朱思红、宋远茹：《伏兔、当兔与古代车的减震》，《考古与文物》2002 年第 3 期。

⑥ 陈春慧：《论一号铜车上的 Π 型箭》，载秦始皇兵马俑博物馆编，袁仲一主编：《秦俑秦文化研究——秦俑学第五届学术讨论会论文集》，第 589—594 页。

论中国青铜器铸接和焊接及其在秦陵铜车马中的发展运用》① 等论文。朱思红与任建库合著《秦始皇陵一号铜车上铜弩的力学分析》是此前作者关于铜弩研究的深化。②

彭文先生《从秦陵铜车马上的菱形纹样看秦文化与楚文化的交流》以铜车马上的菱形纹样为例，通过与战国中晚期秦墓及楚墓中出土菱形纹样的对比，揭示从战国末期至秦统一，秦文化与楚文化交流的一个侧面。③ 此处又有汪少华先生《从秦始皇陵出土铜车看"绥"的部位与形制》和《试论秦始皇陵铜车内的铜方壶定名》④，张卫星先生《秦始皇陵铜车马纹饰的初步考察》⑤，党士学先生系列文章《秦陵铜车马相关问题再探》⑥ 等。

2002年，袁仲一先生的专著《秦始皇陵的考古发现与研究》中有专章研究铜车马，作为最早从事铜车马发掘工作的研究者，其书中发表大量发掘资料和完整清晰的照片线图，丰富了铜车马研究的资料体系。⑦

此外，有多部论著立足专业角度进行通俗表述。著作有王学理先生《秦陵彩绘铜车马》和田静《秦铜车马》⑧，文章有徐卫民先生《秦陵铜车马的科学工艺》、张仲立先生《惊世铜车马》、秦始皇兵马俑博物馆《秦陵一号铜车马修复保护技术》。⑨

通过这一阶段的研究可知，铜车马的制作工艺分为连接工艺、加工工艺、造型工艺、合金配比工艺和制作工艺。在制作中，工匠面临诸多技术难题，例如秦陵二号铜车上的窗板仅厚0.12—0.2厘米，而且车窗上面有密集的镂空菱形花纹。又如，秦陵二号铜车上的铜丝细如发丝，从表面看粗细均匀，即使在放大镜下观察也只能看到纵行纹，并没有锻打的痕迹，说明它们是用拔丝法制成的。再如，铜车篷盖的铸造技术也让人吃惊。按照常识，为了减轻对车舆的压力，篷盖的重量越轻越好。那么只有将

---

① 申茂盛：《试论中国青铜器铸接和焊接及其在秦陵铜车马中的发展运用》，载秦始皇兵马俑博物馆编，袁仲一主编：《秦俑秦文化研究——秦俑学第五届学术讨论会论文集》，第606—611页。
② 朱思红、任建库：《秦始皇陵一号铜车上铜弩的力学分析》，《考古与文物》2002年汉唐考古增刊。
③ 彭文：《从秦陵铜车马上的菱形纹样看秦文化与楚文化的交流》，《中原文物》2003年第1期。
④ 汪少华：《从秦始皇陵出土铜车看"绥"的部位与形制》，《华东师大学报》2004年第1期；汪少华：《试论秦始皇陵铜车内的铜方壶定名》，《杭州师范学院学报（社会科学版）》2004年第3期。
⑤ 张卫星：《秦始皇陵铜车马纹饰的初步考察》，《中原文物》2005年第3期。
⑥ 党士学：《秦陵铜车马相关问题再探》，载秦始皇兵马俑博物馆《论丛》编委会编：《秦文化论丛》第十二辑，三秦出版社，2005年，第789—803页。
⑦ 袁仲一：《秦始皇陵的考古发现与研究》，陕西人民出版社，2002年。
⑧ 王学理：《秦陵彩绘铜车马》，陕西人民出版社，1988年；田静：《秦铜车马》，三秦出版社，2003年。
⑨ 徐卫民：《秦陵铜车马的科学工艺》，《中学历史教学参考》1997年12期；张仲立：《惊世铜车马》，《文物天地》2002年第10期；秦始皇兵马俑博物馆：《秦陵一号铜车马修复保护技术》，《中国文化遗产》2004年第3期。

篷盖尽量铸薄才能减轻重量，但是铸造大面积的薄件在工艺上必然会遇到很多困难。二号铜车篷盖面积2.3平方米，最薄处0.1厘米，最厚处0.4厘米，况且车篷盖在刚出土的时候已破碎成199块，仔细观察没有发现任何锻打延展的迹象，说明它是采用浑铸法一次铸成的，要铸造如此大又这么薄而且有一定弧度的铜件，最主要的是掌握准确的合金比例，既要保证熔体有较好的流动性能，又要达到均匀的成型性能，这在现代工艺条件下也是十分困难的事。

三、展示阐释阶段（2006—2023）

2006年到2023年是第三阶段，这一阶段的学者从铜车马细部器物研究转向对铜车马性质属性的再探讨。张卫星先生《秦始皇陵铜车马纹饰的初步考察》、刘占成先生《秦陵铜车马埋藏与"铜车马坑"性质初探》及史党社先生《秦马车的文化史意义——从秦陵出土铜车马谈起》《略谈秦陵铜车马的文化史意义》是代表性论文。这一阶段文章发表在相关论文集中，如《载驰载驱：中国古代车马文化》《秦俑博物馆开馆三十周年秦俑学第七届年会国际学术研讨会论文集》《回顾与创新——秦始皇兵马俑博物馆开馆三十周年纪念文集》《回顾与创新——秦始皇兵马俑博物馆开馆三十周年纪念文集》《秦陵秦俑研究动态》等。

王关成先生《秦陵兵马俑·铜车马研究胜谈》认为，二号铜马车的原型车不是"天子驾六"车和始皇御车；运载始皇棺木的也不是二号铜马车的原型车，而是另一种较大的辒辌车。①

2005—2010年，党士学先生发表了关于铜车马研究的系列论文，研究视角从器具研究到整体结构，从微观研究到宏观研究，言之有据，论证充分，为研究秦陵铜车马提供了多方面有价值的观点。

《秦陵铜车马相关问题再探》指出御官俑所佩带的是实用性真剑，方形铜折巾原物应属帛巾一类的方巾，古名纷帨。②《秦陵铜车御者佩饰与"王负剑"新释》对铜御官俑佩环和佩剑的形制、纹饰、塑造形式、表现手法、展示内容等方面的考察和分析，结合历史文献和考古资料，探讨了佩环和佩剑的实际材质、原本面貌和制作情况，剖析了其中的礼制和习俗成分，对环绶的释名提出了新解，以充分证据对秦代御者佩剑的真假进行了辨析，并根据铜御者的佩剑方式对荆轲刺秦王事件中的"王负剑"问题作了新的考释。③

《秦陵铜车马具马饰撷考》认为：秦陵铜车马虽是陪葬的冥器，但秦代工匠运用高

---

① 王关成：《秦陵兵马俑·铜车马研究胜谈》，《咸阳师范学院学报》2006年第5期。
② 党士学：《秦陵铜车马相关问题再探》，载秦始皇兵马俑博物馆《论丛》编委会编：《秦文化论丛》第十二辑，第789—803页。
③ 党士学：《秦陵铜车御者佩饰与"王负剑"新释》，《咸阳师范学院学报》2008年第3期。

超的制作技艺，忠实模拟秦代真实车马制造，逼真地再现了秦始皇帝御用马车的原貌。铜车马中包含的信息资料和物化证据，对中国古代车马及相关物质文化的研究，具有划时代的意义。通过对铜车马的解读、分析和研究，不仅补充了历史文献的不足，还校正了古代注家在一些问题上偏误，改变了人们对古代车的模糊认识。①

《秦陵铜车马的舆底结构、牵引关系与力学应用》通过对铜车舆底结构、轴辀装配和牵引系统的考察和分析，探索了其中所包含的力学应用问题，并揭示了古车中蕴含的科学理念。同时对原来称作胁驱挂带的"U"字形吊带，在释名和用途方面提出了新见解，还分析了该部件在马车下坡刹车、制动停车和转向调头等驾控中的重要作用。②

《秦陵铜立车车舆结构及衣蔽解析》一文，是此前党士学先生观点与张仲立先生观点的进一步深化研究。作者根据秦陵铜立车（一号车）车舆塑形和雕塑、彩绘纹饰所表现的细节状况，结合考古已知的古代车舆结构实例和出土的丝、麻、毛类织品上的纹饰，对秦陵铜立车的车舆构造和屏蔽装饰进行了细致的解析和考释，继而对彩绘铜车所模拟的秦代真实车舆的主体结构、屏蔽结构、衣蔽装饰以及各种结构使用的材质，做出深入解读和论证。③

此外，党士学先生《秦陵铜车马车盖及相关问题研究》④《从秦陵铜车看古代车的轮轴系统》⑤《秦陵铜车马中关于登车的两组附件解析》⑥《谈策释錣》⑦《古车伏兔及相关问题研究》⑧等文章抽丝剥茧、条分缕析，在中国古代车制及相关器物研究方面提出了有见地的观点。

2012年，秦始皇帝陵博物院编著出版《秦始皇帝陵出土一号青铜马车》。2015年，

---

① 党士学：《秦陵铜车马具马饰撷考》，载秦始皇兵马俑博物馆《论丛》编委会编：《秦文化论丛》第十五辑，三秦出版社，2008年，第421—434页。

② 党士学：《秦陵铜车马的舆底结构、牵引关系与力学应用》，《咸阳师范学院学报》2007年第5期。

③ 党士学：《秦陵铜立车车舆结构及衣蔽解析》，《秦陵秦俑研究动态》2010年第2期。

④ 党士学：《秦陵铜车马车盖及相关问题研究》，载秦始皇兵马俑博物馆编、吴永琪主编：《回顾与创新——秦始皇兵马俑博物馆开馆三十周年纪念文集》（创新篇），三秦出版社，2009年，第592—606页。

⑤ 党士学：《从秦陵铜车看古代车的轮轴系统》，载秦始皇兵马俑博物馆《论丛》编委会编：《秦文化论丛》第十四辑，三秦出版社，2007年，第444—455页。

⑥ 党士学：《秦陵铜车马中关于登车的两组附件解析》，载秦始皇兵马俑博物馆编、吴永琪主编：《秦俑博物馆开馆三十周年秦俑学第七届年会国际学术研讨会论文集》，三秦出版社，2010年，第301—305页。

⑦ 党士学：《谈策释錣》，载秦始皇帝陵博物院编：《秦始皇帝陵博物院》（贰），三秦出版社，2012年，第324—331页。

⑧ 党士学：《古车伏兔及相关问题研究》，载秦始皇帝陵博物院编：《秦始皇帝陵博物院》（柒），三秦出版社，2017年，第301—337页。

《秦始皇帝陵出土二号青铜马车》① 出版。这两本大型图录以高清图片配合文字表述的方式,多角度公布铜车马的细节照片以及学者对铜车马属性、在车制发展史上的意义、关键部位的研究结论,是一部综合性研究著作。

在秦俑学研究第八、九、十届学术研讨会上,铜车马研究依旧是热点。刘占成、刘珺先生《秦陵铜车马埋藏与"铜车马坑"性质初探》和《再论秦陵"铜车马坑"的性质》认为,铜车马的埋藏打破了已经回填了的排水渠,进而通过古代丧葬礼制和陵寝制度的研究,提出铜车马属于祭品,铜车马坑的性质属于"祭祀坑"。②

刘九生先生《秦始皇帝陵铜车马与中国古代文明——秦政原始》提出,铜车马坑是祭祀坑,两辆铜车马是祭祀皇天上帝时献给神明的礼物。③ 许卫红先生《"事神致福"与"事死如生"——也说秦始皇陵出土铜车马的性质》认为铜车马属于秦始皇陵葬仪中的"奠祭"行为,目的为"事死如生",而祭奠的"事神致福"应在寝殿举行。④ 陈钢先生《祭器还是明器——对秦始皇帝陵铜车马属性的一点认识》从葬字的本义、丧葬中的祭祀行为、祭器与明器的区别、秦陵丧葬的礼仪等方面入手,认为铜车马是一种孝道的礼仪体现,本意仍是遵循春秋以来从"生死有别"转变为"事死如生"的丧葬活动原则。⑤

刘春华先生《关于"觼"和"觼軜"的一点认识》和《对〈关于"觼"和"觼軜"的一点认识〉的一些补充》⑥,以及曹玮先生《一号青铜马车之绥》⑦,均从器物研究入手,为研究铜车马提供了有说服力的观点。

孙机先生从车制史角度研究铜车马,《始皇陵2号铜车对车制研究的新启示》和《略论始皇陵一号铜车》就是此前同一专题研究的深化。⑧ 史党社先生《略谈秦陵铜车马的文化史意义》《秦马车的文化史意义——从秦陵出土铜车马谈起》《秦马车所反映

---

① 秦始皇帝陵博物院编,曹玮主编:《秦始皇帝陵出土一号青铜马车》,文物出版社,2012年;秦始皇帝陵博物院编,曹玮主编:《秦始皇帝陵出土二号青铜马车》,文物出版社,2015年。

② 刘占成、刘珺:《秦陵铜车马埋藏与"铜车马坑"性质初探》,《文博》2012年第6期;刘占成、刘珺:《再论秦陵"铜车马坑"的性质》,《秦陵秦俑研究动态》2014年第1期。

③ 刘九生:《秦始皇帝陵铜车马与中国古代文明——秦政原始》,《唐都学刊》2011年第2期。

④ 许卫红:《"事神致福"与"事死如生"——也说秦始皇陵出土铜车马的性质》,《唐都学刊》2014年第1期。

⑤ 陈钢:《祭器还是明器——对秦始皇帝陵铜车马属性的一点认识》,《文博》2014年第5期。

⑥ 刘春华、薛雯:《关于"觼"和"觼軜"的一点认识》,载秦始皇帝陵博物院编:《秦始皇帝陵博物院》(肆),陕西人民出版社,2014年,第236—247页;刘春华:《对〈关于"觼"和"觼軜"的一点认识〉的一些补充》,载秦始皇帝陵博物院编:《秦始皇帝陵博物院》(伍),陕西师范大学出版社,2015年,第248—253页。

⑦ 曹玮:《一号青铜马车之绥》,载秦始皇帝陵博物院编:《秦始皇帝陵博物院》(陆),陕西师范大学出版社,2016年,第100—103页。

⑧ 两文均载孙机:《载驰载驱:中国古代车马文化》,上海古籍出版社,2016年,第1—24页、第25—36页。

的文化传统》主要是从文化史角度研究铜车马①。

申茂盛《秦陵铜车马彩绘装饰工艺源流探索研究》梳理中国古代青铜器装饰中的彩绘工艺,并认为在青铜器上施彩可以分为四类:一是在纹饰阴线部位填漆,使纹路更加清晰;二是将髹漆与磨错工艺结合,在錾槽内不嵌金银,而填以漆,有的是既嵌金银,又在未嵌金银处填漆;三是直接在素面铜器表面进行髹漆着色;四是将矿物颜料与漆搅拌均匀后,以矿物颜料为主进行施彩。作者认为第四种方式在秦陵铜车马上有创新,即铜车马彩绘是以白色物质为底层,在底层之上再进行彩绘。②

2019年,秦始皇帝陵博物院启动秦陵铜车马博物馆建设工程,科学保护、安全搬运铜车马是关键。怎样展示铜车马?采取哪种方式能清晰、完整、多角度展示其价值?秦始皇帝陵博物院成立铜车马工作专班,会集历史、考古、艺术、策展、文保方面专业人员,集中力量探讨考古文物在博物馆展览中的阐释问题。

2021年,秦始皇陵铜车马博物馆建成开放,该馆是一座集合了文物保护与展示功能,展示秦陵铜车马的发掘、修复以及铜车马上的兵器和车马器具,解读铜车马的性质用途、形制结构、雕塑艺术、彩绘纹饰、铸造技术等,全面展示了学界对于秦陵铜车马的研究成果。

值得关注的是展厅第三单元"据形求实:秦陵铜车与秦代马车"部分,结合历史文献,从车舆结构、车马装饰、驾挽方式等方面对秦代马车进行剖析和复原,直观展现秦代马车中的科技文化元素和制作工艺。

在此单元之下细分为八个部分:第一是"载脂载辖:轮轴结构与力学应用",展品有铜釭、银䩞辖等车轮部件,结合车轮仿制品、约毂复原仿制品及约毂工艺图,形象展示车轮和车轴的结构力学原理。第二是"返本归真:立车车舆结构复原",还原秦代马车车舆(车厢)的基本结构。第三是"羽盖华蚤:形制不同的华美车盖",用错金银伞杠箍、伞盖环形金构件、银质盖弓帽等展品,以及伞盖的部分复原构件,展示秦代马车的装饰和设计。第四是"金勒银镳:奢华精致的马具马饰",立体展示秦代马络(勒)的编联结构。第五是"两服齐首:辕衡轭靷与服马的驾挽方式"和"两骖雁行:骖马的挽车方式",重在反映马与车的驾挽关系。第六是"鞥以制衡:鞥与刹车和控车",用动画演示古代马车的刹车和控车方式。第七是"六辔在手:四马八辔的连接与操控",讲述御手、辔绳和车之间的操控和连接关系。第八是"侍者荣耀:御官的佩剑和佩环",展示御官佩剑和带钩,解读御官身份和等级。

对于如何使用考古资料进行文物展陈,周婧景先生认为:长期以来,考古文物资

---

① 三篇文章分别刊于台北《故宫文物月刊》2016年5期;秦始皇帝陵博物院编:《秦始皇帝陵博物院》(柒),三秦出版社,2017年,第338—356页;田静编著:《遗产地讲解培训教程——以秦陵博物院为例》,三秦出版社,2019年,第467—470页。

② 申茂盛:《秦陵铜车马彩绘装饰工艺源流探索研究》,载李家骏、许桦主编:《人类文化遗产保护》(9),西安交通大学出版社,2018年,第128—134页。

料更像是考古学的"专属",策展人员参考的学术资料也大多是考古报告、考古论文,然而仅靠考古学一门学科的加入往往容易束缚视野。因为考古文物的研究涉及的材料类型丰富、方法多样,不仅要求研究者要有丰富的学术素养,更要兼备人文与自然学科背景,有时甚至还需要创造性的想象。① 博物馆要为观众创建愉快学习的环境。为了做好铜车马博物馆展陈工作,陈列部邀请长期从事铜车马研究的党士学先生加入策展团队,袁仲一等老专家亲临指导,在策展团队共同努力下,"秦陵铜车马基本陈列"荣获全国博物馆十大陈列精品奖。

郑岩先生《机械之变——论秦始皇陵铜车马》认为铜车马通过特定的技术手段,在不同程度上延续了原型的"形"(结构)"名"(概念)"工"(制作程序)"用"(功能),既反映了时人对于灵魂和死后世界的理解,也赋予这些概念以特定的形状。②

党士学先生《如何讲解秦陵铜车马》《与古代马车有关的字、词选介——铜车马讲解中的相关知识》从不同角度阐释铜车马讲解要点。《铜车马博物馆:展示丰富的科技文化信息》认为博物馆既是保护世界文化遗产、推进考古与文博事业建设的水到渠成之举,更是传播中华民族优秀文化、增强民族自信心的重要体现。③

2022年,国际博协第26届大会通过决议,对博物馆定义进行修订,提出博物馆"为教育、欣赏、深思和知识共享提供多种体验"。近年来,如何让博物馆文物活起来已成为重要课题。博物馆多样化展示就是博物馆发挥教育功能的具体实践。于是,历史学者、策展人、讲解员联合起来,共同推动博物馆文物活化利用和展示的步伐。

四十多年来,秦陵铜车马的发掘、修复、保护人员第一时间发表简报和修复报告,历史、考古、艺术、科技史学者从不同领域研究中国古代车制、车马殉葬渊源等宏观课题,铜车马属性、铜车马减震系统、刹车装置、器物定名等微观问题,深化了秦史秦文化研究。

---

① 周婧景:《对博物馆"以观众为中心"观念的再理解》,《中国博物馆》2021年第1期。
② 郑岩:《机械之变——论秦始皇陵铜车马》,《文艺研究》2021年第3期。
③ 党士学:《如何讲解秦陵铜车马》,载田静编著:《遗产地讲解培训研究——以秦陵博物院为例》,第210—223页;党士学:《与古代马车有关的字、词选介——铜车马讲解中的相关知识》,载田静编著:《遗产地讲解培训教程——以秦陵博物院为例》,第488—493页;党士学:《铜车马博物馆:展示丰富的科技文化信息》,《决策探索》2021年第6期。

近二十年两汉碑刻研究述评*

张莎丽

（吉林大学古籍研究所）

摘要：近年来碑刻文献的整理与研究日渐丰富，出版了一些大型的著录书，考释类的论文也是层出不穷。作者从著录研究、重要工具书、文献集成、分区分类研究、语言文字研究、拓本研究和新出汉碑研究七个方面概述近二十年来两汉碑刻的研究情况，并加以简单的评论。从中可以看出，近年来碑刻研究主要集中于著录和字词考释方面，且研究日趋精细化。但集释类的工作和理论类的研究几乎很少，能将拓本研究和文字考释结合起来的也不多。其次，两汉碑刻数量巨大，种类繁多，分布地域广，因此需要更精细化的研究。再次，石刻的研究，除了理论更需要实践。最后，释字是石刻研究的基础工作，通过碑文的释读，我们需要了解的是其背后所蕴含的相关信息与文化内涵，这需要与相关学科结合，如与经济、政治、交通、地理等学科的结合。

关键词：汉碑；碑刻；拓本

两汉时期是我国碑刻形成与发展的重要时期，尤其是东汉，碑刻数量骤增，为我们研究汉代的历史文化提供了丰富的资料。改革开放以后，尤其是近十几年来，汉碑研究取得了长足的进步，以下就七个方面对其展开讨论。

一、著录研究

（一）综合型著录书

随着出土汉碑的不断增加，对其进行的收集整理方面的工作也越来越全面，出现了一批综合性的著录研究成果。其中一些既有释文又有图版，如徐玉立的《汉碑全集》、毛远明的《汉魏六朝碑刻校注》等；一些侧重于对石刻的介绍，属目录性质，如刘昭瑞的《汉魏石刻文字系年》；另一些则侧重于拓本的收录，如《上海图书馆善本碑

---

* 本文受到国家社会科学基金重大项目"出土两汉器物铭文整理与研究（16ZDA201）"的资助。

帖综录》等。下面按有无图版和释文来分类介绍。

1. 既有拓本又有释文

徐玉立《汉碑全集》共6册，收罗汉碑285种，分为图版、简介和释文，图版不仅有整图，还有局部放大图，而且图版质量较《北京图书馆藏中国历代石刻拓本汇编》和《汉魏六朝碑刻校注》佳，但释文上存在不少错误，还有漏释的情况。①

毛远明《汉魏六朝碑刻校注》共11册，包括1册总目提要，其中收录汉碑178种，有图版、简介、释文和注释，其图版不是很清晰，但其释文和注释做得较好。②

西林昭一《新中国出土书迹》收录了1982年以后新出土的两汉碑刻44种，对每一方碑刻介绍了其出土时间、地点、碑刻的尺寸、碑文的内容、书法艺术等，并附有图版。③

刘传喜、彭兴林《中国名碑全集》选取了清代以前各个时期的著名碑刻206件，分为20卷，其中汉代碑刻47件，每块碑刻从碑帖提要、史料征引、原碑拓片和释文四个方面来介绍，拓片包括全拓和局部放大图。该书最大的特色是广泛征引了历代金石学家的评介，可供书法爱好者学习和欣赏，但其图版质量不及《汉碑全集》。④

2. 有拓本无释文

《中国碑刻全集》编辑委员会编《中国碑刻全集》收录汉代碑刻11种，有图版和碑刻相关信息，没有释文。该书的优点是选取的拓本为善本，如《乙瑛碑》选取的就是传世最佳的明初拓本，而且拓本影印质量好，较《汉碑全集》佳。缺点是多为剪裱本，不利于从整体观察整个汉碑的面貌。另外，其收罗范围比《汉碑全集》和《汉魏六朝碑刻校注》要窄很多。⑤

北京大学图书馆金石组编《1996—2012北京大学图书馆新藏金石拓本菁华》收集了1996—2012年北大图书馆新入藏的拓本，并附有碑刻发现时间、拓本尺寸、字数、拓印时间、入藏时间、著录信息等介绍。该书最大的优势是收录了37通新出的汉碑，如《赵仪碑》《裴君碑》《李君碑》等，而且该书采用原色印，印刷质量佳，但未附释文。⑥ 其《续编》收录汉代石刻40种，其中新出的有两件——《张汜请雨铭》和《刘福功德颂》。⑦

上海图书馆编著《上海图书馆善本碑帖综录》收录有汉代石刻拓本68种，每一拓

---

① 徐玉立：《汉碑全集》，河南美术出版社，2006年。
② 毛远明：《汉魏六朝碑刻校注》，线装书局，2008年。
③ 〔日〕西林昭一著，陈松长译：《新中国出土书迹》，文物出版社，2009年。
④ 刘传喜、彭兴林：《中国名碑全集》，山东美术出版社，2013年。
⑤ 《中国碑刻全集》编辑委员会：《中国碑刻全集》，人民美术出版社，2010年。
⑥ 北京大学图书馆金石组：《1996—2012北京大学图书馆新藏金石拓本菁华》，北京大学出版社，2012年。
⑦ 北京大学图书馆金石组：《1996—2017北京大学图书馆新藏金石拓本菁华》（续编），北京大学出版社，2018年。

本都有石刻信息以及拓本情况的介绍,无释文,其拓本基本为名家藏拓,多有名家题跋,而且该书为铜版纸彩印,图版质量较好,有艺术收藏价值。①

柏克莱加州大学东亚图书馆编《柏克莱加州大学东亚图书馆藏碑帖》收录了柏克莱加州大学东亚图书馆藏的善本碑帖及各种金石拓本,共计2696种,是海外收藏拓本较多的书,分为图录和总目。图录部分选取了290种拓本,其中汉代碑刻28种,每一碑刻有图和说明文字,没有释文。总目部分按照摩崖石刻、碑刻、墓志、塔铭、造像、法帖、吉金、画像石、砖瓦陶铭共分为9类,其中汉代摩崖石刻和碑刻共73种,140件,有字的画像石91件。该书拓本多为善本拓本,或为名家收藏,或有名家题跋、钤印,但多数只有局部图。其体例较完善,书后附有笔画、年代、源地和撰者、书者、刻者索引,查找方便。②

《日本京都大学藏中国历代碑刻文字拓本》编委会编《日本京都大学藏中国历代碑刻文字拓本》共10册,收录了魏晋至元代的碑刻拓本,其中汉代碑刻共99种,有些拓本时代较早,如《延年石室题字》"造作石室"四字完好,应为初拓本。有的拓本较少见,如《汉杜临封冢记》。但该书为黑白印刷,图版质量不佳,且其只有图,没有碑名、说明和释文,只在附录中列出碑刻编号、标题和年代,但有些也与前面的图版顺序对应不上,所以查找起来并不方便。③

张忠炜《芝加哥菲尔德博物馆藏秦汉碑拓撷英》收录了芝加哥菲尔德博物馆所藏(端方旧藏)的秦汉碑拓7种,其中汉代碑拓6种,该书对拓本情况和题跋文字做了详细介绍,并附有拓本图版,但为黑白印。书中资料为作者亲赴馆藏地调查拍摄。作者在书中提到,菲尔德博物馆藏中国石刻拓本约3700种,是东亚之外收藏中国金石拓本最多者,这7种藏品实为沧海一粟,但通过这7件藏品,可以帮助我们对海外藏石刻有个初步了解。④

张永强《永宣金石——古代碑帖拓本选粹》选取了汉代碑帖拓本14种,该书是图录性质的,主要侧重于书法艺术,所以图版质量尚可。除了有拓片,还附有原石和作者实地考察的图片,没有释文,有刻石年代、发现情况、拓本尺寸、年代、书体书法等简单介绍。书中收录了两块新出的汉代碑刻——《何君尊楗阁刻石》《赵仪残碑》。⑤

另外,像史树青主编的《中国历史博物馆藏法书大观》收录了《孔宙碑》《史晨碑》《曹全碑》的拓本,其所据底本和印刷质量都较佳,但该书未有释文和碑刻相关信

---

① 上海图书馆:《上海图书馆善本碑帖综录》,上海书画出版社,2017年。
② 柏克莱加州大学东亚图书馆:《柏克莱加州大学东亚图书馆藏碑帖》,上海古籍出版社,2008年。
③ 《日本京都大学藏中国历代碑刻文字拓本》编委会:《日本京都大学藏中国历代碑刻文字拓本》,新疆美术摄影出版社,2016年。
④ 张忠炜:《芝加哥菲尔德博物馆藏秦汉碑拓撷英》,文物出版社,2015年。
⑤ 张永强:《永宣金石——古代碑帖拓本选粹》,西泠印社,2018年。

息的介绍。①

3. 有释文无拓本

叶程义《汉魏石刻文学考释》将汉魏石刻按文体划分进行分类介绍,其中收录汉代石刻共516种。每一种石刻分为考述和释文两部分,考述部分主要介绍了石刻的形制、刻立时间、尺寸、行字数和前人的考证等。最后总结其文体产生、历史发展轨迹、地理分布、结构、文学思想、文学价值等。总之,该书虽名为文学考释,但其前面的分类介绍更类似著录书,其所说的文学价值实质上也是从文献学的角度来论述的,所以可作为著录书来参考。②

(二)专门类别的著录

随着研究的细化,出现了一些研究某一类型、某一地区、某一墓葬石刻的著作及某一个人收藏的拓本,以下分别介绍。

孙伯涛《两汉刻石碑额》收录西汉刻石14种,东汉刻石碑额41种,分为篆书额和隶书额,这本书主要是收录碑额,大部分碑既有整图,也有碑额的局部图,并在一旁附有释文,但其拓本质量一般。③

《山东石刻分类全集》编辑委员会编著《山东石刻分类全集》对山东地区的古代石刻做了全面整理,共分为八卷,搜罗了碑刻、刻石、佛教刻经、画像石、造像记等。其中第一卷为《秦汉碑刻》,收录了汉代石刻76种,分为图版和简单的文字说明,没有释文。此书以时间为序,依其凡例介绍,其图版多依据山东省石刻艺术博物馆馆藏拓本新近拍摄,所以反映的多为其现状现貌。其图版质量尚可。④

故宫博物院编《蓬莱宿约——故宫藏黄易汉魏碑刻特集》收录了故宫收藏的与黄易有关的碑帖46件,其中汉代39件,分为黄易鉴藏和黄易访碑交游有关碑刻两类,其中黄易鉴藏的碑刻又按照地区分类。每一碑刻都有说明文字和拓本或书的封面图,说明文字包括文物介绍、碑石介绍、黄易著录(题跋)、笔者按语和参考文献。该书对了解碑刻和拓本的相关历史信息颇有益处。⑤

胡广跃《任城王汉墓出土黄肠石题刻全集》对济宁汉任城王墓出土的790块黄肠石进行了全方位的整理和著录。该书分为前言、概论和图版三个部分,概论部分主要对该墓葬简况、墓主身份、任城国概况、王墓建造及黄肠石题刻的分类、书风和价值意义做了介绍。图录部分包括拓本和释文,按照封顶石、封门石、"题凑石墙"石的顺序分类编排,更加全面、有序。⑥

---

① 史树青主编:《中国历史博物馆藏法书大观》,上海教育出版社,2001年。
② 叶程义:《汉魏石刻文学考释》,新文丰出版股份有限公司,1997年。
③ 孙伯涛:《两汉刻石碑额》,中国青年出版社,2005年。
④ 《山东石刻分类全集》编辑委员会:《山东石刻分类全集》,青岛出版社,2013年。
⑤ 故宫博物院编:《蓬莱宿约——故宫藏黄易汉魏碑刻特集》,紫禁城出版社,2010年。
⑥ 胡广跃:《任城王汉墓出土黄肠石题刻全集》,三秦出版社,2017年。

吴敏霞主编《陕西碑刻总目提要初编》收录了1949年之前刻立或流入陕西境内的历代石刻，其中汉代石刻共42种。该书主要从碑名、年代、形制、纹饰、行字、出土地、现藏地、著录情况、提要等方面对这些石刻进行了介绍。但正如作者在序言中提到的那样，该书仍存在诸多问题，如数据不准确，数据不完整，著录信息不符合标准，大量碑刻信息与该书的凡例要求相差较远，如缺少形制及尺寸、行款等信息。①

（三）单篇论文

除了综合性的著录，还有单篇文章，如秦明的《黄易的访碑图与碑刻鉴藏（之三）——"汉魏五碑"》对黄易所著的《黄小松所藏的汉碑五种》进行了介绍，包括拓本的尺寸、版本、书法和黄易的题跋、著录。② 其《黄易的访碑图与碑刻鉴藏（之五）——嵩山汉刻》介绍了嵩山三阙的汉刻文字和黄易的访碑记录。③ 章红梅《〈北京图书馆藏中国历代石刻拓本汇编〉勘误》对《汇编》在时间、书体、著录等方面的疏误进行了校正，其中提到汉代碑刻三方。④ 另外还有杨子墨《山东汉碑的分布、形制及特点》⑤、林相艳《〈白石神君碑〉著录研究——以〈石刻新编〉为主》⑥、于乐《〈史晨碑〉著录初探——以〈石刻新编〉为主》⑦ 等。

二、重要工具书的出版

1. 字编、字典

秦公、刘大新《碑别字新编》（修订本）是在1985年《碑别字新编》的基础上又收录了历代近3000余种碑石中的别字增辑而成的，共有字头3500余字，重文别字21300余字，该书收罗范围较广，但字形采用摹写的方式，有时会有失真的情况。⑧

毛远明《汉魏六朝碑刻异体字字典》⑨ 是在《汉魏六朝碑刻校注》和《汉魏六朝碑刻语料库》的基础上完成的，其收录字数超过了以往碑别字的原始性数据汇集，所收字形丰富，且字形直接从拓片上切取，更能反映其原貌。该书按音序排列，书后附

---

① 吴敏霞主编：《陕西碑刻总目提要初编》，科学出版社，2018年。
② 秦明：《黄易的访碑图与碑刻鉴藏（之三）——"汉魏五碑"》，《紫禁城》2010年第5期。
③ 秦明：《黄易的访碑图与碑刻鉴藏（之五）——嵩山汉刻》，《紫禁城》2010年第12期。
④ 章红梅：《〈北京图书馆藏中国历代石刻拓本汇编〉勘误》，载教育部人文社会科学重点研究基地华东师范大学中国文字研究与应用中心、华东师范大学语言文字工作委员会编：《中国文字研究》第十八辑，上海书店出版社，2013年，第131—136页。
⑤ 杨子墨：《山东汉碑的分布、形制及特点》，《中国书画》2011年第11期。
⑥ 林相艳：《〈白石神君碑〉著录研究——以〈石刻新编〉为主》，西安工业大学2019年硕士学位论文。
⑦ 于乐：《〈史晨碑〉著录初探——以〈石刻新编〉为主》，西安工业大学2019年硕士学位论文。
⑧ 秦公、刘大新：《碑别字新编》（修订本），文物出版社，2016年。
⑨ 毛远明：《汉魏六朝碑刻异体字字典》，中华书局，2014年。

有部首笔画检字表。其创新之处在于形、音、义、书证兼备，每个字头下列有义项和碑刻中的例句，这与以往的字编、字表侧重于字形的收录有很大的不同。字形图片采取数字代码的方式，对每个异体字不仅标明出处，还指出它出现的具体位置，即石刻中的第几行第几个字。不便之处是使用时需查阅所附《碑刻拓片目录》，才能知道是出自哪个碑刻。①

王立军《汉碑文字通释》是专门针对汉代碑刻文字所编写的工具书，该书共收录单字2729个，按《说文解字》分部，每个字头下一般包含读音、汉碑代表性字图及《说文》训释、释形、释义和释词。其中，释形、释义和释词部分是该书的亮点。释形部分为作者对该字字形的考证，其先列《说文》释形，然后参照古文字字形分析其是否合理，可以说是研究《说文》的很好的补充。释义和释词部分，每项后列出汉碑中的例句，这就需要作者对一些存在争议性的考释有自己的判断，其花费的功夫可想而知。只是书中小部分字图不清楚，有的整个字已经看不见，只剩黑墨方块。②

2. 索引

刘昭瑞《汉魏石刻文字系年》以时间为顺序，收罗了宋代以来所著录的汉代石刻602件，无纪年刻石单独列出。1949年之前出土并著录的石刻记其书体、行数、所在地、存佚情况等，部分字少的会介绍释文。1949年以后出土散见于各种书刊的，则一般录其释文。该书最大的特色是刻石无论亡佚与否一概收入，因此收罗较全，可作索引使用。但除镇墓文外，均无拓本。③

毛远明《汉魏六朝碑刻校注·总目提要》对汉魏六朝的碑刻作了全面的收录，包括正文中未收录的碑志。其以列表的形式说明碑志刻立时间、出土时地、行款、著录题跋等。但受表格形式所限，其所在"著录题跋"中选取的多是有代表性的书刊，所以部分书籍有所遗漏，可作为碑刻信息的简要索引。④

刘琴丽《汉魏六朝隋碑志索引》是碑刻文献索引的新出成果，共收录汉代碑刻702种（除去部分砖铭）。其按年代排序，先收录有明确年代的，后收录无年号的。每方碑志以"图版著录""录文著录""碑目题跋著录""论文""备考"的形式分类说明。其征引书籍范围广泛，包含金石文献、总集、别集、地方志、期刊、论文集等。尤其是对碑刻在《石刻史料新编》中的著录情况——作了标注，包括卷、册、页码，大大提高了检索速度。此书可作为《石刻史料新编》汉至隋代墓志的索引，弥补了《新

---

① 马瑞、党怀兴：《碑别字全面整理精心研究的力作——〈汉魏六朝碑刻异体字典〉简评》，《中国出版》2015年第20期；郭洪义：《碑刻异体字整理研究的重要成果——〈汉魏六朝碑刻异体字典〉评介》，《辞书研究》2015年第4期。

② 王立军：《汉碑文字通释》，中华书局，2020年。

③ 刘昭瑞：《汉魏石刻文字系年》，新文丰出版公司，2001年。我们这里谈到的石刻是指刻在石质界面上的文字，因此书中提到的其他材质上刻写或用笔书写的文字材料被我们排除在外。

④ 毛远明：《汉魏六朝碑刻校注》，线装书局，2008年。

编》索引的空缺。①

孙贯文《北京大学图书馆藏历代石刻拓本草目》对北京大学图书馆所藏的汉至唐代的拓本进行了全面的整理。该书为孙先生的遗作，写于20世纪50年代，由于种种原因，一直未公开出版，现所见的为赵超先生整理本。该书以年代为序，共收录汉代碑刻434种，每种碑刻先介绍其基本信息，如年代、出土时地、发现情况、形制、存佚、拓本等，然后介绍其著录信息。孙先生在整理拓本的同时对拓本亦有鉴定，如在《何君遣掾舒鲔造尊楗阁刻石》后注明为翻刻本。书中著录信息颇丰，对中华民国及其以前的著录情况有详细的说明，包括书中卷册、页码，可作索引工具书使用。但由于时代所限，后出的一些文章未予收录。其次，其著录书多采用简称，但简化得太厉害，基本为一两个字，有的是书名中取一个字，如将顾炎武的《金石文字记》简称为《字》；有的是取作者姓氏，如柯昌泗《汉晋石刻略录》简称《柯》。因此，使用时需翻阅前面的《引用书名简称索引》。另外，书中没有石刻索引，目录亦不详细，查找起来不甚方便。②

三、文献集成

随着研究成果增多，有必要将这些零散的文章集中收集起来，以利用前人的研究成果，于是出现了文献集成性质的书。

虞万里主编的《七朝石经研究新论》将汉魏到近代的石经研究的论文集中到一起，其中汉代石经研究主要是石经文本的复原，石经文献与传世文献对读基础上的异文研究、版本差异研究以及其涉及的礼制，另外就是对其刊刻动因的分析。③ 另外，其主编的《二十世纪七朝石经专论》亦是同类型的著作。该书汇集了20世纪以来汉代熹平石经研究的论文。④

四、分区与分类研究

石刻种类繁多，分布范围广泛，遍布全国，因此分区与分类研究是当前研究的趋势。

（一）分区研究

分区研究的典型代表是刘海宇的《山东汉代碑刻研究》，其对山东汉代碑刻研究进行了概述，对研究中的问题进行了辨正，并介绍了山东汉代碑刻的兴起背景和学术价值，

---

① 刘琴丽：《汉魏六朝隋碑志索引》，中国社会科学出版社，2019年。
② 孙贯文：《北京大学图书馆藏历代石刻拓本草目》，三晋出版社，2020年。
③ 虞万里主编：《七朝石经研究新论》，上海书店出版社，2019年。
④ 虞万里：《二十世纪七朝石经专论》，上海辞书出版社，2018年。

及其与周边地区的关系。其中对碑刻的文字释读、断代、辨伪问题提出了自己的见解。①

（二）分类研究

杨爱国《幽明两界——纪年汉代画像石研究》对有纪年标记的汉代画像石按地域分布进行了统计，分析其地域特色，并对画像石有关的石刻艺人、墓主身份、画像人物、装饰主旨及祠堂画像石图像与墓石画像石图像的关系等做了阐释。②

赵振华《洛阳东汉黄肠石题铭研究》对黄肠石形制的源流与题铭变化，对洛阳地区的黄肠石的使用和收藏、著录情况，以及其题铭中涉及的古代考工制度、造墓程序等相关信息进行了考察，并附有黄肠石题铭的图录。以往的著录书中只零星涉及黄肠石资料，该书将东汉洛阳地区的黄肠石数据做了一次系统的整理和全面研究，填补了这一专门类型石刻材料研究的空白。③

蒋英炬、吴文祺《汉代武氏墓群石刻研究》（修订本）在实地考察的基础上对武氏墓群石刻进行了一次较为系统的整理研究。作者将零散的祠堂画像石作了建筑配置，完成了建筑复原。在此基础上，对武氏墓群石刻的阙、狮、碑、祠堂的形制，画像内容、榜题文字等作了系统的著录，并对武氏诸碑和武氏墓地发掘的两座墓葬进行了研究。该书的特色是结合了考古研究的方法，将画像石还原到其附属的建筑物上，展示了其整体面貌，从而能更加科学地认识这批画像石的内容和原建筑的本来面貌。④

五、语言文字研究

语言文字研究主要集中在字词考释、词汇断代研究、字形的溯源、汉字理论研究等方面。

（一）字词考释

字词考释是研究的基础工作，近年来这方面成果层出不穷。集释类的代表为高文的《汉碑集释》，但由于年代所限，该书在注释时引用的基本上是中华民国之前的著作。⑤ 考释类的则数不胜数，如伊强《〈苍山元嘉元年画像石题记〉字词考释三则》

---

① 刘海宇：《山东汉代碑刻研究》，山东大学2011年博士学位论文。
② 杨爱国：《幽明两界——纪年汉代画像石研究》，陕西人民美术出版社，2006年。
③ 赵振华：《洛阳东汉黄肠石题铭研究》，国家图书馆出版社，2008年。
④ 蒋英炬、吴文祺：《汉代武氏墓群石刻研究》（修订本），人民美术出版社，2014年。
⑤ 高文：《汉碑集释》，河南大学出版社，1997年。

《〈东汉永寿三年画像石题记〉释文补正》《〈光和四年石表〉文字考释及文书构成》①，《考释三则》利用出土汉代文字数据，对该题记的三处文字及相关文句做了考释，《释文补正》从文字训诂的角度对题记中的词句做了解释，《文字考释及文书构成》对四川省昭觉县出土的东汉石表中部分字词的考释及其文书的构成提出了自己的见解。张鑫裕《汉碑字词零释及相关问题研究》对《汉魏六朝碑刻校注》汉碑部分存在的问题做了校正，并对《徐州龟山二号汉墓塞石刻铭》《三老碑》和《孟孝琚碑》中的字词进行了考释。② 刘晓涵《〈曹全碑〉释文及相关问题研究》对《曹全碑》碑文进行了梳理和考释，并对其相关史实和职官制度等进行了考辨。③ 孙涛《东汉出土文献用字习惯研究——以石刻和简牍文献为中心》第一章第一节对东汉石刻文献相关字词做了集释，第四章研究了《熹平石经》的用字习惯。④ 马孟龙《定县北庄汉墓墓石题铭相关问题研究》根据定县北庄汉墓发掘报告中附录的 174 块有铭墓石的拓本和释文，对其中的部分墓石铭刻做了改释，纠正了部分石料产地和工匠来源地，并由此探讨东汉时期中山国疆域的变迁。⑤ 何慕《河北定县北庄汉墓题铭的整理》在发掘报告和已有研究的基础上，通过实地考察，整理出了定县北庄汉墓的 436 块墓石的释文。⑥ 孙涛、张再兴《汉碑文字校读八则》对六块汉碑中的八处字词进行了重新释读。⑦ 另有吕蒙的《汉魏六朝碑刻文字札记》⑧、《汉魏六朝碑刻疑难文字考释五则》⑨，马瑞、党怀兴《碑刻古文字释疑五则》⑩，董宪成《汉碑词语考释》⑪、《东汉碑刻释文补正》⑫，于正安《汉魏

---

① 伊强：《〈苍山元嘉元年画像石题记〉字词考释三则》，载教育部人文社会科学重点研究基地、清华大学出土文献与中国古代文明研究中心、清华大学出土文献研究与保护中心编：《出土文献》第十一辑，中西书局，2017 年，第 387—391 页；伊强：《〈东汉永寿三年画像石题记〉释文补正》，载教育部人文社会科学重点研究基地、清华大学出土文献与中国古代文明研究中心、清华大学出土文献研究与保护中心编：《出土文献》第十四辑，中西书局，2019 年，第 385—390 页；伊强：《〈光和四年石表〉文字考释及文书构成》，《四川文物》2017 年第 3 期。
② 张鑫裕：《汉碑字词零释及相关问题研究》，南开大学 2019 年硕士学位论文。
③ 刘晓涵：《〈曹全碑〉释文及相关问题研究》，南京师范大学 2019 年硕士学位论文。
④ 孙涛：《东汉出土文献用字习惯研究——以石刻和简牍文献为中心》，华东师范大学 2019 年硕士学位论文。
⑤ 马孟龙：《定县北庄汉墓墓石题铭相关问题研究》，《考古》2012 年第 10 期。
⑥ 何慕：《河北定县北庄汉墓题铭的整理》，《河北北方学院学报（社会科学版）》2015 年第 4 期。
⑦ 孙涛、张再兴：《汉碑文字校读八则》，载教育部人文社会科学重点研究基地、清华大学出土文献与中国古代文明研究中心、清华大学出土文献研究与保护中心编：《出土文献》第十四辑，第 373—384 页。
⑧ 吕蒙：《汉魏六朝碑刻文字札记》，《重庆工商大学学报（社会科学版）》2011 年第 2 期。
⑨ 吕蒙：《汉魏六朝碑刻疑难文字考释五则》，《衡阳师范学院学报》2017 年第 1 期。
⑩ 马瑞、党怀兴：《碑刻古文字释疑五则》，《考古与文物》2015 年第 6 期。
⑪ 董宪成：《汉碑词语考释》，载邓章应主编：《学行堂语言文字论丛》第二辑，四川大学出版社，2012 年，第 240—247 页。
⑫ 董宪成：《东汉碑刻释文补正》，《阿坝师范学院学报》2017 年第 2 期。

六朝碑刻词语辑释》①，武利华《徐州汉画像石题记初步研究》②，刘道广《山东嘉祥宋山汉永寿三年石刻题记注释》③，毛远明《读汉魏六朝石刻词语札记——兼及石刻词汇研究的意义》④，熊长云《东汉〈严巨昭残碑〉考》⑤，武成《东汉建宁三年残碑考》⑥，于淼《东汉王孝渊碑释文补释》⑦，欧阳摩一《汉画像石文字考释》⑧ 等。

依据新拓本改释的有单育辰《东汉东乡通利水大道约束刻石考》⑨、姜青青《〈汉三老碑〉碑文"无名"应作"元名"》⑩ 和陈世庆《汉代石刻篆书研究》⑪。此外多为补正、订补一类的文章。如：毛志刚《〈汉魏六朝碑刻校注〉补正》从释文正误、释文补缺、标点错误和原刻错误而未出校四个方面对该书进行了订补。⑫ 吕蒙、袁苹《〈汉魏六朝碑刻校注〉汉碑释文补正》纠正了书中的一些误释，补充了部分阙释。⑬ 梁春胜《〈汉魏六朝碑刻校注〉校读举正》从批判继承和吸收前人研究成果、石刻文献的文本特征、石刻文献的文体特征、相关历史知识、佛教语言文化及拓本的选择和辨伪六个方面来展开讨论。⑭ 除此之外，还有张颖慧《〈汉魏六朝碑刻校注〉订补》⑮、李建廷《〈汉魏六朝碑刻校注〉献疑十则》⑯、赵家栋《〈汉魏六朝碑刻异体字典〉补正》⑰ 等。

（二）词汇断代研究

专门研究碑刻词汇的著作以刘志生《东汉碑刻复音词研究》和《东汉碑刻词汇研

---

① 于正安：《汉魏六朝碑刻词语辑释》，《焦作大学学报》2011 年第 1 期。

② 武利华：《徐州汉画像石题记初步研究》，载青岛崇汉轩汉画像砖博物馆、文物出版社编：《全国第三届碑帖学术研讨会论文集》，文物出版社，2014 年，第 15—31 页。

③ 刘道广：《山东嘉祥宋山汉永寿三年石刻题记注释》，《艺术百家》2009 年第 2 期。

④ 毛远明：《读汉魏六朝石刻词语札记——兼及石刻词汇研究的意义》，《乐山师范学院学报》2002 年第 6 期。

⑤ 熊长云：《东汉〈严巨昭残碑〉考》，《中国文化》2017 年第 1 期。

⑥ 武成：《东汉建宁三年残碑考》，载董恒宇主编：《全国首届碑帖学术研讨会论文集》，文物出版社，2005 年，第 42—48 页。

⑦ 于淼：《东汉王孝渊碑释文补释》，载中国文字编辑委员会编：《中国文字》新四十期，台北艺文印书馆，2014 年，第 219—225 页。

⑧ 欧阳摩一：《汉画像石文字考释》，《东南文化》2009 年第 4 期。

⑨ 单育辰：《东汉东乡通利水大道约束刻石考》，《吉林大学社会科学学报》2019 年第 4 期。

⑩ 姜青青：《〈汉三老碑〉碑文"无名"应作"元名"》，《西泠艺丛》2015 年第 6 期。

⑪ 陈世庆：《汉代石刻篆书研究》，安徽大学 2014 年博士学位论文。

⑫ 毛志刚：《〈汉魏六朝碑刻校注〉补正》，《古籍整理研究学刊》2012 年第 1 期。

⑬ 吕蒙、袁苹：《〈汉魏六朝碑刻校注〉汉碑释文补正》，《中华文化论坛》2014 年第 2 期。

⑭ 梁春胜：《〈汉魏六朝碑刻校注〉校读举正》，《长江学术》2012 年第 4 期。

⑮ 张颖慧：《〈汉魏六朝碑刻校注〉订补》，《沈阳师范大学学报（社会科学版）》2012 年第 2 期。

⑯ 李建廷：《〈汉魏六朝碑刻校注〉献疑十则》，载教育部人文社会科学重点研究基地华东师范大学中国文字研究与应用中心、华东师范大学语言文字工作委员会编：《中国文字研究》第十八辑，上海书店出版社，2013 年，第 137—139 页。

⑰ 赵家栋：《〈汉魏六朝碑刻异体字典〉补正》，《古汉语研究》2020 年第 4 期。

究》为代表，前者对东汉碑刻复音词做了全面的整理，并查考了其中的新词、典故词、缩略词和成语。后者在前者的基础上对东汉碑刻形容词、丧葬词语进行了专门的考察，并对《汉语大词典》作了校正和补充。①

（三）用字研究

用字研究涉及异体字、同形字、用字习惯等。这方面的杰作有毛远明《汉魏六朝碑刻异体字研究》，该书对汉魏六朝时期碑刻异体字做了全面整理和系统描写，阐释了其产生原因，并将碑刻文字细分到构件来研究，从而将研究量化，更好地揭示异体字的发展变化及其内部规律。另外，书中还专章讨论了碑刻疑难字的考释方法，并汇集了40条考释。② 专门研究东汉碑刻异体字的有董宪臣《东汉碑刻异体字研究》，该书从文字溯源的角度分析了东汉碑刻异体字所包含的古文字因素，考察了其衍生途径及其总体特征，另外对东汉碑刻部分疑难字作了考释，并对《汉碑全集》《汉魏六朝碑刻校注》等著作中的释文和注释作了校正，书后还附有《东汉碑刻异体字表》。③ 除此之外，毛远明、章红梅《汉魏晋南北朝碑刻同形字举证》及章红梅《汉魏晋南北朝碑刻同形字辨识》列举了汉魏六朝碑刻中的同形字。④ 储小旵、曾良《汉魏碑刻文字演变考五则》选取了汉碑中有代表性的五个字形，对其演变轨迹做了探寻。⑤ 董宪成、毛远明《汉字类化研究与碑刻文献整理》利用汉字类化的现象来解释字形，考释疑难字，补正辞书释义，说明假借现象。⑥ 吴继刚《汉魏六朝碑刻中的双形符字和双声符字》列举了碑刻中的双形符字和双声符字，并探讨了其研究价值。⑦ 刘曦蔚《汉碑用字考察》对汉碑中的通假字和异体字进行了分析。⑧ 孙涛《东汉出土文献用字习惯研究》对东汉石刻和简帛文献的用字做了历时和共时的考察。⑨

（四）字形溯源

字形溯源主要梳理了碑刻文字与古文字的关系，如何山《汉魏六朝碑刻中的古文

---

① 刘志生：《东汉碑刻复音词研究》，巴蜀书社，2007年。刘志生：《东汉碑刻词汇研究》，暨南大学出版社，2013年。
② 毛远明：《汉魏六朝碑刻异体字研究》，商务印书馆，2012年。
③ 董宪臣：《东汉碑刻异体字研究》，九州出版社，2018年。
④ 毛远明、章红梅：《汉魏晋南北朝碑刻同形字举证》，载教育部人文社会科学重点研究基地华东师范大学中国文字研究与应用中心编：《中国文字研究》第六辑，广西教育出版社，2005年，第111—118页；章红梅：《汉魏晋南北朝碑刻同形字辨识》，《四川理工学院学报（社会科学版）》2005年第2期。
⑤ 储小旵、曾良：《汉魏碑刻文字演变考五则》，《古汉语研究》2007年第3期。
⑥ 董宪成、毛远明：《汉字类化研究与碑刻文献整理》，《古籍整理研究学刊》2012年第2期。
⑦ 吴继刚：《汉魏六朝碑刻中的双形符字和双声符字》，《西华师范大学学报（哲学社会科学版）》2014年第6期。
⑧ 刘曦蔚：《汉碑用字考察》，西南大学2012年硕士学位论文。
⑨ 孙涛：《东汉出土文献用字习惯研究》，华东师范大学2019年硕士学位论文。

字》考查了碑刻中古文字的类别、来源、流变及意义。① 毛远明《汉魏六朝碑刻中古文字的遗存》对汉魏六朝碑刻中一些古文字字形进行了溯源。② 吕蒙《汉魏六朝碑刻古文字研究》探讨了碑刻古文字的结构来源、形体特点和形体变化规律，并考释了30个疑难字。③

（五）汉字理论研究

专门研究碑刻文字理论的著作不多，目前主要有陈淑敏的《东汉碑隶构形系统研究》，其书从共时的角度将东汉碑刻中的汉字切分成构件来进行系统的描写，揭示其演变规律与构形理据，并以此为基础将其放在历时平面中，与其他历史时期的汉字构形系统进行比较。④

六、拓本研究

拓本研究主要涉及一些名碑拓本的介绍，尤其是善拓。如王壮弘的《崇善楼笔记》⑤，仲威的《中国碑拓鉴别图典》《善本碑帖过眼录》和《碑帖鉴定概论》⑥。仲威的书对碑刻拓本辨伪和年代早晚方面的知识从理论到实践做了详细的介绍。另外还有秦明《黄易收藏汉魏碑刻拓本的来源》⑦、仲威《汉碑善拓过眼之四》⑧。

七、新发现的汉碑研究

新材料的发现一直都能催生学术热点，近二十年来境内外都有新出土或新发现的碑刻，下面按地区对这些汉碑进行分类，并介绍其研究成果。

（一）境内

1. 四川地区

四川地区新出土和新发现的汉代石刻有七种——《赵仪碑》《石门关铭》《何君阁道铭》《郭择、赵氾碑》《故府张君之碑》《李君碑》《裴君碑》。

《赵仪碑》于2000年6月出土于四川省庐山县姜城遗址。郭凤武《庐山出土〈赵

---

① 何山：《汉魏六朝碑刻中的古文字》，《四川职业技术学院学报》2008年第2期。
② 毛远明：《汉魏六朝碑刻中古文字的遗存》，《兰州学刊》2011年第11期。
③ 吕蒙：《汉魏六朝碑刻古文字研究》，西南大学2011年博士学位论文。
④ 陈淑敏：《东汉碑隶构形系统研究》，上海教育出版社，2005年。
⑤ 王壮弘：《崇善楼笔记》，上海书店出版社，2008年。
⑥ 仲威：《中国碑拓鉴别图典》，文物出版社，2010年；仲威：《善本碑帖过眼录》，文物出版社，2013年；仲威：《碑帖鉴定概论》，上海古籍出版社，2014年。
⑦ 秦明：《黄易收藏汉魏碑刻拓本的来源》，《收藏家》2010年第10期。
⑧ 仲威：《汉碑善拓过眼之四》，《书法》2013年第3期。

仪碑〉考释》对碑文的内容进行了考释和分析,并对其被破坏时间进行了推测。① 李炳中、郭凤武《新发现四川庐山赵仪碑考略》考释了碑文的内容,并对其书法风格进行了分析,文章附有照片和局部拓本。②

《石门关铭》于2002年在四川省成都市新都区三河城的崖墓中被发现,为三号墓墓门上的铭刻,共74个字,发掘报告③有提供释文,魏启鹏④、连邵名⑤也对其内容进行了考释,其后霍巍⑥从移民史的角度对其进行了阐述。

《何君阁道铭》于2004年在四川荥经县烈士乡被发现。该石刻最早著录于南宋洪适的《隶释》,后长期失传,宋晏袤跋《开通褒斜道刻石》等有提到此刻石。其重新发现对研究西南地区的交通史具有重大意义。魏启鹏《跋〈何君阁道铭〉再发现》收录了该刻石的铭文,并对其纪年和命名给出了解释。⑦ 雅安市文物管理所《〈何君尊楗阁刻石〉发现及考释》对刻石中部分字词进行了解释,并介绍了其在书中的著录情况和发现意义。⑧ 高俊刚《〈何君尊楗阁刻石〉考释——兼论西南丝路牦牛道荥经段路线走向》考察了古牦牛道荥经段路线的实际走向,并说明了其开凿的原因和意义。⑨

四川省文物考古研究院等的《雅安新出汉碑二种》收录了《赵仪碑》和《何君阁道铭》的拓本,并附有魏启鹏、何崝等人的研究文章。⑩

《郭择、赵汜碑》于2005年出土于都江堰。宋治民《都江堰渠首新出土汉碑及相关问题》将该碑命名为"郭择、赵汜碑",对碑文进行了释读,并阐述了其中所反映的汉代制度。⑪ 林向《都江堰渠首外江新出土汉碑的初步考察》认为碑文首行的"汜"和"场",应为"汜"和"堋"。⑫ 冯广宏《〈监北江堋守史碑〉的发现及其重要意义》

---

① 郭凤武:《庐山出土〈赵仪碑〉考释》,《中华文化论坛》2015年第8期。
② 李炳中、郭凤武:《新发现四川庐山赵仪碑考略》,《中国书法》2005年第9期。
③ 成都市文物考古研究所、新都区文物管理所:《成都市新都区互助村、凉水村崖墓发掘简报》,载成都市文物考古研究所编:《成都考古发现》,科学出版社,2002年,第316—358页;成都文物考古研究所、新都区文物管理所:《成都市新都区东汉崖墓的发掘》,《考古》2007年第9期。
④ 魏启鹏:《新都廖家坡东汉崖墓〈石门关〉铭刻考释》,《四川文物》2002年第3期。
⑤ 连劭名:《成都新都东汉墓〈石门关〉铭刻考释》,《文博》2004年第1期。
⑥ 霍巍:《考古学视野下的四川汉代移民研究——以新都东汉崖墓出土"石门关"题刻为视角》,《中华文化论坛》2019年第3期。
⑦ 魏启鹏:《跋〈何君阁道铭〉再发现》,《四川文物》2004年第6期。
⑧ 雅安市文物管理所:《〈何君尊楗阁刻石〉发现及考释》,《四川文物》2004年第6期。
⑨ 高俊刚:《〈何君尊楗阁刻石〉考释——兼论西南丝路牦牛道荥经段路线走向》,《四川文物》2005年第1期。
⑩ 四川省文物考古研究院等:《雅安新出汉碑二种》,巴蜀书社,2005年。
⑪ 宋治民:《都江堰渠首新出土汉碑及相关问题》,《四川文物》2007年第4期。
⑫ 林向:《都江堰渠首外江新出土汉碑的初步考察》,《中华文化论坛》2007年第3期。

给出了该碑的释文和注释。① 罗开玉《关于〈建安四年北江堋碑〉的几点认识》对该碑所反映出来的都江堰的古名、李冰祠的位置和水利管理机构等提出了自己的见解。② 成都文物考古研究所《四川都江堰渠首2005年、2014年的发掘与调查》对发现的这通汉碑、3尊石人像和其他构件进行了介绍，并给出了石碑的释文。③ 另有何崝《蜀中汉碑三题》对《何君阁道碑》的碑文内容和书体进行了考释、对《汉赵仪碑跋》和《郭择、赵汜碑》的释读做了补正。④

《李君碑》《裴君碑》于2010年在成都出土，该碑是目前为止四川地区发现的文字最多且保存较好的汉碑，其碑文对研究巴蜀地区的历史、文化、教育、职官制度等都有重要的价值。成都文物考古研究所《成都天府广场东御街汉代石碑发掘简报》介绍了发掘经过、地层堆积和出土石碑，其中重点介绍了石碑的形制、尺寸和碑文的字数，并给出了简单的释文，但是其释文有多处未能释出，部分误释。⑤ 宋治民《成都天府广场出土汉碑的初步研究》⑥、何崝《成都天府广场出土二汉碑考释》考释了两块碑的碑文，并逐句进行了注释和翻译。⑦ 罗开玉《〈李君碑〉〈裴君碑〉初探》对碑文进行了考释，对其中部分词句进行了注释，重点论述了碑刻所见属吏与汉"辟署制"的关系，以及两碑出土地点原建筑属性。⑧ 冯广宏《天府广场出土汉碑略考》在释文的基础上考察了当时郡学的地址、职官制度和官员选拔、任用等历史信息。⑨ 赵超、赵久湘《成都新出汉碑两种释读》在释文基础上兼论学官。⑩ 董宪臣、毛远明《成都新出汉碑两种字词考释——与赵超、赵久湘两位先生商榷》对部分字词提出了不同的看法。⑪ 袁延

---

① 冯广宏：《〈监北江堋守史碑〉的发现及其重要意义》，《西华大学学报（哲学社会科学版）》2011年第5期。
② 罗开玉：《关于〈建安四年北江堋碑〉的几点认识》，《四川文物》2011第3期。
③ 成都文物考古研究所、都江堰市文物局：《四川都江堰渠首2005年、2014年的发掘与调查》，《四川文物》2018年第6期。
④ 何崝：《蜀中汉碑三题》，《西华大学学报（哲学社会科学版）》2009年第6期。
⑤ 成都文物考古研究所：《成都天府广场东御街汉代石碑发掘简报》，载四川大学博物馆、四川大学考古系、成都文物考古研究所编：《南方民族考古》第八辑，科学出版社，2012年，第1—8页。
⑥ 宋治民：《成都天府广场出土汉碑的初步研究》，载四川大学博物馆、四川大学考古系、成都文物考古研究所编：《南方民族考古》第八辑，第47—76页。
⑦ 何崝：《成都天府广场出土二汉碑考释》，四川大学博物馆、四川大学考古系、成都文物考古研究所编：《南方民族考古》第八辑，第77—106页。
⑧ 罗开玉：《〈李君碑〉〈裴君碑〉初探》，载四川大学博物馆、四川大学考古系、成都文物考古研究所编：《南方民族考古》第八辑，第21—32、475—478页。
⑨ 冯广宏：《天府广场出土汉碑略考》，载四川大学博物馆、四川大学考古系、成都文物考古研究所编：《南方民族考古》第八辑，第9—20页。
⑩ 赵超、赵久湘：《成都新出汉碑两种释读》，《文物》2012年第9期。
⑪ 董宪臣、毛远明：《成都新出汉碑两种字词考释——与赵超、赵久湘两位先生商榷》，载邓章应主编：《学行堂语言文字论丛》第四辑，四川大学出版社，2014年，第178—188页。

胜、史泰豪《成都天府广场出土〈李君碑〉简论》通过对李君碑前五句的考释,认为汉顺帝继位具有合法性,并讨论了李姓的起源和尧道在汉代的重要地位。① 伊强《〈裴君碑〉〈李君碑〉释文补正》对其中个别字词提出了不同的见解。②

《故府张君之碑》残碑于 2015 年在四川芦山县姜城遗址发现,郭凤武介绍了其形制和碑文内容,并对张君其人进行了蠡测。③

2. 重庆地区

重庆地区新出土的汉碑有一通——《景云碑》。该碑于 2004 年 3 月在重庆市云阳县被发现,《中国书法》2005 年第 5 期载有丛文俊的释文并附有拓片④。其后,王兴国、任桂圆对其书法和释读提出了几点疑问。⑤ 此外,魏启鹏⑥、程地宇⑦、袁延胜⑧、孙华⑨也先后对其进行了释读和注释。程地宇的文章对其是否为神道碑进行了辨析,并探析了碑额石雕的文化内涵。袁延胜则结合传世材料分析西汉政府迁徙关东贵族到巴蜀地区的史实。孙华在前人的基础上对其中一些字句进行了考辨和补释。王兴国《多维视角下的当代书法批评》一书在下编第四章第六节《新发现〈汉巴郡朐忍令景云碑〉研究问题质疑》中结合其他学者的考释,对丛文俊在碑文释读和书法考略两方面提出不同理解。⑩ 另外,李乔《从〈景云碑〉看景氏起源及汉代以前的迁徙》探讨了景氏的起源及其在汉代以前的迁徙状况。⑪ 任桂圆《汉巴郡朐忍故城遗址与"景云碑"》论述了秦汉至魏晋南北朝汉巴郡朐忍县的发展演变及其与古老盐业之间的关系,并对碑文中个别字词的解释提出了自己的看法。⑫ 李德书《从东汉景云碑看巴蜀古史新证》通过《景云碑》考证了巴蜀古史。⑬

---

① 袁延胜、史泰豪:《成都天府广场出土〈李君碑〉简论》,《四川文物》2018 年第 4 期。
② 伊强:《〈裴君碑〉〈李君碑〉释文补正》,载四川大学历史文化学院、四川大学古文字与先秦史研究中心编:《纪念徐中舒先生诞辰 120 周年国际学术研讨会论文集》,巴蜀书社,2018 年,第 1172—1175 页。
③ 郭凤武:《四川芦山县姜城遗址新出土〈故府张君之碑〉初探》,《四川文物》2015 年第 6 期。
④ 丛文俊:《新发现〈汉巴郡朐忍令景云碑〉考》,《中国书法》2005 年第 5 期。
⑤ 王兴国、任桂圆:《读丛文俊〈新发现"汉巴郡朐忍令景云碑"考〉后的几点疑问》,《中国书法》2006 年第 10 期。
⑥ 魏启鹏:《读三峡新出东汉景云碑》,《四川文物》2006 年第 2 期。
⑦ 程地宇:《〈汉巴郡朐忍令景云碑〉考释》,《三峡大学学报(人文社会科学版)》2006 年第 5 期。
⑧ 袁延胜:《新出〈汉景云碑〉及相关问题》,《中原文物》2007 年第 3 期。
⑨ 孙华:《汉朐忍令景云碑考释补遗》,《中国历史文物》2008 年第 4 期。
⑩ 王兴国:《多维视角下的当代书法批评》,安徽美术出版社,2008 年,第 238—251 页。
⑪ 李乔:《从〈景云碑〉看景氏起源及汉代以前的迁徙》,《中原文物》2009 年第 4 期。
⑫ 任桂圆:《汉巴郡朐忍故城遗址与"景云碑"》,《盐业史研究》2015 年第 1 期。
⑬ 李德书:《从东汉景云碑看巴蜀古史新证》,载李德书主编:《全国第一二届禹羌文化学术研讨会论文集》,电子科技大学出版社,2016 年,第 146—148 页。

3. 河南地区

目前河南地区新发现的汉代石刻有两块——《汉冀州从事冯君碑》和《东汉吴房长张汜请雨摩崖石刻》。

《冯君碑》于 2005 年 6 月在河南省孟津县平乐镇新庄村东南被发现，孙继民《近年新发现〈汉冀州从事冯君碑〉琐见》考察了该碑发现的确切时间和地点，并对碑文的部分字句和其反映的历史史实进行了考证。①

《东汉吴房长张汜请雨摩崖石刻》于 2011 年在河南省驻马店市被发现，刻石上的文字记载的是吴房县县长张汜率领主簿及其官属请雨的事迹。2016 年郑志刚首次对石刻进行了完整的释读，并附有拓本。② 同年，马健中③、程粟和董庆涛④亦对其进行了考释。马健中文有石刻的照片和放大图。2017 年，张鑫裕在前人研究的基础上对铭文做了进一步研究，具体分析了其中的一些疑难字句，并纠正了先前的一些误释。其文还对刻铭的押韵情况进行了初步探讨。⑤ 2018 年，王亚楠从历史学角度分析了铭文所反映的祈雨祭祀文化和风俗。⑥

《张禹碑》于 1993 年出土于河南省偃师市高龙镇火神凹村的一座西晋墓，为该墓的封门石。由于碑文部分残缺，碑主不知是谁。赵振华、王竹林在《〈张禹碑〉与洛阳东汉皇陵》中将墓主初步定为东汉安乡侯张禹，其后的学者也基本认同。⑦ 后王竹林、朱亮在《东汉安乡侯张禹墓碑研究——兼谈东汉南兆域陵墓的有关问题》一文中对该碑的发现、张禹生平、相关地名及东汉南兆域皇陵作了介绍。⑧ 韦玉熹《张禹碑铭补释》则对碑文中部分字词作了补正。⑨

4. 湖北地区

2003 年年底，湖北恩施巴东县张家坟墓群出土一块石板，上面刻有文字。《巴东县

---

① 孙继民：《近年新发现〈汉冀州从事冯君碑〉琐见》，河北省历史学会、中共冀州市委宣传部编：《冀州历史文化论丛》，河北人民出版社，2010 年，第 210—216 页。
② 郑志刚：《新见东汉摩崖〈张汜雨雪辞〉考》，《中国书法》2016 年第 4 期。
③ 马健中：《〈东汉吴房长张汜请雨摩崖石刻〉考略》，载马健中编著：《东汉吴房长张汜请雨摩崖石刻》，河南美术出版社，2016 年，第 1—5 页。
④ 程粟、董庆涛：《河南东汉石刻〈吴房长平阴张汜请雨铭〉释读研究》，《西北美术》2016 年第 2 期。
⑤ 张鑫裕：《新出〈东汉吴房长张汜请雨摩崖石刻〉校释与韵读》，《中国书法》2017 年第 24 期。
⑥ 王亚楠《〈东汉吴房长张汜请雨摩崖石刻〉考释研究》，《济源职业技术学院学报》2018 年第 4 期。
⑦ 赵振华、王竹林：《〈张禹碑〉与洛阳东汉皇陵》，《湖南科技学院学报》2006 年第 4 期。
⑧ 王竹林、朱亮：《东汉安乡侯张禹墓碑研究——兼谈东汉南兆域陵墓的有关问题》，载西北大学考古学系、西北大学文化遗产与考古学研究中心编：《西部考古》第一辑，三秦出版社，2006 年，第 341—355 页。
⑨ 韦玉熹：《张禹碑铭补释》，《出土文献》2021 年第 2 期。

张家坟墓群2003年发掘简报》将其定性为墓志铭,并录有释文。① 2010年陆明君对其重新进行了释读,并加以简单注释。② 之后,陈思鹏认为以上两篇文章在释字、句读方面仍有可商榷的地方,于是对铭文内容做了进一步的考释和阐述。③

5. 山东地区

2013年4月,山东邹城市峄山镇北龙河村发现4座北宋时期的墓葬,其中1号墓出土了一块约600字的画像石——"汉安元年文通祠堂"画像石。该石是目前已发现或著录的画像石中文字最多的一块。胡广跃、王霞④及胡新立⑤等都对其内容进行了释读,并探讨了相关问题。胡新立的文章还详细考释了其中的词句。

6 河北地区

《汉封邰残碑》于2015年出土于河北省邢台市邢台博物馆建筑施工地。徐立君、胡湛《邢州新出土〈汉封邰残碑〉考》对该残碑作了释文和考释,并考证了其刻立时间、碑的形制、碑主与残碑命名等一系列问题。⑥

(二)境外——蒙古国

2017年蒙古国发现班固的《燕然山铭》。辛德勇《发现燕然山铭》以漫笔的形式介绍了《燕然山铭》的发现、拓本情况、释文和历史背景等信息。⑦ 陈君⑧、徐卫民⑨等对其历史背景和文化意义做了介绍。齐木德道尔吉、高建国对其进行了实地调查,并撰写了调查记介绍了摩崖发现和考察经过、摩崖内容和字体。⑩ 之后两人又撰文对其文献价值、燕然山的地理位置及"汉山"题刻问题做了初步探讨。⑪ 张清文对其版本源流和演变情况做了考略。⑫

---

① 国务院三峡工程建设委员会办公室、国家文物局:《湖北库区考古报告集》(第四卷),科学出版社,2007年,第232—239页。
② 陆明君:《元和四年刻石》,《中国书法》2010年第4期。
③ 陈思鹏:《巴东县张家坟墓群M1"元和四年刻石"考释》,《考古》2011年第6期。
④ 胡广跃、王霞:《"汉安元年文通祠堂"画像石题记及相关问题》,载青岛崇汉轩汉画像砖博物馆、文物出版社编:《全国第三届碑帖学术研讨会论文集》,文物出版社,2014年,第32—36页。
⑤ 胡新立:《邹城新发现汉安元年文通祠堂题记及图像释读》,《文物》2017年第1期。
⑥ 徐立君、胡湛:《邢州新出土〈汉封邰残碑〉考》,《中国书法》2020年第6期。
⑦ 辛德勇:《发现燕然山铭》,中华书局,2018年。
⑧ 陈君:《振大汉之天声:〈封燕然山铭〉的历史文化阐释》,《文史知识》2017年第12期。
⑨ 徐卫民:《汉匈关系与新发现的〈封燕然山铭〉》,《文史知识》2017年第12期。
⑩ 齐木德道尔吉、高建国:《蒙古国〈封燕然山铭〉摩崖调查记》,《文史知识》2017年第12期。
⑪ 齐木德道尔吉、高建国:《有关〈封燕然山铭〉摩崖的三个问题》,《西北民族研究》2019年第1期。
⑫ 张清文:《历代〈燕然山铭〉流传版本源流略论》,《中国书法》2017年第24期。

八、结语

综上所述，可以看出，近年来碑刻研究主要集中于著录和字词考释方面，研究越来越趋向于精细化。但集释类的工作和文字理论的研究几乎很少，能将拓本研究和文字考释结合起来的也不多。清晰质优的拓本是文字考释的基础，而传统的拓本研究更关注的是拓本年代和真伪的鉴定，对其在文字考释上的意义重视不够，对于一些图版不够清晰的石刻更需要我们寻找清晰的拓本。

其次，两汉碑刻数量巨大，种类繁多，分布地域广，因此需要更精细化的研究，近年来除了广泛搜罗式的著录，对某一类型、某一地域，甚至是某一个石刻的研究也是重点，这有利于我们深入了解该类石刻。

再次，石刻的研究，除了理论更需要实践，对于一些存在剜洗的碑刻更是如此，这类的情况需要我们花费大量时间和精力进行田野调查，接触原石刻，多方打听，弄清其来龙去脉。这也是目前研究所欠缺的。

最后，释字是石刻研究的基础工作，通过碑文的释读，我们需要了解的是其背后所蕴含的相关信息与文化内涵，这需要与相关学科结合，如与经济、政治、交通、地理等学科的结合。

云贵高原东周秦汉时期戈、矛研究述评[*]

毕 洋

（四川大学考古文博学院）

摘要：戈与矛是云贵高原古代重要的两种兵器，具有出土数量大、器形种类多、来源地域广、延续时间长、文化内涵丰富等特点，目前它们已成为探索云贵高原早期历史和西南夷文化的一把钥匙。20世纪70年代以来，国内学界围绕云贵高原东周秦汉时期戈、矛的编年、族属、纹饰、文化因素、冶铸技术等内容进行了一系列的探讨，取得了一定的成绩，但也存在部分考古资料整理滞后、微观研究多而宏观研究少，具体研究多而综合研究少等现象。故后续研究如能采取长时段、广地域、多角度的研究方法，进一步探索东周秦汉时期云贵高原的文化特征、社会结构及古代生态状况等内容则更具意义。

关键词：云贵高原；东周秦汉；戈；矛

戈与矛是中国古代重要的兵器，20世纪50年代以来，随着考古工作的不断开展，云贵高原也陆续出土了一批东周秦汉时期的金属质戈、矛。目前来看，这些戈、矛具有出土数量大、器形种类多、来源地域广、延续时间长、文化内涵丰富等显著特点，它们已成为建构云贵高原古代历史的重要材料。因此，对于云贵高原东周秦汉时期戈、矛的深入探讨，将为进一步明晰当地早期武器发展、人群面貌、文化互动、文明进程提供重要参考。

经过多年的努力和探索，前辈学者的相关研究已取得了令人瞩目的成果，这些都为进一步开展更深入的学术研究创造了条件。为此，笔者即对云贵高原东周秦汉时期戈、矛的相关研究成果进行述评，同时也对今后的研究工作做一些自己的思考。

对本文而言，只要是对云贵高原东周秦汉时期的戈、矛有讨论和分析的研究均为本文述评的内容。对此，本文将其分为两类。第一类：云贵高原戈、矛的专题研究，

---

[*] 本文为国家社会科学基金中国历史研究院重大历史问题研究专项"秦汉统一多民族国家形成过程的考古学研究"（LSYZD21018）、贵州省社会科学基金重点项目"战国秦汉时期云贵高原聚落、人口与文明进程研究"（21GZZD35）阶段性成果。

即主要以云贵高原东周秦汉时期的戈、矛为研究对象，探讨其形制、纹饰、来源、演变及其所反映的文化联系、族属关系等方面的研究；第二类：相关的研究，即在其他研究方面涉及云贵高原东周秦汉时期戈、矛的研究。

需要说明的是，云贵高原东周秦汉时期的戈、矛按照制作材料的不同，均可分为铜戈、铜铁合制戈、铁戈和铜矛、铜铁合制矛、铁矛。关于铜铁合制戈、矛和铁戈、矛的研究，其目的在于考察云贵高原早期汉文化的传播及与土著青铜文化的关系。因此，对于铜铁合制戈、矛和铁戈、矛的研究也属于本文的述评内容。

一、云贵高原戈、矛的专题研究

国内早期对云贵高原青铜戈的研究，最具有开创性的是童恩正先生。童先生《我国西南地区青铜戈的研究》[①] 一文概括了"西南夷系统"铜戈的区域特征，并对其年代、形制变化和渊源等问题进行了探讨，初步厘清了云贵地区青铜戈的发展脉络。童先生认为，西南地区的铜戈源于中原地区，由中原经四川传入，主要用于步战，属于"徒戈"的范围。该文为探索云贵地区的古代族群关系及其与中原民族的历史渊源奠定了基础。

宋世坤先生《贵州青铜戈、剑的分类断代》[②] 一文对贵州西部出土的铜戈进行了考古类型学研究和年代判断，并将其与云南、四川出土的铜戈进行了比较分析。作者认为，这些铜戈的年代为战国晚期至西汉早期，可能为夜郎及其旁小邑的土著民族所创造。该文初步厘清了贵州青铜戈的发展脉络，对于提升贵州高原的土著文化类型研究具有重要意义，并为从青铜兵器探讨夜郎文明奠定了一定基础。

李健民先生和吴家安先生《中国古代青铜戈》[③] 一文对滇黔地区出土的铜戈进行了微观考察，探讨了该地区铜戈的形制特征及其所隐含的文化传播问题。作者认为，中国古代的青铜戈有自北向西南传播的趋势，滇黔地区的铜戈在一定程度上受到了中原地区的影响。该文对进一步探讨云贵高原铜戈的来源、早期文化的传播问题具有重要推动作用。

井中伟先生《先秦时期青铜戈、戟研究》[④] 一文在详尽梳理中国先秦时期出土青

---

① 童恩正：《我国西南地区青铜戈的研究》，《考古学报》1979年第4期。
② 宋世坤：《贵州青铜戈、剑的分类断代》，载中国考古学会编：《中国考古学会第四次年会论文集》，文物出版社，1985年，第236—243页。
③ 李健民、吴家安：《中国古代青铜戈》，载中国社会科学院考古研究所编：《考古学集刊》（第七集），科学出版社，1991年，第104—146页。
④ 该文为井中伟先生博士学位论文，后改名为《早期中国青铜戈·戟研究》出版，分见井中伟：《先秦时期青铜戈、戟研究》，吉林大学2006年博士学位论文；《早期中国青铜戈·戟研究》，科学出版社，2011年，第292—302页。

铜戈的基础上，对云贵地区青铜戈的种类与样式、分布与年代、渊源及其演变等问题进行了讨论。该研究对宏观上将云贵地区的铜戈纳入早期中国铜戈编年和谱系关系的探讨具有重要学术价值。

刘弘先生《论蜀式戈的南传——西南地区青铜戈的再研究》①一文对西南地区铜戈的形制进行了追根溯源，厘清了蜀式戈在南传过程中的发展变化，讨论了蜀文化在西南地区的辐射和影响。作者认为，西南地区的铜戈以三角形援蜀式戈为"祖形"，蜀文化向南传播的路线与蜀式戈的南传一致。该文对于深入理解西南地区不同区域古代文化的渊源具有重要意义，在一定程度上揭露了该时期西南地区不同古代文化的历史原貌。

刘祥宇先生《试论盐源盆地的细长三角援无胡戈》②一文对云贵高原北部盆地出土的细长三角援无胡戈进行了详尽梳理，并将其与成都平原东周时期的无胡铜戈进行了比较分析。作者认为，这类铜戈极具盐源地方特色，其源流滥觞于西周时期的关中及中原地区。该文对从铜戈的角度探索盐源地区的古代文化与中原地区古代文化的联系具有重要意义。

毕洋《威宁饕餮纹铜戈考兼论美术考古学与美术史》③一文对贵州威宁中水采集铜戈的纹饰进行了比较研究，推测该件铜戈可能为"夜郎旁小邑"受"筰"影响的产物。该文对云贵地区青铜戈纹饰材料的搜集和梳理尚显欠缺，在考古材料与文献结合的论证过程中一些结论较武断，缺乏其他考古材料的佐证。

杨新鹏先生《云南地区双翼戈的考古学观察》④一文对云南的双翼戈进行了考古类型学分析，作者认为，云南双翼戈的发展与石寨山文化的社会发展相对应，双翼戈发展到后期已演变为礼仪性兵器，体现了滇文化中上层社会的权力与财富。该文在类型学分析与类比研究中略显简略，仅从铜戈的角度探索滇文化的社会生活问题缺乏其他考古材料佐证。但该文将云南双翼戈作为特定的个案研究对于推动云南铜戈的综合研究具有一定意义。

刀紫红先生《中国西南地区青铜戈研究》⑤一文也对云贵地区的铜戈进行了探究。作者认为，云南地区的铜戈以滇式戈为主，为历史上不同的先民所创造；贵州的铜戈受滇、巴蜀或中原地区的影响较甚，没有自身特点。该文对于西南地区铜戈材料的梳理略显粗疏，在铜戈的类型学分析与区域材料比较方面也较薄弱，一些结论或显武断。

---

① 刘弘：《论蜀式戈的南传——西南地区青铜戈的再研究》，《四川文物》2007年第5期。
② 刘祥宇：《试论盐源盆地的细长三角援无胡戈》，载成都文物考古研究所编：《成都考古研究》（第三辑），科学出版社，2017年，第159—164页。
③ 毕洋：《威宁饕餮纹铜戈考兼论美术考古学与美术史》，《贵州大学学报（艺术版）》2017年第3期。
④ 杨新鹏：《云南地区双翼戈的考古学观察》，云南民族大学2017年硕士学位论文。
⑤ 刀紫红：《中国西南地区青铜戈研究》，云南大学2012年硕士学位论文。

李健民先生《云南青铜矛》①一文将云南出土的青铜矛分为春秋、战国、汉三个阶段,讨论了各阶段铜矛的时代特征与演变规律,厘清了云南青铜矛从春秋到西汉时期的发展脉络。作者认为,云南青铜矛的地方土著色彩浓厚,其产生和发展虽受到中原地区的影响,但在长期的演变过程中,又逐渐形成了独特的地方体系。该文在资料搜集、材料梳理、类型比较等方面皆将云南青铜矛纳入中原视角下进行宏观考察,进一步促进了云南土著青铜文化类型的研究。但对铜戈所反映云南与中原地区的文化联系及传播途径、历史动因等问题,囿于材料和时代的局限,该文尚未涉及。

毕洋《云贵高原东周秦汉时期戈、矛研究》②一文在全面收集和梳理云贵高原出土东周秦汉时期戈、矛考古材料的基础上,对其进行了考古类型学、分区、分期、区域比较、形制溯源、器物组合及其他相关问题的研究,得出了部分新的认识。作者认为,云贵高原的戈、矛皆由国内其他地区的古代文化间接传入,其历史背景或动因分别与古蜀族群的南徙、北方族群的南下、巴蜀族群的南迁、楚文化影响的西渐、早期汉文化的渗透和影响有关。

二、在其他研究中涉及云贵高原戈、矛的研究

(一) 在青铜器的综论或综合研究方面有关戈、矛的研究

朱凤瀚先生《中国青铜器综论》③和马承源先生《中国青铜器》④均对云贵地区出土的青铜戈、矛等兵器进行了考古类型学分析与年代讨论。尽管两位先生对铜戈、铜矛的样式划分和时代特征的把握标准比较宽泛,有些结论现在看来值得商榷,但两位先生均为云贵地区戈、矛的专题研究提供了一个宏观的框架。

张合荣先生《夜郎青铜文明探微:贵州战国秦汉时期青铜器研究》⑤对贵州出土的戈、矛等兵器所反映的来源地特征进行了探索,同时还将青铜兵器还原于墓葬出土情境,与其他青铜器进行整体考察。该文在整体上把握了贵州戈、矛所反映的土著文化特征及其所含有的其他文化因素,有力推动了贵州地区土著文化的类型研究,为从考古材料探索夜郎青铜文明奠定了基础。

(二) 在兵器研究或图像纹饰研究方面有关戈、矛的研究

在兵器的概述方面,戴亚雄先生《贵州古兵器浅议》⑥一文对贵州出土的戈、矛

---

① 李健民:《云南青铜矛》,《考古学报》1995年第2期。
② 毕洋:《云贵高原东周秦汉时期戈、矛研究》,四川大学2022年博士学位论文,第390页。
③ 朱凤瀚:《中国青铜器综论》,上海古籍出版社,2009年,第2321—2332页。
④ 马承源主编:《中国青铜器》(修订本),上海古籍出版社,2003年,第462—471页。
⑤ 张合荣:《夜郎青铜文明探微:贵州战国秦汉时期青铜器研究》,上海古籍出版社,2018年,第22—24页。
⑥ 戴亚雄:《贵州古兵器浅议》,《贵州文史丛刊》2001年第3期。

等青铜兵器进行了简要介绍与讨论。李飞先生《贵州夜郎时期青铜兵器综述》①一文对贵州夜郎时期的戈、矛等兵器进行了梳理和类型学分析，初步探讨了这些青铜兵器的年代、组合关系、铸造技术、与周边地区古代族群的关系等问题。李飞先生认为，矛、戈等长柄兵器在夜郎兵器家族中的地位不如剑和镞，夜郎的"十余万精兵"其装备主要为弓和剑。

在兵器的综合研究方面，张伟琴先生《"西南夷"地区曲刃铜兵器研究》②一文对"西南夷"地区的戈、矛等曲刃兵器进行了系统梳理和年代判断。作者认为，这些曲刃兵器的年代大致为春秋至西汉晚期，各区域内的曲刃兵器其种类各有差别。此外，作者还将"西南夷"地区的曲刃兵器与东北地区的曲刃兵器进行了比较分析。徐坚先生《战争与礼仪：早期中国的青铜兵器》③一文对云贵地区的戈、矛等青铜兵器进行了梳理，并与其他地区出土的同类器进行比较，厘清了云贵地区戈、矛的逻辑发展线索。作者认为，云南的青铜兵器虽受到四川青铜兵器的影响，但整个西南地区兵器的纹饰在一定程度上与草原地带的青铜艺术有关。

肖明华先生《论滇文化中的横銎兵器》④一文中对滇文化墓葬出土的戈、斧、啄等横銎兵器的形制、纹饰进行了讨论。另外，作者还结合兵器的出土情况与碳-14数据对横銎兵器的年代与发展脉络、铸造和使用情况进行了探索。该文对于滇式戈的断代具有重要参考价值。

余淼先生《云贵高原战国秦汉时期的兵器研究》⑤一文和唐彬先生《云贵高原战国秦汉时期的西南夷兵器研究》⑥一文均较全面地收集了云贵高原战国秦汉时期的兵器资料，对其进行了类型学、分区与分期研究，探讨了各类兵器的演变特征，初步厘清了云贵高原战国秦汉时期兵器的发展脉络。同时，两文作者还结合历史文献对该区域的兵器呈现出如此发展脉络的原因进行了概括。作者认为，兵器的区域差异和阶段性特征分别与云贵高原各土著族群的分布与交流、汉文化的传播有密切关系。此外，史闵先生《滇东黔西地区出土东周秦汉时期青铜兵器研究》⑦一文对滇东黔西地区的青铜兵器进行了类型学与年代分析，探讨了该地区青铜兵器的组合变化及其所反映的族属情况。三文极大促进了关于云贵高原的戈、矛及其他兵器的综合研究，但三文也相对缺乏对云贵地区的戈、矛与国内其他地区戈、矛的比较分析。

在纹饰方面，国内早期对云贵高原铜戈上的纹饰进行探源的是冯汉骥先生。冯先

---

① 李飞：《贵州夜郎时期青铜兵器综述》，载夜郎学术研讨会论文集编辑委员会编：《夜郎研究》，贵州民族出版社，2000年，第73—96页。
② 张伟琴：《"西南夷"地区曲刃铜兵器研究》，载夜郎学术研讨会论文集编辑委员会编：《夜郎研究》，第97—115页。
③ 徐坚：《战争与礼仪：早期中国的青铜兵器》，北京大学2000年博士学位论文。
④ 肖明华：《论滇文化中的横銎兵器》，《四川文物》2004年第1期。
⑤ 余淼：《云贵高原战国秦汉时期的兵器研究》，贵州大学2011年硕士学位论文。
⑥ 唐彬：《云贵高原战国秦汉时期的西南夷兵器研究》，四川大学2015年硕士学位论文。
⑦ 史闵：《滇东黔西地区出土东周秦汉时期青铜兵器研究》，西北大学2017年硕士学位论文。

生《云南晋宁石寨山出土文物的族属试探》①一文对云南晋宁石寨山出土铜戈上的人物图像进行了探讨，并进一步对滇文化的族群与族属关系进行了考察。该文为从纹饰图像的视角探索云贵高原西南夷的族群与族属开拓了方向。

赵德云先生《西南夷青铜兵器上蹲踞式人形图像初探》②一文对云贵地区出土的蹲踞式人形图像铜戈的年代和区域特征进行了考察。作者认为，滇池地区出土此类图像器物的墓葬年代为西汉，具有身份等级的象征意义，其内涵与丧礼有关。该文进一步丰富了西南夷地区土著族群的物质文化内涵。

在青铜兵器的区域比较研究方面，日本学者松井千鹤子《越南北部出土的青铜戈》③一文将越南出土的铜戈与中国云贵地区出土的铜戈进行了比较研究，并对中国西南边缘文化带的文化系统问题进行了探索。作者认为，越南的青铜文化是在其古代传统文化的基础上吸收和消化外来文化的精华而形成的，并不是被动地全盘接受和仿效。该文有力推动了关于战国秦汉时期我国西南与越南的对外交流和联系等方面的研究。

李刚先生《中西青铜矛比较研究》④一文对中国与伏尔加河流域、高加索、伊朗、欧亚草原等地区出土的骹式铜矛进行了比较研究。作者认为，云南出土的兽耳矛源于额尔齐斯河流域的鄂木斯克等地，主要流行于欧亚草原西部，其年代比国外地区晚。该文对于探索云南青铜矛的源流具有重要贡献。

邹芙都先生和江娟丽先生《滇楚青铜兵器比较研究》⑤一文对滇、楚地区出土的青铜戈、矛等兵器进行了初步的比较研究，探讨了楚文化对滇文化的影响。该文对从青铜兵器的角度探索滇、楚的区域文化联系和相关历史背景具有重要意义。

李健民先生《论四川出土的青铜矛》⑥一文对四川与云南出土的青铜矛进行了比较研究。作者认为，尽管四川和云南的青铜矛均自成体系，但四川青铜矛与内地青铜矛的关系远较云南与内地青铜矛的关系密切。该文为探索云南青铜矛的形制渊源问题提供了重要线索。

（三）在区域文化研究中涉及对戈、矛的研究

宋世坤先生《贵州古夜郎地区青铜文化初论》⑦一文和《贵州古夜郎地区青铜文

---

① 冯汉骥：《云南晋宁石寨山出土文物的族属试探》，《考古》1961年第9期。
② 赵德云、杨建华：《西南夷青铜兵器上蹲踞式人形图像初探》，《文物》2020年第5期。
③ 〔日〕松井千鹤子：《越南北部出土的青铜戈》，《考古与文物》1987年第1期。
④ 李刚：《中西青铜矛比较研究》，《中国历史文物》2005年第6期。
⑤ 邹芙都、江娟丽：《滇楚青铜兵器比较研究》，《南方文物》2002年第3期。
⑥ 李健民：《论四川出土的青铜矛》，《考古》1996年第2期。
⑦ 宋世坤：《贵州古夜郎地区青铜文化初论》，载中国考古学会编：《中国考古学第二次年会论文集》，文物出版社，1980年，第176—185页。

化再论》① 一文，以及《夜郎考古综述》② 一文，三文均涉及对贵州出土戈、矛的文化因素分析，在此基础上，概括了贵州古夜郎地区青铜文化的特征、性质和族属问题，有力推动了贵州土著青铜文化的内涵、族属及其他相关问题的研究。

杨勇先生《可乐文化因素在中南半岛的发现及初步认识》③ 一文及其《论古代中国西南与东南亚的联系——以考古发现的青铜器为中心》④ 一文，均将云贵地区出土的戈、矛与中南半岛出土的戈、矛进行了比较研究，两文皆为从考古材料探索云贵高原各西南夷族群的去向及民族迁徙问题奠定了基础。

李刚先生《中国北方青铜器的欧亚草原文化因素》⑤ 对欧亚草原地区和中国云南出土的同类器（含铜矛）进行了比较分析。作者认为，欧亚草原文化对云南的土著文化产生过深远影响，其传播路径是由西亚经伊朗南部到巴基斯坦，再经印度到中南半岛，最后再传至云南。该文不仅进一步丰富了云南的土著青铜文化内涵，而且推动了中国云南与欧亚草原地区对外文化交流等方面的研究。

（四）在考古遗存研究中涉及对戈、矛的研究

孙华先生《滇东黔西青铜文化初论——以云南昭通及贵州毕节地区的考古材料为中心》⑥ 一文，对滇东黔西地区出土的青铜兵器进行了文化因素分析。作者认为，该区域的青铜文化在中、后期受到了巴蜀和石寨山文化的强烈影响。唐文元先生《从夜郎青铜器的埋藏特点试析夜郎民族葬俗及考古对策》⑦ 一文分析了夜郎地区出土青铜器的特点有二：其一为除剑和矛是墓葬出土多余零星采集的外，其他器物均是采集多于墓葬出土；其二是在黔西北地区出土的青铜器中，戈、矛等青铜兵器具有滇文化或巴蜀文化的特点。两文均利用滇东黔西出土的戈、矛等考古资料，对贵州的古代文化进行了考察，进一步丰富了该区域的土著文化内涵。

梁太鹤先生《贵州夜郎考古观察》⑧ 一文、李飞先生《贵州安龙新出铜器——兼论贵州西南地区的青铜文化》⑨ 一文、程学忠先生《天柱出土青铜器探源》⑩ 一文，三

---

① 宋世坤：《贵州古夜郎地区青铜文化再论》，见氏著《贵州考古论文集》，贵州人民出版社，2000年，第98—105页。

② 宋世坤：《夜郎考古综论》，《贵州民族研究》2000年第1期。

③ 杨勇：《可乐文化因素在中南半岛的发现及初步认识》，《考古》2013年第9期。

④ 杨勇：《论古代中国西南与东南亚的联系——以考古发现的青铜器为中心》，《考古学报》2020年第3期。

⑤ 李刚：《中国北方青铜器的欧亚草原文化因素》，文物出版社，2011年，第255页。

⑥ 孙华：《滇东黔西青铜文化初论——以云南昭通及贵州毕节地区的考古材料为中心》，《四川文物》2007年第5期。

⑦ 唐文元：《从夜郎青铜器的埋藏特点试析夜郎民族葬俗及考古对策》，载夜郎学术研讨会论文集编辑委员会编：《夜郎研究》，贵州民族出版社，2000年，第45—53页。

⑧ 梁太鹤：《贵州夜郎考古观察》，《贵州文物工作》2004年第2期。

⑨ 李飞：《贵州安龙新出铜器——兼论贵州西南地区的青铜文化》，《四川文物》2009年第3期。

⑩ 程学忠：《天柱出土青铜器探源》，《贵州文史丛刊》2006年第3期。

文均对贵州不同区域出土的戈、矛等兵器进行了考古类型学研究和文化因素分析，并对其年代、族群与族属关系及相关历史背景等问题进行了讨论。

张合荣先生《夜郎文明的考古学观察——滇东黔西先秦至两汉时期遗存研究》① 一文，叶成勇先生《贵州西部青铜文化发展的阶段性特征及其格局变迁》② 一文和《黔西滇东地区战国秦汉时期考古遗存研究——以南夷社会文化变迁与文明化进程为重点》③ 一文，两位先生均涉及对滇东黔西地区出土戈、矛等青铜兵器的讨论，探索了该区域土著文化的发展和演变情况，促进了贵州地区古代文化的类型研究，对从考古材料探索夜郎文明具有重要作用。

蒋志龙先生《金莲山墓地研究》④ 一文对云南澄江金莲山和晋宁石寨山出土的带翼戈进行了比较，作者认为金莲山以带翼戈为代表的遗存比石寨山文化要早。该文对从有翼戈的角度探索滇文化的社会生活具有一定意义。

（五）在冶铸技术及其来源等相关研究中有关戈、矛的研究

林声先生《从考古材料看云南冶金业的早期历史》⑤ 一文和《谈云南开始制造铁器的年代问题》⑥ 一文均对云南铁器产生的年代进行了讨论。作者认为云南晋宁石寨山出土的铁矛、铜銎铁矛是当地的产品；推断滇人在西汉时就已从外地学会了冶铁技术。李家瑞先生《两汉时代云南的铁器》⑦ 一文和《关于云南开始制造铁器的年代的说明》⑧ 一文对云南出土的铜铁合制和铁制兵器进行了分析。作者认为，云南在西汉时期使用铁器的情况并不普遍，晋宁石寨山出土的铁器可能由四川输入，云南直至东汉时期才能制造铁器。童恩正先生《对云南冶铁业产生时代的几点意见》⑨ 一文对云南的铜矛、铜銎铁矛、铁矛进行了分析和讨论，也认为云南直至东汉时期才有冶铁业。以上诸位先生均有力推动了云南地区铁器的来源等相关问题的研究。

刘弘先生《汉代铁器在西南夷的传播》⑩ 一文对西南夷地区出土的铜铁合制矛、铁矛进行了梳理和分析，并对西南夷地区铁器传播的历史原因进行了探索。作者认为，

---

① 张合荣：《夜郎文明的考古学观察——滇东黔西先秦至两汉时期遗存研究》，科学出版社，2014年，第232页。
② 叶成勇：《贵州西部青铜文化发展的阶段性特征及其格局变迁》，《贵州民族研究》2007年第6期。
③ 叶成勇：《黔西滇东地区战国秦汉时期考古遗存研究——以南夷社会文化变迁与文明化进程为重点》，中央民族大学2009年博士学位论文，第169、170页。
④ 蒋志龙：《金莲山墓地研究》，吉林大学2013年博士学位论文。
⑤ 林声：《从考古材料看云南冶金业的早期历史》，《学术研究》1963年第3期。
⑥ 林声：《谈云南开始制造铁器的年代问题》，《考古》1963年第4期。
⑦ 李家瑞：《两汉时代云南的铁器》，《文物》1962年第3期。
⑧ 李家瑞：《关于云南开始制造铁器的年代的说明》，《考古》1964年第4期。
⑨ 童恩正：《对云南冶铁业产生时代的几点意见》，《考古》1964年第4期。
⑩ 刘弘：《汉代铁器在西南夷的传播》，《四川文物》1991年第6期。

铁器在西汉以前就已传到了西南夷地区，但至东汉时期，该地区铁器的使用才较广泛。刘弘先生还进一步指出，西汉时期西南夷地区铁器的稀少与中原王朝对西南夷铁器贸易的管控和经济封锁政策有关。

白云翔先生《先秦两汉铁器的考古学研究》① 对云贵高原的铜铁合制器和铁器进行了分析，作者认为，云贵高原铁器的制作和使用主要是以巴蜀为通道在中原系统铁器的影响下产生的，同时也接受了西北系统铁器的某些影响。秦立凯先生《先秦两汉时期西南铁器的传播与发展》② 一文对西南地区春秋至东汉时期的铜铁合制器、铁器进行了考察，并对西南地区铜铁合制器和铁器（含戈、矛等铜铁合制和铁制兵器）的传播与发展技术、政治环境、社会经济状况、历史背景等问题等进行了探索。

在冶铸技术研究（包括对金属器物的成分、组织研究等）方面，华觉明等《战国两汉铁器的金相学考察初步报告》③ 一文对云南晋宁石寨山出土的铁矛进行了金相学考察。李晓岑等《云南晋宁石寨山出土金属器的分析和研究》④ 一文对晋宁石寨山出土的铜矛进行了化学成分和显微组织检测，其检测报告显示，该铜矛具有实用的性能。李晓岑等《云南江川李家山墓地出土金属器的分析和研究》⑤ 一文对云南江川李家山出土的戈、矛进行了化学成分和显微组织检测，其检测结果显示，战国西汉时期，该地区的戈、矛等兵器已加入了合理成分配比的铅和锡，说明当时的工匠已有对不同的器物加入不同锡和铅的技术经验。王怡林等《云南古青铜矛防腐层的电子探针研究》⑥ 一文对云南青铜矛表面的防腐层处理技术进行了电子探针研究。作者认为，春秋战国时期，云南的铜矛就已有了较好的表面防腐处理技术，该技术较好地结合了云南的自然资源和地理环境，具有独特的地方性。王昆林等《云南楚雄出土春秋时期青铜戈的理化分析》⑦ 一文以及何堂坤先生《滇池地区几件青铜器的科学分析》⑧ 一文也是此类性质的著作。

此外，王大道先生《云南青铜时代铸范及铸造技术初论》⑨ 一文和刘恩元先生

---

① 白云翔：《先秦两汉铁器的考古学研究》，科学出版社，2005年，第132—134页。
② 秦立凯：《先秦两汉时期西南铁器的传播与发展》，西南大学2006年硕士学位论文。
③ 华觉明、杨根、刘恩珠：《战国两汉铁器的金相学考察初步报告》，《考古学报》1960年第1期。
④ 李晓岑、韩汝玢、蒋志龙：《云南晋宁石寨山出土金属器的分析和研究》，《文物》2004年第11期。
⑤ 李晓岑、张新宁、韩汝玢、孙淑云：《云南江川李家山墓地出土金属器的分析和研究》，《考古》2008年第8期。
⑥ 王怡林、杨群、李朝真：《云南古青铜矛防腐层的电子探针研究》，《光谱实验室》2002年第4期。
⑦ 王昆林、字正华、岳开华、自兴发：《云南楚雄出土春秋时期青铜戈的理化分析》，《云南师范大学学报（自然科学版）》2003年第3期。
⑧ 何堂坤：《滇池地区几件青铜器的科学分析》，《文物》1985年第4期。
⑨ 王大道：《云南青铜时代铸范及铸造技术初论》，载四川大学考古专业编：《四川大学考古专业创建三十五周年纪念文集》，四川大学出版社，1998年，第210—221页。

《贵州古代青铜冶铸工艺技术研究》[1]一文,均结合相关文献史料对云南或贵州出土戈范、矛范的年代和铸范技术问题进行了讨论。

樊海涛先生《石寨山第 6 号墓出土文物的科技考古与研究》[2]一文对云南晋宁石寨山 M6 出土戈、矛的铸造、连接、加工工艺及其所反映的青铜技术发展情况进行了研究。另外,赵凤杰等《贵州红营盘墓地铜器技术研究》[3]一文,李晓岑等《贵州银子坛墓地出土铜锡器的初步分析》[4]一文,赵凤杰等《贵州可乐墓地出土铜器技术研究》[5]一文,均对贵州出土的包括戈、矛在内的青铜兵器进行了金相学观察、化学成分分析和扫描电镜能谱分析。这些研究均为探索贵州地区战国秦汉时期青铜器的矿料来源、合金配比和铸造工艺等问题奠定了基础。

三、结语

综上所述,学界前辈们以不同的研究方法,从不同的研究视角,对云贵高原东周秦汉时期的戈、矛进行了深入的研究与探索。这些研究不仅所涉及的研究课题十分广泛,所取得的成果也十分巨大,这对于促进云贵高原的考古研究工作具有重要意义。

这些研究尽管在一些专题研究方面已相当深入,但仍存在一些不足:

第一,就考古资料的整理而言,由于很多资料未得到及时的整理与发表,致使相关研究工作滞后。另外,在已刊布的考古发掘简报或报告中,存在对戈、矛的资料整理有出入(统计有出入、资料有误、界定不明)或仅有作简要介绍的情况(有文字而无图、仅有照片而无器物线图),为相关研究工作带来不便。

第二,既往研究中,尽管对戈、矛的考古类型学与分期断代研究较多,但大都局限于某一较短时期、某一较大或较小地域内,致使整个云贵高原东周秦汉时期戈、矛的类型学划分标准和编年序列的研究比较薄弱。

第三,有关云贵高原戈、矛的区域性研究较多,综合性考察较少。尤其是在分期的基础上,从动态的角度考察戈、矛在不同阶段的区域分布情况,以此探索云贵高原各区域土著族群的文化交流与联系问题,目前研究相对较少。

第四,戈、矛的形制在一定程度上反映了云贵高原不同区域的土著文化面貌,这

---

[1] 刘恩元:《贵州古代青铜冶铸工艺技术研究》,《中国科技史料》2002 年第 4 期。
[2] 樊海涛:《石寨山第 6 号墓出土文物的科技考古与研究》,广西民族大学 2008 年硕士学位论文。
[3] 赵凤杰、李晓岑、张合荣:《贵州红营盘墓地铜器技术研究》,《中原文物》2012 年第 3 期。
[4] 李晓岑、赵凤杰、李飞、张合荣:《贵州银子坛墓地出土铜锡器的初步分析》,《中国文物科学研究》2013 年第 2 期。
[5] 赵凤杰、李晓岑、张元:《贵州可乐墓地出土铜器技术研究》,《中国文物科学研究》2012 年第 3 期。

与云贵高原独特的生态和自然地理环境有关。通过纵向的类型学分析和横向的与各区域出土的同类器比较，借此探索西南夷的族群与族属问题，这方面的研究虽有个别学者涉及，但并不深入。

第五，现有考古资料表明，戈、矛是云贵地区较为常见的兵器组合，已有研究中对于戈矛兵器组合、毁兵葬俗与明器化现象、实用性功能与礼仪性内涵等方面的探讨稍显薄弱。

第六，对于铜铁合制戈、矛和铁制戈、矛所反映的文化传播与文化变迁，理解早期汉文化的扩张和对外交流，目前似乎还缺乏对这一方向的关注，更缺乏系统的综合研究。

第七，戈、矛所施刻的纹饰具有鲜明的区域民族特色，其土著文化色彩尤为浓厚。通过对戈、矛纹饰的探讨进一步窥探云贵高原西南夷的社会、历史、文化和宗教信仰原貌，充实西南夷族群的物质文化内涵，这一方面的研究目前也较缺少。

综上，就戈、矛研究而言，笔者主张采取长时段、广地域、多角度的研究方法，最大限度地挖掘考古材料中所蕴含的古史信息，即在东周秦汉时期这一相对较长的历史进程下，锚定人群活动极为频繁、文化面貌极为复杂的云贵高原区域，选取其中极具地域特色的戈、矛进行动态连续、多维度的探讨分析，并以此为基点窥探东周秦汉时期云贵高原的文化特征、社会结构及古代生态状况等内容，从而实现对戈、矛及其背后隐藏的历史文化的充分揭示。此外，相信通过这样的戈、矛专项研究也必将为云贵高原东周秦汉时期其他青铜器的研究提供一定的帮助，从而为未来构建云贵高原青铜器群的宏观图景奠定一些基础。

东汉解注器研究综述

王静蕊

(西北大学文化遗产学院)

摘要：通过对东汉墓葬出土的六类解注器陶容器、券版、石羊、铅人、药物和印章的研究历程的分别梳理，可大致将东汉解注器研究分为以下三个阶段：20 世纪初到 20 世纪 80 年代，东汉解注器的研究工作一直相对比较零散，没有形成规模；进入 20 世纪 80 年代，随着田野工作的不断深入，"道教考古"的提出，东汉墓葬出土的不同种类的解注器开始普遍受到越来越多的关注，各种专著、文章相继发表；到 21 世纪，更多学科将解注器纳入研究视野，学科交叉研究现象火热，推动了东汉解注器研究的不断细化、深入。

关键词：解注器；镇墓瓶；镇墓券

解注器就是基于道教的注鬼说理论实行解除注鬼术所用的器物。结合历史文献及墓葬出土的"镇墓文"材料，可知凡是在墓中发现用于隔绝生死、人鬼，为死人解谪、生人除殃的器物，不论其器文是否出现"注"字，有无文字，质地和形状如何，均属于解注器的范畴。根据考古材料，可以将东汉墓葬出土的解注器分为以下六类，即陶容器、券版、石羊、铅人及其他代人用品、药物和印章。①

一、陶容器

陶容器以瓶为主，即解注瓶。解注瓶又称"镇墓瓶""解谪瓶""解除瓶""朱书陶瓶"等，本文统一称"解注瓶"。解注瓶出现于东汉早期，以西安、洛阳地区出土为多。

20 世纪 30 年代，罗振玉在《古器物识小录》②中记载了 5 件解注瓶，是为解注瓶最早的著录。

---

① 张勋燎、白彬：《道教考古》，线装书局，2006 年，第 4、5、53 页。
② 罗振玉：《古器物识小录》，1931 年，第 17 页。

20世纪七八十年代，伴随洛阳中州路、灵宝张湾汉墓等汉墓的大量发掘，出土的解注瓶数量增加迅速，随之对解注瓶的研究逐渐深化。

20世纪80年代到20世纪末，对解注瓶的研究集中在考释解注文上。① 认识到解注文对于研究汉代道教、方术等方面具有重大意义，有学者已经直接得出汉代丧葬活动中随葬解注瓶这一葬俗是在道教直接影响下产生的这一结论。② 与此同时，也关注到了解注文的书法价值，但并未做深入探讨。③

进入21世纪，对东汉解注瓶进行梳理、研究的专著与文章进一步增多，文字释读成为基础工作，涉及解注瓶的类型、分期、年代、分布地域与传播等考古学研究④，对解注瓶文字、图像符号、书法艺术及瓶内装有的五石或铅人等内容的专题研究⑤，以及对随葬解注瓶这一葬俗与原始道教的关系的深入探讨⑥，还有解注文所具有的详细功能和所能反映出的社会风俗观念的分析等⑦，不断推动解注瓶研究的细致化。

二、券版

东汉墓葬出土券版，按材质可主要分为砖券、铅券和铁券。

按照罗振玉先生的分类方法，东汉墓葬出土"买地券"主要分成两种，一种是完全模仿人间真实地契"买之于人"的"地券"，一种是与人间真实地契关系不大、"买之于鬼神"的"镇墓券"，后者及带有"镇墓"色彩的"地券"归属于本文所说的解注器性质的券版。⑧

近代以来罗振玉、端方等人都注意集录买地券。20世纪90年代以来，今人也陆续出版集录、考释性综合专著，如张传玺的《契约史买地券研究》、鲁西奇的《中国古代买地券研究》等。

20世纪80年代以来，买地券的相关研究开始不断涌现，涉及多个学科多个角度，

---

① 蔡运章：《东汉永寿二年镇墓瓶陶文考略》，《考古》1989年第7期；王育成：《洛阳延光元年朱书陶罐考释》，《中原文物》1993年第1期。
② 王德刚：《汉代道教与"买地券""镇墓瓶"》，《文献》1991年第2期。
③ 刘卫鹏：《汉永平三年朱书陶瓶考释》，载咸阳市文物考古研究所编：《文物考古论集——咸阳市文物考古所成立十周年纪念》，三秦出版社，2000年，第164—169页。
④ 贾立宝：《东汉镇墓瓶的考古学研究》，《考古与文物》2017年第1期。
⑤ 尚磊明：《东汉镇墓瓶文的书法艺术及其价值》，《宁夏大学学报（人文社会科学版）》2016年第38卷第5期；刘卫鹏：《"五石"镇墓说》，《文博》2001年第3期。
⑥ 张喆：《原始道教与汉代社会研究》，南京师范大学2013年博士学位论文。
⑦ 如郝本性、魏兴涛：《三门峡南交口东汉墓镇墓瓶朱书文考略》，《文物》2009年第3期。
⑧ 罗振玉：《贞松堂集古遗文》，大通书局，1986年，第5218—5234页。

如文字词汇①、土地制度和土地买卖②、法制史研究③、色彩功能④、书法价值⑤、道巫研究⑥、民俗信仰⑦等。当然，如果以解注器性质的券版为主要研究对象，研究方向与成果应是偏向于道教研究、民俗信仰方面的，例如在《东汉买地券研究》中，通过对解注性质的券版的研究讨论，阐述了早期道教发展与分布这一问题⑧；在《东汉至南北朝墓券研究》中，通过对解注性质的券版的研究，讨论了民众生死观念、民众心中"人鬼互动"等问题⑨。

关于东汉地券与镇墓券的时空关系还是有一点争议的，大致有三种观点，一种认为地券和镇墓券是过渡承继关系，一种认为东汉地券持续发展，后期受到新出现的镇墓券的内容影响，还有一种认为是时空共存关系。⑩

三、石羊

石羊实物发现不多，主要有河南新密市后士郭两座画像石墓各出的5件⑪，以及安徽寿县刘君家出土的4件，河南、陕西与安徽东汉晚期墓均有石羊发现。石羊及相关拓本可见周季木《居贞草堂汉晋石景》、徐乃昌《安徽通志金石古物考稿》等。石羊很可能每5件为一套，上刻有解注性质文字，与解注瓶伴出，镇五方之鬼魅，性质用途抑或与解注有关。⑫

---

① 吕志峰、周建娆：《东汉买地券及镇墓文词汇研究的价值》，《中国文字研究》2002年第3辑。
② 赵冈、陈钟毅：《中国土地制度史》，新星出版社，2006年，第16—18页。
③ 李晓英：《汉代契约研究》，《史学月刊》2003年第12期。
④ 张存远：《转化与生成——汉代墓葬中朱砂红的使用分析》，中国艺术研究院2022年硕士学位论文。
⑤ 贺文琴：《从〈樊利家买地铅券〉看东汉买地券的书法价值》，《书画世界》2022年第4期。
⑥ 吴荣曾：《镇墓文中所见到的东汉道巫关系》，《文物》1981年第3期。
⑦ 王育成：《南李王陶瓶朱书与相关宗教文化问题研究》，《考古与文物》1996年第2期。
⑧ 韩姣姣：《东汉买地券研究》，山西大学2013年硕士学位论文。
⑨ 罗操：《东汉至南北朝墓券研究》，华东师范大学2015年博士学位论文。
⑩ 第一种观点如吴天颖《汉代买地券考》（《考古学报》1982年第1期），认为地券是封建土地私有制高速发展的产物，可以向上追溯到西汉的告地策，并在东汉社会条件催动下向镇墓券过渡；第二种观点如张勋燎、白彬《道教考古》（线装书局，2006年，第193页）；第三种观点如鲁西奇《汉代买地券的实质、渊源与意义》（《中国史研究》2006年第1期），认为镇墓券与地券无本质不同，两者在时空上共存。
⑪ 赵世纲、欧正文：《密县后士郭汉画像石墓发掘报告》，《华夏考古》1987年第2期。
⑫ 张勋燎、白彬：《道教考古》，线装书局，2006年，第229页。

四、铅人及其他代人用品

据解注瓶文可知，葬入墓中的代人解注用品，有代生人的人参，也有代死人的蜜人（蜡人）、铅人。考虑到保存条件，人参与蜜人当然不可再见。针对铅人的专题研究很少，相关研究也多一笔带过。王德刚在《汉代道教与'买地券'、'镇墓瓶'》中通过解释铅这种材质在道教的特殊地位，来说明用铅制代人解注工具的合理性。① 《中国道教考古》中将铅人按照制作工艺分成两种，薄片型和圆铸型，其中圆铸型又根据人数分为两种，然后逐件进行描述介绍。② 陈亮在《东汉人形木牍与镇墓符箓》中提到铅人，根据铅人或裸身或紧身或头戴巾帻不戴冠冕的特点，认为它们不仅代人受厄，而且还是仆人，要替人劳作。③

五、药材

东汉墓葬中可见香料药、动物药、矿物质药，矿物质药多与炼丹器具共出，作为炼制丹药的原料。矿物质药中有五石常被用来装进解注瓶里，五色分置墓内五方，以杀鬼解注镇墓，这五石分别是丹砂、雄黄、曾青、慈石、白矾。

进入21世纪，随着考古发现的不断增多与研究的进展，五石的专题研究开始出现，研究视角多样。刘卫鹏在《"五石"镇墓说》中，分别介绍了五石的名称、用途，在墓葬中的作用和演变。④ 也出现了从科学技术史角度对汉代五石的研究，以回答五石是什么，用来做什么，为什么这么做，产生了什么影响等相关系列问题。⑤ 同时也有中医专业的研究者以他们专业的视角来解决解注用药思想渊源和方位性的问题。⑥ 刘昭瑞、刘卫鹏分别考察了东汉解注文和解注瓶中的神药，认为这些神药反映了早期道教的巫医性。⑦

---

① 王德刚：《汉代道教与"买地券""镇墓瓶"》，《文献》1991年第2期。
② 张勋燎、白彬：《道教考古》，线装书局，2006年，第231—240页。
③ 陈亮：《东汉人形木牍与镇墓符箓》，《新美术》2020年第12期。
④ 刘卫鹏：《"五石"镇墓说》，《文博》2001年第3期。
⑤ 雷志华：《汉代五石研究》，山西大学2013年博士学位论文。
⑥ 易守菊：《出土解注材料折射出的古代医药思想》，成都中医药大学2002年硕士学位论文。
⑦ 刘昭瑞：《东汉镇墓文中所见到的"神药"及其用途》，《华学》编辑委员会编：《华学》第七辑，中山大学出版社，2004年，第191—202页；刘卫鹏：《汉代镇墓瓶所见"神药"考》，《宗教学研究》2009年第3期。

六、印章

本文将东汉墓葬出土有"天帝""黄神""黄帝"等印文、常用于神药泥封的印章归于解注器一类。此类印章,材质多见铜、木,除20世纪50年代以来考古发掘陆续出土外,亦多见于金石学文献著录中。①

对东汉墓葬内出土相关印章的研究,20世纪90年代集中在"黄神越章"的阐释上②,步入21世纪,主要由王育成完成了较为系统的整理工作③。王育成认为这些汉印可以归入道教法印,陈亮则认为印章的制作者很可能并不属于这样的宗教组织,而是各自为业,印章大体是以当时的官印为模本。④

七、小结

20世纪初到80年代,东汉解注器的研究工作一直相对比较零散,没有形成规模。到了20世纪80年代,随着田野工作的不断深入,"道教考古"的提出,东汉墓葬出土的不同种类的解注器开始普遍受到越来越多的关注,各种专著、文章相继发表。来到21世纪,更多学科将东汉墓葬出土的不同类型解注器纳入研究视野,学科交叉研究现象火热,推动了东汉解注器研究的不断细化、深入。

与此同时,一些存在的问题也不容忽视,例如定义混乱,"镇墓文"可以专门指代解注瓶上的相关文字,也可以另指为券版上有镇墓意味的相关文字或是与"地券"存在一定差异的"镇墓券",再或是也可以广义化,泛指解注器上一切有镇墓含义的相关文字。

现在东汉解注器研究争论的中心依旧是道巫关系问题,即东汉墓葬出土镇墓器的归属问题——是道教活动的产物,还是仍在民间信仰的范畴,抑或是二者皆有?期待田野考古工作的推进带动相关问题的进一步研究。

---

① 吴式芬、陈介祺:《封泥考略》,中国书店出版社,1990年,第44—46页;陈介祺:《十钟山房印举》,中国书店出版社,1985年,第62—63页。
② 刘昭瑞:《论"黄神越章"——兼谈黄巾口号的意义及相关问题》,《历史研究》1996年第1期。
③ 王育成:《道教法印令牌探奥》,宗教文化出版社,2000年,第10—16页。
④ 王育成:《道教法印令牌探奥》,宗教文化出版社,2000年;陈亮:《东汉镇墓文所见道巫关系的再思考》,载刘中玉主编:《形象史学》第十三辑,社会科学文献出版社,2019年,第44—71页。

读房占红《秦汉家庭问题研究》

于晓桐

(南京师范大学历史系)

有关秦汉时期家庭关系、家庭形态的研究一直是学界关注的热点问题。房占红《秦汉家庭问题研究》[①]对这一热点中的一些话题进行了更加深入的讨论。该书从家庭存在所必需的婚姻关系、血缘关系、宗法关系入手,分析了秦汉时的夫妻、亲子及收养过继问题。

该书条理清晰,结构明确。第一章为绪论,是全书的总览,提出所要研究的问题和要达到的目的,并对此后几章的内容进行简要概括。第二章起正式探讨问题,作者从"贞节观念"入手,结合史料,论证了秦汉时期的夫妻关系是相对平等的。第三章从父母对子女的婚姻之权、教育之权谈到子女对于父母的义务,在子女的义务方面,并未集中研究学界已有众多成果的"对父母的生养死祭、日常起居问候"方面,而是独辟蹊径,谈到了一个家庭中兄弟姊妹之间关系的问题。最后一章讲述了秦汉时期的拟亲子制度,根据性质不同分别探讨了收养、过继和继子女的问题。

该书有三个值得一提的优点。

一是概念清晰。本书对一些名词的概念和几组易混淆的关系做了较为详细的解释。书中涉及的一些先秦秦汉时期的名词与现代含义不尽相同,因此绪论着重辨析了"家"和"贞节"的概念。在解释"家"这一核心词语的时候,作者认为,春秋时期的"家"与后世"家"的概念有所不同。"家"在春秋时期是一种政治单位,最能说明其性质的就是史料里"家国并称"的思想,即《左传》中所记载的"天子建国,诸侯立家"(第3页)。此时的"家"与后世的"家"最本质区别在于,"春秋以前的家庭并没有独立,而是淹没于以姓氏为代表、以血缘为纽带、自然组织在一起的宗族中"(第3页)。同样,作者认为秦汉时期"贞节"的含义也与现代有着细微的差别。现代概念的"贞节"含义更偏向"贞洁","贞洁"强调"性道德的唯一性"(第49页),而"贞节"则强调"家庭的唯一性"(第49页)。秦汉时期的"贞节"尚未演变为狭隘的

---

① 房占红:《秦汉家庭问题研究》,厦门大学出版社,2020年。因下文多次引用该书,故不再一一作脚注,而是在正文中指明页码或采取夹注方式标明页码。

性道德，而是代表高尚情操的词语，是要求男女都要遵守的道德规范。此外，作者对几组边界模糊的关系也进行了辨析。其一是婚姻与家庭的关系，作者认为婚姻是一种具有可置换性的社会关系，而家庭则是一种不可置换的天然关系，相较婚姻，家庭更为复杂，"婚姻包含在家庭当中，同时，婚姻也是产生新的家庭的必要条件"（第8页）。其二是家族与家庭的关系，家族由同一祖先的后裔构成，层次较高、人员较多、关系较为生疏；而家庭则以血缘和婚姻关系为纽带，层次较低，人员较少，成员之间的关系较家族更为亲密。家族与家庭是包含与被包含的关系。其三是家族与宗族的关系，"家族是血缘关系群体，而宗族是以血缘为纽带的政治关系群体"（第9页），二者性质不同。春秋战国时期，随着礼乐制度的破坏和经济的发展，宗族的势力逐渐衰落，失去了此前所具有的各种职能。其四则是儒家规范与家庭规范的关系，作者认为二者的适用范围大不相同，儒家规范对君臣、父子等多种关系均适用，而家庭规范的适用范围则仅限于家庭成员之间。儒家规范包含家庭规范，中国传统家庭的形成也与儒家规范密切相关。作者对诸如此类名词和关系所进行的明确界定，使各类含义更加清晰，极大地避免了因概念模糊而引起的认识混淆。

二是视野广阔。这主要表现在论述一个概念时注重不同作用对象的人物视野、注重不同时期的长时段视野和注重不同研究方向的多角度视野三个方面。在同一时段里，作者以君臣关系比拟家庭关系，强调"贞节"一词在男女身上都适用的特性。"贞节观念的提出，目的是倡导所有的成年男女对于他们所要服务的对象一定要怀抱忠诚，男性的贞节是对于君主或上司怀抱忠诚，而女性的贞节就是对于她们的婆家怀抱忠诚。"（第47页）秦汉时期"贞节"观念对男女的不同要求也更加说明了当时的"贞节""还不是约束妇女的专用词，而是用来要求男女共同遵守的道德规范"（第47页）。同时，作者也特别注意同一概念在不同历史时期的发展。作者不仅论述了秦汉时期"贞节"观念在社会上的影响，也对此后直至宋元时期"贞节"观念的发展进行了简要论述。秦汉时期的"贞节"强调男女对家庭的忠诚，主要思想是强调家庭中男女双方互相担负的责任，而不是对妇女守贞的特殊要求。东汉时期，"民间出现提倡妇女守节的理论性著作，妇女守节的观点已开始系统化"（第56页），"贞节女性"的数量增多。宋元以降的贞节观念又有所发展，包括"婚前'童贞'""婚内守身""妇女不得主动离婚或改嫁"和"夫死不得再嫁"四个层次。作者通过长时段的视野来论证随着时间的推移，"贞节"观念对女性的要求逐渐严苛，女性的社会地位被不断降低，最终导致全社会男强女弱、男尊女卑的观点。除此之外，作者还留意同一问题在不同角度的叙述。在本书的第四章中，讨论"养子"与"嗣子"，就不可避免地涉及宗法政治关系和社会人情关系。作者依据收养行为发生的先后和形式，将收养行为划分为三种："一是基于慈善救助的收养行为"，"二是基于继嗣宗祧义务的收养行为"，"三是由于母亲的再婚而促成的抚育和赡养关系"。这三种收养行为分别由"慈善救助""宗法意义"和"婚姻关系"促成，兼顾了政治层面和社会层面，多角度论证了"拟亲子制度的形成,应该是秦汉时期家族以及地域观念逐渐形成与扩大发展的必然结果"(第69页)。

三是思维辩证。首先,在论证中,作者没有局限于一个对象,而是注意在一种关系中双方互相影响的动态。如在讨论父子关系时,不仅强调父母对子女的权利义务,也强调子女对父母的权利义务。父母对子女有为其安排婚姻、谋生手段的权利和抚养、教育的义务,相应地,子女也有对父母表达个人意志的权利和赡养父母的义务。在某些家庭中,长辈和晚辈之间互相影响为人处世,不同代际的家庭成员处于一种互相施加影响的动态关系中。其次,作者在行文过程中注意具体情况具体分析,这一点在论述包办婚姻的决定权时有所体现。作者认为,在父亲不在或去世的情况下,母亲可包办儿女的婚姻,因为"在家庭伦理关系中,一般来说,贵贱、嫡庶等级最为重要,长幼、辈分等级次之,最后才是性别等级,长幼人伦之序要高于男女两性之别"(第171页),但作者也注意到一些特殊情况,即在兄弟强势的情况下,母亲的作用会相对变小,强势的兄弟可以包办姊妹的婚姻。再次,作者既描绘了秦汉时期的社会现实,又描述了其发展趋势。在论及秦汉时期的夫妻关系时,便鲜明地体现了这一特点。作者从"婚姻和家庭构成""女子对财产的支配权""妇女姓名权"等方面论述了秦汉时期相对平等的夫妻关系,但同时作者也对此中关系的发展趋势进行了一定的描述,即"思想家们从基本平等的双边要求向偏重一方转变"(第132页)。作者使用辩证思维和具体问题具体分析的方法,展现了秦汉时期家庭成员之间的动态关系,使本书既有对历史面貌的总体描述,又将其中存在的特殊情况列出,更有利于呈现当时复杂的家庭关系,而对这一问题演变趋势的提及,也体现了不同时代历史之间的继承与发展。

《秦汉家庭问题研究》也存在一些疏漏之处。

一是在史料理解和运用上的疏忽。本书有一常识性错误。在第188页,为说明"有的父亲,约束自己比较严谨,但不屑于管束儿女,儿女放肆所为,多不讲究德行法度,他们触犯法律之时,这些父亲的晚景也就变得凄凉",作者征引《后汉书·窦融列传》"帝由是数下诏切责融,戒以窦婴、田蚡祸败之事。融惶恐乞骸骨"①,然后解释窦融"吓得只剩下保留全尸的小小愿望"。而众所周知,"乞骸骨"是官吏自己请求辞职,使自己的骸骨能够归葬故乡的意思,如《后汉书·张衡传》"视事三年,上书乞骸骨,征拜尚书"②,并非作者所解释的"请求保留全尸"。

本书亦有多处内容引用与原文或原作者观点不符。比如引用陈筱芳的看法,其原文为:"从《左传》的记载来看,春秋婚嫁确实较为随便,这主要表现在男子自由多娶以及女子出嫁或改嫁具有一定的随意性。"③而书中为间接引文:"春秋时期以来,那种'君不君,父不父,子不子'的现象也时有发生,上层贵族男女之间淫乱之事,家

---

① 《后汉书》卷二三《窦融列传》,中华书局,1965年,第808页。
② 《后汉书》卷五九《张衡传》,第1939页。
③ 陈筱芳:《春秋婚姻礼俗与社会伦理》,巴蜀书社,2000年,第78页。

庭内部乱伦的丑闻，典籍多有所载，父夺子妻，子淫父妾等现象一直到两汉时期，经常出现。从《左传》的记载来看，这主要表现在男子自由多娶以及女子出嫁或改嫁具有一定的随意性。"（第31页）分不出哪些是陈筱芳的看法，哪些是作者的看法。再如作者引用李辉的论述，其原文为，汉代"人们思想意识中贞节观念比较单薄，传统婚姻中自主的成分得到了或多或少的保留等等诸种因素，都不同程度地影响了汉代妇女的地位"①，而书中却将此表述为以上种种因素"保证了汉代妇女仍具有较高的地位"（第59页），与李辉原意大相径庭。李辉在前文中不止一次强调"汉代婚姻关系中男尊女卑倾向十分明显，构成了这一时代妇女所处地位的主流"，且明确提出"汉代妇女婚姻地位低下，又具有相对自主权"②的观点。书中为我所用的引用，不符合学术规范。

二是史料和论文引用上的疏忽。本书在史料内容的引用上多次出错。这些错误可细分为三种：首先是引用内容错误，其中较为严重、影响理解的便是第61页注释2引用《汉书·景十三王传》的"都易王非长子刘建"，实际上应为"江都易王非长子刘建"③。其他如第53页引用《史记·秦始皇本纪》的内容，"罪六国"引成了"罪云国"，"咸化廉清"引成了"咸为廉清"④；第86页注5引用《汉书·外戚传下》"失妇道，无共养之礼，而有狼虎之责"，实际上应为"失妇道，无共养之礼，而有狼虎之毒"等⑤。其次是引用出处的错误，如第105页注4，标明引用《史记·高祖功臣侯者表》的"坐与淮南王女陵奸，受财物，免"，实际却是《汉书·景武昭宣元成功臣表》的内容⑥，《史记》中对这一段的表述是"坐与淮南王女陵通，遗淮南书称臣尽力，弃市，国除"⑦；第152页注1标明引自《史记·孝武本纪》中的"固有美如陈平长贫者乎"⑧，实际上出自《史记·陈丞相世家》。

本书在引用论文方面亦有疏漏。有论文名称错误，如第8页注释为"张翼：《认定初级本质是家庭关系》"，实际上应为"张翼：《人的初级本质是家庭关系》"；第158页注释为"高兵：《〈睡虎地秦简〉从看秦国的婚姻伦理观念》"，实际上应为"高兵：《从〈睡虎地秦简〉看秦国的婚姻伦理观念》"。有论文作者标注失误，如第56页注释

---

① 李辉：《从汉代婚姻关系看当时的妇女地位》，《长春师范学院学报（人文社会科学版）》2002年第2期。
② 李辉：《从汉代婚姻关系看当时的妇女地位》，《长春师范学院学报（人文社会科学版）》2002年第2期。
③ 《汉书》卷五三《景十三王传》，中华书局，1962年，第2414页。
④ 《史记》卷六《秦始皇本纪》，中华书局，1959年，第262页。
⑤ 《汉书》卷九七下《外戚传下》，第3999页。
⑥ 《汉书》卷一七《景武昭宣元成功臣表》，第643页。
⑦ 《史记》卷二〇《建元以来侯者年表》，第926页。
⑧ 《史记》卷五六《陈丞相世家》，第2052页。

2《中国妇女史研究的本土化探索》①的第二作者"蔡一平"未予标出。也有论文内容引用重复，如第 17 页说："三世同堂家族（庭）类型，就是民间最为普遍的家族（庭）形态，当时人们所认同和向往的家就是民间最为普遍的家族（庭）形态，也是当时人们所认同和向往的家族（庭）类型。"而原文为"三世同堂家族类型，就是当时民间最为普遍的家族形态，也是当时人们所认同和向往的家族类型"②。

　　三是本书在标题的设置和内容结构上也有可加以改进之处。在第 181、182 页，作者在论述"家长的品德在家庭教育中的作用"时，分列了三点，第一点为"父母要求子孙'近有德'、尚节俭，注意心灵美的陶冶"，第二点为"父母希望儿女行为谨慎，戒骄戒躁"，第三点为"父母的言行均坚持道德原则"。前两点均从父母对子女的希冀角度出发，强调家长希望子女具有并践行良好的品德，而第三点从父母自身做榜样的角度出发，强调家长的优良品德对子女的影响，因而前两点的内容明显可以合并，三者的并列关系较不明晰。在第三章第五节中，作者论述"子女对于父母的义务"时，第一点为"兄弟谦让和睦，忌讳争斗"，在介绍了一些兄弟间的谦让之举后，作者提出"还存在一些更特殊的情况，有时谦让会产生于不同姓氏人员之间"（第 206 页）。实际这里的内容与所论述的主题关系不大，可以作为补充一笔带过，不必写成一个段落来专门论述。

　　此外，本书还存在格式错误问题。第一章绪论在标题"一、秦汉时期的夫妻关系"后有几个不同层次的小标题，紧接着便是"三、秦汉时期的亲子关系"，没有"二"标题的出现，属于标题编号错误。

---

① 杜芳琴、蔡一平：《中国妇女史研究的本土化探索》，《陕西师范大学学报（哲学社会科学版）》1999 年第 2 期。

② 〔韩〕尹在硕：《睡虎地秦简〈日书〉所见"室"的结构与战国末期秦的家族类型》，《中国史研究》1995 年第 3 期。

《月令与秦汉时间秩序》序

徐卫民

（西北大学文化遗产学院）

2017年，刘鸣完成了博士论文的写作，实现了戴上北京大学博士帽的梦想。然而其实现梦想并非易事，正如他自己在博士论文后记中所说："当终于把毕业论文写完，我却并没有想象中的兴奋与狂喜，没有讴歌道路，也没有醉卧通衢，有的只是经过一段长途跋涉到达终点后的疲乏感与空虚感。作博士论文不易，对我更是如此。我没有上过正规的本科，半路出家搞起了历史。博士论文的整个写作过程像一位拙劣的模仿者在亦步亦趋。"

博士论文与博士学位对于刘鸣来说确实是来之不易。因为他付出了比别人更多的努力，花费了比别人更多的时间和心血。2011年，他由于对历史的兴趣与爱好，辞掉原来的工作，经过二战考到我的门下攻读秦汉史硕士，他当时已经接近不惑的年龄，而且没有正规学习过历史，更遑论要学习秦汉史。可以想见多么不容易，一是想到他考学的艰难，二是重进校园给他带来的压力。也正因为如此，进入研究生阶段之后，他非常珍惜这次深造机会，以平常人难有的毅力、勤奋努力、刻苦钻研，外语虽然是他的强项，但仍然坚持每天早晨六点起床读外语，与此同时，精心研读《史记》《汉书》等古籍经典。读研期间发表的几篇文章都与他钻研古籍有关。经过三年的不懈努力，其硕士论文《西汉河西长城与罗马哈德良长城比较研究》顺利通过论文答辩，按时毕业拿到了硕士学位。同年又考上了北京大学岳庆平先生的博士。导师对他高标准、严要求，终于用了四年时间，他顺利完成博士论文《月令与秦汉时间秩序》的撰写与答辩，拿到了渴望已久的博士学位证书。

《月令》是古代的重要著作，是人们长期社会实践的结晶。书中记载了一年十二个月中每个月的天象、物候及应行的政令，对以农业为主要生业方式的中国古代社会影响巨大。吕不韦编《吕氏春秋》时，将其全文收录，作为全书之纲。汉初儒家又将它收入《礼记》中，其后遂成为儒家经典。按照一年十二个月的时令，记述政府的祭祀礼仪、职务、法令、禁令，并把它们归纳在五行相生的系统中。《月令》主要采以"以时系事"，体现了人们遵循自然规律安排社会生产和社会生活的观念思想，反映出古人对自然社会的认识以及人与自然之间的紧密关系。

实质上，《月令与秦汉时间秩序》博士论文的搜集资料和撰写是一件很艰难的工作，从文献资料到新出土简牍资料，内容既繁杂又枯燥。刘鸣知难而进，经过艰苦的探索，写出了新意，受到了答辩专家的好评。其博士论文中闪光之处比较多。他认为：月令在东汉的影响大于西汉。西汉初即因秦之旧重视月令，宣帝以后，月令的影响日渐扩大，经元、成诸帝，到王莽时达到高峰。东汉对月令的尊崇在明、章二帝时达到一个全新的高度。从顺帝以后，随着东汉政权的衰落，月令对政治的影响逐渐减弱。董仲舒的灾异论与《月令》文本所体现的灾异论有所不同，前者是灵活的、间接的，后者是机械的、直接的。刘向、刘歆、李寻等人的灾异论介乎于两者之间，刘向更接近于董仲舒，刘歆接近于《月令》。从董仲舒到刘歆灾异论的演变过程，与汉代倡导礼制、推崇王道的大趋势相适应。从文本的分析来看，《春秋》三传中，《左传》最为重视"时以作事"的思想，而《穀梁》偶尔有类似的意思表述，《公羊》则全然没有。《春秋》三传的递兴，恰好与西汉对《月令》逐渐推崇的趋势相一致。敦煌悬泉置出土的《四时月令五十条》，是严格按照与春、夏、秋、冬四季相对应的"生""长""收""藏"四个主题从传世《月令》文本中拣选而成。王莽改制是以民生为中心问题，以农业为主要方面，以大兴礼教为主要形式，以儒家经典为主要依据，这些特点都能从《月令诏条》中反映出来。王莽改制的终极目的是要实行王道，"行月令"就必然在其改制中占据重要的位置。秦汉法律中对农田设施维护时间的规定有着悠久的历史渊源，这个时间的规定是出于农时和气候两方面的考虑。秦汉《田律》及其他法律中有对农时的详细规定，这些显示出当时国家对农时的管理与控制已经非常成熟与细致。《月令诏条》只是王莽改制众多举措中的一端，却完全能反映出王莽改制的主要内容与特点。王莽改制的主要特点是：以民生为中心问题，以农业为主要方面，以大兴礼教为主要形式，以儒家经典为主要依据，以王道为主要目标的全方位改革。

以上这些观点是他站在巨人的肩膀上，经过认真钻研文献和考古新资料而得出的，我认为是可以成立的。由于是刘鸣硕士导师的缘故，我得以先睹为快。在即将付梓之际，刘鸣提出让我为他的博士论文写几句话，我欣然同意，并愿意向各位读者推荐。

《秦汉研究》征稿启事

《秦汉研究》是由中国秦汉史研究会和咸阳师范学院联合编辑的学术集刊,是中国秦汉史研究会会刊。从2021年开始每年出刊两辑,目前已连续出刊十八辑。现面向海内外征稿,请各位专家学者惠赐佳作。欢迎以下各方面的稿件:

一、秦汉史研究的理论、通论性文章;
二、秦汉考古研究成果;
三、秦汉碑刻、简帛研究;
四、秦汉文献整理与研究;
五、其他秦汉史研究领域的文章。

来稿以一万至两万字为宜,也接受数千字的短论与数万字的长文,尤其欢迎具有重大学术意义的争鸣类稿件,对促进学术发展有重要指引性的文章,以及论证严密的实证类成果。来稿请勿一稿多投,凡所刊文,均不代表本刊编辑部的立场,作者文责自负。本刊有权对来稿文字表述及其他方面做技术性修改,若作者有异议,请在稿件中注明。

本刊不以任何形式向作者收取审稿费、版面费等费用。收稿之日起20个工作日内回复是否通过初审,两个月内告知最终审稿结果。文章刊出后,即付稿酬,并寄送样刊2册。

本刊已加入中国知网数据库,来稿一经采用,即表明作者将该作品的专有出版权与网络传播权授予本刊。稿酬中已包含上述授权的费用。作者如将本刊所发文章收入其他出版物中发表,须详细注明该文在本刊的原载卷次。

来稿请用页下注,每页重新编号。引用古籍、今人论著时须标明作者、整理者、整理方式、书名、卷次、篇章、出版机构、出版时间、页码等信息,再次作注时省略出版机构与出版时间。期刊杂志要写明作者、杂志名、年、期。集刊是以图书形式出版的刊物,应大体按引用图书的形式进行注释。注释顺序为作者、文章名、主编/主办单位、集刊名、总辑数、出版社、出版年代、页码。如王子今:《论"郦山徒""授兵":秦大型工程的军事化营作》,载徐卫民、王永飞主编:《秦汉研究》第十七辑,西北大学出版社,2022年,第22-35页。

来稿一律通过电子邮箱以WORD文档附件形式发送。文末请附作者简介(包括作者姓名、性别、工作/学习单位、职称、研究方向、通讯地址、邮编、电子邮箱、手机号码)。

来稿请发电子邮件:咸阳师范学院历史文化学院张光晗
电子信箱:zghqhyj@163.com
联系电话:18189155228

《秦汉研究》编委会
2023年7月